高等职业教育公共基础课通用教材

U0711178

高职语文素养
（第2版）

主　编◎马洪波　杜晨阳

北京理工大学出版社

BEIJING INSTITUTE OF TECHNOLOGY PRESS

图书在版编目（CIP）数据

高职语文素养/马洪波，杜晨阳主编．—2版．--
北京：北京理工大学出版社，2023.1（2025.8重印）
　ISBN 978 - 7 - 5763 - 1917 - 0

　Ⅰ．①高… Ⅱ．①马…②杜… Ⅲ．①大学语文课—
高等职业教育—教材 Ⅳ．①H193.9

中国版本图书馆 CIP 数据核字（2022）第 240178 号

责任编辑：江　立　　文案编辑：江　立
责任校对：周瑞红　　责任印制：施胜娟

出版发行 / 北京理工大学出版社有限责任公司
社　　　址 / 北京市丰台区四合庄路6号
邮　　　编 / 100070
电　　　话 / （010）68914026（教材售后服务热线）
　　　　　　　（010）63726648（课件资源服务热线）
网　　　址 / http://www.bitpress.com.cn

版 印 次 / 2025 年 8 月第 2 版第 6 次印刷
印　　　刷 / 涿州市新华印刷有限公司
开　　　本 / 787 mm × 1092 mm　1/16
印　　　张 / 20.75
字　　　数 / 448 千字
定　　　价 / 48.00 元

前 言

"立德、立功、立言"，古人提出的"三不朽"是对一个人品行与学识最高的要求，也是古代士人及每一位有抱负的人的毕生追求。中国知识分子自古就有"先天下之忧而忧，后天下之乐而乐"的家国情怀，一个民族的自信首先是文化自信，对此唯有"立身以立学为先，立学以读书为本"。历经了 12 年母语教育，进入大学阶段要在原有知识储备的基础上，拓宽阅读范围，深挖文章内涵，提升职场应变与写作能力。

本书基于辽宁现代服务职业技术学院自 2011 年开展的大学语文素质教育改革，是对研究成果的总结和理论提升。本次再版，是在充分调查研究的基础上，结合新修订的《职业教育法》和全国职业教育大会精神，落实立德树人的根本任务，开展"三教改革"，贯彻习近平新时代中国特色社会主义思想，融入课程思政教育，融合服务类行业职业语文能力需求，在内容上增设了与职业发展和学生就业密切相关的口语表达与应用文写作相关章节，从理论阐释到方法指导，全面提升学生人文素养，助力学生职业发展。

本书编写的特点如下：

一、文学性与职业性并存

本书在内容设置上，既有突出文学性的经典文学阅读的篇章，又有口语表达与应用写作的内容。文学阅读拓宽了学生的思维视野，夯实语言基础。口语表达与应用写作提升学生职业能力。

二、理论引导与方法指导并行

本书在体例设计上，采用理论与实践相融合的方式。在理论引导下，设计方法指导，以练习或案例的方式具体指导实践，充分体现"以学生为中心"的教育理念。

三、语文教育与课程思政互融

本书单列一章阐述大学语文素养教育，从国家政策要求到具体的实践经验，在提升学生语文能力的同时，将人文素质教育贯彻教育教学全过程，实现无声的课程思政教育。

本书由辽宁现代服务职业技术学院马洪波、杜晨阳担任主编，高翔娟担任副主编，闫玉喜担任主审。编者在本书编写的过程中，参考与选取了相关书籍、报刊和网站文献中的部分资料。在此向资料的作者表示诚挚的谢意！

由于时间仓促、编者水平有限，不妥之处在所难免，恳请同行和广大读者不吝赐教。

编　者

2022 年 9 月

目 录

项目一　正音善言

语言是人类用以表达思想、进行社会交往的最基本的方式，现代社会要求每个人都必须具备良好的语言表达能力，而较强的语言表达能力也是用人单位对人才的基本要求，因此，学好普通话，说好汉语言，提高大学生的语言表达能力极为重要。

任务一　字正腔圆

能够正确、熟练使用普通话进行人际沟通与交流。培养学生清晰的语言表述能力，语调得体、音量适中、语速适宜，言之有物、言之有序。培养学生合乎逻辑的思维能力，说话简洁明了，逻辑性强。培养学生运用语言技巧的能力，通过演讲、辩论等口语表达的学习，提高语义素养。

第一节　语音基础知识概述

语言作为工具，对于我们之重要，正如骏马对骑士的重要。最好的骏马适合最好的骑士，最好的语言适合于最好的思想。

——［意］但丁

一、普通话概念阐释

普通话是以北京语音为标准音，以北方话为基础方言，以典范的现代白话文著作为语法规范的现代汉民族共同语。普通话是一种标准汉语，是我国不同民族间进行沟通交流的通用语言。现今，很多国家都设立了孔子学院，助推汉语教学，同时推广普通话也不是要人为地消灭方言，而是为了消除不同方言的隔阂，以利于社会交际、国际交流。

（1）以北京语音为标准音，有以下三方面的原因。

一是因为北京是我国的首都，自元朝建都以来，数百年来一直是我国政治、经济、文化的中心。

二是因为北京语音使用人数较多，在全国分布范围较广、影响较大。

三是因为北京语音系统结构简明，规律严整，音节悦耳动听。

（2）以北方话为基础方言，有以下三方面的原因。

一是北方广大地区历来是我国政治、经济、文化的发达地区。历代都城，多分布在黄河流域和中原地区，例如陕西、河南、河北等地。北方地区的语言随"政府行为"的力量得以扩大和传播。

二是历代文献和文学作品，几乎都是用北方方言词汇写成的。例如儒家经典、诸子百家、史书传记，从唐宋白话到元曲到明清小说都是在北方话的基础上创作的，北方话与"官方语言"在词汇系统上形成水乳交融的关系。

三是因为北方方言使用范围最广，包括长江以北各省的全部汉族地区，长江下游镇江以上九江以下沿江地带，湖北省除东南角以外的全部地区，广西壮族自治区北部和湖南省西北角地区，云南、四川、贵州三省除少数民族区域以外的全部汉族地区，此外由于历史原因在方言区中还有少数官话方言岛，据统计，北方方言的使用人口达 7 亿多人。

二、学习、推广普通话的重要意义

在建设有中国特色社会主义的现代化历史进程中，大力推广、积极普及全国通用的普通话，有利于克服语言隔阂，促进社会交往、国际交流，对国家的经济、政治、文化建设具有重要意义。

（一）推广普通话是国家统一和民族团结的需要

一个国家、一个民族是否拥有统一、规范的语言，是关系到国家独立和民族凝聚力的具有政治意义的大事。《中华人民共和国宪法》第 19 条规定："国家推广全国通用的普通话。"使用国家通用的语言文字，是每个公民应当履行的义务，也是公民具有国家意识、主权意识、法制意识、文明意识、现代意识的具体体现。我国是一个多民族、多方言的国家，推广普及普通话有利于增进各民族间的交流与往来，有利于增强中华民族的凝聚力，有利于扩大我国在国际社会中的影响力。

（二）推广普通话是加强素质教育的需要

我国新世纪教育发展与改革的基本任务是素质教育的再提升。一个人的素质是知识、能力和道德修养的综合反映。语言文字是思维表达的工具、文化知识的载体和交际沟通的手段，因而是素质构成与发展的基础，是文化建设的必要条件。推广普通话是各级各类学校素质教育的重要内容，它有利于贯彻教育面向现代化、面向世界、面向未来的战略方针，有利于弘扬我国优秀的传统文化和爱国主义精神，加强社会主义精神文明建设。努力提高人们的语言道德意识，进行语言行为的道德规范，加强语言文明的建设，是社会主义精神文明和国民素质教育的重要内容。

（三）正确使用普通话是各行各业对人才的基本需求

社会主义现代化建设需要的高素质的劳动者和建设者，除了拥有较高的思想道德修养和专业知识外，还应具有较强的语言文字使用能力。

李明在招聘会中向心仪已久的公司递上了简历，面试官看了简历后频频点头：某重点大学市场营销专业毕业，1年工作经历，性格外向，有团队合作精神和沟通能力，要求应聘市场营销、销售等相关工作。

快速浏览完简历后，面试官开始提问。数轮回合之后，面试官基本提问完毕，从面试官的表情看，面试官对李明的回答应该是非常满意的。

这时面试官突然问道："你老家在陕西？来上海多久了？"

李明回答说："我的老家是陕西农村的，来上海近一年了。"

"好了，今天的面试到这里，如果被公司录用会在一周内通知你。"面试官结束了对话。

结果，李明迟迟没有等到录用的电话通知。打电话咨询，面试官告诉他："你基本符合岗位条件，只可惜普通话发音不标准，个别常用语吐字不准，乡音浓重。你应聘的职位是经常接触客户的销售工程师，如果普通话不标准，会影响公司形象，进而影响销售工作。虽然公司在招聘时对本地和外地求职者一视同仁，但如果语言能力太弱，是不会被录用的。"

虽然大多数招聘广告上没有对普通话提出明确要求，但在面试过程中，流利的标准普通话是入行的基本门槛。销售、客户服务、主持、礼仪、公关、技术支持以及公共服务业的各类职位对语言的要求就更高了。

目前的求职者都知道英语口语能力的重要性，却往往忽视了母语的重要性。其实说一口标准且流利的普通话，既能给面试官良好的第一印象，表现出自身优秀的职业素质，同时也是职业人思维能力、自信心和沟通能力的直观体现。

三、普通话语音基础知识

（一）语音的性质

语音是语言的声音，它是人类的发音器官发出的具有一定意义的声音。语音具有社会属性、物理属性、生理属性、心理属性等特点。语音的社会属性是语音的本质属性。

1. 语音的社会属性

语音的社会属性主要表现在以下几个方面。

（1）从语音的地方特征看，普通话有翘舌音，而汉语的许多方言没有这一类音。

（2）从语音的民族特征看，英语有齿间音，而汉语没有。

（3）从语音的系统性看，普通话的语音不同，意义也不同。例如"拔""爬"，"拔"的声母 b［p］发音气流弱，"爬"的声母 p［p'］发音气流强。但在英语中，［p］、［p'］并不区别意义。这说明在汉语语音系统中，送气音和不送气音的差异能区别意义，而在英语语音系统中，送气音和不送气音的差异不能区别意义。

语音是语言的信息载体，它的信息传播的功能是社会赋予的，一定的语音表达什么样的意义不是任意的，而是由其所在社会决定的，这是语音的社会属性的体现。同时语音的社会属性还体现在语音的民族性和语音的地方性两个方面。

2. 语音的物理属性

语音是语言的物质外壳，它同自然界的一切声音一样，是由物体的振动引起的现象，同样具有音高、音强、音长、音色这四种物理特征，即声音的四要素。

（1）音高。音高就是声音的高低，它主要决定于发音体振动的快慢。同一个发音体在单位时间内振动快，次数多，声音就高，反之则低。声音的高低与发音体本身有密切关系，发音体的大小、长短、粗细、松紧等会影响发音体振动的频率，同时也会直接影响声音的音高。一般说来，成年男人的声带长而厚，女人和儿童的声带短而薄，因此，女人和儿童的声音比成年男人的声音高。同一个人，发音也可以有高低不同的变化，这是因为人在发音时可以控制声带的松紧，声带越松，声音就越低；声带越紧，声音就越高。汉语声调的变化，主要是音高的变化。

（2）音长。音长就是声音的长短，它取决于发音体振动时间的长短，发音体持续振动的时间长，声音就长，反之则短。汉语的声调、轻音等与音长有一定关系。

（3）音强。音强就是声音的强弱。音强与发音体振动幅度（简称振幅）的大小和用力大小都有关系。用力大，振幅大，声音就强，反之，声音就弱。普通话的重音主要是由音强决定的，但和音高也有一定的关系。

（4）音色。音色也叫音质，它是声音的个性和特色，也是声音的本质所在。音色的不同，决定于发音体的差异、共鸣器的形状和发音方法的不同。虽然发音方法都是敲击，但锣声和鼓声听起来是不同的，这就是由音色的不同所决定的。同一个人发出的 n、l 音色有别，这是因为发音方法不同，共鸣的方式也有差异。我们能够从数个说话的人中辨别出是否有熟悉的人，就是依靠音色来区分的。音色作为语言形式的本质特征，对语音和语言的区分都具有十分重要的意义。

在语音的物理属性方面，需要重点区别音高和音强这两个概念。

音高和音强的一致性。音高和音强有时能够一致，例如同一个人平时说话时的音高和音强同他在呼唤人时是不一样的，后者声音要高，也要强。由于用力大，所以声音就强；由于用力大，使声带处于紧张状态，所以声音就高。这时的音高和音强是一致的。

音高和音强的不一致性。一个较低的声音，完全可以比一个较高的声音更强些，如京剧中的花脸与青衣就是明显的例子。有人说著名歌唱家腾格尔的发音特点是用最大的力气（指音强）唱出最小的声音（指音高），这也说明了音高和音强的不一致性。

任何声音都是音高、音长、音强、音色的统一体，语音也不例外。对于任何语言来说，音色都是用来区别意义的最重要的要素。其他各要素在不同语言中区别意义的作用不完全一样，对于汉语来说，音高的作用是特别重要的。

3. 语音的生理属性

语音是人的发音器官发出来的，因而它必然具有生理属性。学习和了解语音的生理属性，主要是要掌握人体的发音器官，即呼吸器官，喉头和声带，口腔、咽腔和鼻腔等。

（1）呼吸器官。呼吸器官主要由肺和气管、支气管组成。肺是发音的"动力源"，提供发音的气流。气管和支气管是输送气流的管道。因而可以说，呼吸器官是人体发音的"动力部"。

（2）喉头和声带。喉头是发音时嗓音的成音部位。喉结、喉头由甲状软骨、环状软骨和两块杓状软骨组成，上通喉头，下通气管。喉头的中间是声带，声带是主要的发音体，它由两片有弹性的薄膜构成。两片薄膜之间有个通道，就是声门。两块杓状软骨支配声带松紧，让声门关闭或打开。气流通过声门，可使声带振动发音，声带的松紧、长短变化控制着声音的高低，气流通过的时间则决定声音的长短。

（3）口腔、咽腔和鼻腔。

①口腔是个可以调节的共鸣器，口腔的构成包括上唇、下唇、上齿、下齿、上齿龈、下齿龈、硬腭、软腭、舌（舌尖、舌面、舌根）和小舌。

唇可以做圆扁活动，产生不同的音，如 i、ü 是唇形圆扁不同而形成的两个音。

齿本身不能有什么变化活动，但它可以和唇、舌接触或接近产生不同的音，如 f 是下唇和上齿接近而成阻形成的音；z、c 是舌尖和上齿接触成阻形成的音，s 是舌尖和上齿接近而成阻形成的音。

腭分上腭和下腭，下腭是个活动器官，控制整个口腔的开合、大小。上腭分硬腭和软腭：前部分是硬腭，后部分是软腭。硬腭不能活动，但舌可以和它接触或接近成音，如 j、q、x。软腭（和小舌一起）可上下活动和舌接触或接近成音，如 g、k、h。软腭还可升降造成口腔音、鼻腔音和口鼻腔音。

舌是最灵活的，舌尖、舌面、舌根和上腭接触或接近，可发出很多声音。舌的前部为舌尖，舌尖可以形成前、中、后不同的音，如 z、t、zh 分别为舌尖前、中、后音。舌的中部为舌面，可以形成几组音，普通话只有 j、q、x 一组。舌的后部习惯上称为舌根，也可形成几组音，普通话里只有 g、k、h、ng 一组。舌除了和上腭接触变化成音之外，它本身还可以做出很多不同的活动。如上升、下降、前伸、后缩、凸起、凹陷，都可以造成不同的声音。

②咽腔位于口腔后部。咽腔下通喉头，前连口腔，上通鼻腔。咽腔不仅有共鸣作用，还可以和舌根结合发出一些辅音。

③鼻腔是个固定的共鸣器。口腔和鼻腔靠软腭和小舌的下垂使气流通向鼻腔，造成"鼻音"，并产生共鸣。靠软腭和小舌的上升阻塞通向鼻腔的气流，使气流通向口腔进行调节并产生共鸣，这就是"口音"。

我们学习发音，就是要熟练地掌握这些器官的活动，从而准确地掌握语音。

4. 语音的心理属性

语音的心理属性是语音物理和生理属性的反映。语言交际中，当声音传入一个人的耳朵后，听觉神经会像一个过滤器，把那些反映"本质事物"的声音传给大脑的听觉神经。因而，语音的心理属性实际上是对语音的物理属性、生理属性的一种概括性反映。听音者感受到的声音，只是发音者发出声音的一个部分，而听音者要"回答"发音者，也是以大脑听觉神经接收到的"本质事物"为依据，再指挥发音器官发音的。这个"接收－反馈"过程告诉我们，语音的分辨能力总是先于发音能力的。聋人听不见声音，也就无法回答发音者。因此，发准一个音，首先考察和训练听音能力和辨音能力是非常重要的。比如，老师让学生一味跟读"s"声母，可学生发出的还是"sh"，原因就在于学生并非口舌不灵，而是"听觉"有"障碍"。一个人如果长期听一种方言（或语言），那么其听觉则对这种方言（或语言）的感知就比较熟悉和固定；如果这个人要改读另一种语言（如普通话或其他方言），听觉神经则往往按已习得的语音体系去感知，而对于未习得的语音则反应不敏感，甚至会"听而不闻"。因而正确认识和了解语音的心理属性，对于语言的学习无疑是有重要意义的。

（二）语音的几个相关概念

1. 音节和音素

音节是语音的自然单位，是能够自然感到的最小的语音单位。例如"高职语文素养"是六个音节,是六个语音的自然单位,听的人语感上很清楚,说的人语感上也很清楚。从发音上来说,一个音节是发音过程中发音器官的肌肉从紧张到松弛的一次过程;从听音来说,每一个音节都有一个明显的响度中心。

汉语的音节界限是非常明显的。在汉语里,一般来说,除了极少数例外,一个汉字的读音就是一个音节,所以在汉语里习惯上也称音节为字音。普通话的基本音节大约有 400 个。

音节在听觉上很容易分辨,但它不是最小的语音单位。音节再继续划分,就得出语音中最小的语音单位——音素。音素是从音色角度划分出来的最小的语音单位。比如"mǔ"是个音节,继续划分就得出 m、u 两个音素。音素是音节的构成单位,一个音节可以由一个音素构成,也可以由几个音素构成。普通话共有 32 个音素。

2. 元音和辅音

音素可以分为两大类,即元音和辅音。元音和辅音是从发音特点(物理、生理)和在组成音节时的作用角度对音素进行的分类。元音是发音时气流在口腔、咽头不受阻的音素,辅音是发音时气流受阻的音素。元音和辅音的区别主要如下。

(1)发元音时,发音器官各部位肌肉保持均衡紧张状态。发辅音时,发音器官成阻部位肌肉特别紧张。

(2)发元音时,气流弱,声带颤动,声音响亮。发辅音时,气流强,声带一般不颤动,声音不响亮。

普通话的 32 个音素,按元音和辅音归类后,元音有 10 个,辅音有 22 个。

3. 声母、韵母、声调

语音划分出音节、音位、音素、元音、辅音是现代语音学的分析方法。按汉语语音学传统的分析方法,是把语音划分成声母、韵母、声调这些语音单位。

(1)声母是一个音节开头的辅音。例如:高(gāo)这个音节里,辅音 g 就是它的声母。没有辅音声母的音节,称作零声母音节,零声母音节中的声母,叫作零声母。例如,安(ān)、莹(yíng)等开头都没有辅音,它们都是零声母音节。

(2)韵母是一个音节的声母后边的部分。一个音节中可以没有辅音声母,但不能没有韵母。例如:素(sù)这个音节里,u 就是它的韵母。零声母音节整个由韵母组成,例如,养(yǎng)。

声母、韵母是汉语语音学的两个基本概念,元音和辅音是现代语音学的两个概念。普通话的声母和辅音不是一回事,韵母和元音也不能混为一谈。

汉语普通话的声母都由辅音充当,而 n 既可作声母,又可作韵尾。ng 一般作韵尾,在"啊"的变读中,可起声母作用。例如:"好冷啊"的"啊"读作"nga"。普通话有 21 个辅音声母。

韵母和元音也不是同一概念。韵母是按汉语传统语音分析方法得出的概念，着眼于音节的结构，同声母相对；元音是现代语音学分析方法得出的概念，同辅音相对。此外，韵母和元音的范围不相符，由单元音构成的韵母只是少数，多数韵母是由复元音以及由元音后带鼻辅音构成的。因此，韵母的范围大于元音。汉语普通话的 10 个单韵母都由单元音充当，复韵母中则有 2～3 个元音，鼻韵母中有元音也有辅音。例如：电灯 diàn dēng。普通话共有 39 个韵母。

（3）声调是一个音节（字音）高低升降的变化形式。汉语是有声调的语言，在普通话的音节中，声调也是必不可少的。

①调类：阴平、阳平、上声、去声。

②调值：55、35、214、51。

③标调法：五度标记法。

4. 音位

音位是一个语音系统中能够区别意义的最小语音单位。例如：八（bā）、趴（pā）、妈（mā）、发（fā）、搭（dā）、他（tā），开头的音素 b、p、m、f、d、t 起区别意义的作用，它们分别属于不同的音位。如果几个音素虽有细微差别，但不区别意义，就归为同一个音位。例如，他（tā）、摊（tān）、汤（tāng），其中 a 的音色并不完全相同：他（tā）中的 a 发音时舌位居中，是自然状态，摊（tān）中的 a 发音舌位靠前，汤（tāng）中的 a 发音时舌位靠后。由于这些细微的差别不起区别词义的作用，所以才把它们归纳成一个音位，用同一个字母 a 表示，它们之间的细微差别只是看作 a 在不同条件下的具体表现形式，也就是音位变体［a］、［A］、［ɑ］。

5. 语流音变

在一个语流中，语音有时会发生各种临时变化，这种变化有别于语音经过一段时间而产生的历史变化，这种音变叫作语流音变。普通话中的语流音变主要有轻声、儿化、变调。

第二节　找对位，摆正型——声母韵母发音方法

一、声母及发音方法

音节由三个部分组成，即声母、韵母、声调，排在音节最前面的那个辅音就是声母。例如，上（shàng）中的"sh"就是声母。

普通话有 21 个声母（即辅音字母，此外还有"零声母"）。它们是：b、p、m、

f、d、t、n、l、g、k、h、j、q、x、zh、ch、sh、r、z、c、s，它们都是辅音。普通话里有 22 个辅音，其中舌根鼻辅音 ng 只用作韵尾而不作声母。

（一）声母的分类

声母的分类是由发音部位和发音方法决定的，根据不同的分类标准可对声母做如下分类。

1. 根据声母的发音部位分类

声母的发音部位即声母发音时发音器官接触或接近而构成阻碍的那两个部位。声母按发音部位的不同可分成七类。

（1）双唇音：双唇阻塞而形成的音叫双唇音。普通话声母中有 b、p、m 三个双唇音。

（2）唇齿音：下唇接近上齿而形成的音叫唇齿音。普通话声母中只有 f 一个唇齿音。

（3）舌尖前音：舌尖抵住或接近上齿背而形成的音叫舌尖前音。普通话声母中有 z、c、s 三个舌尖前音。舌尖前音一般也称为"平舌音"。

（4）舌尖中音：舌尖抵住上齿龈而形成的音叫舌尖中音。普通话声母中有 d、t、n、l 四个舌尖中音。

（5）舌尖后音：舌尖上翘，抵住或接近硬腭前部而形成的音叫舌尖后音。普通话声母中有 zh、ch、sh、r 四个舌尖后音。舌尖后音一般也称为"翘舌音"。

（6）舌面音：舌面前面抵住或接近硬腭前部而形成的音叫舌面音。普通话声母中有 j、q、x 三个舌面音。

（7）舌根音：舌面后部抵住或接近软腭而形成的音叫舌根音。普通话声母中有 g、k、h 三个舌根音。

2. 根据声母的发音方法分类

声母的发音方法包括发音时形成阻碍和克服阻碍的方式、气流强弱的情况以及声带是否颤动等几个方面，作以下分类。

（1）根据形成阻碍和克服阻碍的方式，可以把声母分成塞音、擦音、塞擦音、鼻音、边音五类。

①塞音：发音时发音器官的某两个部分在成阻、持阻阶段完全闭合，阻塞气流通路，在除阻阶段突然开放，使气流爆发冲出，这样发出的音叫塞音。普通话声母中有 b、p、d、t、g、k 六个塞音。

②擦音：发音时发音器官的某两个部分在成阻阶段靠拢，中间留一缝隙，在持阻阶段气流从缝隙中挤出，摩擦成声，这样发出的音叫擦音。普通话声母中有 f、h、x、s、sh、r 六个擦音。

③塞擦音：发音时发音器官的某两个部分在成阻阶段完全闭合，然后逐渐打开，形成窄缝，使气流从窄缝中挤出，这样发出的音叫塞擦音。普通话声母中有 z、c、zh、ch、j、q 六个塞擦音。

④鼻音：发音时口腔的某两个部分形成阻碍，阻住气流通路，软腭下垂，使气流从鼻腔通过，这样发出的音叫鼻音。普通话声母中有 m、n 两个鼻音。

⑤边音：发音时舌尖与上齿龈接触，但舌头两边留有空隙，气流从舌的两边流过，这样发出的音叫边音。普通话声母中只有 l 一个边音。

（2）根据发音时呼出气流的强弱，声母中的塞音、塞擦音可分为送气音和不送气音两类。

①送气音：发音时呼出的气流比较强，这样的音叫送气音。普通话的塞音声母中，有 p、t、k 三个送气音；普通话的塞擦音声母中，有 c、ch、q 三个送气音。

②不送气音：相对于送气音，发音时呼出的气流比较弱，这样的音叫不送气音。在普通话塞音声母中，有 b、d、g 三个不送气音；在普通话塞擦音声母中有 z、zh、j 三个不送气音。

（3）根据发音时声带是否颤动，可以把声母分成清音、浊音两类。

①清音：发音时，声带不颤动，透出的气流不带音，这样的音叫清音。普通话声母中有 b、p、f、d、t、g、k、h、j、q、x、zh、ch、sh、z、c、s 17 个清音。

②浊音：发音时，声带颤动，透出的气流带音，这样的音叫浊音。普通话声母中有 m、n、l、r 四个浊音。

综合上述发音部位和发音方法两个方面，我们可以把普通话的 21 个辅音声母归纳成表 1－1。

表 1－1　普通话 21 个声母表

声母 发音部位 发音方法			唇音		舌尖前音		舌尖中音		舌尖后音		舌面音		舌根音	
			双唇音	唇齿音										
			上唇	下唇	上齿	下唇	舌尖	上齿龈	舌尖	上齿龈	舌尖	硬腭前	舌面前	硬腭前	舌面后	软腭
塞音	清音	不送气音	b						d						g	
		送气音	p						t						k	
塞擦音	清音	不送气音					z				zh		j			
		送气音					c				ch		q			
擦音	清音				f		s				sh		x		h	
	浊音										r					
鼻音	浊音		m						n							
边音	浊音								l							

方法指导

b：双唇音、不送气、清音、塞音

示范举例：颁布 bān bù   辨别 biàn bié   斑白 bān bái   包办 bāo bàn

发音指导：发音时，双唇闭拢，阻塞气流，除阻阶段突然放开爆发成音，声带不颤动，气流较弱。b 的发音和广播的"播"相似，念时双唇紧闭，然后放开，送出气。

p：双唇音、送气、清音、塞音

示范举例：偏僻 piān pì   批评 pī píng   澎湃 péng pài   乒乓 pīng pāng

发音指导：发音情况与 b 大致相同，只是 b 气流较弱，而 p 气流较强。p 的发音跟泼水的"泼"相似，念的时候双唇紧闭，然后突然放开，送出很强的一口气。

m：双唇音、浊音、鼻音

示范举例：秘密 mì mì   面貌 miàn mào   美妙 měi miào   美满 měi mǎn

发音指导：发音时，双唇闭拢，软腭下垂，气流从鼻腔通过，声带颤动。m 的发音跟普通话"摸"相似，念的时候嘴闭拢，声音从鼻子里出来。

f：唇齿音、清音、擦音

示范举例：方法 fāng fǎ   非凡 fēi fán   风范 fēng fàn   发奋 fā fèn

发音指导：发音时，下唇接近上齿，形成窄缝，气流从缝隙中摩擦而出，声带不颤动。f 的发音跟普通话大佛的"佛"相似，但是大佛的"佛"是第二声，而 f 念得轻而短。

d：舌尖中音、不送气、清音、塞音

示范举例：单独 dān dú   道德 dào dé   大豆 dà dòu   达到 dá dào

发音指导：d 的发音和马蹄声响"得得得"相似，发音时，舌尖抵住上齿龈，阻塞气流，然后突然放开爆发成音，气流较弱，声带不颤动。

t：舌尖中音、送气、清音、塞音

示范举例：梯田 tī tián   天堂 tiān táng   推脱 tuī tuō   淘汰 táo tài

发音指导：发音情况与 d 大致相同，只是 d 气流较弱，t 气流较强。与普通话"特"的发音相似，"特"读第四声，而 t 发音又轻又短。

n：舌尖中音、浊音、鼻音

示范举例：男女 nán nǚ   泥泞 ní nìng   恼怒 nǎo nù   牛奶 niú nǎi

发音指导：声母 n 的发音和"你在哪儿呢？"的"呢"相似，发音时，舌尖抵住上齿龈，阻塞气流，软腭下垂，气流从鼻腔通过，声带颤动。

l：舌尖中音、浊音、边音

示范举例：历来 lì lái   流利 liú lì   伶俐 líng lì   联络 lián luò

发音指导：l 的发音和快乐的"乐"比较相像，不同的是"乐"读第四声，而 l

要念得又轻又短。发音时，舌尖抵住上齿龈，软腭上升，阻塞鼻腔通路，气流从舌的两边通过，声带颤动。请注意，n是鼻音，气流从鼻腔出来，l是边音气流从舌头两边出来。

g：舌根音、不送气、清音、塞音

示范举例：各国 gè guó　　灌溉 guàn gài　　公告 gōng gào　　更改 gēng gǎi

发音指导：g的发音跟鸽子的"鸽"相似。发音时，舌根抵住软腭，阻塞气流，然后突然放开，爆发成音，声带不颤动，气流较弱。

k：舌根音、送气、清音、塞音

示范举例：可靠 kě kào　　宽阔 kuān kuò　　困苦 kùn kǔ　　慷慨 kāng kǎi

发音指导：发音情况与g大致相同，只是g气流较弱，k气流较强。k的发音跟小蝌蚪的"蝌"相似，口里用力送出一口气。

h：舌根音、清音、擦音

示范举例：荷花 hé huā　　欢呼 huān hū　　呼唤 hū huàn　　航海 háng hǎi

发音指导：h的发音跟喝水的"喝"相似。发音时，舌根靠近软腭，留出一条窄缝，气流从窄缝中摩擦而出，声带不颤动。

j：舌面音、不送气、清音、塞擦音

示范举例：积极 jī jí　　基建 jī jiàn　　奖金 jiǎng jīn　　胶卷 jiāo juǎn

发音指导：j的发音和小鸡叫"叽叽叽"的声音相似。发音时，舌面前部抵住硬腭，阻塞气流，然后气流冲开阻塞形成窄缝，摩擦成音，声带不颤动，气流较弱。

q：舌面音、送气、清音、塞擦音

示范举例：齐全 qí quán　　全球 quán qiú　　窃取 qiè qǔ　　请求 qǐng qiú

发音指导：q的发音跟气球的"气"相似，但气球的"气"是第四声，而q读得又轻又短。发音情况与j大致相同，只是j气流较弱，q气流较强。

x：舌面音、清音、擦音

示范举例：写信 xiě xìn　　休学 xiū xué　　形象 xíng xiàng　　馨香 xīn xiāng

发音指导：x的发音跟西瓜的"西"相似。发音时，舌面前部靠近硬腭，形成窄缝，气流从窄缝中摩擦而出，声带不颤动。

需要注意的是：j q x 和 ü 相拼，ü 上两点虽要省略，但它仍读 ü 的音。

zh：舌尖后音、不送气、清音、塞擦音

示范举例：庄重 zhuāng zhòng　　　　指针 zhǐ zhēn

　　　　　　主张 zhǔ zhāng　　　　　　招展 zhāo zhǎn

发音指导：zh的发音跟织毛衣的"织"相似。发音时，舌尖上翘抵住硬腭前部，然后气流冲开一条窄缝，摩擦成音，声带不颤动，气流较弱。

ch：舌尖后音、送气、清音、塞擦音

示范举例：车床 chē chuáng　　　　　　出差 chū chāi

超产 chāo chǎn   拆除 chāi chú

发音指导：ch 的发音跟吃苹果的"吃"相似，发音时，口里送出较强的一口气。发音情况与 zh 大致相同，只是 zh 气流较弱，ch 气流较强。

sh：舌尖后音、清音、擦音

示范举例：设施 shè shī   时尚 shí shàng
　　　　　上升 shàng shēng   山水 shān shuǐ

发音指导：sh 的发音跟狮子的"狮"发音相似。发音时，舌尖上翘靠近硬腭前部，形成窄缝，气流从窄缝中摩擦而出，声带不颤动。

r：舌尖后音、浊音、擦音

示范举例：人人 rén rén   柔软 róu ruǎn   容忍 róng rěn   闰日 rùn rì

发音指导：r 的发音跟日历的"日"相似，但"日"是第四声，而 r 读得又轻又短。发音情况与 sh 大致相同，只是 sh 声带不颤动，r 声带颤动。

z：舌尖前音、不送气、清音、塞擦音

示范举例：自在 zì zài   罪责 zuì zé   粽子 zòng zi   总则 zǒng zé

发音指导：z 的发音跟写字的"字"读音相似，但写字的"字"是第四声，而 z 读得又轻又短。发音时，舌头平伸，舌尖抵住上齿背，然后气流冲开一条窄缝，摩擦成音，声带不颤动，气流较弱。

c：舌尖前音、送气、清音、塞擦音

示范举例：仓促 cāng cù   猜测 cāi cè   粗糙 cū cāo   苍翠 cāng cuì

发音指导：c 的发音跟小刺猬的"刺"读音相似，但刺猬的"刺"是第四声，c 读得又轻又短。发音情况与 z 大致相同，只是 z 气流较弱，c 气流较强。

s：舌尖前音、清音、擦音

示范举例：松散 sōng sǎn   思索 sī suǒ   琐碎 suǒ suì   搜索 sōu suǒ

发音指导：s 的发音跟蚕吐丝的"丝"发音相似。发音时，舌头平伸，舌尖接近上齿背，形成窄缝，气流从窄缝中摩擦而出，声带不颤动。

需要注意的是：声母 zh、ch、sh、r 不能单独给汉字注音，后面要加上字母，变成整体认读音节 zhi、chi、shi、ri 才能注音。声母 zh、ch、sh、r 要读得轻而短，整体认读音节 zhi、chi、shi、ri 要读得响而长。ri 音节只有一个第四声 rì，汉字写作"日"。

声母 z、c、s 不能单独给汉字注音，后面要加上字母，变成整体认读音节 zi、ci、si 才能注音。把 z、c、s 的读音拖长一些，就是整体认读音节 zi、ci、si 的读音。

（二）声母的方音辨正

各地方言的声母与普通话的声母不完全相同。要学好普通话，就要辨别声母的差异，纠正方音。针对辽宁省各地区的发音情况，学习普通话声母应注意以下几个方面。

1. 分辨 zh、ch、sh 和 z、c、s

在有些方言中，没有 zh、ch、sh 这组舌尖后音声母，普通话中读作 zh、ch、sh 的，有些方言中都读作 z、c、s，如沈阳、铁岭、抚顺、本溪、丹东（凤城除外）、辽阳、鞍山、营口一带多数地区没有 zh、ch、sh，而是读成了 z、c、s。有些地区，如阜新、康平、昌图、盘锦和锦州的部分地区，则不分 zh、ch、sh 和 z、c、s，经常混淆来读。如读"住宅"（zhù zhái）为 zhù zái，读"雨伞"（yǔ sǎn）为 yǔ shǎn。

方法指导

辨音指导

对于没有 zh、ch、sh 这组声母的方言区，首先要练好 zh、ch、sh 的发音，掌握其发音部位，使舌尖上翘，对准硬腭前部。对于虽有 zh、ch、sh 声母但字的归属不同的方言区，则应记住在普通话中哪些字应念 zh、ch、sh，哪些字应念 z、c、s。为此，可采用如下方法。

第一，因普通话中的平舌音声母字较少，所以可采取记少不记多的方法，把平舌音字全部记住，其余的翘舌音声母字自然也记住了（见表 1–2）。

表 1–2　平舌音字汇总表

Z	
za	匝 砸
zi	兹 滋 孳 资 姿 咨 淄 缁 趑 子 孜 仔 籽 梓 滓 紫 字 自 恣 渍
zai	灾 栽 哉 宰 崽 载 在 再
zei	贼
zao	遭 糟 早 枣 澡 藻 凿 造 燥 躁 噪 皂 灶 造
zou	邹 走 奏 揍
zuo	作 昨 左 佐 做 座 阼 柞
zui	嘴 最 醉 罪
zan	簪 咱 攒 赞 暂
zen	怎
zang	脏 赃 臧 葬 藏

zeng	增 曾 憎 缯 赠
zong	宗 棕 综 踪 鬃 总 纵 粽
zu	租 祖 诅 阻 组 俎
zuan	钻 纂
zun	尊 遵 樽
C	
ca	擦 嚓
ce	册 侧 策 测 厕 恻
cu	粗 醋 簇 促 卒 猝
ci	疵 差 词 瓷 慈 雌 磁 辞 祠 此 次 刺 赐 伺
cai	猜 才 材 裁 财 采 踩 睬 彩 蔡 菜
cao	操 糙 曹 槽 嘈 漕 草
cou	凑
cuo	撮 搓 蹉 错 挫 锉
cui	催 摧 崔 脆 翠 淬 粹 萃 啐
can	参 餐 掺 残 惭 蚕 惨 灿 璨
cen	参 岑
cang	仓 舱 苍 沧 藏
ceng	曾 层 蹭
cong	葱 匆 聪 囱 从 丛 淙
cuan	蹿 窜 篡
cun	村 存 忖 寸
S	
sa	撒 洒 萨 卅 飒
se	色 涩 瑟 塞
su	苏 酥 俗 素 速 诉 塑 宿 肃 粟 夙 簌
si	丝 撕 私 嘶 思 司 斯 厮 死 四 泗 驷 寺 肆 伺 嗣
sai	腮 鳃 塞 赛
sao	搔 骚 缫 瘙 臊 嫂 扫
sou	艘 搜 溲 嗖 馊 擞 叟
suo	缩 蓑 唆 梭 娑 所 唢 琐 索
sui	虽 随 隋 绥 髓 岁 碎 穗 遂 隧 燧 邃
san	三 叁 散

sen	森
sang	桑 嗓 丧
seng	僧
song	松 耸 悚 送 宋 颂 诵 讼
suan	酸 算 蒜
sun	孙 损 笋 榫

第二，利用形声字偏旁类推帮助记忆。如"宗"读 zōng，为平舌音字，以它为声旁的形声字除极个别的字（如"崇"等）外都读平舌音。

第三，利用普通话声韵配合规律帮助记忆。所谓声韵配合规律是某类声母只能和某些韵母拼合而不能和另一些韵母拼合的规律。例如普通话中，韵母 ua、uai、uang 只能和 zh、ch、sh 拼合，而不能和 z、c、s 拼合；韵母 ong 只能和 s 拼合，而不能和 sh 拼合；韵母 ei 只能和 sh 拼合，而不能和 s 拼合等。这种辅助记忆方法，可以帮助记忆部分汉字。

方法指导

zh、ch、sh 和 z、c、s 辨读练习

z—zh

增值 zēng zhí　　　　　　　罪证 zuì zhèng

遵照 zūn zhào　　　　　　　资助 zī zhù

尊长 zūn zhǎng　　　　　　　栽种 zāi zhòng

zh—z

振作 zhèn zuò　　　　　　　职责 zhí zé

正宗 zhèng zōng　　　　　　沼泽 zhǎo zé

赈灾 zhèn zāi　　　　　　　制作 zhì zuò

ch—c

纯粹 chún cuì　　　　　　　筹措 chóu cuò

蠢材 chǔn cái　　　　　　　出操 chū cāo

唱词 chàng cí　　　　　　　陈词 chén cí

c—ch

财产 cái chǎn　　　　　　　操场 cāo chǎng

采茶 cǎi chá　　　　　　　磁场 cí chǎng

残喘 cán chuǎn　　　　　　促成 cù chéng

sh—s

曙色 shǔ sè   哨所 shào suǒ

深思 shēn sī   输送 shū sòng

上司 shàng si   失散 shī sàn

s—sh

丧失 sàng shī   宿舍 sù shè

扫射 sǎo shè   随时 suí shí

四声 sì shēng   所属 suǒ shǔ

2. 分辨 n 和 l

汉语的许多方言中 n 和 l 混读，例如，"牛奶"（niú nǎi）读为 liú lǎi，这些方言区的人要学好普通话，纠正方音，首先应发好 n 和 l 这两个音。

方法指导

发音方法辨析

n 和 l 的发音部位完全相同，都是舌尖抵上齿龈，但是发音方法不同。n 是气流通过鼻腔而出，l 是气流通过口腔从舌头的两边而出。要掌握这个要领，应多做发音练习。其次，还要掌握哪些字该念 n 声母，哪些字该念 l 声母。记 n、l 声母字的主要方法有：

第一，利用 n、l 辨音字表。因 n 声母字比 l 声母字要少得多，可采用记少不记多的方法，重点记 n 声母字。

第二，利用偏旁类推。如声旁为"内"的字，声母一般为 n；声旁为"仑"的字，声母一般为 l。

方法指导

n 和 l 辨读练习

n – l

能力 néng lì   内敛 nèi liǎn

年龄 nián líng   年老 nián lǎo

农历 nóng lì   奶酪 nǎi lào

l – n

理念 lǐ niàn   冷暖 lěng nuǎn

辽宁 liáo níng   老牛 lǎo niú

落难 luò nàn   鲁南 lǔ nán

3. 避免零声母音节前加 n

　　普通话的音节开头除了用上面分析的 21 个辅音做声母外，还有一些音节不是以辅音开头，而是用元音开头的，一般就是被认为没有声母的音节，可以说声母等于零，习惯上称为"零声母"。零声母大致有以下几种情况：

　　全音节是 a、o、e 开头的，如：啊 ā、安 ān、欧 ōu。

　　全音节是 i 开头的，如：衣 yī、央 yāng、拥 yōng。

　　全音节是 u 开头的，如：屋 wū、弯 wān、翁 wēng。

　　全音节是 ü 开头的，如：淤 yū、渊 yuān、晕 yūn。

方法指导

　　前面有 y、w 的音节，实际上就是以 i、u、ü 作为开头音，y、w 是为了隔音用的，如：衣 yī、鱼 yú、屋 wū。

　　有些开口呼的零声母音节发音时与普通话的发音不同，会在前面加上 n 声母，如把"爱（ài）"读作"nài"，把"袄（ǎo）"读作"nǎo"，辽宁省很多地区就是这样。这只要记熟开口呼的零声母音节，去掉前边的 n 声母就可以了。

4. 其他易混淆情况说明

　　普通话里自成音节的 üan、ün、iong，在某些方言中却读成了 r 声母开头的音节。普通话的 y、r 不分，把以 r 开头的声母音节读成了以 y 开头的零声母声音。

方法指导

　　如把"员"读成 ruán，"云"读成 rún，"热"读成 yè，"日"读成 yì。

r – y

然 rán　易读成 yán   阮 ruǎn　易读成 yuǎn

壤 rǎng　易读成 yǎng   润 rùn　易读成 yùn

饶 ráo　易读成 yáo   若 ruò　易读成 yuè

褥 rù　易读成 yù   人 rén　易读成 yín

软 ruǎn　易读成 yuǎn   仍 réng　易读成 yíng

r – l

扔 rēng　易读成 lēng   锐 ruì　易读成 luì

瑞 ruì　易读成 luì

（三）声母绕口令汇总

想要说好一口流利的普通话，绕口令的练习是一种较好的选择，下面是一些关于声母的绕口令。

b－p：补破皮褥子不如不补破皮褥子。

b－p：吃葡萄不吐葡萄皮儿，不吃葡萄倒吐葡萄皮儿。

d：会炖我的炖冻豆腐，来炖我的炖冻豆腐，不会炖我的炖冻豆腐，就别炖我的炖冻豆腐。要是冒充会炖我的炖冻豆腐，炖坏了我的炖冻豆腐，就吃不成我的炖冻豆腐。

l：66 岁刘老六，修了 66 座走马楼，楼上摆了 66 瓶苏合油，门前栽了 66 棵垂杨柳，柳上拴了 66 个大马猴。忽然一阵狂风起，吹倒了 66 座走马楼，打翻了 66 瓶苏合油，压倒了 66 棵垂杨柳，吓跑了 66 个大马猴，气死了 66 岁刘老六。

d－t：大兔子，大肚子，大肚子的大兔子，要咬大兔子的大肚子。

n－l：门口有四辆四轮大马车，你爱拉哪两辆来拉哪两辆。

h：华华有两朵黄花，红红有两朵红花。华华要红花，红红要黄花。华华送给红红一朵黄花，红红送给华华一朵红花。

j、q、x：七巷一个漆匠，西巷一个锡匠。七巷漆匠偷了西巷锡匠的锡，西巷锡匠偷了七巷漆匠的漆。

g－k：哥挎瓜筐过宽沟，赶快过沟看怪狗。光看怪狗瓜筐扣，瓜滚筐空哥怪狗。

h－f：一堆粪，一堆灰，灰混粪，粪混灰。

z－zh：隔着窗户撕字纸，一次撕下横字纸，一次撕下竖字纸，是字纸撕字纸，不是字纸，不要胡乱撕一地纸。

s－sh：三山撑四水，四水绕三山，三山四水春常在，四水三山四时春。

四是四，十是十，要想说对四，舌头碰牙齿。要想说对十，舌头别伸直。要想说对四和十，多多练习十和四，常常说说四和十。

z、c、s－j、x：司机买雌鸡，仔细看雌鸡，四只小雌鸡，叽叽好欢喜，司机笑嘻嘻。

zh、ch、sh：大车拉小车，小车拉小石头，石头掉下来，砸了小脚指头。

r：夏日无日日亦热，冬日有日日亦寒，春日日出天渐暖，晒衣晒被晒褥单，秋日天高复云淡，遥看红日迫西山。

二、韵母及发音方法

韵母，就是一个音节中声母后面的部分。普通话里共有 39 个韵母。

（一）韵母的分类

普通话韵母主要由元音构成，有的韵母由元音加鼻辅音构成。韵母可以从不同的角度分类：按照结构，可以分为单韵母、复韵母、鼻韵母三类；按照韵母开头元音发音的口形，可以分为开口呼、齐齿呼、合口呼、撮口呼四类。

1. 按韵母的结构分类

韵母按结构分类可分为单韵母、复韵母、鼻韵母三类。

（1）单韵母：是由一个元音构成的韵母，即单元音构成的韵母。如“色素”（sè sù）两个音节的韵母分别是 e 和 u，它们都是单韵母。普通话的单韵母一共有 10 个：ɑ、o、e、ê、i、u、ü、-i［前ˀ］、-i［后ʅ］、er。

方法指导

单韵母是构成普通话全部韵母的基础。发音时主要由舌面起作用，气流颤动声带，然后由口腔呼出。元音音色的不同主要是由发音时口腔形状的不同造成的，口腔形状的不同又是由下面三个条件造成的。

第一，舌位的前后。舌位指发音时舌面隆起部分的所在位置。舌尖前伸与后缩，可以改变元音的音色。根据舌位的前后可以把元音分为三类：前元音、央元音、后元音。发元音时舌头前伸，舌位在前，这时发出的元音叫前元音。普通话里有三个前元音，就是 i、ü、ê。发元音时，舌头后缩，舌位在后，这时发出的元音叫后元音。普通话里有三个后元音，就是 o、e、u。发元音时，舌头不前不后，舌位居中，这时发出的元音叫央元音。普通话里有 1 个央元音，就是 ɑ。

第二，舌位的高低。舌位的抬高与降低，可以造成不同的音色。根据舌位的高低可以把元音分为高元音、半高元音、半低元音、低元音。舌面抬高，和硬腭的距离达到最小时，发出的元音叫高元音。舌面降低，和硬腭的距离达到最大时，发出的元音叫低元音。由高元音到低元音的这段距离可以分为相等的四份，中间有三个点。舌位处在这三个点上时，发出的元音由上而下分别叫作半高元音、中元音和半低元音。普通话里有三个高元音，就是 i、u、ü，有两个半高元音，就是 o、e，有一个半低元音，就是 ê，有一个低元音，就是 ɑ。

第三，唇形的圆展（扁）。唇形收圆或展开，也可以造成不同的音色。根据唇形的圆展可以把元音分为圆唇元音和不圆唇元音。嘴唇收圆，发出的元音叫圆唇元音（如 u、ü、o）；嘴唇展开，发出的元音叫不圆唇元音（如 i、ê、ɑ）。

单元音发音的特点是，在发音的整个过程中，唇形和舌位始终不变。其中 er 比较特殊，伴有卷舌动作。下面我们根据舌位的前后、舌位的高低、唇形的圆展等三方面对普通话中的单韵母进行具体描写。

单元音韵母分为三小类：舌面单韵母、舌尖单韵母、卷舌单韵母。

（1）舌面单韵母：发音时舌面起主要作用。普通话中共有七个舌面单韵母：a、o、e、ê、i、u、ü。

元音的发音情况，可以用舌面元音舌位图来表示（见图1-1）。最高最前的元音是i，最高最后的是u，最低最前的是a［a］（普通话中ai的开头部分），最低最后的是a［a］（普通话中ao的开头部分）。普通话的舌面元音的发音范围就在这四个音的范围之内。图1-1上的横线代表舌位高低，竖线代表舌位的前后，竖线两侧为不圆唇和圆唇，根据这个图，我们可以看出各个元音的发音特点。下面我们来逐个分析。

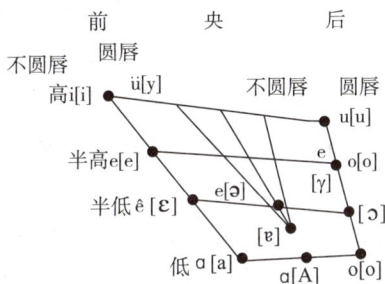

图1-1　舌面元音舌位图

a［A］：舌面元音、央元音、低元音、不圆唇元音

示范举例：发达 fā dá　　喇叭 lǎ·ba　　大厦 dà shà　　搭拉 dā·la

发音指导：发音时，嘴张开，舌位中央（不前不后）。舌位低，唇形不圆唇（自然状态）。

o［ɔ］：舌面元音、后元音、半高元音、圆唇元音

示范举例：泼墨 pō mò　　薄膜 báo mó　　饽饽 bō·bo　　婆婆 pó·po

发音指导：发音时，嘴半闭，舌后缩，舌头后部隆起，唇形拢圆。

e［ɤ］：舌面元音、后元音、半高元音、不圆唇元音

示范举例：特色 tè sè　　合格 hé gé　　舍得 shě·de　　客车 kè chē

发音指导：发音时，舌位与发o相同，只是唇形向两边展开。

ê［ɛ］：舌面元音、前元音、半低元音、不圆唇元音

示范举例：ie、üe的主要元音是韵母ê。

发音指导：发音时，嘴半张开，舌头向前伸，舌尖抵住下面的齿背，舌头前部隆起，嘴唇向两边展开。

i［i］：舌面元音、前元音、高元音、不圆唇元音

示范举例：集体 jí tǐ　　稀奇 xī qí　　地理 dì lǐ　　脾气 pí·qi

发音指导：发音时，舌头向前伸，舌尖抵住下齿背，舌头前部隆起，唇形展开成扁形。

u［u］：舌面元音、后元音、高元音、圆唇元音

示范举例：糊涂 hú tú   鼓舞 gǔ wǔ   图书 tú shū   朴素 pǔ sù

发音指导：发音时，舌头向后缩，舌后部隆起，嘴巴合拢，唇形收圆。

ü［y］：舌面元音、前元音、高元音、圆唇元音

示范举例：序曲 xù qǔ   吕剧 lǚ jù   女婿 nǚ·xu   区域 qū yù

发音指导：发音时，舌位与发 i 时相同，只是唇形要拢圆。

（2）舌尖单韵母：发音时舌尖起主要作用，普通话中的舌尖单韵母只有两个：一个是跟 z、c、s 相拼的 -i（前）［ɿ］，一个是跟 zh、ch、sh、r 相拼的 -i（后）［ʅ］。

-i（前）［ɿ］：舌尖元音、前元音、高元音、不圆唇元音

示范举例：自私 zì sī   次子 cì zǐ   孜孜 zī zī   字词 zì cí

发音指导：发音时，舌尖前伸，接近上齿背，气流通路虽窄，但不发生摩擦，唇形向两边自然展开。这个元音发音稍难，练习时可将"思"的音拖长，尾音就是 -i［前］了。

-i（后）［ʅ］：舌尖元音、后元音、高元音、不圆唇元音

示范举例：支持 zhī chí   时事 shí shì   日食 rì shí   知识 zhī shi

发音指导：发音时，舌尖翘起靠近软腭，气流通过时没有摩擦，唇形向两边自然展开。练习这个音时可以把"诗"的音拖长，尾音就是 -i［后 ʅ］。

（3）卷舌单韵母：普通话中只有一个卷舌韵母 er，因为这个声母发音时伴有卷舌动作，所以称为卷舌韵母。

er［ə］卷舌元音、央元音、中元音、不圆唇元音

示范举例：儿 ér   耳 ěr   尔 ěr   二 èr

发音指导：er 实际上是一个带有卷舌色彩的央元音 e［ə］，发音时嘴略开，舌位居于中央，唇形不圆，在发 e［ə］时，舌尖向硬腭卷起就成为 er，r 在 er 中只表示卷舌动作，不要看成是辅音韵尾。

（2）复韵母：是由两个或三个元音构成的韵母，即复元音构成的韵母。如"玩笑"（wán xiào）两个音节的韵母分别是 an 和 iao，an 是由两个元音构成的，iao 是由三个元音构成的，它们都是复韵母。

普通话的复韵母共有 13 个：ai、ei、ao、ou、ia、ie、ua、uo、üe、iao、iou、uai、uei。

方法指导

复韵母的发音特点如下。

第一，从前一个元音到后一个元音，舌位、唇形都有一个逐渐变动的过程，其间有一串过渡音，同时气流不中断。

第二，复韵母的几个元音在响度和清晰度等方面是不同的，其中有一个元音比较清晰响亮，是韵母的中心成分，为主要元音，称为韵腹。韵腹一般是舌位较低，开口度较大的元音，如 a、o、e、ê，如果前后没有其他元音，i、u、ü 也可以作韵腹。韵腹前面的元音是韵头，也称作介音，充当韵头的只有 i、u、ü 三个高元音。韵腹后面的音素是韵尾，只表示舌位移动的方向，音值含混而不固定。复韵母的韵尾只有 i、u 两个。ao、iao 中的"o"都是"u"的改写。

韵母最多由三个元音构成，以 iao 为例，"i"叫作韵头，"a"叫作韵腹，"o"叫作韵尾，其中韵腹的发音最响亮，也是声调标音部位所在。

根据韵腹在韵母中的位置，复韵母又可分为前响复韵母、后响复韵母和中响复韵母三小类。

（1）前响复韵母：前响复韵母是指韵腹在前的复韵母。在结构上，前响复韵母是由韵腹加韵尾组成的。普通话韵母中共有四个前响复韵母：ai、ei、ao、ou。

示范举例：

ai	白菜 bái cài	海带 hǎi dài	灾害 zāi hài	彩排 cǎi pái
ei	配备 pèi bèi	飞贼 fēi zéi	违背 wéi bèi	贝类 bèi lèi
ao	报考 bào kǎo	操劳 cāo láo	茅草 máo cǎo	跑道 pǎo dào
ou	楼口 lóu kǒu	漏斗 lòu dǒu	优厚 yōu hòu	邮购 yóu gòu

发音指导：发音时，前头的元音清晰响亮，后头的元音含混，音值不太固定，只表示舌位滑动的方向。

（2）后响复韵母：后响复韵母是指韵腹在后的复韵母。在结构上，后响复韵母由韵头加韵腹组成。普通话韵母中共有五个后响复韵母：ia、ie、ua、uo、üe。

示范举例：

ia	加价 jiā jià	恰恰 qià qià	押下 yā xià	压价 yā jià
ie	贴切 tiē qiè	铁屑 tiě xiè	结业 jié yè	趔趄 liè qie
ua	挂画 guà huà	花褂 huā guà	花袜 huā wà	耍滑 shuǎ huá
uo	堕落 duò luò	阔绰 kuò chuò	硕果 shuò guǒ	懦弱 nuò ruò
üe	约略 yuē lüè	雀跃 què yuè	决绝 jué jué	绝学 jué xué

发音指导：发音时前面的元音轻而短，模糊，只表示舌位从那里开始移动，后面的元音清晰响亮。

（3）中响复韵母：中响复韵母是指韵腹在中间的复韵母。中响复韵母在结构上是由韵头加韵腹加韵尾构成。普通话中的中响复韵母一共有四个：iao、iou（《汉语拼音方案》省写为 iu）、uai、uei（《汉语拼音方案》省写为 ui）。

示范举例：

| iao | 吊销 diào xiāo | 疗效 liáo xiào | 调料 tiáo liào | 巧妙 qiǎo miào |
| iou | 牛油 niú yóu | 久留 jiǔ liú | 求救 qiú jiù | 绣球 xiù qiú |

| uai | 怀揣 huái chuāi | 统帅 tǒng shuài | 徘徊 pái huái | 外快 wài kuài |
| uei | 崔巍 cuī wēi | 追随 zhuī suí | 摧毁 cuī huǐ | 水位 shuǐ wèi |

发音指导：发音时，前面的元音轻而短，中间的元音清晰响亮，后面的元音模糊，音值不太固定，只表示舌位滑动的方向。

（3）鼻韵母：鼻韵母是由元音带鼻辅音构成的韵母。如"担当"（dān dāng）两个音节的韵母分别是 an 和 ang，an 由元音 a 加辅音 n 构成，ang 由元音 a 加鼻辅音 ng 构成，它们都是鼻韵母。

普通话的鼻韵母共有 16 个：an、en、in、ün、ian、üan、uan、uen、ang、eng、ong、ing、iang、iong、uang、ueng。

需要说明的是《汉语拼音方案》中有的韵母省写，iou、uei、uen 分别省写主要元音，成为 iu、ui、un，但是在分析其韵母构成及以后分析音节结构时，必须把省写的还原，按原来的韵母构成情况分析。

方法指导

鼻韵母是由元音带鼻辅音韵尾构成的。鼻韵母的发音特点是：由元音的发音状态向鼻辅音的发音状态过渡，鼻音色彩逐渐增加，最后完全成为鼻音。另外鼻音韵尾没有解除阻碍的阶段，这同鼻辅音作声母时的情况有所不同。

在普通话中，作韵尾的鼻辅音有两个：n 和 ng。韵尾 n 的发音情况和它作声母时相同，只是不需解除阻碍。ng 是舌根、浊、鼻音，发音时软腭下降，打开鼻腔通路，舌根后面抵住软腭，气流从鼻腔通过，声带颤动。ng 在普通话中只作韵尾不作声母，和韵尾 n 一样，也没有解除阻碍的阶段。

根据所带的鼻音韵尾的不同，鼻韵母可以分成两个小类：带舌尖鼻辅音 n 的称为前鼻音韵母，带舌根鼻辅音 ng 的称为后鼻音韵母。

（1）前鼻音韵母：普通话中共有八个前鼻音韵母：an、en、in、ün、ian、üan、uan、uen。其中 an、en、in、ün 开头的元音是韵腹，ian、üan、uan、uen 中间的元音是韵腹，开头的元音是韵头。

示范举例：

an	栏杆 lán gān	盘缠 pán chan	肝胆 gān dǎn	展览 zhǎn lǎn
en	根本 gēn běn	愤恨 fèn hèn	认真 rèn zhēn	身份 shēn fèn
in	信心 xìn xīn	亲近 qīn jìn	拼音 pīn yīn	殷勤 yīn qín
ün	军训 jūn xùn	均匀 jūn yún	逡巡 qūn xún	温顺 wēn shùn
ian	片面 piàn miàn	简便 jiǎn biàn	前线 qián xiàn	检验 jiǎn yàn
üan	源泉 yuán quán	渊源 yuān yuán	全权 quán quán	圆圈 yuán quān
uan	转弯 zhuǎn wān	贯穿 guàn chuān	婉转 wǎn zhuǎn	专断 zhuān duàn
uen	谆谆 zhūn zhūn	春笋 chūn sǔn	昆仑 kūn lún	遵循 zūn xún

发音指导：韵腹要响亮，收尾音 n 时舌尖向前上方与牙齿闭合，舌尖抵上齿龈，气流从鼻腔出来，发 n，要又轻又短。

（2）后鼻音韵母：普通话中一共有八个后鼻音韵母：ang、eng、ong、ing、iang、iong、uang、ueng。其中 ang、eng、ong、ing 开头的元音是韵腹，iang、iong、uang、ueng 开头的元音是韵头，中间的元音是韵腹。

示范举例：

ang	沧桑 cāng sāng	帮忙 bāng máng	厂房 chǎng fáng	螳螂 táng láng
eng	风筝 fēng zheng	更正 gēng zhèng	丰盛 fēng shèng	征程 zhēng chéng
ong	轰隆 hōng lōng	恐龙 kǒng lóng	从容 cóng róng	空洞 kōng dòng
ing	英明 yīng míng	命令 mìng lìng	评定 píng dìng	倾听 qīng tīng
iang	想象 xiǎng xiàng	踉跄 liàng qiàng	响亮 xiǎng liàng	湘江 xiāng jiāng
iong	汹涌 xiōng yǒng	熊熊 xióng xióng	炯炯 jiǒng jiǒng	茕茕 qióng qióng
uang	装潢 zhuāng huáng	狂妄 kuáng wàng	状况 zhuàng kuàng	双簧 shuāng huáng

ueng　嗡嗡 wēng wēng，在普通话中 ueng 只能自成音节，不能和辅音相拼。

发音指导：韵腹要响亮，收尾音 ng 时舌根抬起向后上方运动，不能完全闭合，舌根后缩并抬起至软腭，气流从鼻腔出来，发 ng，要又轻又短。

2. 按韵母的发音口形分类

传统的汉语音韵学按照韵母开头元音的口形把韵母分成开口呼、齐齿呼、合口呼、撮口呼四类，合称"四呼"。

开口呼：韵母不是 i、u、ü，也不是 i、u、ü 开头的，这样的韵母就是开口呼韵母。例如：发生 fā shēng，两个音节的韵母 a、eng，它们都是开口呼韵母。

普通话的开口呼韵母共有 16 个：-i（前）［ɿ］，-i（后）［ʅ］、a、o、e、ê、er、ai、ei、ao、ou、an、en、ang、eng、ong。

齐齿呼：韵母是 i 或以 i 开头的，这样的韵母是齐齿呼韵母。例如：吉祥 jí xiáng，两个音节的韵母 i 和 iang，它们都是齐齿呼韵母。

普通话的齐齿呼韵母共有 10 个：i、ia、ie、ian、iou、iao、in、iang、ing、iong。

合口呼：韵母是 u 或以 u 开头的，这样的韵母是合口呼韵母。例如：呼唤 hū huàn，两个音节的韵母 u 和 uan，它们都是合口呼韵母。

普通话的合口呼韵母共有九个：u、ua、uo、uai、uei、uan、uen、uang、ueng。

撮口呼：韵母是 ü 或以 ü 开头的，这样的韵母是撮口呼韵母。例如：旋律 xuán lǜ，两个音节的韵母 üan 和 ü，它们都是撮口呼韵母。

普通话的撮口呼韵母只有四个：ü、üe、üan、ün。

现根据韵母的结构和韵母的四呼，将普通话的韵母列成表1-3。

表1-3　普通话39个韵母表

韵母　　按口形分 按结构分	开口呼	齐齿呼	合口呼	撮口呼
单韵母	-i	i	u	ü
	a	ia	ua	
	o		uo	
	e			
	ê	ie		üe
	er			
复韵母	ai		uai	
	ei		uei	
	ao	iao		
	ou	iou		
鼻韵母	an	ian	uan	üan
	en	in	uen	ün
	ang	iang	uang	
	eng	ing	ueng	
	ong	iong		

（二）韵母的方音辨正

各地方言的韵母与普通话的韵母不完全相同。要学好普通话，也应辨别韵母的差异，纠正方音。就一般情况而言，学习普通话韵母应注意以下几个方面。

1. 分辨 o 和 e

在普通话中，单韵母 o 只能和 b、p、m、f 四个声母拼合，而单韵母 e 却不能和 b、p、m、f 四个声母相拼。可是辽宁不少地方的方言中却缺少 o 韵母，凡普通话声母 b、p、m、f 后面的韵母是 o 的，差不多都念成 e，如"箥箩"读作 pě luo，"大佛"读作 dà fé。

方法指导

把 b、p、m、f 后的韵母 e 都改作 o，练习 o 的发音时，只要按 e 的舌位再把唇形稍拢圆就可以了。

2. 分辨 n 和 ng

在普通话中，前鼻韵母和后鼻韵母基本上是成对的，如按 an 和 ang、uan 和 uang、ian 和 iang、en 和 eng、in 和 ing、uen 和 ueng 等，但许多方言不是这样，最多见的就是把两类混读为一类，尤其是 en 和 eng、in 和 ing 的混读。一种情况是都混读为前鼻韵母，如四川话；一种情况是都混读为后鼻韵母，如上海话。这些地区的人首先要学会自己方言中没有的音，记住哪些字该念前鼻韵母，哪些字该念后鼻韵母。

方法指导

采用比对练习法

1. 韵母对比练习

in——ing——in   ing——in——ing
en——eng——en   eng——en——eng

2. 音节对比练习

拼 pīn——评 píng   音 yīn ——英 yīng   心 xīn——星 xīng
今 jīn——经 jīng   民 mín ——明 míng   紧 jǐn——警 jǐng
分 fēn——风 fēng   盆 pén ——蓬 péng   门 mén——盟 méng
笨 bèn——蹦 bèng   针 zhēn ——睁 zhēng   痕 hén——横 héng

3. 词汇练习

殷勤 yīn qín   丰盛 fēng shèng   心灵 xīn líng   真正 zhēn zhèng
姓名 xìng míng   新兴 xīn xīng   风筝 fēng zheng   人称 rén chēng
聪明 cōng ming   聘请 pìn qǐng   平等 píng děng   承认 chéng rèn

4. 辨音练习

信服 xìn fú——幸福 xìng fú   红心 hóng xīn ——红星 hóng xīng
人民 rén mín ——人名 rén míng   申明 shēn míng——声明 shēng míng
亲近 qīn jìn ——清净 qīng jìng   频繁 pín fán——平凡 píng fán
金鱼 jīn yú——鲸鱼 jīng yú   审视 shěn shì ——省市 shěng shì
深思 shēn sī ——生丝 shēng sī   市镇 shì zhèn ——市政 shì zhèng
陈旧 chén jiù——成就 chéng jiù   亲身 qīn shēn ——轻声 qīng shēng

有些则可按声韵配合规律记忆，普通话声母 d、t、n 跟 in 拼合的只有一个"您"，那么方言中 d、t、n 后念作 in 韵的字，除"您"，都应改为 ing 韵字，如"丁""听""宁"等。

3. 分辨 an 和 uan

东北很多地区，把普通话 n、l 后的 uan 韵母都读作 an 韵母，如"捣乱"（dǎo luàn）念成 dǎo làn，"姓栾"（xìng luán）念成 xìng lán，等等。

方法指导

an 改作 uan，可采用声旁类推，例如：栾（luán）——峦、滦、銮（luán）。但多数的还是记字记词，好在 uan 韵字不多，还是容易记住的。

4. 其他问题

注意介音不可省略，大连地区把"对象"（duì xiàng）念成 dèi xiàng，就是省略了介音 u。注意读准 ai、uai、ao、iao 等韵母。辽宁省的辽西、辽南多数地区的人发不准这些韵母，把 ai 这个由 a 向 i 滑动的过渡音，发成了开口度较小的音。

方法指导

辽西、辽南人要克服上述韵母发音不准的现象，须把握这几个复韵母的发音特点，注意起始元音与结尾元音之间的过程，每个元音的开口度都发到位，就能读准这几个复韵母。经过实践教学比对，辽宁省的普通话方言中存在的问题，读不准韵母 ai、uai、ao、iao 是所有问题中最难纠正的。建议学习者在学习的过程中要有信心，不要过于急躁。另外，在纠正的初期，可适当地练习 a 的美声发音，更利于纠正。

（三）韵母绕口令汇总

想要说好一口流利的普通话，绕口令的练习是一种较好的选择，下面是一些关于韵母的绕口令。

a：门前有八匹大伊犁马，你爱拉哪匹马拉哪匹马。

e：坡上立着一只鹅，坡下就是一条河。宽宽的河，肥肥的鹅，鹅要过河，河要渡鹅。不知是鹅过河，还是河渡鹅。

i：一二三，三二一，一二三四五六七。七个阿姨来摘果，七个花篮儿手中提。七棵树上结七样儿，苹果、桃儿、石榴、柿子、李子、栗子、梨。

u：鼓上画只虎，破了拿布补。不知布补鼓，还是布补虎。

i——ü：这天天下雨，体育局穿绿雨衣的女小吕，去找穿绿运动衣的女老李。穿绿雨衣的女小吕，没找到穿绿运动衣的女老李，穿绿运动衣的女老李，也没见着穿绿雨衣的女小吕。

er：要说"尔"专说"尔"，马尔代夫，喀布尔/阿尔巴尼亚，扎伊尔/卡塔尔，尼泊尔/贝尔格莱德，安道尔/萨尔瓦多，伯尔尼/利伯维尔，班珠尔/厄瓜多尔，塞舌尔/哈密尔顿，尼日尔/圣彼埃尔，巴斯特尔/塞内加尔的达喀尔，阿尔及利亚的阿尔及尔。

-i（前）[ɿ]：一个大嫂子，一个大小子。大嫂子跟大小子比包饺子，看是大嫂子包的饺子好，还是大小子包的饺子好，再看大嫂子包的饺子少，还是大小子包的饺子少。大嫂子包的饺子又小又好又不少，大小子包的饺子又小又少又不好。

-i（后）[ʅ]：知之为知之，不知为不知，不以不知为知之，不以知之为不知，唯此才能求真知。

ai：买白菜，搭海带，不买海带就别买大白菜。买卖改，不搭卖，不买海带也能买到大白菜。

ei：贝贝飞纸飞机，菲菲要贝贝的纸飞机，贝贝不给菲菲自己的纸飞机，贝贝教菲菲自己做能飞的纸飞机。

ai——ei：大妹和小妹，一起去收麦。大妹割大麦，小妹割小麦。大妹帮小妹挑小麦，小妹帮大妹挑大麦。大妹小妹收完麦，噼噼啪啪齐打麦。

ao：隔着墙头扔草帽，也不知草帽套老头儿，也不知老头儿套草帽。

ou：忽听门外人咬狗，拿起门来开开手；拾起狗来打砖头，又被砖头咬了手；从来不说颠倒话，口袋驮着骡子走。

an：出前门，往正南，有个面铺面冲南，门口挂着蓝布棉门帘。摘了它的蓝布棉门帘，面铺面冲南，给他挂上蓝布棉门帘，面铺还是面冲南。

en：小陈去卖针，小沈去卖盆。俩人挑着担，一起出了门。小陈喊卖针，小沈喊卖盆。也不知是谁卖针，也不知是谁卖盆。

ang：海水长，长长长，长长长消。

eng：郑政捧着盏台灯，彭澎扛着架屏风，彭澎让郑政扛屏风，郑政让彭澎捧台灯。

ang——an：张康当董事长，詹丹当厂长，张康帮助詹丹，詹丹帮助张康。

eng——en：陈庄程庄都有城，陈庄城通程庄城。陈庄城和程庄城，两庄城墙都有门。陈庄城进程庄人，陈庄人进程庄城。请问陈程两庄城，两庄城门都进人，哪个城进陈庄人？程庄人进哪个城？

ang——eng：长城长，城墙长，长长长城长城墙，城墙长长城长长。

ia：天上飘着一片霞，水上漂着一群鸭。霞是五彩霞，鸭是麻花鸭。麻花鸭游进五彩霞，五彩霞挽住麻花鸭。乐坏了鸭，拍碎了霞，分不清是鸭还是霞。

ie：姐姐借刀切茄子，去把儿去叶儿斜切丝，切好茄子烧茄子、炒茄子、蒸茄子，还有一碗焖茄子。

iao：水上漂着一只表，表上落着一只鸟。鸟看表，表瞪鸟，鸟不认识表，表也不认识鸟。

iou：一葫芦酒，九两六。一葫芦油，六两九。六两九的油，要换九两六的酒，九两六的酒，不换六两九的油。

ian：半边莲，莲半边，半边莲长在山涧边。半边天路过山涧边，发现这片半边莲。半边天拿来一把镰，割了半筐半边莲。半筐半边莲，送给边防连。

in：你也勤来我也勤，生产同心土变金。工人农民亲兄弟，心心相印团结紧。

iang：杨家养了一只羊，蒋家修了一道墙。杨家的羊撞倒了蒋家的墙，蒋家的墙压死了杨家的羊。杨家要蒋家赔杨家的羊，蒋家要杨家赔蒋家的墙。

ing：天上七颗星，树上七只鹰，梁上七个钉，台上七盏灯。拿扇扇了灯，用手拔了钉，举枪打了鹰，乌云盖了星。

ua：一个胖娃娃，画了三个大花活蛤蟆；三个胖娃娃，画不出一个大花活蛤蟆。画不出一个大花活蛤蟆的三个胖娃娃，真不如画了三个大花活蛤蟆的一个胖娃娃。

uo（o）：狼打柴，狗烧火，猫儿上炕捏窝窝，雀儿飞来蒸饽饽。

uai：槐树槐，槐树槐，槐树底下搭戏台，人家的姑娘都来了，我家的姑娘还不来。说着说着就来了，骑着驴，打着伞，歪着脑袋上戏台。

uei：威威、伟伟和卫卫，拿着水杯去接水。威威让伟伟，伟伟让卫卫，卫卫让威威，没人先接水。一二三，排好队，一个一个来接水。

uang：王庄卖筐，匡庄卖网。王庄卖筐不卖网，匡庄卖网不卖筐，你要买筐别去匡庄去王庄，你要买网别去王庄去匡庄。

ueng：老翁卖酒老翁买，老翁买酒老翁卖。

ong：冲冲栽了 10 畦葱，松松栽了 10 棵松。冲冲说栽松不如栽葱，松松说栽葱不如栽松。是栽松不如栽葱，还是栽葱不如栽松？

uan—uang：那边划来一艘船，这边漂去一张床，船床河中互相撞，不知船撞床，还是床撞船。

uan—an：大帆船，小帆船，竖起桅杆撑起船。风吹帆，帆引船，帆船顺风转海湾。

uen—en：孙伦打靶真叫准，半蹲射击特别神，本是半路出家人，摸爬滚打练成神。

üe：真绝，真绝，真叫绝，皓月当空下大雪，麻雀游泳不飞跃，鹊巢鸠占鹊喜悦。

ün：军车运来一堆裙，一色军用绿色裙。军训女生一大群，换下花裙换绿裙。

üan：圆圈圆，圈圆圈，圆圆娟娟画圆圈。娟娟画的圈连圈，圆圆画的圈套圈。娟娟圆圆比圆圈，看看谁的圆圈圆。

iong：小勇勇敢学游泳，勇敢游泳是英雄。

第三节 准音高，顺其变——声调及语流音变发音方法

一、声调及发音方法

声调是音节中能区别意义的高低升降变化。在汉语中，声调同声母、韵母一样，是音节的重要组成部分。

（一）声调的性质

声调的性质决定于音高。当然声调同音强、音长也有关系，但音强和音长不起决定作用。在语音的音高、音强、音长、音色四个要素中，音高对于汉语有特别重要的作用，这是因为，音高是构成汉语中声调的物理基础。虽然普通话声调中有的长一些，有的短一些，但这并不是普通话声调差别的本质特征，声调主要由音高的变化构成。音高的变化是由声带的松紧变化所造成的。发音时，声带越紧，在一定时间的颤动的次数越多，声音就越高；声带越松，在一定时间内颤动的次数越少，声音就越低。在发音过程中，声带可以自始至终保持同样的松紧度，也可以先松后紧，先紧后松，也可以松紧相同，这样就造成了不同的音高变化，从而构成不同的声调。

声调的音高是相对的。男女老幼的绝对音高是有区别的，一般来说男人比女人声音低，老人比小孩声音低，即使是同一个人，情绪激动时声音高，情绪低落时声音低。但是这样的音高对区别意义没有作用，这种音高是绝对音高，而声调是相对音高。用不同音频说出的 bà 都可用来表示"父亲"，而不会被理解为"巴"或"拔"；同一个词"素养"，一个男人用低调说出来，一个女人用高八度的调说出来，别人听起来都是"素养"，尽管用精密仪器测量出的绝对音高是不同的，但意思都一样。这是因为声调是通过合乎一定的比例的音高变化的模式来区别意义，就是相对音高，因此可以这样说，声调中起决定作用的不是音高本身的绝对频率，而是由音高构成的某种模式，这种模式是独特的，每个人也都是唯一的，所以有些密码锁是靠声音来辨识的，就是这个原因。一个小孩说"素"是从最高音降到最低音，一个成年人说"素"也是从最高音降到最低音，小孩的最低音可能比成年人的最高音还高，但这两个人都是由高音降为低音，音高变化的形式和升降幅度大体相同，就是说这两个人发音时的相对音高是相同的，所以他们可以顺利地听懂对方的话。以上是说声调的相对音高。同时声调的音高变化是连续地滑动而不是跳跃的。

（二）声调的作用

1. 声调具有辨别语义的功能

由相同声母、韵母构成的音节，如果声调不同，那么词义也就不同。例如：qu这个音节，它的音高变化形式如果是由中到高，可以表示渠（qú）的意义；如果先降后升，那么可以表示取（qǔ）的意义；如果由高降到低，就可表示去（qù）的意义。

举个虽然特殊但较有代表性的例子：

施氏食狮史

石室诗士施氏，嗜狮，誓食十狮。氏时时适市视狮。十时，适十狮适市。是时，适施氏适市。氏视十狮，恃矢势，使十狮逝世。氏拾是十狮尸，适石室。石室湿，施氏使侍拭石室。石室拭，施氏始试食十狮尸。食时，始识是十狮尸实十石狮尸。

文章翻译：

住在石头做的屋子里的姓施的诗人，喜欢狮子，发誓要吃十头狮子。施氏常常到集市里看狮子。十点钟，刚好十头狮子到集市。这时，刚好施氏也来到集市。施氏看着这十头狮子，仗着箭的力量，把这十头狮子射死了。施氏收拾这十头狮子，把它们带回到石头做的屋子里。石头做的屋子很潮湿，施氏命令侍者擦拭石屋。石头做的屋子擦好了，施氏开始尝试吃这十头狮子。吃的时候才知道这十头狮子实际上是十座石头做的狮子的尸体。

《施氏食狮史》是我国著名语言学家、现代语言学之父赵元任先生于20世纪30年代在美国写的一篇奇文，文章原题《石室诗士食狮史》。全文计106字，每个字的普通话音节都是shi，借以说明汉字及汉语书面语的功能——以形表意，同时也强调了调值的重要意义。

1960年，《施氏食狮史》被《大英百科全书》收集在中国语言项内。

2. 具有增强语言的节奏感和感染力的作用

声调还可以产生韵律美，使语言富有节奏感和感染力。诗词的意境可以给人美感，可以取悦读者，或可以传情达意，给人启发。于是有人想到为何不让诗词的声音也能给人美感，读起来抑扬顿挫、朗朗上口呢？平仄之说就此诞生。中国古代诗歌讲究平仄，原因就是声调的变化会使诗歌富于变化，铿锵有力。如诗歌和民歌，往往运用声调手段来体现韵律的美感。

示范举例：

吸 来 江 水 煮 新 茗，卖 尽 青 山 当 画 屏。
平 平 平 仄 仄 平 平 仄 仄 平 平 平 仄 平

中国诗词文人以平仄为基础创造了大量言辞优美的诗词名句，是中国古典文集里的瑰宝。

➤ （三）调值与调类

调值和调类是构成声调的两个要素。

调值指音节高低升降的变化形式，即声调的实际读法。调值有两个特点：

一是构成调值的音高是相对音高，不是绝对音高。

二是构成调值的相对音高在读音上是连续的，中间没有停顿和跳跃，类似于小提琴上的滑音，不像钢琴的敲打音。

调类是把一种语言或方言中出现的所有调值归类得出的类别。普通话的调类有四个，即阴平、阳平、上声、去声。

除了调值和调类，要掌握好普通话的声调还需要明确以下两个概念：

调型是声音高低升降的变化模式。例如 55 为高平调型，35 为中升调型，214 为降升调型，51 为全降调型。

调号是声调的符号，即把五度竖标法的图形简化为一种不标刻度的声调符号。

方法指导

五度标记法

《汉语拼音方案》规定，普通话阴平标作"ˉ"，就是一声音；阳平标作"ˊ"，就是二声音；上声标作"ˇ"，就是三声音；去声标作"ˋ"，就是四声音。对汉语的调值进行准确细致地描写，通常采用五度标记法。20 世纪 30 年代初，赵元任发明了五度标记法，使对调值的描写走上了科学的道路。

五度标记法的工作原理：先画一条竖线作为标记，分成低、半低、中、半高、高五度，分别用 1、2、3、4、5 表示，竖标左边用横线、斜线、曲线表示声调的音高变化（见图 1-2）。变化的具体幅度可以用数字来表示，平调、降调、升调通常用两个数字表示，分别表示音高变化的起点和终点，而曲折调通常用三个数字来表示，分别表示音高变化的起点、转折点和终点。普通话共有四种调值，阴平是高平调，调值为 55，调号"ˉ"；阳平是中升调，调值为 35，调号"ˊ"；上声是降升调，调值为 214，调号"ˇ"；去声是全降调，调值为 51，调号"ˋ"。

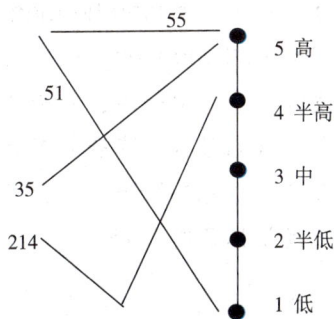

图 1-2　五度标记法图示

1. 55 调值、高平调、阴平、"ˉ"

五度竖标见图 1－3。

图 1－3　55 调值等图示

示范举例：

春天花开 chūn tiān huā kāi　　　　江山多娇 jiāng shān duō jiāo

青春光辉 qīng chūn guāng huī　　　公司通知 gōng sī tōng zhī

新屋出租 xīn wū chū zū

发音指导：高平调，声带绷到最紧，始终无明显变化，保持音高。

2. 35 调值、中升调、阳平、"ˊ"

五度竖标见图 1－4。

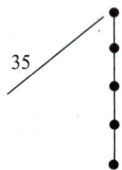

图 1－4　35 调值等图示

示范举例：

人民团结 rén mín tuán jié　　　　群情昂扬 qún qíng áng yáng

连年和平 lián nián hé píng　　　　农民犁田 nóng mín lí tián

圆形循环 yuán xíng xún huán

发音指导：中升调，起音比阴平稍低，然后升到高。声带从不松不紧开始，逐步绷紧，直到最紧，声音从不低不高到最高。

3. 214 调值、降升调、上声、"ˇ"

五度竖标见图 1－5。

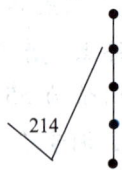

图 1－5　214 调值等图示

示范举例：

党委领导 dǎng wěi lǐng dǎo　　　　理想美好 lǐ xiǎng měi hǎo

彼此理解 bǐ cǐ lǐ jiě　　　　　　永远友好 yǒng yuǎn yǒu hǎo

管理很好 guǎn lǐ hěn hǎo

发音指导：降升调，起音半低，先降后升，声带从略微有些紧张开始，立刻松弛下来，稍稍延长，然后迅速绷紧，但没有绷到最紧。

4. 51调值、全降调、去声、"ˋ"

五度竖标见图1-6。

51

图1-6　51调值等图示

示范举例：

创造世界 chuàng zào shì jiè　　　　胜利在望 shèng lì zài wàng

世界教育 shì jiè jiào yù　　　　　报告胜利 bào gào shèng lì

创造利润 chuàng zào lì rùn

发音指导：全降调，起音高，接着往下滑，声带从紧开始到完全松弛为止，声音从高到低，音长是最短的。

总结普通话四声的发音特点：

阴平调，起音高高一路平；阳平调，由中到高往上升；

上声调，先降后升曲折起；去声调，高起猛降到底层。

✈ (四) 声调辨正

声调辨正就是辨别方言和普通话声调的差异。

✳ 1. 纠正方音

在声调辨正的问题上，要找出方言和普通话声调之间的对应关系，以纠正方音。主要应注意以下几点。

🎬 方法指导

调类辨正

普通话只有四个调类，方言中少于四个调类的极少（如滦县话），但多于四个调类的却很多。例如上海话有五个调类，长沙话、南昌话、梅县话都是六个调类，苏州话、福州话、厦门话都是七个调类，绍兴话八个调类。有六个或六个以上调类的方言中，有的不仅平声分阴阳，而且去声也分阴阳，如苏州话、绍兴话、南昌话、长沙话等，在这些方言中，"放""大"归属不同的调类，即"放"归入阴去，"大"归入阳去，而普通话都统归入去声。因此，这些方言区的人应该把这两类合并成一类，把调值都念成降调51调。辽宁方音中也有比较多的调类差异字，例如：

血压 xuè yā 读成 xuě yà　　　　　吐痰 tǔ tán 读成 tù tán

知道 zhī dào 读成 zhí dào　　　　几乎 jī hū 读成 jǐ hū

夹层 jiā céng 读成 jiá céng　　　　召开 zhào kāi 读成 zhāo kāi

对于这种情况，就要多积累正确读音，以改正错误的读音。

方法指导

读准调值

方言的调值跟普通话的调值有同有异，即使与普通话调类相同的，调值也未必相同。例如同是阴平调（如"温"），普通话为55高平调，而南京话为51（降调），济南话为213（降升调），滦县话为11（低平调）。又如同是上声调（如"古"），普通话为214（降升调），济南话为55（高平调），成都话为52（降调），广州话为35（高升调）。辽宁省有些地区在调值方面问题也十分明显，普遍存在调值读得不够高的现象，如抚顺把"老师"（lǎo shī）读成 láo shī，"老"字的调值由214变为接近35的调值。再以一个表格形式来对比普通话调值和辽宁方音调值的区别（见表1-4）。

表1-4　普通话与辽宁方音调值差异示例

例字	普通话调值	辽宁方音调值
京 jīng	55	33
城 chéng	35	24
老 lǎo	214	213
窖 jiào	51	41

表1-4显示，辽宁方音中普遍存在调值与普通话的调值差一度的现象，这也是辽宁人学习普通话的最大的障碍。很多人在发阴平音的时候，以为阴平音是四个调值里的最低音，要发得低沉，实际上，在普通话里，一声音恰恰是最高声。在发音时要格外注意。建议要多听广播、多看新闻，多听，多说，才能说好普通话。

另外，有些方言缺少与普通话相同的调值形式，如济南话有降升调、平调、降调而无升调，滦县只有平调、曲折调而无升调和降调。这些方言区的人学习普通话要下功夫学好本方言没有的调值形式的发音。

方法指导

声调练习

1. 四字声调练习

阴阳上去：

英明果断 yīng míng guǒ duàn

山河锦绣 shān hé jǐn xiù

阶级友爱 jiē jí yǒu ài

高扬起降 gāo yáng qǐ jiàng

中国伟大 zhōng guó wěi dà

天才领袖 tiān cái lǐng xiù

说学捧唱 shuō xué pěng chàng

天文景象 tiān wén jǐng xiàng

去上阳阴：

妙手回春 miào shǒu huí chūn

破釜沉舟 pò fǔ chén zhōu

痛改前非 tòng gǎi qián fēi

异口同声 yì kǒu tóng shēng

阴阴去去：

披星戴月 pī xīng dài yuè

专心致志 zhuān xīn zhì zhì

推心置腹 tuī xīn zhì fù

惊涛骇浪 jīng tāo hài làng

阳阳去去：

惩前毖后 chéng qián bì hòu

淋漓尽致 lín lí jìn zhì

来龙去脉 lái lóng qù mài

悬崖峭壁 xuán yá qiào bì

阴平字例：

中央空军 zhōng yāng kōng jūn

资金输出 zī jīn shū chū

山东山西 shān dōng shān xī

周三开工 zhōu sān kāi gōng

阳平字例：

农民学习 nóng mín xué xí

云南石油 yún nán shí yóu

桃红旗袍 táo hóng qí páo

哲学才能 zhé xué cái néng

上声字例：

展览场馆 zhǎn lǎn chǎng guǎn

洗洗小脸 xǐ xǐ xiǎo liǎn

老鼠老虎 lǎo shǔ lǎo hǔ

猛煮马肚 měng zhǔ mǎ dǔ

去声字例：

计划社会 jì huà shè huì

数量变化 shù liàng biàn huà

日夜做梦 rì yè zuò mèng

制作课件 zhì zuò kè jiàn

2. 声调比对练习

摆脱 bǎi tuō——拜托 bài tuō

才华 cái huá——菜花 cài huā

裁决 cái jué——采掘 cǎi jué

敬意 jìng yì——惊异 jīng yì

进取 jìn qǔ——禁区 jìn qū

长方 cháng fāng——厂房 chǎng fáng

告诉 gào sù——高速 gāo sù　　　　装置 zhuāng zhì——壮志 zhuàng zhì

仁义 rén yì——任意 rèn yì　　　　敷衍 fū yǎn——赴宴 fù yàn

3. 声调混合练习

阴平 + 阴平

播音 bō yīn　　　　鲜花 xiān huā　　　　星空 xīng kōng

丰收 fēng shōu　　　疏通 shū tōng

阴平 + 阳平

编辑 biān jí　　　　周年 zhōu nián　　　　新闻 xīn wén

宣传 xuān chuán　　　轻浮 qīng fú

阴平 + 上声

歌曲 gē qǔ　　　　嘉许 jiā xǔ　　　　推举 tuī jǔ

珠海 zhū hǎi　　　焦点 jiāo diǎn

阴平 + 去声

播送 bō sòng　　　　帮助 bāng zhù　　　　清澈 qīng chè

规范 guī fàn　　　　经济 jīng jì

阳平 + 阴平

革新 gé xīn　　　　轮班 lún bān　　　　国家 guó jiā

农村 nóng cūn　　　成功 chéng gōng

阳平 + 阳平

人民 rén mín　　　　农林 nóng lín　　　　长城 cháng chéng

辽宁 liáo níng　　　承德 chéng dé

阳平 + 上声

存款 cún kuǎn　　　谜底 mí dǐ　　　　明显 míng xiǎn

眉宇 méi yǔ　　　　成长 chéng zhǎng

阳平 + 去声

评论 píng lùn　　　权利 quán lì　　　　仁义 rén yì

合算 hé suàn　　　严重 yán zhòng

上声 + 阴平

采编 cǎi biān　　　广播 guǎng bō　　　　打击 dǎ jī

浦东 pǔ dōng　　　影星 yǐng xīng

上声 + 阳平

普及 pǔ jí　　　　改革 gǎi gé　　　　警察 jǐng chá

补习 bǔ xí　　　　统筹 tǒng chóu

上声 + 上声

导演 dǎo yǎn	审理 shěn lǐ	水果 shuǐ guǒ
广场 guǎng chǎng	美好 měi hǎo	

上声 + 去声

理论 lǐ lùn	党性 dǎng xìng	买进 mǎi jìn
主见 zhǔ jiàn	法律 fǎ lǜ	

去声 + 阴平

下乡 xià xiāng	创新 chuàng xīn	正中 zhèng zhōng
办公 bàn gōng	配音 pèi yīn	

去声 + 阳平

内容 nèi róng	串联 chuàn lián	向阳 xiàng yáng
措辞 cuò cí	凤凰 fèng huáng	

去声 + 上声

剧本 jù běn	会场 huì chǎng	确保 què bǎo
问好 wèn hǎo	自我 zì wǒ	

去声 + 去声

报告 bào gào	对话 duì huà	上进 shàng jìn
电视 diàn shì	跨度 kuà dù	

二、语流音变及发音方法

普通话里的单个音节一般都有固定的声调，但人在现实中进行表达时不是一个音节一个音节地说，而是连续地发出许多音节，这就形成了一种"语流"。在连续的语流中，音素之间、音节之间会互相影响，以致发生某种变化，这种变化就是音变，也叫语流音变。

普通话里的语流音变现象主要有轻声、变调和儿化和语气助词"啊"的音变。

（一）轻声及发音方法

一般来说，汉语普通话中有些字，当它们在词或句子里和其他字连说时，由于一定的原因，会失去了原有的字调，变得又短又轻，这种现象就叫做轻声。"轻声"这一概念由著名语言学家赵元任先生首次提出的。轻声是汉语普通话语音的现象之一，是一个功能结构单位，也是一种语音区别手段。

轻声不同于一般声调，它没有一个固定的调值，并不是四声以外的第五种声调。普通话的四个调类，阴、阳、上、去之间并不存在派生关系，但轻声字则一般都有自己的本调，是在特定条件下失去原调的变调现象。轻声没有独立的调值，它的音高与升降变化是由前面的音节所决定。所以说轻声是四个声调的一种特殊音变。一般来说，四种声调的字，在一定条件下，都可以失去原来的声调，变读轻声。

轻声的表示符号，一般情况下，把"·"号直接放在汉字前，例如"棉·花""地·下"。

1. 轻声的性质

轻声不是一种独立的调类，而只是音节连读时产生的一种音变现象。轻声在性质上同四声有很大的不同。

首先，它们的物理基础不同，决定声调的是音高，而决定轻声的是音强和音长。

其次，轻声字一般都有自己的原调，如"房子"的"子"，"馒头"的"头"，单读时分别是上声和阳平，可见轻声是由四声音变而产生的。

第三，轻声的调值是不固定的，通常取决于前一音节的调值。当前面一个音节的声调是阴平、阳平、去声的时候，轻声音节的调形是一个短促的降调，调值大致为轻短的 31。例如：

阴平 + 轻声：

| 妈妈 mā·ma | 青的 qīng·de | 吃吧 chī·ba | 跟头 gēn·tou |

阳平 + 轻声：

| 爷爷 yé·ye | 红的 hóng·de | 来吧 lái·ba | 棉花 mián·hua |

去声 + 轻声：

| 弟弟 dì·di | 绿的 lǜ·de | 去吧 qù·ba | 木头 mù·tou |

当前面一个音节的声调是上声的时候，轻声音节的调形是一个短促的半高平调，调值大致为轻短的 44。例如：

上声 + 轻声：

| 姐姐 jiě·jie | 紫的 zǐ·de | 走吧 zǒu·ba | 点心 diǎn·xin |

2. 轻声的作用

轻声在普通话里的作用主要表现在以下三个方面。

（1）普通话里的轻声具有区别词义的作用。例如：

大爷 dà yé：指不爱劳动、傲慢任性的男子。

大爷 dà·ye：伯父，尊称年长的男子。

老子 lǎo zǐ：我国古代思想家、道家创始人李耳。

老子 lǎo·zi：父亲，粗俗的代称"我"。

（2）普通话里的轻声具有区别词性的作用。例如：

大意 dà yì：主要的意思。名词。

大意 dà·yi：疏忽，不在意。形容词。

地道 dì dào：地下交通要道。名词。

地道 dì·dao：真正的，纯粹的。形容词。

（3）普通话里的轻声具有区别句法结构的作用。例如：

我想起来（qǐ·lai）了。"来"读轻声，"起来"作宾语。

我想起来（xiǎng·qi lai）了。"起来"读轻声，"起来"作补语。

3. 轻声的分类

轻声按不同的标准可为不同的类别。

从轻声词结构的角度，轻声词可以分为单纯式轻声词和合成式轻声词。

（1）单纯式轻声词。

单纯式轻声词是指由一个语素构成的轻声词，构成词语的两个音节只表音，不表义。单纯式轻声词主要包括：

一是联绵词，例如：喇叭 lǎ·ba，葫芦 hú·lu。

二是叠音词，例如：姥姥 lǎo·lao，猩猩 xīng·xing。

（2）合成式轻声词。

合成式轻声词可以分为：复合合成式轻声词，重叠合成式轻声词和附加合成式轻声词。

①复合合成式轻声词由词根和词根组合而成，后一个字读轻声。它主要有以下几种形式。

联合结构，例如：喜欢 xǐ·huan，收拾 shōu·shi；

偏正结构，例如：月饼 yuè·bing，烧饼 shāo·bing；

动宾结构，例如：干事 gàn·shi，扶手 fú·shou；

中补结构，即中心词+补语的结构，例如：养活 yǎng·huo，看见 kàn·jian；

主谓结构，例如：月亮 yuè·liang，豆腐 dòu·fu。

②重叠合成式轻声词由两个相同的词根构成。例如：爸爸 bà·ba，哥哥 gē·ge，星星 xīng·xing。

③附加合成式轻声词是由一个词根和一个词缀组合而成的词语，比较典型，数量较多，也有较强的规律性。例如：

－们：我们 wǒ·men，你们 nǐ·men，朋友们 péng yǒu·men；

－子：桌子 zhuō·zi，椅子 yǐ·zi，骗子 piàn·zi；

－头：木头 mù·tou，馒头 mán·tou，念头 niàn·tou；

－巴：尾巴 wěi·ba，结巴 jiē·ba，哑巴 yǎ·ba；

－气：和气 hé·qi，俗气 sú·qi，福气 fú·qi；

－乎：热乎 rè·hu，邪乎 xié·hu，黏糊 nián·hu；

－性：记性 jì·xing，忘性 wàng·xing，德行 dé·xing。

方法指导

轻声词是多音节词汇里的一个特殊群体。轻声和词、语法都有很密切的关系。在普通话中，哪些音节读成轻声，一般是有规律可循的。

1. 必读轻声的轻声词

汉语普通话中的一些字或词，出现时必须读轻声，这是一种规范，如果不读轻声，就无法表示特定的意思。例如："舌头"一词中第二个字"头"必须读轻声，如果按本调来读，就无法表示词语原有的意思，而会被理解为"蛇头"。汉语中的必读轻声主要有：

（1）叠音词和动词重叠形式的后一音节必读轻声，例如：

妈妈 mā·ma   娃娃 wá·wa   试试 shì·shi

说说 shuō·shuo 了解了解 liǎo·jie liǎo·jie 讨论讨论 tǎo·lun tǎo·lun

考虑考虑 kǎo·lü kǎo·lü

（2）一些名词后面的方位词必读轻声，例如：

地上 dì·shang   桌上 zhuō·shang   天上 tiān·shang

床下 chuáng·xia   下面 xià·mian   里边 lǐ·bian

家里 jiā·li   这边 zhè·bian

（3）某些名词、代词后缀及表示复数的"们"等必读轻声，例如：

凳子 dèng·zi   虫子 chóng·zi   尾巴 wěi·ba

嘴巴 zuǐ·ba   锅巴 guō·ba   怎么 zěn·me

鸽子 gē·zi   木头 mù·tou   同学们 tóng xué·men

但是，"原子、光子、孢子、石子、窝窝头"等词中的"子"和"头"都是实语素，不是后缀，不读轻声。

（4）助词"的、得、地、着、了、过"等必读轻声，例如：

好的 hǎo·de   会的 huì·de   好得很 hǎo·de hěn

说得好 shuō·de hǎo 看了 kàn·le   吃了 chī·le

（5）语气词"啊、吧、呢、吗"等作后缀时必读轻声，例如：

好啊 hǎo·a   是嘛 shì·ma   我呢 wǒ·ne

对吧 duì·ba

（6）某些趋向动词或其后一语素必读轻声，例如：

上来 shàng·lai 下去 xià·qu   出去 chū·qu

过来 guò·lai   看起来 kàn·qi lai 走出去 zǒu·chu qu

夺回来 duó·hui lai 冷下去 lěng·xia qu

（7）用在数词、代词后面的量词"个"必读轻声，例如：

三个 sān·ge   几个 jǐ·ge   这个 zhè·ge

那个 nà·ge

（8）口语中的一部分常用双音节词，第二个字必读轻声，例如：

应付 yìng·fu　　　　扫帚 sào·zhou　　　　商量 shāng·liang

见识 jiàn·shi

2. 可读可不读轻声的轻声词

汉语普通话的轻声词有一类是可读可不读轻声的词，是指一些词语，同一字形，同一意义，但是词的第二个字有轻声和非轻声两种读法，既可以读成轻声，也可以读成本调。例如："工人"一词，既可以读作"gōng rén"，也可以读作"gōng·ren"。这些词主要有：

伶俐 líng·li/líng lì　　从容 cóng·rong/cóng róng　　茉莉 mò·li/mò lì

碰见 pèng·jian/pèng jiàn　本钱 běn·qian/běn qián　　老鼠 lǎo·shu/lǎo shǔ

别人 bié·ren/bié rén　　春天 chūn·tian/chūn tiān　　客人 kè·ren/kè rén

（二）变调及发音方法

在连续的语流中，某些音节的声调会发生一定的变化，这种语音现象叫变调。在普通话中，常见的变调现象有上声的变调、去声的变调、"一""不"的变调和重叠形容词的变调等。本小节主要分析上声的变调和"一""不"的变调。

1. 上声的变调

上声字在阴平、阳平、上声、去声、轻声前都会产生变调，读完全的上声原调的机会很少，只有在单念或处在词语、句子的末尾才有可能读原调。上声的这种变调形式称作上声变调。

方法指导

上声变调的规律

上声字单独出现或在词语的末尾出现的时候，上声字读音不变。但在下列情况下上声变成阳平或半上声。

1. 当一个词语由两个上声字组成时，前一个上声字由214变成阳平35。例如：

广场 guǎng chǎng　　讲解 jiǎng jiě　　　　展览 zhǎn lǎn

冷水 lěng shuǐ　　　水果 shuǐ guǒ　　　　选举 xuǎn jǔ

管理 guǎn lǐ　　　　党委 dǎng wěi　　　　永久 yǒng jiǔ

处理 chǔ lǐ

特殊情况说明：连续两个上声音节，如后一个上声字约定俗成须读成轻声的，前一个上声字有两种不同的变调：

（1）前一个上声字变为阳平，读35调值，例如：

早起 zǎo·qi   等等 děng·deng   讲讲 jiǎng·jiang

想起 xiǎng·qi

（2）前一个上声字变为"半上声"，读21调值，例如：

嫂子 sǎo·zi   姐姐 jiě·jie   毯子 tǎn·zi

姥姥 lǎo·lao

2. 如果两个以上上声字连续出现，可以根据词语意义分组之后，按上面说的方式变调，例如：

小李/请/党委/吕组长/讲演。

xiǎo lǐ/qǐng/dǎng wěi/lǚ zǔ zhǎng/jiǎng yǎn。

我请/雨伞厂/鲁厂长/选两把/好雨伞/给/李组长。

wǒ qǐng/yǔ sǎn chǎng/lǔ chǎng zhǎng/xuǎn liǎng bǎ/hǎo yǔ sǎn/gěi/lǐ zǔ zhǎng。

（1）（上+上）+上，这种形式的变化情况为直上+次阴+上声，由（214+214）+214变为35+45+214，例如：

展览馆 zhǎn lǎn guǎn   跑马场 pǎo mǎ chǎng

（2）上+（上+上），这种形式的变化情况为半上+直上+上声，由214+（214+214）变为211+35+214，例如：

打水井 dǎ shuǐ jǐng   李表姐 lǐ biǎo jiě

快读时，也可以只保留最后一个字音读上声，前面的一律变为阳平。例如：

很勇敢 hěn yǒng gǎn   小老虎 xiǎo lǎo hǔ

管理组 guǎn lǐ zǔ   彼此友好 bǐ cǐ yǒu hǎo

养马场里有五百匹好马   yǎng mǎ chǎng lǐ yǒu wǔ bǎi pǐ hǎo mǎ

3. 在非上声（阴平、阳平、去声）的前面变半上声，调值由214变为211。

（1）在阴平前。

首都 shǒu dū   北京 běi jīng   统一 tǒng yī

女兵 nǚ bīng   买姜 mǎi jiāng   好书 hǎo shū

写诗 xiě shī   语音 yǔ yīn

（2）在阳平前。

祖国 zǔ guó   海洋 hǎi yáng   语言 yǔ yán

改良 gǎi liáng   买油 mǎi yóu   好房 hǎo fáng

两条 liǎng tiáo   火柴 huǒ chái

（3）在去声前。

解放 jiě fàng   土地 tǔ dì   巩固 gǒng gù

鼓励 gǔ lì   买菜 mǎi cài   好戏 hǎo xì

写信 xiě xìn   美味 měi wèi

（4）在非上声变来的轻声字前，上声也变为半上声，例如：

尾巴 wěi ba   起来 qǐ lai   宝贝 bǎo bei

母亲 mǔ qin

方法指导

上声词变调的辨读练习

1. 上声＋阴平

百般 bǎi bān   海风 hǎi fēng   首先 shǒu xiān

北方 běi fāng   海军 hǎi jūn   老师 lǎo shī

保温 bǎo wēn   每天 měi tiān   武装 wǔ zhuāng

火车 huǒ chē   小说 xiǎo shuō   始终 shǐ zhōng

首都北京 shǒu dū běi jīng   你听我说 nǐ tīng wǒ shuō

普通火车 pǔ tōng huǒ chē   许多好书 xǔ duō hǎo shū

2. 上声＋阳平

改革 gǎi gé   水田 shuǐ tián   语文 yǔ wén

举行 jǔ xíng   朗读 lǎng dú   考察 kǎo chá

脸盆 liǎn pén   检查 jiǎn chá   主持 zhǔ chí

隐瞒 yǐn mán   旅行 lǚ xíng   导游 dǎo yóu

果然很难 guǒ rán hěn nán   找人打球 zhǎo rén dǎ qiú

朗读古文 lǎng dú gǔ wén   两盒火柴 liǎng hé huǒ chái

3. 上声＋去声

典范 diǎn fàn   广大 guǎng dà   忍耐 rěn nài

巧妙 qiǎo miào   讨论 tǎo lùn   挑战 tiǎo zhàn

感谢 gǎn xiè   稿件 gǎo jiàn   演戏 yǎn xì

马路 mǎ lù   美丽 měi lì   访问 fǎng wèn

改造土地 gǎi zào tǔ dì   保证满意 bǎo zhèng mǎn yì

马上考试 mǎ shàng kǎo shì   有事请假 yǒu shì qǐng jià

4. 上声＋轻声

矮子 ǎi·zi   斧子 fǔ·zi   奶奶 nǎi·nai

老婆 lǎo·po   耳朵 ěr·duo   马虎 mǎ·hu

口袋 kǒu·dai   伙计 huǒ·ji

5. 三个连续上声词

冷处理 lěng chǔ lǐ   很简短 hěn jiǎn duǎn   小两口 xiǎo liǎng kǒu

海产品 hǎi chǎn pǐn   洗脸水 xǐ liǎn shuǐ   场景美 chǎng jǐng měi
买保险 mǎi bǎo xiǎn   选举法 xuǎn jǔ fǎ   处理品 chǔ lǐ pǐn
厂党委 chǎng dǎng wěi   领养法 lǐng yǎng fǎ   老保守 lǎo bǎo shǒu
导火索 dǎo huǒ suǒ   采访本 cǎi fǎng běn   纸雨伞 zhǐ yǔ sǎn
碾米厂 niǎn mǐ chǎng   舞曲奖 wǔ qǔ jiǎng   耍笔杆 shuǎ bǐ gǎn
手写体 shǒu xiě tǐ   百米跑 bǎi mǐ pǎo   炒米粉 chǎo mǐ fěn
管理者 guǎn lǐ zhě   水彩笔 shuǐ cǎi bǐ   买水果 mǎi shuǐ guǒ

2. "一"和"不"的变调

"一"的本调是阴平,"不"的本调是去声,在连续的语流中,由于受后一音节的影响而产生变调现象。

方法指导

"一"和"不"的变调规律

1. 单用或在词句末尾,念本调,例如:
一　二十一　表里如一　统一　不　我不
2. 在去声前一律念阳平,例如:
一月　一阵　一致　一见如故　不去　不怕　不错　不见不散
3. 在非去声前一律念成去声,也就是说"一"在非去声前变为去声,而"不"仍念本调,例如:

在阴平前:一天　一箱　一根　一棵
　　　　　不高　不说　不听　不依不饶
在阳平前:一年　一条　一头　一言为定
　　　　　不长　不甜　不来　不同凡响
在上声前:一本　一尺　一碗　一往无前
　　　　　不走　不好　不想　不可思议

4. 夹在词语中间时念轻声,例如:
听一听　尝一尝　走一走　看一看
香不香　行不通　想不开　受不了
"一"在变调时应注意,当"一"有"第一"的含义时不变调,如"一年级";有时,"一"变调与不变调代表不同的意思,例如:
一路:当不变调时表示公交车的序号,当变调时表示一段路程。

方法指导

"一"和"不"的辨读练习

1. 对比《秋江独钓图》和《题秋江独钓图》

秋江独钓图	题秋江独钓图
一蓑一笠一渔舟,	一蓑一笠一扁舟;
一个渔翁一钓钩。	一丈丝纶一寸钩;
一拍一呼还一笑,	一曲高歌一樽酒,
一人独占一江秋。	一人独钓一江秋。

2. "一"和"不"的辨读练习

一前一后	一尘不染	不折不扣
不声不响	不屈不挠	不冷不热
一去不复返	不怕苦	不为名
不管三七二十一		

✈ （三）儿化

在普通话中，卷舌韵母 er 不与辅音声母相拼，单独构成的零声母字也很少，常用的只有"儿、而、尔、耳、二"等。卷舌韵母 er 常和别的韵母结合成一个音节，改变原来韵母的音色，成为一种卷舌韵母，这种音变现象叫作"儿化"。儿化的韵母称为"儿化韵"，原来非儿化的韵母称为"平舌韵"。"儿化韵"中的"儿"不是一个独立的音节，它只表示在一个音节的尾音上附加的卷舌动作。《汉语拼音方案》规定，在原韵母之后加字母 r 表示儿化，例如：

鸟 niǎo——鸟儿 niǎor　　盖 gài——盖儿 gàir　　亮 liàng——亮儿 liàngr

1. 儿化后的音节作用

（1）儿化具有区别词义的作用，例如：

信：书信；信儿：消息。　　嘴：口；嘴儿：形状或作用像嘴的东西。

眼：眼睛；眼儿：小孔。　　腿：下肢；腿儿：器物下部像腿一样起支撑作用的部分。

（2）儿化具有区别词性的作用。

有的动词、形容词儿化后变为名词，例如：

盖，动词；盖儿，名词。	尖，形容词；尖儿，名词。
拍，动词；拍儿，名词。	亮，形容词；亮儿，名词。
套，动词；套儿，名词。	错，形容词；错儿，名词。

有的名词或动词儿化后变为量词，例如：

手，名词；一手儿，量词。　　　　　　圈，动词；一圈儿，量词。

拨，动词；一拨儿，量词。

（3）表示亲切或喜爱的感情色彩，例如：

鲜花儿　小孩儿　唱歌儿　脸蛋儿

（4）形容细小轻微的状态和性质，例如：

小鱼儿　门缝儿　竹棍儿　头发丝儿

同时，也引申表达轻蔑或鄙视的感情的语气，例如：

小偷儿　小流氓儿

2. 儿化韵母的发音

儿化是韵母的一种音变，它并不只是简单地在韵母后边加一个er音，其中包含着一系列音变现象，包括增音、脱落、更换、同化等现象。儿化音变的规律大致可以分成以下几类：

（1）以a、o、e、ê、u作韵尾的韵母出现儿化音变。

示范举例：

a——ar　哪儿 nǎr	手把儿 shǒu bàr	号码儿 hào mǎr
ia——iar　叶芽儿 yè yár	钱夹儿 qián jiār	豆芽儿 dòu yár
ua——uar　画儿 huàr	浪花儿 làng huār	牙刷儿 yá shuār
o——or　粉末儿 fěn mòr	竹膜儿 zhú mór	山坡儿 shān pōr
uo——uor　眼窝儿 yǎn wōr	大伙儿 dà huǒr	邮戳儿 yóu chuōr
e——er　小盒儿 xiǎo hér	硬壳儿 yìng kér	纸盒儿 zhǐ hér
ie——ier　石阶儿 shí jiēr	字帖儿 zì tièr	小碟儿 xiǎo diér
üe——üer　主角儿 zhǔ juér	木橛儿 mù juér	头穴儿 tóu xuér
u——ur　泪珠儿 lèi zhūr	离谱儿 lí pǔr	小兔儿 xiǎo tùr
ao——aor　小道儿 xiǎo dàor	荷包儿 hé bāor	小猫儿 xiǎo māor
iao——iaor　小调儿 xiǎo diàor	嘴角儿 zuǐ jiǎor	面条儿 miàn tiáor
ou——our　老头儿 lǎo tóur	路口儿 lù kǒur	土豆儿 tǔ dòur
iou——iour　小球儿 xiǎo qiúr	顶牛儿 dǐng niúr	蜗牛儿 wō niúr

方法指导

原韵母不变，只需在后面加上卷舌动作，其中，e的舌位稍稍后移一点，a的舌位略微升高一点。

（2）韵尾以i、ü为主要元音的韵母发生儿化音变。

示范举例：

| i——ier | 锅底儿 guō dǐr | 小鸡儿 xiǎo jīr | 玩意儿 wán yìr |
| ü——üer | 小曲儿 xiǎo qǔr | 马驹儿 mǎ jūr | 有趣儿 yǒu qùr |

书写时将"e"省略。

方法指导

由于 i、ü 的发音较高，与后面的卷动作有冲突。所以需要在卷舌动作之前先增加一个舌面元音、央元音、中元音、中圆唇元音 e〔ə〕，再在此基础上完成卷舌动作。

（3）韵母 -i（前）〔ɿ〕，-i（后）〔ʅ〕作韵尾发生儿化音变。

示范举例：

-i（前）〔ɿ〕——ir 瓜子儿 guā zǐr 　　找刺儿 zhǎo cìr 　　柳丝儿 liǔ sīr

-i（后）〔ʅ〕——ir 锯齿儿 jù chǐr 　　树枝儿 shù zhīr 　　找事儿 zhǎo shìr

方法指导

原韵母变成〔r〕。

（4）韵尾是 i 的韵母发生儿化音变。

示范举例：

ai——ar	大牌儿 dà páir	小孩儿 xiǎo háir	窗台儿 chuāng táir
ei——er	同辈儿 tóng bèir	刀背儿 dāo bèir	宝贝儿 bǎo bèir
uai——uar	糖块儿 táng kuàir	碗筷儿 wǎn kuàir	老帅儿 lǎo shuàir
uei——uer	口味儿 kǒu wèir	墨水儿 mò shuǐr	一对儿 yī duìr

方法指导

因 i 的发音动作与卷舌有所冲突，儿化时失落韵尾 i，变成主要元音加上卷舌动作。

（5）韵尾为 n 的韵母发生儿化音变。

示范举例：

in——inr	用劲儿 yòng jìnr	手印儿 shǒu yìnr	口信儿 kǒu xìnr
ün——ünr	合群儿 hé qúnr	花裙儿 huā qúnr	短裙儿 duǎn qúnr
an——anr	脸蛋儿 liǎn dànr	顶班儿 dǐng bānr	传单儿 chuán dānr
ian——ianr	小辫儿 xiǎo biànr	鸡眼儿 jī yǎnr	路边儿 lù biānr
uan——uanr	撒欢儿 sā huānr	好玩儿 hǎo wánr	拐弯儿 guǎi wānr
üan——üanr	圆圈儿 yuán quānr	手绢儿 shǒu juànr	花园儿 huān yuánr
en——enr	树根儿 shù gēnr	亏本儿 kuī běnr	命根儿 mìng gēnr
uen——uenr	嘴唇儿 zuǐ chúnr	皱纹儿 zhòu wénr	开春儿 kāi chūnr

方法指导

因为 n 的发音妨碍了卷舌动作，所以儿化的韵尾 n 音要丢失，在主要元音基础上卷舌。如果主要元音是 i、ü 时，则按 i、ü 的儿化处理。

（6）以 ng 为韵尾的韵母发生儿化音变。
示范举例：

ang——angr　药方儿 yào fāngr	茶缸儿 chá gāngr	帮忙儿 bāng mángr
iang——iangr　木箱儿 mù xiāngr	山羊儿 shān yángr	菜秧儿 cài yāngr
uang——uangr　蛋黄儿 dàn huángr	竹筐儿 zhú kuāngr	门窗儿 mén chuāngr
eng——engr　门缝儿 mén fèngr	跳绳儿 tiào shéngr	竹凳儿 zhú dèngr
ueng——uengr　小瓮儿 xiǎo wèngr		
ong——ongr　胡同儿 hú tòngr	小洞儿 xiǎo dòngr	抽空儿 chōu kòngr
ing——ingr　花瓶儿 huā píngr	眼镜儿 yǎn jìngr	电影儿 diàn yǐngr
iong——iongr　小熊儿 xiǎo xióngr		

方法指导

由于 ng 是鼻音，发音时口腔中没有气流通过，卷舌时就不能形成卷舌特点，妨碍了卷舌动作的完成，所以儿化的韵尾 ng 音要丢失，在主要元音基础上卷舌。如果主要元音妨碍了卷舌动作的完成，如韵母 ing、iong 的主要元音是 i、ü，发生儿化音变时，失落韵尾，按 i、ü 的儿化处理。

3. 儿化音的绕口令练习

杂货摊儿

我们那儿有个王小三儿，在门口儿摆着一个小杂货摊儿，卖的是酱油、火柴和烟卷儿、草纸，还有关东烟儿、红糖、白糖、花椒、大料瓣儿、鸡子儿、挂面、酱、醋和油盐，冰糖葫芦一串儿又一串儿，花生、瓜子儿还有酸杏干儿。王小三儿，不识字儿。算账、记账，他净闹稀罕事儿，街坊买了他六个大鸡子儿，他就在账本儿上画了六个大圆圈儿。过了两天，人家还了他的账，他又在圆圈儿上画了一大道儿，可到了年底他又跟人家去讨账钱儿，鸡子儿的事早就忘在脑后边儿。人家说："我们还了账。"他说人家欠了他一串儿糖葫芦儿，没有给他钱儿。

哥儿俩

小哥儿俩，红脸蛋儿，手拉手儿，一块儿玩儿。小哥儿俩，一个班儿，一路上学唱着歌儿。学造句儿，一串串儿；唱新歌儿，一段段儿；学画画儿，不贪玩儿。画小猫儿，钻圆圈儿；画小狗儿，蹲庙台儿；画只小鸡儿吃小米儿，画条小鱼儿吐水泡儿。小哥儿俩，对脾气儿，上学念书不费劲儿，真是父母的好宝贝儿。

字音儿

进了门儿，倒杯水，喝了两口儿运运气儿。顺手拿起小唱本儿，唱一曲儿，又一曲儿，练完了嗓子我练嘴皮儿。绕口令儿，练字音儿，还有单弦儿牌子曲儿、小快板儿、大鼓词儿，越说越唱我越带劲儿。

（四）语气助词"啊"的音变及方法指导

语气助词"啊"用在词句的末尾，常常受前一个音节末尾音素的影响而发生变化。根据音变后的实际读音，字形也可以写作"呀、哇、哪、啊"等。

1. 语气助词"啊"的音变规律

（1）前一个音节末尾的音素是 a、o、e、ê、i、ü。
示范举例：

我的妈啊（呀）！（mā ya）　　　谁的鞋啊（呀）！（xié ya）
你快说啊（呀）！（shuō ya）　　别生气啊（呀）！（qì ya）
我好渴啊（呀）！（kě ya）　　　要下雨啊（呀）！（yǔ ya）

方法指导

"啊"念作 ya，可以写作"呀"。

（2）前一音节末尾的音素是 u（包括 ao、iao 中的 o）。
示范举例：

你别哭啊（哇）！（kū wa）　　　快来瞧啊（哇）！（qiáo wa）
来不少啊（哇）！（shǎo wa）　　少喝酒啊（哇）！（jiǔ wa）

方法指导

"啊"念作 wa，可以写作"哇"。

（3）前一音节末尾的音素是 n。
示范举例：

快来看啊（哪）！（kàn na）　　　菜挺咸啊（哪）！（xián na）
快开门啊（哪）！（mén na）　　　加小心啊（哪）！（xīn na）
路真宽啊（哪）！（kuān na）　　　路好远啊（哪）！（yuǎn na）
我好困啊（哪）！（kùn na）　　　你真俊啊（哪）！（jùn na）

方法指导

"啊"念作 na，可以写作"哪"。

（4）前一音节末尾的音素是 ng。

示范举例：

地好脏啊！（zāng nga）　　　　　别乱闯啊！（chuǎng nga）

天真晴啊！（qíng nga）　　　　　听不懂啊！（dǒng nga）

花真香啊！（xiāng nga）　　　　　用不用啊！（yòng nga）

你快听啊！（tīng nga）

方法指导

"啊"念成 nga，仍然写作"啊"。

（5）前一音节末尾的音素是 –i（前）[ ]。

示范举例：

戴帽子啊！（zǐ za）　　　　　去一次啊！（cì za）　　　　　没意思啊！（sī za）

方法指导

"啊"念作 [za]（[z] 是与 s 相对的浊辅音），仍然写作"啊"。

（6）前一音节末尾的音素是 –i（后）[ ]。

示范举例：

真没治啊！（zhì ra）

快来吃啊！（chī ra）

什么事啊！（shì ra）

方法指导

"啊"念作 ra，仍写作"啊"。

归纳以上"啊"的音变规律，列表 1－5 如下：

表 1－5　语气助词"啊"的音变规律表

"啊"前面的韵母	"啊"之前音节末尾的音素	"啊"的音变	汉字写法	举例
a ia ua o uo e ie üe	a o e ê	ya	呀	真热呀！ 真多呀！ 是你哥呀！ 好大的雪呀！
iai uai ei uei	i ü	ya	呀	快拿主意呀！ 出去呀！ 对呀！

"啊"前面的韵母	"啊"之前音节末尾的音素	"啊"的音变	汉字写法	举例
u ou iou ao iao	u（o）	wa	哇	在这儿住哇！ 真瘦哇！ 好哇！
an ian uan en uan in uen un	n	na	哪	亲人哪！ 快点分哪！ 多可爱的心哪！ 头好晕哪！
ang iang uang eng ing ueng ong iong	ng	nga	啊	大声唱啊！ 行不行啊？ 都一样啊！ 快点儿讲啊！
-i（舌尖韵母）	-i（前）［ɿ］	za	啊	是谁的帽子啊！ 去过几次啊！
	-i（后）［ʅ］或 er	ra	啊	什么事啊！ 随便吃啊！ 儿啊

方法指导

语气词"啊"的音变练习：《黄河怨》。

黄河怨

风啊，你不要叫喊，

云啊，你不要躲闪，

黄河啊，你不要呜咽。

今晚，我在你面前，

哭诉我的仇和冤！

命啊，这样苦，

生活啊，这样难！

鬼子啊，你这样没心肝！

宝贝啊，你死得这样惨！

我和你无仇又无冤，

偏让我无颜偷生在人间！

狂风啊，你不要叫喊，

乌云啊，你不要躲闪，

黄河的水啊，你不要呜咽！

今晚，我要投在你的怀中，
洗清我的千重愁来万重怨！

丈夫啊，在天边，
地下啊，再团圆！
你要想想妻子儿女死得这样惨！
你要替我把这笔血债清算！
你要替我把这笔血债清还！

任务二　明礼善言

　　语言沟通是一个人在社会上生存的能力之一，良好的沟通能力不但能提高工作效率，提高生活品质，还能营造和谐的社会关系。说的话首先得让人能听懂、听清，其次要有层次、有逻辑性。沟通能力的培养首先是要进行正音训练，其次要进行善言指导。

第一节　明言形——沟通的类型

一、何为沟通

　　《考工记·匠人》记载："九夫为井，井间广四尺，深四尺，谓之沟。"沟，田间水道。通，顺畅也。沟通，本义指挖沟使两水相通。《左传·哀公九年》记载："秋，吴城沟通江、淮。"后泛指彼此相通。我们这里谈的沟通指的是人际沟通。《辞海》中这样解释人际沟通："人际沟通简称沟通，指人与人之间的信息交流过程。往往是直接的、面对面的信息交流。在社会心理学中一般把人际沟通区分为两类：言语沟通和非言语沟通。言语沟通是利用语言交流信息，对人类来说这就是沟通的主要形式。非言语沟通包括目光接触、面部表情、身体动作和姿势、人际距离、接触等。"沟通就是人与人之间在交往过程中为了达到一定目的，通过言语或非言语将信息传递给对方，并得到对方回应的一个过程。

沟通的方式直接影响着沟通的效果。沟通在人与人的交往中是使用频率最高的一种表达方式。亲人之间、朋友之间、同事之间、上下级之间、国家元首与国家元首之间，都需要通过沟通，方能将自身的信息传递给对方，并在对方的回应中作出判断。

英国著名文学家、哲学家培根有句名言："如果把快乐告诉朋友，你将获得两个快乐；如果你把忧愁向朋友倾吐，你将被分担一半忧愁。"可见，沟通也是调节人的情绪的一种重要方式。

二、沟通的类型

沟通的类型按照不同的划分标准，其分类也不同。

（一）按是否使用语言符号分为语言沟通与非语言沟通

1. 语言沟通

语言沟通是指沟通者以语言符号的方式将信息传递给对方，常见的语言沟通是口语语言沟通和文字语言沟通，随着信息化的不断发展，口语语言沟通已经不限于现场面对面的沟通，还包括通过互联网络进行的语音与视频沟通。文字语言沟通不单纯指书信，也包括现在的电子信件、微信、QQ 等电子通信中的信件与留言等。

语言沟通中的口语沟通是最直接、使用最广泛的沟通方式。或面对面地进行沟通，或通过电子媒介进行的口语沟通，通过这种方式，能够将信息实时地传递给沟通者，并能获得对方的回应。

文字沟通与口语沟通的区别是文字在书写时比较正规，易于修改，可以待书写文字者修改完善后进行发送，这样表达的意思经过了书写的深思熟虑，在切磋语言中，能让所要表达的内容更准确，但存在不能立即得到对方的回应情况。有时一些不便用口语沟通的话语可以通过文字沟通的方式能收到更好的效果。

2. 非语言沟通

非语言沟通是指通过使用语言、文字之外的其他方式传递信息，如态势语、仪容仪表、空间、时间等。

（1）态势语言。

①态势语言是人们在口语表达时通过身体的各种动作来表情达意的一种肢体语言。通过行为科学的研究，一个人在表达过程中，肢体语言占 55%，语音语调占 38%，文字仅占 7%。

②态势语言是人类传达情感的一种方式，得体的态势语言能够达到"此时无声

胜有声"的效果。通过态势语言可以辨别出讲话者的情绪状态（如高兴时会手舞足蹈），可以传达人们不同的情感变化，可以使我们了解对方的心理波动，还可以让我们判断出对方语言的真实程度。

③由于地域文化的差异性，同样的态势语言在不同的国家传达的信息内涵也各有不同。如手指微曲，手心向前，用食指和拇指弯曲合成一个圆圈，在中国代表"零"，在日本代表钱，在美国代表"OK"，在拉丁美洲代表某种下流动作。所以，无论在日常的朋友交往中，还是在较正式的工作性交际中，都要了解并正确的运用态势语言。

④态势语言适用的场合包括日常的朋友交往、职场沟通交流、演说、辩论比赛等。

职场与朋友交往沟通中的态势语言包括手势、表情、目光、姿态。

⑤按照面对面与人沟通的顺序，在沟通中态势语言有以下要求与禁忌。

第一，敲门时的手势语。

宋代称纳彩为敲门，可见敲门的分量无论在古代的嫁娶礼仪还是现代社会的社交场合都被看得很重。进门之前不管门是否开着，都要先敲门，往往这一小的细节能够反映出一个人的修养，或决定了一个人的事业前途。敲门也是一门学问。

方法指导

正确的敲门手势语：悦耳的"笃笃笃"

用右手的中指敲三下，响度适用，发出的是"笃笃笃"的声音。如未开门，隔一会儿再敲三下。

错误的敲门手势语：恼人的"咚咚咚"或"砰砰砰"。

敲门的力度过大或用拳头砸门就会发出"咚咚咚"或"砰砰砰"的声音，这会让门内的人感觉很不舒服，同时也会给对方留下没有修养的印象。

第二，握手。

不同国家在礼仪交往中采用的表达欢迎与欢送的方式不同，在中国职场交际中通常以主客方握手来开场和告别，握手是一种交际礼仪，也是表达友好的方式。

方法指导

握手的姿势：上身稍向前倾，双腿立正，伸出右手，四指并拢，拇指张开。

握手的力度与时间：握手时力度不宜过大或过小，以适度为宜，可上下稍晃动三四下，随即松开。握手的时间掌握在 3 秒以内。

握手要遵循的原则：主人、长辈、上司、女士主动伸出手，客人、晚辈、下属、男士相迎握手。

第三，坐姿。

俗话说"站有站相，坐有坐相"。职场交际中的坐姿也是个人修养的一种呈现。优美的坐姿能够加深对方对你的良好印象，为交流打下良好的交谈氛围。

方法指导

男性的坐姿：抬头、身体挺直、两腿与肩齐平。

女性的坐姿：上身正直，两腿并拢。可采用直立式，即两膝、两腿、两脚并拢；还可采用斜侧式即两膝靠拢，两腿靠拢并斜侧左方或右方，一只脚的拇指紧靠另一只脚的脚跟。

坐姿中的礼仪：轻坐轻起、坐前不坐满。在社交场合，不能坐满座位，一般只占座位的2/3或1/3。

第四，目光语。

目光语包括眼睛注视对方的方式与时间。

眼睛注视对方的方式与时间根据交谈的场合和与交谈者的亲疏远近关系有关。可分为以下几种。

第一种：职场洽谈式。

多用于较严肃的职场谈判或磋商等场合。主要注视对方的脸部，具体在双眼与前额部位，目光正视。

方法指导

交谈双方相距为1.2~3.6米，注视的时间占整个谈话时间的30%~60%。

第二种：社交聚会式。

多用于较轻松的社交舞会、聚会等场合。

方法指导

注视点在对方唇心到双眼之间，双方相距为0.45~1.2米。注视的时间占整个谈话时间的60%~70%。

第三种：亲密朋友式。

多用于朋友、同事、亲人之间。注视的位置在对方双眼到胸部之间。每次注视的时间在5秒之内为宜。

第五，头势语。

沟通交流时，无声的语言中头的不同动作表达了不同的内涵，也是沟通者之间在交流时识别对方意愿的重要方式之一。

方法指导

点头：表示赞成或同意、答应、同情、理解和赞许。

摇头：表示否定、不赞成或不是、不对、不同意、不满意等。

抬头：表示惊讶、惊恐，或顿悟、希望、请求、祈祷和祝愿等。

低头：表示羞愧、后悔、静思或表示哀悼、哀思等。

偏头：表示不屑或凝思或生气、愤怒等。

回头：表示寻找、找寻等。

演讲时的态势语。

第一种：站姿。

演讲要求演讲者站立的位置比较固定，所以正确的站姿一是使站立者不会感到疲惫，二是给观众以美的视觉享受。

方法指导

正确站立的姿势为身躯挺直，挺胸收腹，立腰提胯，抬头平视，嘴唇微闭，面容平和自然，双肩放松，保持水平。

演讲者性别不同，站立的姿势要有所不同。

男士的站姿：男士在演讲时可采用自然站立的姿势，两腿直立，脚跟相靠，双脚呈"外八"字形，两脚距离小于或等于肩宽，给人以挺拔之感。

女士的站姿：女士在演讲时可采用两种站立的姿势。一是"V"字形：双脚呈"V"字形，脚后跟靠紧，脚尖展开成60°~70°夹角；一是"丁"字形：一只脚在前，一只脚在后，两脚不要靠得太紧，前后交叉不超过一只脚板的长度为宜，这种站姿给人以端庄之美。

第二种：目光语。

意大利艺术家达·芬奇那句"眼睛是心灵的窗户"，说明了眼睛的传情与传神作用。人们通过眼睛将思维情感传递出来，人们也通过眼睛了解了对方的情感变化。眼睛是演讲者与观众沟通的渠道。演讲者因为主要采用站立的姿势，身体动作幅度很小，所以与观众进行心灵沟通的重任要通过眼神的动作来完成。

方法指导

环视：是将视线在会场上按着从左到右的顺序或从前到后的顺序观察和注意观众的动态。在运用这种方式时要注意是目光的环视，不是头的环视，切忌运用头的摆动将动作做成"探照灯"或"拨浪鼓"。在演讲过程中环视运用的次数不宜太多，在3次左右即可。通过这种方式可以缓解演讲者开口说话前的紧张状态，也能够达到很好的控场效果。

点视：是将视线关注在会场的某一点上，做暂时性的停留，和在场的观众有一个目光的交流。运用点视时切忌停留的时间过长，大约一次在 10 秒以内为宜。通过这种方式能达到与观众眼神的互动。

虚视：是演讲者刚刚在台上站稳后，看见台下黑压压的人，心里产生紧张情绪时，采用名义上是在看观众，但什么也没看到的方式来缓解紧张的情绪，同时也起到尊重观众的作用。运用虚视眼神时间要控制在 5 秒之内，否则会给人目光呆滞的感觉。

第三种：眉的动作。

一提起《红楼梦》中的林黛玉，大家都会记得"两弯似蹙非蹙罥烟眉，一双似喜非喜含情目"，这句对林黛玉的肖像描写，林黛玉的性格通过眉眼的描写表露无遗。根据眉的形状的不同，传达的情感也不同，正所谓"眉目可传情"。

"眉开眼笑"，通常用于表达高兴愉快的情感。"愁眉不展"，表示内心深处忧虑、犹豫不决或为难的情绪。"横眉冷对"，表示处于极端愤怒或异常气愤中，这种情况往往眉毛会呈现斜竖状态。"眉飞色舞"，表达一种非常喜悦或得意的神情。

第四种：面部表情。

表情是人们内在情感的表现，它是通过面部来表现的，面部表情能准确灵敏地反映出人的种种情绪。

方法指导

当表现出严肃、愤怒、疑问、忧愁时，面部往往表现出肌肉绷紧，眉头紧皱的状态；当表现出平和、和蔼可亲、友善等情感时，面部往往表现出一种舒松的状态。

第六，服饰语言。

服饰语言属于仪容仪表范畴，仪容包括说话者的身材、容貌、仪表、服饰等。虽然说"美在心灵"，不要过多地关注外表，但一个人在进行沟通时所穿衣服是否整洁、是否得体、是否符合场合也是一个人修养的体现。

方法指导

1. 服饰穿着要与场合相符

休闲的场合可以穿随意些。

职场要着正装，运动场合要着运动装。

2. 服饰穿着要与年龄相符

服装也是体现一个人修养的形式，不要很大的年龄还穿着小孩子式的服装，这样就会"有伤大雅"。

（2）时间语。

时间语是指在沟通交流时的选择交流的时间、沟通时时间的长短、沟通的次数及信息回复的快慢等。

方法指导

如果是要进行见面沟通就要事先预约时间。预约时间不能太早也不能太晚：太早预约一是不便于确定时间，二是容易忘记预约时间；预约太晚可能会因对方已经安排别的事情而不能如期如愿。预约最好是在见面预定时间提前 1~2 天。见面时遵循的原则是不能迟到，不能爽约，否则会给对方留下不礼貌、没修养、不守时的印象。交谈的时间也是有一定讲究的：如果是亲密的朋友见面，交谈的时间可长可短；如果是社交性的沟通，时间不超过半个小时。现在还有一种沟通的方式就是通过互联网留言的方式，对于回复方最好是见言即回，如果是因为各种原因未能及时回复也最好是不要超过当天，否则就会给对方留下或不愿意回复或不礼貌的印象，也有可能一段友谊就会因为一段留言未回复而中断。

（3）空间语。

空间语指的是沟通双方选择的交谈的空间环境与交谈时双方的身体的空间距离。

交谈双方选择的交谈的空间对交谈的效果起到很大的作用。

方法指导

交谈的空间距离一方面体现出了沟通者之间的感情亲疏，一方面影响着沟通者之间的感情表达。如亲密距离为 0~44 厘米，常用在父母与子女、夫妻、恋人之间。私人距离为 44~122 厘米，通常用在与朋友交谈或同事交谈之中。社交距离为 120~360 厘米，通常用在熟人见面或公务交谈之中。公共距离为 360~760 厘米，通常用在正式场合的公开讲话或面对陌生人时。

（二）按是否使用沟通媒介分为直接沟通与间接沟通

直接沟通指的是沟通者之间面对面的交谈，不借助其他沟通媒介的一种沟通方式，如面试、演讲与交谈。直接沟通是在人际沟通中最重要的方式。

间接沟通是借助其他媒介协助沟通的方式，如通过信件、电话、电报、传真等，或第三方人员等。有时间接沟通会比直接沟通产生的效果更好。

下面重点讲讲介绍。

《礼记·聘义》曰："介绍而传命。"介，古代指传递宾主之言的人；绍，绍继、接续。介绍指相继传话；为人引进或带入新的事物。介绍是人际沟通的一种常见方式，从介绍的内容上可以分为自我介绍和介绍他人。

1. 自我介绍

自我介绍是在没有中间人的情况下，自己介绍自己。

自我介绍分为日常见面和求职面试两种情况。

（1）日常见面的自我介绍。

日常见面的场合，比如聚会、就餐、公务公关、为他人办事等。这种情形下的自我介绍只需将自身的主要信息介绍给对方即可，如姓名、工作单位、职务等。自我介绍从内容上来看比较简单，介绍者在比较轻松的心情下表达即可。

（2）面试中的自我介绍。

面试中的自我介绍，从营销学的角度看，就是要将自己推销出去，所以无论从内容还是表达的形式及介绍者的内心感受上都是与日常见面的自我介绍不同的。

①介绍的内容：要将个人的姓名、年龄、所学专业、籍贯、特长、爱好等详细介绍；同时，要重点介绍自己与应聘职位相符合的能力。

②介绍的形式：重点突出、合理排序。人的倾听关注时间是有限的，介绍者要在最佳的时间内将个人最重要的信息表达出来。每个人有很多优点，也有很多能力，但如何将这些能力与优点表达出来，就需要将应聘职位需要的排在前面表达，重点表述，这样能吸引面试官的注意，并对你的表达印象深刻。

③介绍时不能表现出心不在焉，也不能随性而为，要表现出对面试的重视，还要表现出自信。

2. 介绍他人

人在社会上生存不是独立存在的，而是要建立一定的人脉关系。在人际关系中有时还要将他人介绍给自己的朋友或同事，在介绍他人时，首先要对要介绍的人比较了解，包括这个人的姓名、年龄、职业、职业优势等。

（1）一般交往介绍他人，只需将要介绍者的姓名与职业告知对方即可。

（2）业务范围内介绍他人，除了姓名、职业外，还要找到双方能合作的共同特点，以便于双方在短时间内开展交流。

方法指导

某公司新来了几个女职员，她们有时在工作时的言谈很不文雅，多次被公司经理听到，她们甚至对他这个上司说起话来也很随便。有一天，这位经理把一个已经任职两三年的女职员叫到办公室，对她说："新来的这几个年轻人说话有点随便，请你代我转告一下好吗？"两天后，结果令人感到很意外。那几个女职员的谈吐有了很大的改变，特别是那个负责转告的女职员，对自己的言行更为小心翼翼了，恐怕是经理的转告让她觉得自己也包括在内了。这种通过"第三者"传达信息的方式也被称为间接沟通。但采用这种方式需要谨慎，防止在传话过程中失去了语言的原有意思，否则会得到适得其反的效果。

✈ (三) 按沟通的组织方式分为正式沟通和非正式沟通

正式沟通是指在一定组织结构中，通过正式的文件下发或口头谈话等方式进行的沟通。这种沟通需要在一种公开的场合进行，不具有私密性。

非正式沟通是指以私人身份进行的人际沟通，通过私下的谈心、聊天，交换意见，表达情意，发表意见等。

✈ (四) 按沟通的行进方向分为上行沟通、平行沟通和下行沟通

上行沟通指的是按行政级别下级与上级的沟通。下级与上级的沟通通常是汇报工作、请示工作等。

平行沟通指的是按行政级别同级之间的沟通。同级之间的沟通大多是合作工作中商谈方案等。

下行沟通指的是按行政级别上级与下级进行的沟通。上级与下级的沟通通常是了解情况、指示工作、宣布决定等。

三、沟通的原则

沟通效果的好坏需要在一定的沟通原则指导下，沟通的目的是传递信息，达成共识，所以在沟通时要遵循尊重为先、真诚相待、换位思考的原则。

✈ (一) "礼"字当先

孔子说："不学礼，无以立。"礼是人的一种行为规范，处世之道。我国素有"礼仪之邦"的美称，"礼多人不怪"，"文质彬彬，然后君子"，这些表明礼在人的社会生活中起到重要的作用，所以说在与人沟通时既要做到礼貌待人，又要懂得相关的礼仪。

方法指导

有这样一个故事：一个年轻人在去往某地的途中迷了路，当他遇到一位老者时，脱口问道："喂，老头！到××地还有多远呀？"老人回答道："不远了，还有两三百丈。"年轻人听了感到很奇怪，便又问道："喂，你们这个地方怎么不论'里'，而论'丈'呢？"老人看了看他，不紧不慢地说："小伙子，我们这本来也是讲'里'的，可自从来了个不讲'礼'的人就讲'丈'了。要论'礼'，就该给那个先不讲

'礼'的人两个耳光!"这个故事就是一个人平时问路的一次沟通经历,这个年轻人没有使用起码的社会交往的礼节,导致了这次沟通的失败。

（二）尊重为本

"爱人者人恒爱之,重人者人恒重之",尊重是相互的,你用微笑换来的是对方的笑脸。沟通时一方是传递信息者,一方是接收信息者,尤其是在进行面对面的直接沟通时,还需要接收信息者做出回复,因此,沟通双方要做到互相尊重。中国有句俗语"买卖不成仁义在",就是指在沟通时要做到相互尊重。尊重是一种美德,它体现一个人的道德高尚与否,心地纯正与否,气度宽广与否。尊重可以建立友谊,赢得信任。

方法指导

有这样一个故事:一次,清洁工露西在一位好莱坞演员家里做保洁。女主人给她布置完工作后,突然问她:"我现在能抽一支烟吗?"露西吃了一惊,回答道:"您是在问我吗,夫人?"女主人说:"是呀,我想抽支烟。"露西忙问:"这是您的家呀,为什么还要问我呢?"女主人说:"因为你在这里工作,我吸烟会影响到你的,所以应该得到你的允许。"事后,露西愣了很久,也想了很多,她还是觉得很奇怪,一个人在自己家里抽烟还要去征求一个清洁工的同意,简直是匪夷所思!露西不得不承认,从那一刻起,她感到非常高兴,也很感动,因为她做家政工作这么多年以来,从来没有哪一家的主人像这位女主人这样对待自己,因此,她感到了前所未有的被人尊重的喜悦。她想,尽管自己仅仅只是一个清洁工,可并不是低人一等的,即使在别人家里,自己也有被尊重的权利,况且女主人是那么真诚。所以,露西每次到这家做保洁,都会很乐意额外地帮女主人多做些事情。

（三）真诚为基

《庄子》一书提出:"真者,精诚之至也,不精不诚,不能动人。"正所谓是"精诚所至,金石为开"。真诚是人类最伟大的美德之一。沟通的第一步就是要让人感觉到你的诚意和热心,正是"情自肺腑出,方能入肺腑"。我们在与人交往时,一定要秉持一颗赤诚的心,将自己最好的一面通过语言表达出来,不要流于巧言令色、油嘴滑舌。

（四）宽以待人

沟通的过程中会出现一些刺耳的声音或不同的见解,这时就要求沟通者能够理解对方,以宽容的心态对待。"忠言逆耳",要善于接受不同的声音才能做到思考全面。但人往往在听到"逆耳"的声音时,会内心不悦,这时就要有颗宽容的心,才能不让自己沉浸在烦恼中，还能对事情作出正确的判断。

（五）善做听众

格拉思安曾说过："如果独自一人时自言自语是一种愚蠢，那么在别人面前倾听自己的声音更是双倍的不智。"在与人交谈时，每个人都想成为控场者，但忽略了对方的感受，自己滔滔不绝地讲话，并不能获取到对方的信息，这样的交谈也达不到良好的效果。

第二节　建言架——沟通能力培养

马克思指出："人是一切社会关系的总和。"在社会关系中就是要建立人与人的沟通与交流。"一个人的发展取决于和他直接或间接进行交往的其他一切人的发展。"每个人在社会上生存都需要进行沟通，沟通能力是一个人生存发展的必备条件，也是一个人走向成功的必要条件。在沟通能力中不单纯是语言上的沟通，也包括无声的语言，倾听能力的培养。莫里斯曾说："要做一个善于辞令的人，只有一种办法，就是学会听人家说话。"沟通能力不是先培养如何说话，而是要培养如何善于倾听。

一、提高倾听能力

英国学者约翰·阿尔代说："对于真正的交流大师来说，倾听和讲话是相互关联的，就像一块布的经纬线一样。当他倾听的时候，他站在他同伴的心灵入口；当他讲话时，他则邀请听众站在通往他自己思想的入口。"沟通大师戴尔·卡耐基说过："要你做事的唯一方法，就是把你想要的东西给你。想要知道对方要什么。"

善于倾听能体现一个人具有良好的修养，是对他人尊重的一种表现，也是了解对方表达意图与内容的重要方式。尤其是作为口语的双向面对面的沟通，善于倾听更是获取信息的重要途径。口语交际是交谈双方互动的活动。一方说，是为了向外部发布信息；另一方听，是为了从外部接收信息。《诗经·小雅·巧言》云："巧言如簧，颜之厚矣。"在口语交际过程中，"听"和"说"是相互依存并相互促进的关系。只说不听，被视为高傲、目中无人；只听不说，被视为呆滞，有失尊重。在某种意义上，"听"是为了更好地"说"，听得准才能说得好。而这里的听并不是简单地只听到说话的内容，更重要的是要听懂、理解并能应答。

伏尔泰曾说"耳朵是通向心灵的路"。听的能力和说的能力都有高低之分。一般而言，具有高层次听话能力的人，能够对低水平的口语表达表示理解并作出准确的判断；而具有低层次听话能力的人对高水平的口语表述则往往难以理解，也难以作出准确的判断。所以，倾听是对说话者言语的记忆、判断、思维、应答全程体现。

（一）倾听的作用

荀子在《荀子·非十二子》中指出："言而当，知也；默而当，亦知也。"恰当的说话与恰当的沉默都是智慧的表现。正如人类有两个耳朵，两只眼睛，一张嘴巴，就是让人多听，多看，少说。多听就是告诫人要做一个善听者。倾听不但是一个人修养的表现，也是一个人获取信息的过程。

1. 能够获取到大量的信息

本·琼森在《木材，或关于人与物的发现》里曾说："语言最能暴露一个人，只要你说话，我就能了解你。"俗话说"言为心声"，说出的话就是一个人的思想，是一个人内心的想法。对于说话，中国有很多语言来形容，如"谨言慎行"，"三缄其口"，"好言自口，莠言自口。"（《诗经·小雅·正月》）"处世戒多言，言多必失。"（朱柏庐）这些话语都是告诫人们要注意说出的话犹如泼出去的水，是难再收回的。同时，从听到的话语中却能获取到大量的信息，如人对事件的叙述，对事件的评价，都能知道说话者个人的想法。说话者在讲述的过程中，也是说话者个人品性、举止、处事方式的一种表现，倾听者可以通过倾听获取到关于说话者的个人信息及相关的信息。

2. 能够展现自我修养

"你的言行中藏着你读过的书"，这句话在当今社会比较流行，是劝诫人们要多读书。其实，你的言行也体现着你的修养。认真倾听别人的倾诉虽是细枝末节，但却体现了你谦逊的教养，能展现你的素质。德谟克利特曾说："只愿说而不愿听，是贪婪的一种形式。"人们都喜欢发表自己的意见，将自己的观点讲述给别人，这就需要有听众才能有机会进行言说，如果你愿意给这样的人讲话的机会，势必在讲话者的心目中能认为你是一个性情温和、易于交往的人，可能会因为一次认真的倾听而结交到一位人生的挚友。

3. 能够避免误会

《新唐书·魏征传》里记载魏征曾说："兼听则明，偏听则暗。"倾听的过程就是对对方进行了解的过程，俗话说"话越说越透，理越辩越明"，当对对方的某些行为有不解时，先不要武断地下结论，主观臆断只能是在不明真相的前提下让事情弄得越来越糟糕。尤其是在职场上，作为上司对下属的一些行为感到不解时，需要及时地找其聊一聊，让下属说出自己的想法与苦衷，这样既能处理好上下级的关系，又能找到科学的解决问题的方法。

（二）倾听的技巧

1. 态度诚恳

倾听者的态度直接影响交谈的效果。倾听者如果在交谈时东张西望或低头玩手机，表现出心不在焉的样子，会让对方感觉听话者缺少修养，也缺少对对方的尊重，这样交谈的气氛会很紧张。所以，听话者要表现出诚恳、谦逊的态度，这是营造良好的交谈氛围的重要因素。

2. 换位思考

倾听的目的是为了获得信息、了解情况，站在对方的立场想问题，能够避免主观武断地作出判断。要能够理解对方的处境，能够赢得对方的好感，为沟通营造良好的谈话氛围，对方也愿意真诚地将所思所想和盘托出，以提高沟通的效率。

3. 适时应答

倾听时不轻易打断说话者的表述，这是最基本的礼貌，但在倾听时也不能一言不发。倾听者除了认真听取讲话者的话语之外，还要对讲话者的话语表达自己的态度，使用肯定的词语，如"是""对""好"等，或者使用肢体语言如点头、微笑、拍手等，表达对讲话者所讲述内容的认同。在应答时，要找准时机，在讲话者讲到关键词语时，适时地应答，切忌胡乱应答，这样做能收到良好的交际效果。

4. 勤于思考

沟通通常是双向的行为，倾听的目的除了获取信息外，还要对获取到的信息进行处理，也就是大脑要进行快速的思考，将听到的信息重新进行编码，进行逻辑分析，作出正确的判断。有时倾听是为了解决问题，所以在倾听时要思考最佳的解决方案，并作出信息的筛选、优化方案。

5. 循循善诱

有时在倾听的过程中想获得更多的信息，而讲述者未提及，或者讲述者是一个性格内向、语言表达能力不强的人，这时就需要倾听者采用循循善诱的方法，让讲述者讲述倾听者最想听的信息，可以采用边听边提问的方式，获取到有效信息。

二、提高记忆能力

倾听是获取信息的过程，在对信息进行加工之前，首先要记忆信息。这就要求倾听者要注意力高度集中。这既是对讲述者的尊重，又可以提高倾听者记忆信息的能力。记忆可以根据讲话者所采用的表达方式而有所侧重。

（一）记叙性话语的记忆

记叙通常指的是文字叙述。从文体的分类来看，记叙是写作中最基本、最常见的一种表达方式，它是作者对人物的经历和事件的发展变化过程以及场景、空间的转换所做的叙说和交代，在写事文章中应用较为广泛。《礼记·文王世子》里写道："是故圣人之记事也。"其实在人们的沟通交流时也需要使用这种表达方式。尤其是口语表达，声音转瞬即逝，这就要求倾听者要抓住讲话者讲话的重要词汇，才能充分领会讲述者的意图，进而作出判断与回应。文字表达与口语表达都是为了表情达意，所以我们可将写作中对记叙顺序的描述应用在口语表达中。

方法指导

首先，倾听者判读说话者在使用记叙性话语时采用的是哪种叙述顺序。根据写作知识，记叙文的叙述顺序有顺叙、倒叙、插叙、补叙。

①顺叙指的是顺叙也称正叙，是叙事的手法之一。顺叙就是按照事件发生、发展的时间先后顺序来进行叙述的方法，先发生的先说，后发生的后说，讲究"先来后到"的原则。用这种方法进行叙述，好处是事件由头到尾，次序井然，文气自然贯通，文章显得条理清楚。使用顺叙法，必须特别注意剪裁，做到详略得当、主次分明。顺叙是叙事性文学作品常用的叙述方式。

②倒叙是根据表达的需要，把事件的结局或某个最重要、最突出的片段提到文章的前边，然后再从事件的开头按事情先后发展顺序进行叙述。倒叙在电影及小说创作中常用。叙事学中，倒叙是一种逆时序。这种时序容易产生吸引人注意力的效果。

③插叙指的是在叙述中心事件的过程中，为了帮助展开情节或刻画人物，暂时中断叙述的线索，插入一段与主要情节相关的回忆或故事的叙述方法。

④补叙也叫追叙，是行文中用三两句话或一小段话对前边说的人或事做一些简单的补充交代。

有人在讲话时，尤其是叙述一件事情时喜欢采用从头到尾的讲述，这种方式就是顺叙，倾听者只要按说话者讲述的顺序记住讲述者口中所说的人物是谁，事件的起因是什么，事件的发展过程及事件的结局。但有时比如在与领导进行沟通时，领导在布置一项具体工作时，在讲述工作安排时，会临时补充内容，这就需要倾听者在原有记忆要素的基础上，重点填充补充的内容，往往补充的内容是重点的内容，是不能忽视的部分。

其次，倾听者要重点记忆讲话者在讲述过程中出现的人物有哪些，人物之间的关系，人物在事件中的作用及事件要达成的结果。沟通对于朋友间的交谈，可以在倾听的时候大致记住内容，作出回应即可，但在公务性的沟通时，倾听者要重点记忆要点，否则就会耽误工作。

最后，倾听者要对倾听内容作出相应的回答。对于记叙性话语的回应，可以就对人物的表现或事件的展开或最后的结局发表自己的看法。对于非正式的沟通可以在不离主题的原则下自由地发表自己的看法，而对于重要的沟通，要根据当时的社会背景和实际情况作出正确的判断后再应答。

➤（二）说明性话语的记忆

说明是用简明扼要的文字，把事物的形状、性质、特征、成因、关系、功用等解说清楚的表达方式。这种被解说的对象，有的是实体的事物，如山川、江河、植物、文具、建筑、器物等；有的是抽象的，如思想、意识、修养、观点、概念、原理、技术等。

说明性话语也称为介绍性话语，主要介绍事物的特征或使用方法。在记忆这类话语时，要抓住事物名称、主要特征和功用等。

➤（三）议论性话语的记忆

议论就是作者对某个议论对象发表见解，以表明自己的观点和态度。通过讲事实、说道理等方法对人物或事情发表自己的观点、看法，通常带有较强的主观色彩。

议论是在纷纭复杂的问题表象中，拨开层层掩盖的现象外壳，抓住问题的核心，高屋建瓴地确立自己的观点。对于议论的话语，在听取时要把握总论点与分论点之间内在的有机联系，对表达论点的句子要重点记忆。

方法指导

史学家司马光写《资治通鉴》花了19年；相声艺术宗师侯宝林为学谚语手抄一部10多万字的《谚浪》；俄国大作家托尔斯泰写《战争与和平》花了27年；德国著名医生欧立稀连续试验914次，终于研制成治疗人体内锤虫和抗螺旋体病菌的新药——新坤凡纳明。这些事例充分证明了古今中外无数有成就的人之所以取得事业的成功，秘诀就在于他们有恒心和毅力。（考场优秀作文《恒心和毅力是成功之本》）

这段文字中，作者在列举古今中外成功者的四个事例之后，点明了其中包含的道理，从而使中心论点"恒心和毅力是成功之本"得到了有力的论证，论据与论点联系紧密。

三、判断能力

倾听不是单纯地听，而是要在听的过程中对说话者的言语及非言语进行判断与理解，有些话语不是直接表达意思，需要倾听者学会听出"言外之意""话外之音"。

✈ （一）要学会察言观色

察言观色这个词语出自《论语·颜渊》："夫达也者，质直而好义；察言而观色，虑以下人。"孔子认为所谓达，那是要品质正直，遵从礼义，善于揣摩别人的话语，观察别人的脸色，经常想着谦恭待人。现代汉语中这样解释：察，详审。察言观色就是观察别人的说话或脸色。多指揣摩别人的心意。察言观色也是社交中的礼仪之一。

☀ 1. 察其言，听出"言外之意"

刘熙载在《艺概》中曾说过："词之妙，莫妙于以不言言之。非不言也，寄言也。如寄深于浅，寄厚如轻，寄劲于婉，寄直于曲，实于虚，寄正于余，皆是。"据《现代汉语词典》的解释，"言外之意"是"话里暗含着的没有直接说出的意义"，是一种特殊的言语现象。"言语意义是在特定的交际环境中人们使用语言交流思想、传递信息时双方对具体的言语片段所理解的特定意义"。能够在交谈时听出言外之意是一个人社交能力的体现，也是达成良好的交谈效果的重要因素。"言外之意"可以从讲话者的语调、使用的词汇和语法等方面进行判断。

（1）从语调上领会言外之意。

①语调指的是说话时语音高低、轻重配置而形成的腔调。

②从语调上听出言外之意主要从讲话者在某个词汇上使用了重音和句子表达时使用了高声调和曲折调。（高升调：句子的语势由低到高，一般表示惊讶、疑问、反诘、呼唤、号召等。曲折调：句子的语势曲折变化，有起有伏，一般用来表示夸张、讽刺、幽默等。）

方法指导

你邀请一位朋友陪你一同参观博物馆，而这个朋友不愿意接受你的邀请，他会说："我真的是特别忙，抽不出时间呀！"

你征求别人的意见，对方回答："我答应你！"说这句话时用的是高升调，言外之意是我不想答应你。

（2）从词汇上领会言外之意。

①从词汇上主要是要领会到正话反说、反话正说、褒义贬说、贬义褒说。

②从语言的感情色彩上划分，有褒义词和贬义词之分，但在日常的交谈中并不是所有的褒义词表达的都是褒义的感情色彩，有时是要表达相反的意思。

方法指导

一对恋人在交谈时，女孩对男孩说："你真坏！"这里的"坏"从词语的感情色彩上属于贬义词，但在这种语言环境中表达的是"喜欢"，即贬义褒用。

（3）从语法上领会言外之意。

现代汉语的句子包含着主谓宾定状补等句子成分，但在语言表达时，有时省略了某个成分，或故意省略而要表达的内涵却不同。

方法指导

在交谈中提到某个人而对这个人比较厌烦时，只需要使用一个词"他"就足以表达出想要的效果。这个句子中只有一个主语，其他句子成分都是残缺的，但并不影响句子内涵的表达。

方法指导

面对一位有客人来访，主人问："您是……"简单两个字却礼貌地表达了"请问您是谁"的意思，比起直接询问"您是谁"委婉含蓄多了。

还有一种情形是所答非所问，不直面回答问题，而言其左右，这也是语言暗示的一种。

方法指导

问："你作业写完了吗？"答："我数学作业写完了。"回答者的言外之意是除了数学作业，其他作业还没写完。

方法指导

问："你对今天的饭菜的味道满意吗？"答："今天的糖醋排骨味道非常好。"回答者的言外之意是别的菜味道不是很好。

交谈中有些话不能直说或不好直说的话称为弦外之音、言外之意。说话者在表达这种情感时往往用隐晦的词语，这就需要听者要揣摸"话外音，言外意"，否则会影响交谈的效果。

方法指导

音乐课上，老师教大家唱《摇篮曲》，唱着，唱着，王亮同学埋头大睡，老师叫醒他说："王亮，你对这首歌的意境理解得真透彻啊！"

音乐老师巧妙地运用了正话反说的方法，采用了"言外之意"的语言表达方式，将授课内容与王亮的表现结合起来，对其进行批评。

2. 观其色，读懂"态势暗示"

态势语的内容详见本章第一节内容。态势语的暗示包括两个方面：一是说话者无意的态势动作，一是说话者有意为达到某种目的而进行的态势动作。所以我们在与人交谈时要能够读懂对方的态势语言，才不会让交谈处于尴尬局面。

（1）无意的态势暗示。

①心理学指出无意识行为是没有经过主观分析判断而作出的一种本能行为。

②面由心生，人的面目表情其实是人的内心感受的反映，有时，言语上没有表达出来的意思，却在人们无意识的面目表情中体现出来了。在与人交谈时主要要观察对方的眼睛的变化，孟子曾说过："观其眸子，人焉廋哉。"意思是说，想要观察一个人，就要从观察他的眼睛开始。

方法指导

眼：俗话说"眼睛是心灵的窗户"。正眼视人，显得坦诚；躲避视线，显得心虚；乜斜着眼，显得轻佻。眼睛的瞳孔可以反映人的心理变化：当人看到有趣的或者心中喜爱的东西时，瞳孔就会扩大；而看到不喜欢的或者厌恶的东西，瞳孔就会缩小。目光可以委婉、含蓄、丰富地表达爱抚或推却、允诺或拒绝、央求或强制、讯问或回答、谴责或赞许、讥讽或同情、企盼或焦虑、厌恶或亲昵等复杂的思想和愿望。

眉：眉间的肌肉皱纹能够表达人的情感变化。柳眉倒竖表示愤怒，横眉冷对表示敌意，挤眉弄眼表示戏谑，低眉顺眼表示顺从，扬眉吐气表示畅快，眉头舒展表示宽慰，喜上眉梢表示愉悦。

嘴：嘴部表情主要体现在口形变化上。伤心时嘴角下撇，欢快时嘴角提升，委屈时撅起嘴巴，惊讶时张口结舌，愤恨时咬牙切齿，忍耐痛苦时咬住下唇。

鼻：厌恶时耸起鼻子；轻蔑时嗤之以鼻；愤怒时鼻孔张大，鼻翕抖动；紧张时鼻腔收缩，屏息敛气。

面部：面部肌肉松弛表明心情愉快、轻松、舒畅，肌肉紧张表明痛苦、严峻、严肃。

一般来说，面部各个器官是一个有机整体，协调一致地表达出同一种情感。当人感到尴尬、有难言之隐或想有所掩饰时，其五官将出现复杂而不和谐的表情。

人的身体姿态表情是丰富多样的。正襟危坐可知其恭谨或紧张，坐立不安可知其焦急慌张，手舞足蹈可知其欢乐，捶胸顿足可知其懊恼，拍手时可知其兴奋，振臂时显得慷慨激昂，握拳时显得义愤填膺，搓手不停时表示心中烦躁不安。轻盈的脚步可看出心情愉快，沉重而不均匀的脚步表明处境不佳，迟缓的脚步表明心事重重，铿锵有力的脚步表明勇敢与坚强。昂首挺胸表明自信与自豪，点头哈腰表明顺从与谦恭，手忙脚乱表明心情紧张，全身颤抖又冒虚汗表明心虚害怕。

面部表情的主要模式如下。

人的面部表情主要依靠眼、眉、嘴、鼻、面部肌肉等器官组织的协调运动来完成，Ekman 和 Friesen 把人的基本表情分为六种：高兴、悲伤、惊讶、恐惧、愤怒和厌恶，系统地建立了上千幅不同的人脸表情图像库，并给出了六种基本表情的具体面部表现。

方法指导

惊讶：眉毛抬起，变高变弯；眉毛下的皮肤被拉伸；皱纹可能横跨额头；眼睛睁大，上眼皮抬高，下眼皮下落；眼白可能在瞳孔的上边或下边露出来；下颌下落，嘴张开，唇和齿分开，但嘴部不紧张，也不拉伸。

恐惧：眉毛抬起并皱在一起；额头的皱纹只集中在中部，而不横跨整个额头；上眼睑抬起，下眼皮拉紧；张嘴，嘴唇或轻微紧张，向后拉，或拉长，同时向后拉。

厌恶：眉毛压低，并压低上眼睑；在下眼皮下部出现横纹，脸颊推动其向上，但并不紧张；上唇抬起，下唇与上唇紧闭，推动上唇向上，嘴角下拉，唇轻微凸起；鼻子皱起；脸颊抬起。

愤怒：眉毛皱在一起，压低；在眉宇间出现竖直皱纹；下眼皮拉紧，抬起或不抬起；上眼皮拉紧，眉毛压低；眼睛瞪大，可能鼓起。唇有两种基本的位置：紧闭，唇角拉直或向下；张开，仿佛要喊。鼻孔可能张大。

高兴：眉毛稍微下弯；下眼睑下边可能有皱纹，可能鼓起，但并不紧张；鱼尾纹从外眼角向外扩张；唇角向后拉并抬高；嘴可能被张大，牙齿可能露出；一道皱纹从鼻子一直延伸到嘴角外部；脸颊被抬起。

悲伤：眉毛内角皱在一起，抬高，带动眉毛下的皮肤；眼内角的上眼皮抬高；嘴角下拉；嘴角可能颤抖。

这种对于面部表情的基本模式的分类方法没有充分的理论根据和严格的逻辑基础，但以上六种表情之间，面部器官组织的运动特征确实存在着较大的差异，容易进行区分。

（2）有意"态势暗示"。

有意态势暗示，是说话者不愿用语言来表达自己的情感，而采用态势暗示的方式表达自己的想法。通常情况下，这种态势暗示都是要表达说话者的负面情感，如不满、不屑、不愿意等。如摇头或左右摆手（不含再见情境），就是直接的表示否定。

人们在讲话时，除了运用有声语言，还要使用无声的语言——态势语，来表情达意。所以，在交谈时，听者要观察讲话者的态势语言，从态势语言中解读讲话者的情感变化。

方法指导

楚汉相争之时的《鸿门宴》范增"举所佩玉玦以示者三"，范增多次用玉玦来暗示项羽要立刻杀死刘邦，但项羽都没有按照范增的暗示去做，结果让刘邦走掉了，也失去了自己称霸天下的机会。

✈ （二）去伪存真

去伪存真这个词语出自唐·殷璠《河岳英灵集序》："实由主上恶华好朴，去伪从真，使海内词人，翕然尊古，有周风雅，再阐今日。"去伪存真指的是"除掉虚假的，留下真实的"。语言交流时，倾听者对接收到的信息要有所甄别。谈话者的话语有些具有虚假性，对这样的信息可直接删除。尤其是在谈判性的交谈时，语言中夹杂的话语有真有假，需要倾听者能存真而去伪。

何谓真，真就是与客观事实相符，与"假""伪"相对。在与人交谈时要能够分辨出哪些话语是与客观事实相符，哪些是与客观事实相悖的。

✈ （三）去粗取精

去粗取精出自毛泽东《实践论》："将丰富的感觉材料加以去粗取精、去伪存真、由此及彼、由表及里的改造制作工夫。"口语在表达时信息量很大，大量的信息扑面而来，需要在倾听时将信息简化，抓重点。

四、思考能力训练

倾听不是为了光听不说，是为了更好地说。在倾听的过程中就要构思应答的内容。倾听是为了获取到信息，对于互动性的沟通需要进行回应，在应答之前需要每个倾听者进行一项无声的自我思考，在头脑中构思应答的提纲，组织恰当的语言，选择得体的表达方式。

✈ （一）构思提纲

提纲指的是文章、讲话等的内容要点。在沟通时有些谈话内容是不能事先确定的，在应答前需要倾听者打好"腹稿"。倾听不是目的，重要的是在交谈中要应答，根据谈话者的内容构思应答话语提纲。声音的传播速度小于思维的速度，所以在倾听的过程中要使大脑处于活跃状态，形成观点，列出层次。

✸ 1. 确定观点

从写作学的角度解释，观点就是一篇文章的主旨，是作者在文章中要表达的主要思想。在语言表达上，观点就是说话者对听到的信息进行筛选后确定自己的想法。

✸ 2. 分好层次

层次就是要确定说话的逻辑关系，是采用总分总的层次表达，还是采用分总分的层次表达，还是递进式层次表达等。采用不同的层次关系展开交谈，会收到不同的交谈效果。

3. 组织语言

组织语言是构思提纲的最后一环。这里的组织语言不是将要表达的每个字、词语都打好腹稿，而是要组织好主要的词汇、重要的词语，也可以说是找出关键词。准确、得体的语言是交谈融洽的要素，所以在话语讲出之前一定要选好词语。

（二）选择表达方式

即选择讲话的方式，是采用故事陈述式表达，还是采用观点评论式表达。

五、应答能力训练

（一）直接回答

对对方提出的问题，直接说出自己的想法。用判断词语表示简单的"是"或"不是"等。

（二）曲线应答

不直接将自己的想法表达出来，而是采用委婉的方式，将难以解答的问题，用"双关"性词语回答。

方法指导

曹操很喜爱曹植的才华，因此想废了曹丕转立曹植为太子。当曹操将这件事征求贾诩的意见时，贾诩却一声不吭。曹操就很奇怪地问："你为什么不说话？"。
贾诩说："我正在想一件事呢！"
曹操问："你在想什么事呢？"
贾诩答："我正在想袁绍、刘表废长立幼招致灾祸的事。"
曹操听后哈哈大笑，立刻明白了贾诩的言外之意，于是再不提废曹丕的事了。

（三）转移话题

对不想回答的问题，要学会避而不谈、转移话题。当对方按照他的思路在不断地发火和指责时，可以抓住某些相关内容扭转思路，缓和气氛。

方法指导

客户："你们这么搞把我的日子彻底搅了，你们的日子当然好过，可我还上有老下有小啊!"

客户经理:"我理解您,您的孩子多大啦?"

客户:"嗯……6岁半。"

六、复述能力

(一)复述的含义

复述是以言语重复刚识记的材料,以巩固记忆的心理操作过程。在口语交际中,交谈双方往往以阅读过的文章或耳闻的事情为谈话内容。掌握了复述能力能够让自己在交谈中有话可说。

(二)复述的要求

1. 口语化

复述不是对原材料的背诵,也有别于诵读,需要将书面语言转化为口语。

书面语,是供人阅读的文字,是文字产生后逐渐形成的,其风格是字斟句酌,结构严谨,讲究文法,追求文采。一般来说,书面语比口语更精确严谨,利于规范,用尽量少的文字表达尽量多的内容。

口语,是口头交际使用的语言,一般来说,它比书面语灵活简短,通俗、自然、简洁、生动,让人一听就懂。理解时,对语境的依赖性比较强,但不如书面语严谨。

怎样把书面语转化为口语呢?这就需要改稿或改写。在这个过程中,特别要注意以下几点。

方法指导

(1)从叙述的顺序上讲,多用顺叙,禁用倒叙,因为倒叙不符合人们的口语表述习惯。从文法上讲,尽量不用倒装句,主语要用在前面,宾语用在后面,这样更符合人们的说话习惯。

(2)尽量不用生僻、晦涩的成语、典故和专业术语,需要时要交代背景,做必要的阐明。

(3)从逻辑顺序上说,要符合因果关系,因在前果在后,整个结构要符合语言逻辑。

(4)从句型上说,要多用短句,少用或不用长句。

(5)要考虑说话的场合,听众的年龄、文化程度,听众需要了解或解决些什么问题以及说话者所处的地位、身份等,不要泛泛而谈,无的放矢。

2. 条理化

条理化是指讲述者在复述时要理清材料的详略、重点,要突出中心内容。

3. 忠实原文

抓准记叙性、说明性、议论性材料的基本要素。复述的前提是忠实于原文，可在复述的过程中稍加个人想法，但不能偏离原文过多。

（三）复述的种类

1. 原文复述

原文复述是按照原文材料的顺序、结构，原原本本地将内容讲述出来。这种叙述方式既能把人物或事态说清楚，又能把某些局部或细节说得具体、真切，让听话者对复述的内容有全面的了解。

在沟通中，一方向交谈方讲述一个事件或故事的时候通常使用原文复述方式。

方法指导

如在与人沟通时讲述一个新闻事件或一个见闻，需要将新闻的时间和内容基本在遵循原文的基础上进行讲述，这样会将讲述的要素不丢失，也能让倾听者听明白。这种复述方式基本适用于篇幅较短的文字。

2. 要点复述

要点复述是弱化原文材料的局部细节，在不改变原材料观点、基本结构的前提下，用自己的话简明扼要地叙述出原文材料的要点。这种叙述方式能够让听者快速捕捉到材料重要信息，快速达成良好的交谈效果。

方法指导

如在讲述一篇文章，或介绍一部作品，或讲述一个策划方案时，不需要将每个细节详细表述，可以将涉及材料中的要点进行表述，这样，能让倾听者快速获取到重要信息。

3. 议论复述

复述原文材料的同时，要表明对复述内容中人物、事态的立场、观点、态度，将事、理、情高度结合。

方法指导

这种复述方式包括两个部分的内容：一是对原文的复述，一是讲述者对原文的态度。采用的表达方式一是叙述性话语，一是议论性话语。这种复述方式只要将原文中的主要信息讲述清楚，再表述自己的观点与态度，或赞成或反对，或褒扬或贬低。

🌼 4. 变式复述

变式复述是指在复述的过程中，将复述内容的人称代词、所指代词进行变化，如将原文中的第一人称变化为第二人称，将原文中的第二人称变化为第三人称。将原文中的所指事物变化为第三人称等。

🎬 方法指导

这种复述方式主要是转述别人的话语，如服务员转述顾客的要求，如银行柜台核对顾客的信息等。

七、发问能力

发问也是在沟通时需要掌握的能力之一。恰当的发问不但能让双方的交谈顺利地进行下去，也能让问话者听到自己想要的重要信息。发问不是胡乱地问，也不是滔滔不绝问个不停。

🐦 （一）选择好说话时机

说话时机很重要，关乎着说话的效果。过早发问，可能会打断对方说话，显得有失礼貌；延迟发问，会给人迟钝或交谈心不在焉的印象，影响交谈效果。

🐦 （二）谈话的忌讳

（1）已决定的事情不要再讲述自己的观点。

（2）已经执行的计划不要进行主要观点的建议。

（3）试探性说话不要多次使用。

（4）不要揭露别人忌讳的事情。

（5）不要讲述对方不擅长的事情。

第三节　构言美——沟通策略培养

一、自我肯定，打开心门

自信能让人将自己的想法自如地表达出来，能让人在轻松的心情下思维敏捷。沟通策略首先要从打开自我心扉开始，以提高自身的心理素质。

✈ （一）心理素质训练的必要性

从心理学角度讲，心理素质包括情感、信心、意志力和韧性等。马斯洛认为良好的心理素质表现在以下 10 个方面。

（1）具有充分的适应力。

（2）能充分地了解自己，并对自己的能力作出适度的评价。

（3）生活的目标切合实际。

（4）不脱离现实环境。

（5）能保持人格的完整与和谐。

（6）善于从经验中学习。

（7）能保持良好的人际关系。

（8）能适度地发泄情绪和控制情绪。

（9）在不违背集体利益的前提下，能有限度地发挥个性。

（10）在不违背社会规范的前提下，能恰当地满足个人的基本需求。

人际交往是一个人综合素质的体现，其中，良好的心理素质能够使说话者消除不良环境的影响，能够消解怯场的尴尬，能够在"有备而来"的基础上"锦上添花"。通常阻碍人际交往的心理障碍主要有胆怯、自卑等。良好的心理素质虽有先天因素，但通过恰当的方法和后天的努力也是能够培养起来的。

✈ （二）提升心理素质方法

✿ 1. 排除胆怯心理

胆怯，即胆小、畏缩、害怕、担心。胆怯，作为一种心理现象，每个人存在的程度不同，有的人因胆怯心理在社会交往中表现出恐惧、羞怯情绪，有的人会因胆怯而自卑，更有甚者因胆怯而自闭。因胆怯心理而与好的机会擦肩而过的例子很多。有胆怯心理的人，在众人面前讲话会出现语无伦次甚至"失声"现象，不能清楚地表达自己的思想感情，阻碍人际关系的正常发展。

但胆怯并不可怕，通过恰当的方法可以战胜。

（1）储备知识。"读万卷书，行万里路。"人类自从走过荒蛮时代就不断地用知识武装自己的头脑。俗话说"到什么山上唱什么歌"，而这个前提是你要了解这座"山"的风土人情。知识的储备是口语表达内容精当的基础，是选取得体语言的源头。

🎬 方法指导

有句话说得好："艺高人胆大。"如果说自己的知识水平或技术水平到达了一定的高度，那么心里自然就会踏实稳定。

（2）抓住历练机会。胆怯心理的出现还有一种情形是缺少表现自己的舞台。从人类语言发展的过程来看，语言的产生需要语言环境。我们都知道狼孩的故事，由于缺少人类语言的环境，她就丧失了语言表达的能力。而从小就在众人面前表演的孩子，通常他们胆怯的心理就很少，甚至没有胆怯心理。在放松的心情下，往往能够有超常的发挥。如体育比赛的运动员特别重视大赛经验，多参加大型比赛也是提高自身心理素质的良好途径。所以说抓住了机会也是搭建了提升自己的舞台。

方法指导

萧楚女苦练演讲

我国早期无产阶级革命家、演讲家萧楚女，就是靠平时的艰苦训练，练就了非凡的口才。萧楚女在重庆国立第二女子师范教书时，除了认真备课外，他每天天刚亮就跑到学校后面的山上，找一处僻静的地方，把一面镜子挂在树枝上，对着镜子开始练演讲，从镜子中观察自己的表情和动作。经过这样的刻苦训练，他掌握了高超的演讲艺术，他的教学水平也很快提高了。1926年，他年方30，就在毛泽东同志主办的广州农民运动讲习所工作，他的演讲至今受到世人的推崇。

萧楚女就是一个能够抓住每一次练习口才机会的人。天道酬勤，这样他才能够在演讲方面有不凡的表现。

（3）采用热情、友好的姿态。表现出热情、友好的姿态，做好最坏的打算。胆怯者，给人的印象是冷淡、畏缩、害怕，说话吞吞吐吐，这就等于在告诉他人：我胆怯，我害怕。

方法指导

心理学家建议，只要你将身体姿态稍做调整，做出热情、友好、善意、让人易于接近的姿态，如微笑、开朗，上身略微前倾，握手、拍肩等友善的身体接触，注视对方，听别人讲话时不时点头等，你就会获得友好、善意的回报，你会发现人与人交往并不是很难的，从而缓解并逐步消除胆怯心理。

2. 自我价值认定（克服自卑心理）

自信不是"空来之穴"，它是自我价值认定的过程与结果。所谓自我价值，指个人对自身价值的意识与评判。大量的社会心理学研究证明，任何一个人，其心理活动的各个方面，从知觉信息的选择到内部的信息加工，从对行为的解释到人际交往，都具有明显的自我价值保护倾向。而自我价值保护，是指人为了保持自我价值的确立，心理活动的各个方面都有一种防止自我价值遭到否定的自我支持倾向。这里的自我价值的保护表现在口语交际方面就是自我价值的认定。而这里的自我价值的认定不是自我崇拜，而是源自个人知识的储备、个人品德的修炼与个人情感的调控。

（1）积极的自我暗示。

胆怯的人，实际上是自以为胆怯，是自己虚拟的心理感受，用虚拟的心理感受或幻觉产生的情境来吓唬自己，无异于"作茧自缚"。很多人在登台演出前，都有非常紧张的胆怯心理，可一上舞台，全身心投入到表演时，他们又并不感到胆怯，表演挥洒自如，让自己都感到吃惊。他们通过切身体验后认识到，克服胆怯，重要的是迈出第一步，迈出了第一步，就会发现全新的自我，令自己惊喜不已，从中找到感觉，找到自信与自尊。因此，为克服和战胜胆怯，你可先假设自己不胆怯，什么都不怕，课堂上抢先发言，抓住机会登台表演，在公共场所大声发言，参加辩论等，并努力按不胆怯的样式去做，慢慢地，你就不胆怯了。体育比赛中除了考验运动员的技术能力，更重要的还要考验运动员的心理承受能力。在大型比赛开赛前，我们看到运动员大吼一声，这些行为都是自我暗示的表现。在口语交际中提高自己的心理素质，也可以自己默默地对自己说"我是最棒的，我一定能行"。

方法指导

一个学校做了这样一个实验：把水平相同的篮球队员分为三个小组，让第一组在一个月内停止练习投篮；让第二组在一个月内天天练习一个小时的投篮；让第三组在一个月中天天在自己的想象中练习一个小时的投篮。一个月后，学校对这三组队员进行了投篮成绩测试，结果发现：第一组队员的投篮成绩下降了2%，第二组队员的投篮成绩上升了2%，第三组队员的投篮成绩则上升了4%。

如果一个人不停地自我暗示自己是一个优秀的人，那这个人也会越来越优秀；如果一个人始终觉得自己一无是处，他就会渐渐地被这些想法吞噬。所以，一个人若能够时时对自己进行一些积极的心理暗示，不仅会变得更自信，也会逐步走上成功之路。

（2）调控自我情感。

人的情感分为喜、怒、哀、乐。"大喜不露色，大悲不言行。"传统心理学将人从气质方面分为四种：多血质、黏液质、胆汁质和抑郁质。人的气质是与生俱来不能改变的，这与生理机能相联系。

①多血质型的人在口语交际方面表现为思维活跃，反应敏捷，但往往以自己为中心而导致"一言堂"。

②黏液质型的人在口语交际中表现为沉着、镇静，有自制力，但有时难免不够

敏捷，话语缺少热情。

③胆汁质型的人在口语交际中能够以强烈的热情感染别人，但易激动，有热情过分的倾向。

④抑郁质型的人在口语交际中表现为敏感而随和，富有同情心，但有时会表现出热情不足，容易给人以压抑感。

测一测

心理学研究表明，每个人的气质类型各不相同，所以，对下面60个题的回答，没有对错之分，只要把每个题目的意思弄明白，然后品味一下，并将题目所说的和你的真实思想情感与下面五种情形中的一种相对应。

完全一致（或完全赞成，完全符合等）（2分）；比较一致（1分）；一致与不一致之间（0分）；不太一致（-1分）；很不一致（-2分）。

注意：做题时，不要累计加分，每题记每题的得分。

1. 做事力求稳妥，不做无把握的事。

2. 遇到使你生气的事就怒不可遏。

3. 宁肯一人干事，不愿意和很多人在一起干事。

4. 到一个新环境很快就能适应。

5. 厌恶那些强烈的刺激，如尖叫、噪声、危险镜头等。

6. 和人争吵时，总想先发制人，喜欢挑衅。

7. 喜欢安静的环境。

8. 善于和人交往。

9. 羡慕那些善于克制自己感情的人。

10. 生活有规律，很少违反作息制度。

11. 在多数情况下情绪是乐观的。

12. 碰到陌生人觉得很拘束。

13. 遇到令人气愤的事，能很好地克制。

14. 做事总是有旺盛的精力。

15. 遇到问题常常举棋不定，优柔寡断。

16. 在人群中不觉得过分拘束。

17. 情绪高昂时，觉得什么都有趣；情绪低落时，又觉得干什么都没意思。

18. 当注意力集中于一件事物时，别的事很难放到心上。

19. 理解问题总比别人快。

20. 碰到危险情况时，有极度恐怖感。

21. 对工作学习、事业有很高的热情。

22. 能够长时间做枯燥、单调的工作。

23. 符合兴趣的事，干起来劲头十足，否则就不想干。

24. 一点小事就能引起情绪波动。

25. 讨厌那些需要耐心细致的工作。

26. 与人交往不卑不亢。

27. 喜欢热烈的活动。

28. 喜欢感情细腻描写人物内心活动的文学作品。

29. 工作学习时间长了，常感到厌倦。

30. 不喜欢长时间谈论一个问题，愿意实际动手干。

31. 宁愿侃侃而谈，不愿窃窃私语。

32. 别人说我总是闷闷不乐。

33. 理解问题常比别人慢。

34. 厌倦时只要短暂的休息就能精神抖擞，重新投入工作。

35. 心里有话宁愿自己想，不愿说出来。

36. 认准一个目标就希望尽快实现，不达目的，誓不罢休。

37. 学习工作一段时间后，常比别人更困倦。

38. 做事有些鲁莽，常常不考虑后果。

39. 老师讲授新知识时，总希望讲解慢些，多重复几遍。

40. 能够很快地忘记那些不愉快的事情。

41. 做作业或完成一项工作总比别人花的时间多。

42. 喜欢运动量大的剧烈体育活动，也喜欢参加多种文艺活动。

43. 不能很快地把注意力从一件事情转移到另一件事情上去。

44. 接受一个新任务后，就希望把它迅速解决。

45. 认为墨守成规比冒险强些。

46. 能够同时注意几件事物。

47. 当我烦闷的时候，别人很难使我高兴起来。

48. 爱看情节起伏跌宕、激动人心的小说。

49. 对工作认真、严谨，持始终一贯的态度。

50. 喜欢复习学过的知识，重复做已经掌握的工作。

51. 和周围的人的关系总是相处得不好。

52. 喜欢变化大、花样多的工作。

53. 小的时候会背的诗歌，我似乎比别人记得更清楚。

54. 别人说我"出语伤人"，自己并不觉得这样。

55. 在体育活动中，常因反应慢而落后。

56. 反应敏捷，头脑机智。

57. 喜欢有条理而不甚麻烦地工作。

58. 兴奋的事情常使我失眠。

59. 老师讲的新概念，我常常听不懂。

60. 假如工作枯燥无味，马上就会情绪低落。

【气质类型量表评分标准】

气质类型量表见表1-6。

表1-6　气质类型量表

典型气质类型	题号															总分
胆汁质	2	6	9	14	17	21	27	31	36	38	42	48	50	54	58	
多血质	4	8	11	16	19	23	25	29	34	40	44	46	52	56	60	
黏液质	1	7	10	13	18	22	26	30	33	39	43	45	49	55	57	
抑郁质	3	5	12	15	20	24	28	32	35	37	41	47	51	53	59	

【气质类型的诊断】

多血质：多血质一栏超过20分，其他三栏得分均较低，为典型多血质。多血质一栏得分为10~20分，其他三栏得分较低，为一般多血质。

胆汁质：胆汁质一栏得分最多，其他三栏相对较低。

黏液质：黏液质一栏得分最多，其他三栏相对较低。

抑郁质：抑郁质一栏得分相对较高，其他三栏相对较低。

混合气质：其中两栏得分显著超过另外两栏，而且分数比较接近。如：胆汁质与黏液质，多血质与胆汁质，多血质与黏液质，黏液质与抑郁质等，为两种气质的混合。

如有一栏得分较低，其他三栏相差不大，则为三种气质混合型。

多血质的人情感丰富，反应灵活，易接受新事物，但是情绪不稳定，精力易分散。

胆汁质的人直率热情，精力旺盛，反应迅速而有力，但是脾气急躁，易于冲动。

黏液质的人安静稳重，善于自制，但是对周围事物冷淡，反应迟缓。

抑郁质的人情感体验深刻而稳定，观察敏锐，办事认真细致，但是过于多愁善感，行为孤僻。

要了解自己的气质类型，可以通过日常生活中对自己的观察，或他人的评价，还可参考一些气质量表的测量结果。不过，更重要的是要认识到：气质是没有好坏之分的，只有适合与不适合之别。一般地说，各种气质类型都有其优点和缺点。

气质只是人的性格和能力发展的一个前提，各种气质类型的人都有可能在事业上取得成就。据分析，俄国四位著名文学家就是四种不同气质类型的代表：普希金属胆汁质，赫尔岑属多血质，克雷洛夫属黏液质，果戈理属抑郁质。气质本身是不能预测成就大小的。了解自己的气质的意义主要在于：尽量根据自身的特点选择最适合的发展方向和人生道路。

3. 修炼品德

个人修养的培养。中国儒家主张"修身、齐家、治国、平天下"。个人品德修养是一个人立足社会的首要条件。具有良好的个人品质，也是一个人具有良好心理素质的重要条件。

（1）克服嫉妒心理。

①嫉妒是由于别人胜过自己而引起抵触的消极情绪体验。当看到别人比自己强时，心里就感觉酸溜溜地不是滋味，于是就产生一种包含着憎恶与羡慕、愤怒与怨恨、猜嫌与失望、屈辱与虚荣以及伤心与悲痛的复杂情感，这种情感就是嫉妒。嫉妒者不能容忍别人超过自己，害怕别人得到自己无法得到的名誉、地位等，在他看来，自己办不到的事别人也不要办成，自己得不到的东西，别人也不要得到。

②嫉妒程度有浅有深。程度较浅的嫉妒，往往深藏于人的潜意识中，不易觉察。如自己与某同学是好朋友，他的学习成绩、能力等都较强，对自己的好朋友并不想加以攻击，但在内心总有一点酸楚。而程度较深的嫉妒，会自觉或不自觉地表现出来，如对能力超过自己的同学进行挑剔、造谣、诬陷等。

③嫉妒心理不但影响身心健康，还影响学习工作。嫉妒心强，直接影响人的情绪，而不良的情绪会大大降低学习或工作的效率。另外，嫉妒心强可能使我们结交不到知心朋友。嫉妒心强的人往往事事好胜，常想方设法阻止别人的发展，总想压倒别人。这可能使同学、朋友想躲开你，不愿与你交往，从而给自己造成一个不良的人际关系氛围，你会感到孤独、寂寞。

（2）培养豁达的人生态度。

①豁达是一种心态，是一种气量，更是一种胸怀，是对自己、对他人、对生活的一种包容态度。伊索寓言里有个故事说，上帝在人的胸前和背后搭了两个口袋，前面的装别人的缺点，后面的装自己的缺点，所以人们总是紧盯着别人的缺点，却忘记了回头看自己的缺点，这样的习惯往往使我们不能容忍别人。在日常交往中，战国时候赢忠告信陵君的做人信条是："物有不可忘，或有不可不忘。夫人有德于公子，公子不可忘也；公子有德于人，愿公子忘之也。"这应该成为我们遵循的一个交际准则。

②一个人要有宽广的胸襟才会有好的口才。一个人说话要审时度势，以大局为重，如果胸襟不够宽广，仅为自己一语之快，很难把话说得体、说好。

③在我们生活中，如果斤斤计较，睚眦必报，一定要吐一语之快的人，在人际交往中很难取得成就；与人说话处处宽容，才能受他人尊敬，才能体现宽广、豁达的心胸。

方法指导

廉颇与蔺相如

廉颇者，赵之良将也。赵惠文王十六年，廉颇为赵将，伐齐，大破之，取阳晋，拜为上卿，以勇气闻于诸侯。

蔺相如者，赵人也。为赵宦者令缪贤舍人。

……

相如既归，赵王以为贤大夫，使不辱于诸侯，拜相如为上大夫。

……

既罢，归国，以相如功大，拜为上卿，位在廉颇之右。

廉颇曰："我为赵将，有攻城野战之大功，而蔺相如徒以口舌为劳，而位居我上。且相如素贱人，吾羞，不忍为之下！"宣言曰："我见相如，必辱之。"相如闻，不肯与会。相如每朝时，常称病，不欲与廉颇争列。已而相如出，望见廉颇，相如引车避匿。

于是舍人相与谏曰："臣所以去亲戚而事君者，徒慕君之高义也。今君与廉颇同列，廉君宣恶言，而君畏匿之，恐惧殊甚。且庸人尚羞之，况于将相乎！臣等不肖，请辞去。"蔺相如固止之，曰："公之视廉将军孰与秦王？"曰："不若也。"相如曰："夫以秦王之威，而相如廷叱之，辱其群臣。相如虽驽，独畏廉将军哉？顾吾念之，强秦之所以不敢加兵于赵者，徒以吾两人在也。今两虎共斗，其势不俱生。吾所以为此者，以先国家之急而后私仇也。"

廉颇闻之，肉袒负荆，因宾客至蔺相如门谢罪，曰："鄙贱之人，不知将军宽之至此也！"

卒相与欢，为刎颈之交。

（节选自《史记·廉颇蔺相如列传》）

在人际交往中，如果我们能以宽容、谦让的姿态去处理与他人之间的矛盾，用宽容的胸襟去包容对方，这样彼此之间就会化干戈为玉帛。

（3）转移注意力，给自己一个不嫉妒的理由。

当我们有很多事情要做时，我们就无暇去嫉妒别人。因此，积极参与各种有益的活动，努力学习，勤奋工作，使自己真正充实起来，那么，嫉妒的毒素就不会滋生、蔓延。为了缓解自己因失败带来的心理上的不平衡感，可以找一些理由，使自己不再嫉妒别人。

（4）看到自己的长处，化嫉妒为动力。

一个人在嫉妒别人时，总是注意到别人的优点，却不能注意自己比别人强的地方。其实任何人都有不如别人的地方，当别人在某些方面超过我们时，我们可以有意识地想一想自己比对方强的地方，这样就会使自己失衡的心理天平重新恢复到平衡的状态。

方法指导

对别人产生了嫉妒并不可怕，关键要看你能不能正视嫉妒。你不妨借嫉妒心理的强烈超意识去奋发努力，升华这种嫉妒之情，把嫉妒转化为成功的动力，化消极为积极，超过别人。

4. 克服猜疑心理

猜疑是主观臆断所产生的不信任的情绪情感。猜疑者总以为别人在议论自己，看不起自己，抱着以邻为壑的态度，无中生有，搬弄是非，总把别人的善意当作恶意，结果不仅会产生人际关系的裂痕，而且会造成严重的人际冲突。其心理表现有"疑人偷斧""人心隔肚皮""害人之心不可有，防人之心不可无"等。

（1）要信任别人并赢得别人的信任。

这是一个双向的过程，及时地释疑解惑，能使不理解变为理解，不信任变为信任，是除去猜疑的良好途径。不能像《三国演义》里的曹操一样，由于自己的主观判断而断送了别人的性命，导致误杀人。

（2）要学会"严于律己，宽以待人"。

猜疑心理主要是狭隘、目光短浅、气量不足所导致的。不过多计较，保持宽容大度，从而用理智的力量抑制不该发生的冲动。

（3）建立自信。

不用担心自己的行为，也不要随便怀疑他人是否会挑剔、议论自己。

①自信是指人对自身力量的一种确认，相信自己一定能做成某件事、实现所追求的目标。自信是发自内心的自我肯定和信任。

②自信心是指自己相信自己的心理状态，即相信自己有能力实现自己既定目标的心理倾向和情绪体验，是对自我力量的充分估计。有自信心的人确信自己能够把某件事做得出色，并相信自己能获得成功。

5. 培养控场能力

（1）扬长避短。

口语交际中话题的选择是语言表达的切入点。在交谈中尽量选择自己熟知或了解的话题。这样才不会因无话而说出现"冷场"的尴尬。

（2）三思而后"言"。

①语言的表达是一个复杂的思维过程。《论语》中讲"三思而后行"，在语言表达前，大脑要进行复杂的思维过程，要对在记忆库中存储的信息进行判断、遴选，

最后形成语言表达出来。

方法指导

曾国藩"三思而后行"

曾国藩是清朝名将。当初，他带着湘军镇压太平天国时，清廷对其有一种极为复杂的态度：不用这个人吧，太平天国声势浩大，无人能敌；用他的话，一则是汉人手握重兵，二则曾国藩的湘军是他一手建立的子弟兵，有可能对朝廷形成威胁。事情就这样拖延下来。眼看太平军声势越来越大，立功心切的曾国藩急需朝中重臣为自己撑腰说话，以消除清廷的疑虑。

一日，曾国藩在军中得到胡林翼转来的肃顺密函，得知这位精明干练的人在慈禧太后面前举荐自己出任两江总督。曾国藩大喜，有他为自己说话，是再好不过的了。

曾国藩提笔想给肃顺写封信表示感谢，但写了几句，他就停下了。他知道肃顺为人刚愎自用，目中无人，用今天的话来说，就是有才气也有脾气。他又想起慈禧太后，觉得她现在虽没有什么动静，但绝非常人。以曾国藩多年的阅人经验来看，慈禧太后心志极高，且权力欲强，又极富心机。肃顺这种专权的做法能持续多久呢？慈禧太后会同肃顺合得来吗？

思前想后，曾国藩最终没有给肃顺写信。后来，肃顺被慈禧太后抄家问斩。在众多官员讨好肃顺的信件中独无曾国藩的只言片语。

"三思而后行"救了曾国藩一条命。

②当你遇到问题一时难以决定怎么做时，就不要盲目行动，而应仔细地斟酌一番。等到你对那个问题有了一定的了解，对于解决方法也有了充分的把握以后，不妨再下决定，再开口说话。

二、拓展思维，广开思源

思维是人脑对客观事物间接的、概括的反映，它能认识事物的本质和事物之间的内在联系。思维的间接性表现在，它能以直接作用于感觉器官的事物为媒介，对没有直接作用于感觉器官的客观事物（如早起看到雪，判断出昨天晚上下雪了），甚至是根本不能直接感知到的客观事物（如原子核内部的结构）进行反映。还表现在人能对没有发生的事件作出预见。思维的概括性表现在它可以把一类事物的共同属性抽取出来，形成概括性的认识。例如，从众多物体中抽取出它们的数量形成数的概念；把各种树的共同特点抽象出来加以概括，形成树的概念。

✈ (一) 思维与口才的关系

1. 语言是思维的工具，思维是语言的内容

语言表达是思维的外显，人的语言是对思维结果的一种话语表述方式。语言与思维是一种相互依赖、相辅相成的关系。

2. 思维是口才的灵魂

人们经常用三思而后行、深思熟虑这样的词来形容只有经过了缜密的思维的语言才是经得住考验的话语。所以说要在人际交往中能够运用得体的语言进行表达，必须要加强思维训练，思维训练是口才训练的核心。

✈ (二) 思维训练的特点

1. 思维的广度

思维的广度是指要善于全面地看问题，假设将问题置于一个立体空间之内，我们可以围绕问题多角度、多途径、多层次、跨学科地进行全方位研究，因此有人称之为"立体思维"。

思维的广度在口语中表现为思路开阔，既能纵观问题的整体，又能兼顾问题的细节；既能抓住问题的本身，又能兼顾有关的其他问题。

方法指导

多阅读，增加知识储备。

2. 思维的深度

思维的深度是指我们考虑问题时，要深入到客观事物的内部，抓住问题的关键、核心，即事物的本质部分，来进行由远到近、由表及里、层层递进、步步深入的思考。

方法指导

多思考，以揭示事物本质。

3. 思维的精度

思维的精度是指思维的精确程度，主要是指由思维的确定性和思维的严密性两部分构成。

方法指导

多推敲，确保万无一失。

4. 思维的速度

思维的速度是思维活动的反应速度和熟练程度，表现为思考问题时的快速灵活，善于迅速和准确地做出决定，解决问题。

方法指导

多练习，勤能补拙。

（三）口才思维方式

思维方式是人们大脑活动的内在程序，它对人们的言行起决定性作用。思维方式表面上具有非物质性和物质性。这种非物质性和物质性的交相影响，"无生有，有生无"，就能够构成思维方式演进发展的矛盾运动。著名美籍华裔科学家、诺贝尔奖获得者杨振宁教授说："优秀的学生并不在于优秀的成绩，而在于优秀的思维方式。"而创新思维可以说是优秀思维方式的精品。诺贝尔奖新得主朱棣文教授新近说"创新精神最重要"。

1. 形象思维

形象思维是凭借头脑中储有的表象，以想象、联想和幻想为基本手段，通过生动的形象创造来揭示事物的本质及其内在规律性。

形象思维能力的大小往往决定一个人的审美水平。

形象性是形象思维最基本的特点。形象思维所反映的对象是事物的形象，思维形式是意象、直感、想象等形象性的观念，其表达的工具和手段是能为感官所感知的图形、图像、图式和形象性的符号。形象性形象思维具有生动性、直观性和整体性的优点。

想象是思维主体运用已有的形象形成新形象的过程。形象思维并不满足于对已有形象的再现，它更致力于追求对已有形象的加工，获得新形象。所以，想象性使形象思维具有创造性的优点。

方法指导

首先在大脑中寻找一个具体的意象，再用隐喻式的描绘，把具体生活感受汇聚起来，用意象语言进行表述。突出一个"象"字。正如人们模仿鸟发明了飞机，模仿鱼发明了潜水艇，模仿蝙蝠发明了雷达。

2. 抽象逻辑思维

俄罗斯文学家车尔尼雪夫斯基说:"理论是冷冰冰的,可它能叫人去获得温暖。"抽象逻辑思维是思维的一种高级形式,其特点是以抽象的概念、判断和推理作为思维的基本形式,以分析、综合、比较、抽象、概括和具体化作为思维的基本过程,从而揭露事物的本质特征和规律性联系。

方法指导

阿凡提九死一生

古时候有个残酷的国王,十分嫉妒阿凡提的聪明才智。有一次他抓住了阿凡提,一心想整死他,但又顾及体面,就故意想了一个自认为天衣无缝的办法。他对阿凡提说:你现在可以说一句陈述的话,但是如果你说的是真话,我将用绞刑架吊死你;如果你说的是假话,我将用油锅炸死你。结果阿凡提说出一句话,国王竟拿他一点招也没有。

问:阿凡提说的是一句什么话?

分析概念,作出判断,归纳总结。突出一个"理"字。

3. 创新思维

创新思维是人类创造力的核心和思维的最高级形式,是人类思维活动中最积极、最活跃和最富有成果的一种思维方式。它不仅能揭示客观事物的本质及内在联系,而且能产生新颖的、前所未有的思维结果,能为人们带来新的、具有社会价值的成果,是智力水平高度发展的表现。

方法指导

一个美国人与冯骥才的对话

美国人:你认为中国人和美国人的主要区别是什么?

冯骥才:你们与人接触,首先是拉开距离,然后选择;我们是先混在一起,然后区别。我们的麻烦往往是搅成一团,人与人之间的关系比较琐碎;你们的麻烦往往是孤独。

美国人:(若有所思)唔,是这样。

冯骥才:(指着桌上的菜)你们就像你们的菜,这是鸡,这是炸薯条,这是柠檬。各部分摆开,由你选着吃;我们就像我们的菜,都切碎了,拌在一起炒,还嫌粘不到一块儿，再勾上一些芡粉，这样味儿才出来。

美国人：（大笑）

独辟蹊径，说出自己独到的见解，说出自己独特的风格，突出一个"异"字。

🌼 4. 逆向思维

逆向思维，是指人们为达到一定目标，克服思维定式，从相反的角度来思考问题，从而显露出新的思想、新的观点。

🎬 **方法指导**

反过来想一想

一位老太太有两个女儿，大女儿家开了一个染布作坊，小女儿家做雨伞生意。每天，这位母亲都愁眉苦脸，天下雨了担心大女儿家染的布没法晒干；天晴了担心小女儿家做的伞没有人买。一位邻居开导她，让她换种想法：雨天，小女儿家的伞生意会做得红火；晴天，大女儿家染的布会很快就能晒干。这样，老太太每天都很快乐。

"反过来想一想"，让这位老人改变了心情，收到了"柳暗花明又一村"的效果。

🎬 **方法指导**

"黔驴技穷" 谁之过

成语本意：比喻有限的一点儿本领已经使完了。

【逆向解析】

（1）驴运到黔，是好事者硬行把它弄去的。

（2）如果"好事者"不是让驴子去与老虎斗，而是发挥其所长，让它去拉磨、拉车等，会落个"技穷"而被老虎吃掉的悲惨结局吗？

（3）"好事者"导演了这场悲剧。

（4）要重视人才，就应当把他们放在最符合其个性特点的位置，最大限度地发挥、利用其专长，而不能如"好事者"那样胡乱为之，使其"丧失所长"。

🎬 **方法指导**

老人的"逆向思维"

一位老人退休后，在一所学校附近买了一栋简朴的住宅，打算在那儿安度晚年。

他之所以看上这个地方就是因为这里的环境很安静。他很喜欢这种氛围，在最初的几个星期里他也过得很舒适。

但好景不长，不久就有三个调皮的小男孩，天天在附近踢这里的垃圾桶。附近的居民深受其害，为制止他们的恶作剧，采用了各种各样的办法，好言相劝过，也吓唬过他们，但效果不佳，三个小男孩该怎么踢还怎么踢。邻居们最终无计可施，也只好摇头轻叹，听之任之。

这位老人实在受不了他们制造的噪声，就决定想办法让他们离开。

他出去跟他们谈判："你们几个一定玩得很开心，我小的时候也常常做这样的事情。你们可以帮我一个忙吗？如果你们每天来踢这些垃圾桶，我每天给你们一元钱。"这三个小男孩听了心里非常高兴，心想这样以后买零食再也不用求爸爸妈妈给钱了，于是连忙点头表示同意。之后几天，他们使劲地踢着附近所有的垃圾桶。

过了几天，这位老人愁容满面地找到他们。"最近我的生意不好，收入也减少了。"他说："从现在起，我只能给你们每人五毛钱了。"这三个小男孩听到老人这么快就降低了给自己的报酬，心里有些不满，但一想还是有钱用也就接受了。他们每天下午继续踢垃圾桶，可是，却明显没有以前那么卖力了。

几天后，老人又来找他们。"瞧！"他说，"我的公司马上就倒闭了，所以每天只能给你们两毛五分了，行吗？"

"只有两毛五分！"三个男孩齐声喊道，"你以为我们会为了区区两毛五分钱浪费时间，在这里踢垃圾桶？不行，我们不干了！"

从此以后，老人过上了安静的日子。

打开思维天窗，就是让思想不受陈规的束缚，同时，我们应该学会逆向思维。逆向思维可以解决人生的诸多麻烦与问题。用常规思维解决不了的难题，往往通过逆向思维便可以轻松破解。不会逆向思维的人，就好比不会拐弯的汽车，迟早会撞到墙上。

打破常规的思维方式，从相反或相近的方向思考问题，突出一个"新"字。

5. 纵深思维

纵深思维能从一般人认为不值得一谈的小事，或无须再做进一步探讨的定论中，发现更深一层的被现象掩盖着的本质。其思维形式的特点为：从现象入手，从一般定论入手，使思维向纵深发展，能够做到"透过现象看本质"。

6. 多向思维

多向思维，也叫发散思维、辐射思维、放射思维或分散思维。它是指思维轨迹的多向发展，即能主动灵活地转换问题思考的方式，从每个角度对话题展开立体分析，在思考问题时，能摆脱传统思维定式的约束。

方法指导

发散思维的方法

一、一般方法

材料发散法——以某个物品尽可能多的"材料"，以其为发散点，设想它的多种用途。

功能发散法——从某事物的功能出发，构想出获得该功能的各种可能性。

结构发散法——以某事物的结构为发散点，设想出利用该结构的各种可能性。

形态发散法——以事物的形态为发散点，设想出利用某种形态的各种可能性。

组合发散法——以某事物为发散点，尽可能多地把它与别的事物进行组合成新事物。

方法发散法——以某种方法为发散点，设想出利用方法的各种可能性。

因果发散法——以某个事物发展的结果为发散点，推测出造成该结果的各种原因，或者由原因推测出可能产生的各种结果。

二、假设推测法

假设的问题不论是任意选取的，还是有所限定的，所涉及的都应当是与事实相反的情况，是暂时不可能的或是现实不存在的事物对象和状态。

由假设推测法得出的观念可能大多是不切实际的、荒谬的、不可行的，这并不重要，重要的是有些观念在经过转换后，可以成为合理的有用的思想。

三、集体发散思维

发散思维不仅需要用上我们自己的全部大脑，有时候还需要用上我们身边的无限资源，集思广益。集体发散思维可以采取不同的形式，比如我们常常戏称的"诸葛亮会"。在设计方面，我们通常要采用的"头脑风暴"，每个人尽可能性地说出自己的想法，只要自己能说通了，都可以被大家认同，而且被采纳，最后总结出结论。这个方法就叫作"头脑风暴"。

将生活中听到、看到的任何事物进行素材积累，重在一个"勤"字。

方法指导

红砖的用途

作为建筑材料，红砖可以盖房子（包括盖大楼、宾馆、教室、仓库、猪圈、厕所……）、铺路面、修烟囱等。

利用砖头的重量，红砖可以压纸、腌菜，或作为凶器、砝码，或作为哑铃练身体等。

利用砖头的固定形状，红砖可以当作尺子、多米诺骨牌，垫脚等。

利用砖头的颜色，红砖可以在水泥地上当笔、画画，可以压碎做红粉做指示牌，磨碎掺进水泥做颜料等。

利用砖的硬度，红砖可以当作凳子、锤子、支书架、磨刀等。

还可以利用红砖的化学性质，如吸水。

红砖可以刻成一颗红心献给心爱的人，在砖上制成自己的手印、脚印变成工艺品留念。

方法指导

清除的功能

清除设备：橡皮擦除字体，锄头除草，车拉走泥土等。

家用电器：吸尘器吸去灰尘，洗碗机清洗碗碟，剃须刀刮胡子，洗衣机洗去衣服油污。

清洁剂：清除玻璃的、汽车的、锅炉的、暖壶的。

服务行业：清洁工清除垃圾，花园主人清除杂草。

突发事件：毒药死了鱼，核泄漏使人搬迁。

自然事件：秋天赶走炎热的夏天。

非法行为：小偷、吸毒。

社会生活：爱赶走了恨，原谅赶走了嫉妒。

方法指导

著名诗人乔治的妙答

英国著名诗人乔治出身贫寒，他的父亲是一位木匠，但乔治在上流社会中从不隐讳自己的出身。

有个贵族子弟嫉妒他的才华，在众人面前想出出他的洋相，就高声地问道："对不起，请问阁下的父亲是不是木匠？""不错，您说得很对。"诗人回答。"那他为什么没把你培养成木匠？"

乔治微笑着，很有礼貌地反问："对不起，那阁下的父亲想必是绅士了？"

"那当然！"这位贵族子弟傲气十足地回答。乔治说："那他怎么没把你培养成绅士呢？"

7. 综合思维

高水平的口语表述，需要具备较强的综合思维能力。它突出地表现在两个方面：

一是能从看似针锋相对、完全对立的观点中看出彼此之间深层次的互补关系；二是能调动多个不同角度对统一命题展开讨论，并分别得出一致的结论。

（四）思维训练方法

1. 思维的独特性训练

思维的独特性训练，是指打破思维的固定思维方式，从多角度思考问题。人们在生活和工作中往往被思维定式所束缚，不能在工作中有新的起色。

方法指导

小男孩挑战心算家

在一次心算擂台挑战赛上，一个机灵的小男孩提出要挑战著名的心算家艾伯特。大家知道，艾伯特的心算既神速又准确，多年以来，他还从来没被难倒过。

"你尽管出题好了，孩子。"艾伯特胸有成竹地说。

"那我就出题好了。"小男孩眼珠一转，说道："一列原载有120位乘客的巴士进站，下车23人，上车12人；再下一站，上车16人，下车9人；再下一站，下车25人，上车23人；再下一站，上车19人，下车15人；再下一站，下车10人，上车2人；再下一站，上车23人，下车15人。"男孩说到这儿停了下来。

"说完了吗。孩子?"心算家笑着说，心想：这么简单的题目也拿来考我? 真是个孩子。

"没有。艾伯特先生。"小男孩接着说，"巴士继续开，下一站，上车12人，下车15人；再下一站，下车18人，上车5人；再下一站……"

"还没好吗?"观众中的一个人都有点心烦了，不禁插了一句。

"好了，就这样吧!"小男孩微笑着说："我说完了。"

"那好。"艾伯特闭上眼睛，信心十足地说："我可以马上告诉你结果。"

"好啊，艾伯特先生。"小男孩狡猾地一笑："不过我对车上还有多少人没兴趣，我想知道的是这辆巴士一路上一共经过了几个车站?"

"啊!"心算家脑中一片空白——他从没想过这个问题。

这个故事告诉我们，很多时候我们都会囿于惯性思维，陷入旧有的习惯，从而犯下错误。

2. 思维的敏捷性训练

思维的敏捷性，是指思维活动的反应速度，也是指智力的敏锐程度。它在口语表达中表现为头脑清醒、敏捷,能迅速抓住事物或现象的本质进行流畅表达。

方法指导

从容不迫的诗人莫非

莫非:(在众目睽睽之下上台阶,脚下一绊,摔倒在地。)

听众:(忍俊不禁)哈哈哈哈……

莫非:(站起来,掸掸灰尘,从容不迫地)同学们看看,上升一个台阶多么不易!生活是这样,作诗也是如此。

听众:(报以雷鸣般的掌声)

这是著名诗人莫非在一次诗歌创作学术讲座上思维敏捷、随机应变的经典案例。莫非先生意外摔倒之后,在全场爆发的笑声中不慌不忙、不急不躁,把现场的"上台阶不易"与诗歌创作的"上台阶不易"巧妙地结合起来,一语双关,既替自己解了围,又用一句富于哲理性的话语征服了观众。

3. 思维灵活性训练

思维的灵活性,是指思考问题时的变通能力,换句话说,就是克服头脑中某种固定的僵化的思维框架,按照某一新的方向来思索问题的能力。口语表达中,灵活的思维有助于我们根据语境的变化迅速做出合情合理的言语应对。

方法指导

年轻女作家的回答

记者:能介绍一下您的个性和写作风格吗?

彭久洋:给我一本书,我让自己哭泣;给我一支笔,我让世界哭泣。

彭久洋既是年轻的女作家,又是中国足球彩票的主持人。面对这个问题,一般情况下,被采访者都会用洋洋洒洒的大段语言来回答,力求让观众了解自己的个性和写作风格。彭久洋仅仅用了12个字,就准确地传达出自己多情善感的性格和善于感动读者的创作才能。

任务三　职场口才

第一节　夸其美　责其过——赞美与批评

◉理论阐释

要改变人而不触犯或引起反感，那么，请称赞他们最微小的进步，并称赞每个进步。

——［美］卡耐基

人们在批评的筛子里寻找一切奥秘。

——［英］史文朋

赞　美

赞美，是人际沟通中不可缺少的一种语言技巧，只有懂得欣赏和赞美他人的人，才能够赢得别人的尊重与爱戴。赞美是一种情感的激励，使人感到开心与振奋、肯定与被重视，在工作和生活中给人以新鲜活力的阳光，从而使人际沟通变得更加顺畅与便捷。

思考：为什么第二天两个猎人的猎物数量相差悬殊？

据说有甲乙两个猎人，各猎得两只野兔。

甲的妻子看见后冷冷地说："只打到两只？"甲猎人心中不悦："你以为很容易打到吗？"他心里如此埋怨着。第二天他故意空手回家，让妻子知道打猎不是一件容易的事情。

乙猎人的遭遇则恰好相反。他的妻子看见他带回来了两只野兔，就欢天喜地地说："你竟打了两只？"乙听了心中喜悦："两只算得了什么！"他高兴又有点骄傲地回答他的妻子。第二天他打回了四只。

乙的妻子没有像甲的妻子一样，在沟通中指责自己的丈夫，而是使用了赞美的语言技巧，激发了乙的行为动能，乙才能在第二天更努力地去捕猎野兔。在沟通中，我们要学会赞美，更要学会赞美的语言技巧，才能实现共赢。

方法指导

一、FFC 赞美法则

赞美是对别人的一种认可，可以快速增进两者之间的关系，因此在人际交往中我们经常赞美别人，但简单的"你人真好""你真漂亮"这样的赞美语言并不能收到良好的效果，反而会引起对方的反感。如何运用赞美的语言，建议使用 FFC 赞美法则。

FFC 赞美法则包含 3 个元素，能够让你的赞美之词听上去真实可信，它们是：

Feeling 感受

Fact 事实

Compare 对比

FFC 赞美法则首先描述对方行为带来的感受，其次描述对方值得赞美的地方具体在哪里，最后采用对比方式，如若换作他人，会收到怎样不好的结果。

如果想赞美他人，可以通过上面的程序去赞美。

小博在网上新买了一件外套，物美价廉，十分满意，想要给商家好评：外套到了，太开心了。衣服质地考究，穿起来显得人更精神了。比我之前在××买的那件外套不知好了多少倍！

其中，具体情况如下：

感受：外套到了，太开心了。

事实：衣服质地考究，穿起来显得人更精神了。

对比：比我之前在××买的那件外套不知好了多少倍！

可见，使用了 FFC 赞美法则内容更为具体，态度更为诚恳，易于被人接受与信服。

二、赞美的技巧

一个落魄的画家不得不到一个小公司里做了个小职员，一干就是十几年，为了一家老小，他疲于奔命，画笔渐渐搁置。一次同学聚会，一个从艺术专科学校毕业却始终没有放弃画业的老同学邀请大家去现场参观他的画展。面对一幅幅形神兼备的画卷，画家的手发痒了，沉睡的心萌动起来，他忍不住在画案前挥毫泼墨，那位开画展的老同学就在他刚刚收笔的瞬间带头与大家报以热烈的掌声，并且惊叹着："真是宝刀不老！气度非凡，一如当年！看这渲染，看这线条，看这皴法，看这构图，在这么短的时间内就让远山近水皆有了情致！"随后拍着画家的肩膀，提议让他在业余时间再画几张，他愿意在画展上为画家留一块画廊展板。不久，画家就拿到了一笔可观的展销拍卖现金，画家的笔由生疏到娴熟，由娴熟到灵动，很快恢复了往日的生机活力。

我们试想一下，为什么曾经落魄的画家能够重拾信心，恢复往日的生机与活力呢？再来思考一下，比赛尔太太为什么离开？

比赛尔太太年近60岁，身材臃肿。她去一家服装店买衣服。店主非常热情，为她介绍各种款式的服装，但比赛尔太太好像都不是很满意，店主急于说服比赛尔太太，就拿出一款衣服对她说："太太，您看，这款衣服非常适合您，您的身材这么好，我相信您穿上一定非常迷人。"比赛尔太太听了这句话，非但没有高兴地买下衣服，反而感觉这个店主在故意讽刺她体态臃肿，并且认为店主极不真诚。她用异样的目光看了店主一眼，转身离开了。

在人际沟通中，很多人并不是赞美的高手，他们往往只知道赞美很重要，而不懂得如何去赞美才能更有效果。由上述两例可见，赞美作为生活中一项重要的沟通策略，也同样需要运用一定的技巧。所以，在工作和生活中，不能盲目地追求使用"赞美"，赞美要恰如其分，赞美需要技巧。

❀ 1. 赞美的内容要具体

对于初次见面的客人，可以称赞他的行为或所属物等看得见的具体事物，如果了解到其过去所取得的成就，也可以加以赞美。如果对方是女性，则她的服装和装饰品将是赞美的最佳对象。

有时候服务人员也会因为服务好而受到顾客的口头表扬或感谢，这时候服务人员应如何回答？

"这是我们应该做的。"

"您太客气了。"

"您过奖了。"

更高明的做法是将赞美反射到顾客身上。

"小姐，你真有眼光，这件衣服和这条裤子搭配真的很好。"

"您过奖了，其实不是我眼光好，是您的身材好、气质好，所以显得很协调。"

在《红楼梦》里，宝玉第一次见到黛玉，对黛玉的外貌描述，让我们看到了一个男子对女子的由衷赞美。

两弯似蹙非蹙罥烟眉，一双似喜非喜含情目。态生两靥之愁，娇袭一身之病。泪光点点，娇喘微微。娴静时如姣花照水，行动处似弱柳扶风。心较比干多一窍，病如西子胜三分。

宝玉的赞美具体而翔实，在对黛玉外貌描述中，说她的眉毛是"似蹙非蹙罥烟眉"；说她的眼睛是"似喜非喜含情目"；说她纯洁美丽，"娴静时如姣花照水"；说她蕙质兰心，"心较比干多一窍"。在贾府众多人中，贾宝玉第一眼便细致观察到黛玉是如此清新美艳，超凡脱俗。

2. 赞美的态度要诚恳

每个人都珍视真心诚意，它是人际沟通中最重要的尺度。英国专门研究社会关系的卡斯利博士曾说过，"大多数人选择朋友都是以对方是否出于真诚而决定的"。可见，虽然人人都喜欢听赞美的话，但并非任何赞美的语言都能使对方认同，若无根无据、虚情假意地赞美他人，对方不仅会感到莫名其妙，而且会觉得你诡诈虚伪，另有所图。赞美他人时必须基于事实说话，表达时更要发自内心，情真意切，态度诚恳。

1972 年，美国总统尼克松访华，国务卿罗杰斯陪同。他们来到上海，下榻在锦江饭店。

有一天，周恩来总理到饭店看望罗杰斯，一见面，周总理就礼貌地伸出手来："罗杰斯先生，您好！"罗杰斯握住周总理的手，很恭敬地说："总理先生，您好！"

周总理说："国务卿先生，我受毛泽东主席的委托来看望您及各位先生。这次中美两国打开大门，是得到罗杰斯先生主持的国务院大力支持的。这几年，你们国务院做了大量工作。我尤其记得，当我国邀请贵国乒乓球队访华时，贵国驻日使馆就英明地开了绿灯，说明你们的外交官很有见地。"

罗杰斯听后，笑着说："总理先生也很英明，我真佩服您想出邀请我国乒乓球队这一招，太漂亮了！一下子就把两国疏远的距离拉近了！"这样气氛立即活跃起来。

在上述事例中，周总理和罗杰斯显然都深谙赞美之道。在中美恢复正常外交关系之际，双方都主动赞美对方对这一历史性的功绩所付出的才智与努力，使双方的关系显得更为融洽。

3. 间接赞美比直接赞美的效果更好

一是以第三者的口吻赞美，如"听某某说，您在事业上很成功"。二是在当事人不在场时赞美，往往能收到更加意想不到的效果。同时如果不直接赞美对方，而是针对对方的优点大加赞美，这样以面带点，言在彼而意在此的赞美，更是不露痕迹，使对方如沐春风。

例：《红楼梦》第三十二回里史湘云劝贾宝玉走仕途经济时，贾宝玉对林黛玉性格的评价，就诠释了在当事人不在场时赞美的重要作用。

兴隆街贾雨村来到贾府，贾宝玉不喜与他相近。史湘云说，"自然你能会宾接客，老爷才叫你出去呢"，"主雅客来勤，自然你有些惊动他的好处，他才只要会你"，"还是这个情性不改。如今大了，你就不愿读书去考举人进士的，也该常常的会会这些为官做宰的人们，谈谈讲讲些仕途经济的学问，也好将来应酬世务，日后也有个朋友。没见你成年家只在我们队里搅些什么！"

这里史湘云建议宝玉多读书，将来能够有机会走仕途。贾宝玉不喜欢史湘云的俗气，说以后不要再到他这里来，袭人忙说史湘云有涵养，心地宽大。如果换了黛玉，不知要如何生气。宝玉道："林姑娘从来说过这些混帐话不曾？若他也说过这些混帐话，我早和他生分了。"没想到这些话被悄悄走来，见机行事，以察二人之意的黛玉听到了。黛玉听了这话，不觉又喜又惊，又悲又叹。

贾宝玉对林黛玉的评价是在当事人不在场的时候赞美，即为间接赞美。通过这次事件，黛玉确定了宝玉确是自己的知己，"他在人前一片私心称扬于我，其亲热厚密，竟不避嫌疑。"由此可见，间接赞美更具有感染力。

理论阐释

批　　评

批评有两种含义：一种是基于美学意义的解释，指通过运用理论方法对作品进行梳理，如，文艺批评；一种是基于狭义的生活习语，是专指对缺点和错误提出意见，如，批评他人对工作的散漫态度。本书中的批评特指第二种。

批评是鞭策，是治病的良药。当你犯了错误时，你是希望听到：

"你是什么态度"

"你这个人不可理喻"

"你错了"

还是希望听到别人说：

"我认为这件事是……"

前者是人身导向的批评，将批评的对象指向个人；后者是问题导向的批评，将批评的对象指向问题本身。我们在工作和生活中要善于使用问题导向的批评方法。

方法指导

一、问题导向的批评过程

步骤一　描述需要做出修正的事情或行为；

步骤二　描述对行为或结果的反应；

步骤三　建议一种可以接受的替代方式。

小王是一家超市的收银员。有一次顾客认定已经把钱交给他了，但他不承认。在两个人争吵起来后小王提议去看现场录像。录像表明：顾客确实把钱放到桌上了，却被另一名顾客拿走了。小王拒绝承担责任，要求顾客付款，最终气走了顾客。超市总经理找小王谈话："我知道你心里不好受，因为我要辞退你。这位顾客被你当作一个无赖请到保安室里看录像，是不是伤害了她的自尊心？还有，她的内心不快，会不会向她的家人、好友诉说呢？她的亲人、好友听到了她的诉说后，会不会对我们超市也产生了反感？"面对一系列问题，小王一一说"是"。[步骤一]

总经理给小王一个计算器，请他按一个顾客会影响250个人计算，假设一个人每周到店里消费20元，10年的损失有多少。总经理接着说："这可不是一个小数字。虽然只是理论推算，与实际会有所出入，但任何一个精明的商家都不可能不考虑这个问题。那位中年妇女被我们气走了，至今我们还不知道她姓甚名谁，家住哪里，因此无法向她道歉，无法挽回这一损失。为了教育超市营业员善待每一位顾客，所以做出辞退你的决定。请你不要认为我这一决定是对你乱加罪名。"[步骤二]

小王说："我不会这样认为，只是请您告诉我，碰到这样的事情，我应该怎样处理呢？""其实很简单，"总经理说，"你只要改变一下说话的方式就行了。你可以这样说：'尊敬的女士，我忘了把您交给我的钱放在哪儿了，我们一起去看一下录像好吗？'你把过错揽到自己身上，就不会伤害她的自尊心了。"[步骤三]

二、批评的技巧

1. 动机和效果

批评要与人为善，不可落井下石，更不能置人于死地，既要端正态度，更要注重效果，批评不当，即便是好心也可能办出错事。

每个批评者的出发点都是善良的，都真诚地希望提醒或帮助对方改正错误，因此要做到尊重、理解和信任被批评者。一般不要说："我本来不想说，可是……""说了你也许不高兴，但不说又不行，所以……"从批评的目标上说，要做到有的放矢，不可全盘否定，把别人说得一无是处，而应把重点放在改善目前不足的方面。从后果上说，批评者不仅要考虑如何把正确的意见告诉对方，还要考虑对方能否接受你的意见，达到什么样的效果，能否让对方口服心服。否则，对方要么"当面接受，过后照旧"，要么"表面同意，心底不服"，甚至"当面顶撞，让你无法下台"。批评要针对人的行为，而不是人本身。只有动机与效果达到了完美统一的批评，才是成功的批评。

贞观七年（公元633年），魏征代替王珪任侍中。同年年底，中牟县丞皇甫德参向太宗上书说："修建洛阳宫，劳弊百姓；收取地租，数量太多；妇女喜梳高髻，宫中所化。"太宗接书大怒，对宰相们说："德参想让国家不役一人，不收地租，富人无发，才符合他的心意。"

想治皇甫德参诽谤之罪。魏征谏道："自古上书不偏激，不能触动人主之心。所谓狂夫之言，圣人择善而从。请陛下想想这个道理。"

最后还强调说："陛下最近不爱听直言，虽勉强包涵，已不像从前那样豁达自然。"唐太宗觉得魏征说得入情入理，便转怒为喜，不但没有对皇甫德参治罪，还把他提升为监察御史。

魏征一语点醒唐太宗，说皇甫德参上书谏言的目的是为了江山社稷，并不是针对唐太宗个人，唐太宗也深知魏征所说合情合理，最终君臣一心，开创了贞观之治的盛世。

🌼 2. 方法和时机

批评要审时度势，讲究方法。

（1）明褒暗贬式批评方法

人人都希望得到他人的肯定与认同，即使出现错误，也希望得到人们的同情和理解，因此大多数人犯错之后，第一反应都是狡辩和解释，很少有人自觉、及时地自我批评和反省。因此，在批评他人时不妨换一种方式，以褒代贬，反话正说，通过表面幽默风趣的肯定，以达到实质上的否定，往往更乐于被人接受，能收到比训斥更好的效果。

纪晓岚给学生的文章进行评语：

"此文章似有双锤击鼓之势。"

学生开心地走了，其他学生问道，这人文章一般，怎么给出如此高的评价？纪晓岚说："你没击过鼓吧，一个锤敲鼓，'通通通'，两个锤敲鼓，'不通，不通，不通'。"

（2）先扬后抑式批评方法

用先扬后抑的幽默让被批评者在轻松愉悦的笑声中接受教育，意识到自己的缺点和错误，也是巧妙批评人的有效方法。可以用双关、比喻等缓解批评时的紧张情绪，这样的批评方式还能增进相互间的情感交流，制造愉悦的气氛。

美国总统柯立芝对他的女打字员说："你今天这一套漂亮衣服，更能显出你的美丽。"女打字员突然听到总统对自己的赞美，受宠若惊，脸都红了起来。总统继续说："可是，我说这句话的目的，是要使你高兴，我希望你以后打字的时候，对于标点符号应该特别注意一下才好，让你打的文件和你的衣服一样漂亮。"

（3）善用幽默式批评方法

对于自尊心很强的人，更不能直截了当地批评。伤害对方的自尊，往往会引起对方强烈的反驳或者找一些理由为自己辩护，或者以沉默对抗，产生积怨。如果能够点到为止，幽默风趣地调侃对方两句，让对方羞愧，反而更能引起对方的重视。

某大学一年级新生军训，一学生因训练不认真，三次打靶三次剃了"光头"，使全班的总分在全年级倒数第一。

打靶回来的路上，辅导员一"捶"这位学生的肩膀，笑着说："嗨，三次你都'吃烧饼'，靶子以外的地方都打中了，也真不容易啊！"老师不乏幽默的"赞扬"引来了同学们的笑声，连这位学生也忍不住笑了。但笑过之后，他抓了抓后脑勺，觉得很不好意思。在以后的训练中，他有了很大的进步。

试想，如果辅导员对他说："三次打靶，三次鸭蛋，全班都受了你的连累。你也太不认真了！"不仅达不到教育的目的，甚至会使这个学生从此背上思想包袱。而运用幽默诙谐的批评方法，则使这个学生愉悦地接受了批评。

除了上述几种批评的方法以外，批评也要选对时机，一是批评要及时，二是不在冲动时批评，三是尽量在私下场合批评。

3. 语言和情感

批评中的语言和情感是受批评者最为关注的，在批评中，要少训导多开导，少极端多中肯；少说"错"多言"对"，少冷漠多温暖，这样批评才能开展得更为顺利，才能收到更好的效果。在现实生活中，有时人们往往认识不到自身的错误，甚至明知有错而不想改正，这时就必须拿起批评的武器，帮助他们改正自己的行为。但批评的武器不应是刻薄的挖苦、粗暴的训斥，有经验的批评者会寻求恰当的批评方法，将"逆耳忠言"变为"顺耳忠言"。

一次，许世友到某部队视察工作，见泔水缸中浮着两个白面馒头。他什么都没有说，捞起这两个馒头，用纸包好带走了。在全军大会上，许世友拿出了那两个馒头，对战士们说："我没有教育好你们珍惜粮食，这是我的错。但今后决不允许再有这样的事发生。"许世友说完，便吃了那两个馒头。耳闻目睹这一切，战士们深受教育。

战士做错了事，许世友不是训斥战士，而是责备自己，因此收到了很好的批评效果。

第二节　信其言　婉其情——说服与拒绝

📚 理论阐释

在预备说服一个人的时候，我会花三分之一的时间来思考自己以及要说的话，花三分之二的时间来思考对方以及他会说什么话。

——［美］林肯

勉强应允不如坦诚拒绝。

——［法］雨果

说　服

说服有广义和狭义之分，广义的说服指说服学，包括劝说、演讲、推销、谈判、广告、传媒等手段。狭义的说服指在语言交际中以一定方式向对方说明、劝解，以使对方心悦诚服的语言功能。

说服读作 shuō fú，"说"是异读字，有四种读音。

"tuō"古义，通"脱"。

"yuè"古义，通"悦"。

"shuì"用话劝说别人使其听从自己的意见。

"shuō"口语和书面语常用。

"shuō"与"shuì"的区别在于："说服"指用充分的理由开导对方，使之信服。"说"（shuì）指用话劝说别人使其听从自己的意见。游说（shuì）：古代叫做"说客"的政客奔走各国，凭着口才劝说君主采纳他们的主张。"说服"强调以理服人，而"游说"有巧言令色，诡辩之意。

说服，是使他人动摇、改变、放弃自己原有的主张或意见，从而同意、接纳或服从你的主张或意见。俗话说"一人之辩重于九鼎之宝，三寸之舌强于百万之师"，讲的就是语言的魅力。

方法指导

一、说服的方法

1. 动之以情

说服者应与被说服者求得感情上的共鸣，以"自己人"的角色不露痕迹地去说服对方，让人感到亲切，消除心理防线，"精诚所至，金石为开"就是这个道理。

例：李斯《谏逐客书》第二自然段写道：

昔穆公求士，西取由余于戎，东得百里奚于宛，迎蹇叔于宋，来邳豹、公孙支于晋。此五子者，不产于秦，而穆公用之，并国二十，遂霸西戎。孝公用商鞅之法，移风易俗，民以殷盛，国以富强，百姓乐用，诸侯亲服，获楚、魏之师，举地千里，至今治强。惠王用张仪之计，拔三川之地，西并巴、蜀，北收上郡，南取汉中，包九夷，制鄢、郢，东据成皋之险，割膏腴之壤，遂散六国之从，使之西面事秦，功施到今。昭王得范雎，废穰侯，逐华阳，强公室，杜私门，蚕食诸侯，使秦成帝业。此四君者，皆以客之功。由此观之，客何负于秦哉！向使四君却客而不内，疏士而不用，是使国无富利之实，而秦无强大之名也。

通过四代君王重用客卿的事例，我们知道秦国发展到嬴政这一时期，是每一代君王励精图治的结果，先祖筚路蓝缕，而后世代代图强，才有一个强大的秦国交到秦王嬴政的手里，秦国的人才稀少，所以秦穆公求取人才的故事才能被广为流传，人才奇缺和富有人才是秦国和其他六国的不同之处，所以李斯敏锐地看到了这一点，也正是从这一点入手，开始了他劝说秦王的第一步。在这篇劝谏之书中，李斯没有一句提到"我"，而是处处站在秦国的角度来思考问题，才最终使嬴政收回了逐客的命令。

2. 晓之以理

说理要深入浅出，道理明晰，切忌说教、教训，或是用大道理压人；最好是让对方按照说服者的思路自己去推理，主动"就范"。

孔子的弟子司马牛请教孔子如何实践"仁德"，孔子对他说"仁者，其言也讷。"

"讷"原指言语迟钝，这里是说要做到"仁"，就不应该轻易多言，因为司马牛有多言而燥的毛病，孔子借此巧妙暗示，促使他改正。

3. 衡之以利

衡之以利就是权衡利弊得失。如果说"情"和"理"主要属于精神范畴，那么"利"则主要侧重于物质层面。在社会中，生存和发展是人的第一需要，从这一点来说，衡之以利也是最有效的说服方法之一。

有一位家长要送孩子进补习班，看教室里实在没法再摆放一张桌子了，仍不肯放弃自己的要求，又提出："能不能在过道上放个凳子，没有桌子也行啊！让孩子听一听嘛！"老师说："你看，过道这么窄，如果再放上一个凳子，老师走不过去，没法指导学生做作业，影响了教学质量，误了孩子们的前程，你我都不好交代啊！再说，这样做，你的孩子一定不自在，也没有心情听课学习了，你这不是白花钱吗？""是啊，那我再另想办法吧。"

二、说服的技巧

1. 攻心为上

劝说的目的是要使对方心悦诚服地改变观念。而说服的关键是攻克对方的心理防线。不打通心理壁垒，再多的劝说也是白费口舌。

鲁迅先生说："如果有人提议在房子墙壁上开个窗口，势必会遭到众人的反对，窗口肯定开不成。可是如果提议把房顶扒掉，众人则会相应退让，同意开个窗口。"当提议"把房顶扒掉"时，对方心中的"秤砣"就变小了，对于"墙壁上开个窗口"这个劝说目标，就会顺利答应了。

用鲁迅先生的这一方法来完成下列说服任务。

某化妆品销售公司的严经理，因工作上的需要，打算让家住市区的推销员小王去近郊区的分公司工作。如果你是严经理，在找小王谈话时应该怎样说？

2. 善用比喻

用比喻说理，往往很有效。例如，有人曾批评英国前首相丘吉尔做事情总不能尽善尽美，丘吉尔对指责他的人讲了一个暗喻式的比喻：

有一位船夫救起了一个即将溺死的少年，一个星期后，一位太太叫住这位船夫："上星期救我孩子一命的人是不是你？"船夫说是。太太说："哦，我找你好几天了，我孩子的帽子呢？"

🌼 3. 巧借名言

"尺有所短，寸有所长。"

"虚心使人进步，骄傲使人落后。"

在一定程度上，名人名言往往更有说服力。

🌼 4. 诱其说"是"

劝说他人时，多让对方说是，而避免让对方说不，这就是"苏格拉底劝说法"。

有研究表明，当人们对事物作肯定回答时，全身放松，心平气和，这时更容易接受不同的意见。

例如，劝说两个产生矛盾的朋友时，我们可以试试用下面的方法：

"你说他是不是你的好朋友？"

"是。"

"他是不是为人还不错？"

"是的。"

"他平素是不是很讲义气？"

"是的。"

"他以前是不是也曾帮助过你？"

"是的。"

"既然如此，你就不要计较那点小事了，大度点，去和他和好吧。"

🔵 理论阐释

拒　　绝

拒绝，就是不接受，可以拒绝主张和请求，也可以拒绝物质和金钱，本节主要指前者。

拒绝是一门艺术，拒绝的时候要讲究语言艺术，体现出个人品德和修养，使别人在你的拒绝中，一样能感觉到你的真诚与友善，被拒绝的人心悦诚服且不会在其心里留下裂痕。相反，拒绝不当会引起更多的误会与隔阂。

在生活中，人总要面对各种各样的人和事，这构成了日常生活的主要内容，并影响生活的方方面面。因此，如何拒绝他人也显得十分重要。无论别人要你做的事是一件微不足道的小事还是一件至关重要的大事，只要是你力所不能及的，你都要拒绝。因为作出勉强接受的决定，将要付出几十倍、几百倍，甚至更长时间的后悔与自责。学会拒绝，对于我们塑造自身的良好形象，处理好各种人际关系都有着十分积极的意义。拒绝的结果往往是令人尴尬而又遗憾的，但艺术的拒绝却可以消除尴尬和弥补遗憾。能说"不"的人才是一个成熟的人。钱钟书说："不必花些不明不白的钱，找一些不三不四的人，说些不痛不痒的话。"我们在沟通中要学会拒绝，善于拒绝，有技巧地拒绝。

方法指导

拒绝的结果无论如何都会令人感到不快，如何扭转这种负面的情绪，就需要运用一定的方法与技巧。

一、晓以利害，说情辩理

可用政策的规定、法律的界限、道德的标准、习惯的看法等人之常情事之常理来回避，表现出一种无奈，予以拒绝。

阿富汗民间有一则题为《谨慎的智者》的小故事，讲的就是机智地拒绝他人。

有一天，帕夏把智者召来，对他说："智者，你的智慧，大家都知道，我任命你担任本城的法官。"这个智者对这个差事不感兴趣，就回答说："伟大的帕夏，这个职务我不能胜任。"帕夏问："为什么呢？"智者答道："如果我说的是真话，那就不应任命我为法官；如果我在撒谎，难道你要任命一个撒谎的人当法官吗？"

这位谨慎的智者实际上是不想做本城的法官，他说"这个职务我不能胜任"，不管是否谦虚，其逻辑判断的是不能当；如果他在撒谎，那么一个撒谎的人也不能当法官。于是，从两边挟制，得出"我不能当"的结论，轻松推辞了帕夏的邀请。

二、肯定在先，否定在后

先承认对方要求的合理性，表示十分理解，然后再转折说出做不到的理由。如"我非常理解您的处境，也愿意帮助您，可是……"

某报社的推销员登门要求你订阅她们发行的报纸，可你不想订阅。你可以很有礼貌地说："谢谢。你们的服务很周到，可是我家已经订阅了其他几家报社的报纸了，请谅解。"

三、拖延时间，错过机遇

有些事情是在特定时机才能办到的，而错过机遇则办不成，人们是可以理解的。客户要求电信局安装住宅电话，由于供不应求，无法一一满足，但又不能拒绝客户的要求。回答时，应表示同情，并热情地说："满足客户的要求是我们的责任，可是由于目前线路短缺，还不能全部解决，我们正创造条件，请你耐心等待。"

四、调侃打岔，权作玩笑

有些事情采用幽默的方式，当作一种笑谈而非真事，敷衍过去。时过境迁，对方只好作罢。

曾有位女士对林肯说："总统先生，你必须给我一张授衔令，委任我儿子为上校。"

林肯看了她一下，女士继续说："我提出这一要求并不是在求你开恩，而是我有权利这样做。因为我祖父在列克星敦打过仗，我叔父是布拉斯堡战役中唯一没有逃跑的士兵，我父亲在新奥尔良作战过，我丈夫死在蒙特雷。"

林肯仔细听过后说："夫人，我想你一家为报效国家，已经做得够多了。现在把这样的机会让给别人的时候到了。"

这位女士本意是恳求林肯看在其家人功劳的份上，为其儿子授衔。林肯当然明白对方的意思，他只是故意装糊涂。

项目二　应用写作

　　能够适应未来职业生涯需要的听说读写能力是学生在高职学习阶段所应当重点培养的基本语文能力，而沟通和写作则是学生的语文素养在职场应用中相辅相成的两翼。在本章节中我们以学生的职业能力为切入点，精选了事务文书、公务文书及调研文书等类型的应用文体，通过阐释理论、分析例文得失、归纳写作技巧的方式，对应用写作学习进行指导。

任务一　事务文书

第一节　应用文概述

◉理论阐释

一、应用文的概念

　　应用文是机关、企事业单位、社会团体、个人在日常工作、学习和生活中处理公私事务时使用的具有实用价值和固定或惯用格式的文体。

　　随着经济的发展，应用文的写作普及社会的各个层面。传达贯彻国家的方针政策、发布法律法规、实施管理离不开公务文书；总结交流经验、从事调查研究离不开事务文书；进行经济活动离不开经济预测、经济活动分析报告……可见，应用文是加强横向联系、扩大对外交流、及时传递信息的必不可少的工具。

二、应用文的作用

（一）应用文是工具

1. 应用文是传播工具

在现代社会中大众传播、组织传播、人际传播甚至是个人传播都需要用到应用文，例如单位之间的公函往来、文件传达、信息情报交换和各类会议活动等。

2. 应用文是表达情感的工具

写作目的大致可分为两类：一类是为了怡情；另一类是为了应用。应用之文，其基本的功能就是要充当人类传播的工具，用以表达那些具体的、直白的、清晰的、具有社会共性和价值认同的情感。

3. 应用文是成就大业的工具

文章是成就千秋伟业、实现个人理想的工具。在职场中，优秀的写作能力往往能够帮助一个人赢得更为广阔的上升空间。

（二）应用文是凭证

1. 应用文是事实凭证

有些应用文能够证明一个事实的客观存在。例如，一张借条证明的是拆借事实上的存在；一张收据证明的是一个相应的偿还事实；一份会议记录则是会议各项内容的翔实记载。应用文家族成员中具有凭证作用的文种还有很多，譬如委托书、公证书以及委任状、遗嘱等。

2. 应用文是交往凭证

具有交往凭证功用的应用文集中在礼仪文书中。典型的礼仪文书有书信、题词、赠言、柬帖和备忘录等文种。另外，一些公司往来函电、启事公告等文书，也具有交往凭证的功用。

3. 应用文是承诺凭证

"一诺千金""白纸黑字"，前者是说做出承诺就一定要兑现，后者强调的是一般的小事情可以口头承诺，大的事情还是要"立字为据"，还要靠合同、协议等"应用文"来解决问题。

三、应用文的特点

（一）应用性

应用文在公务往来中最常用、最实用，是服务于社会管理、经济要务的文体。如写一篇请示，是为了向上级请求批准办理某件事项；写一篇报告，是为了向上级汇报工作，反映情况，提出建议。所以，应用文写作直接关系到人们日常事务的处理和工作的进展，应用性是应用文最根本的特点。

（二）程式性

应用文在形式上具有程式性，是指应用文写作一般都有比较固定的格式。

其一是人们在长期使用中约定俗成的惯用格式。经历了漫长的历史演进，汉语交际文体形成了一整套相对固定的书面表达形式，其具体含义已经成为中华民族传统文化的重要组成部分。例如：一般书信的第一行，要顶格写收信人的姓名或称谓；正文开头转行空两格；末尾要写表示祝愿或敬意的惯用语；在末尾的下一行的右侧署上写信人的名字和日期。

其二是国家党政部门统一规定的法定格式。

（三）真实性

应用文写作都是为了解决某个具体问题，因事而写。因此，它的内容必须客观、准确，实事求是地反映情况，真实地叙述、记录或报道事物或意见。如告知对方要处理什么事情；或说明处理的办法、措施、步骤；或磋商问题、提出要求等。如一篇市场调查报告，如果材料不真实，仅凭作者的猜测推断来杜撰，那将会造成重大的经济损失。另外，应用文在语言上要求表述准确，不产生歧义；在修辞上，比喻、夸张等积极修辞应尽量少使用。

（四）时效性

作为处理公务的应用文一般都比较讲究时效。有些问题亟待解决，必须及时行文，否则会贻误工作，造成损失；有时延误了时间，便会失去实用价值。所以应用文不但写作要及时，而且办理也要及时。如公文处理必须及时；合同过期就失效；计划、总结都有严格的时间限制；制度的制定要表明生效或执行的具体时间，等等。

四、应用文的写作要求

（一）主题集中

所谓集中，是指一篇应用文只能集中表达一个中心，解决一个问题，使主题突出，围绕一个中心把问题说深、说透。即使有些综合性的工作报告，也可以将一个主题分成几个侧面，不同的侧面分别叙述，全文仍统一于一个主题之下。这就是所谓"一文一事"，能防止行文混乱，便于迅速传递信息，提高办事效率。

（二）材料真实

应用文用于处理日常工作中的各种事务，文章所用的材料必须真实，来不得半点虚假。任意地拔高、歪曲事实、凭空想象、言过其实都会影响文章的真实性，也会影响对实践的指导作用。因此，真实是应用文的生命，大至人物、事件、过程，小至始末细节，都要确凿无误。

（三）结构严谨

结构是指对文章内容各个部分所进行的组织安排。应用文的结构都有一定的模式，不同种类应用文的模式有所不同。所以学习应用文必须掌握各种应用文的模式，并能熟练地用于写作实践。从总体上讲，应用文结构的基本内容包括层次和段落、过渡和照应、开头和结尾等几部分，要想写出结构严谨的应用文就应该从这几部分入手。

1. 层次清楚、段落分明

应用文的层次是指应用文主旨的表现次序，也就是"意义段"，它体现了应用文内容间的逻辑关系。写作应用文一定要弄清楚先讲什么后讲什么，做到层次清楚。段落也就是我们所说的"自然段"，它以另起一行为标志。段落是写作中在表达主旨时由于转换、强调、间歇等造成的文章停顿。在应用文写作中应该根据不同种类应用文的要求，做到段落分明。

2. 过渡自然、前后照应

过渡，是文章层次与层次、段落与段落之间连接、转换的方式，它有承上启下的作用。过渡的形式有：过渡词语、过渡句、过渡段。比如，我们常见的过渡词语有"综上所述""总之""因此""会议认为"等；常见的过渡句有"现将有关事项通知如下""我们的主要做法是""今年下半年应做好以下几项工作"等。

照应是指文章前后的关照呼应。照应在应用文中最常见的是首尾呼应、开头与标题呼应、前后内容的呼应，它能使表述的问题互相补充。

3. 开头结尾简洁明了

应用文的开头方式不尽相同，但必须做到中心突出，不绕圈子。最常见的就是开门见山，直接提出文章的主要内容，统领全文。应用文的结尾方式也不止一种，但总体来说都要求简明扼要地收束全篇，不要拖泥带水、画蛇添足。

（四）语言得体

应用文是实用性很强的一类文体，它的性质、特征决定了应用文的语言具有不同于其他文体的风格特点。概括起来有如下几个特点。

1. 庄重得体

应用文，特别是应用文的主体——公务文书，往往具有法定的强制性和行政的约束力，所以语言必须庄重得体，这样才能体现出严肃性。

2. 通俗易懂

应用文语言的价值只有在社会活动的实际应用中才能体现出来。应用文的语言应自然平实，通俗易懂，不矫揉造作，不堆砌辞藻。

3. 准确规范

规范地使用词语，准确地表达意图，是应用文语言的基本要求。准确是应用文的生命。应用文的政策性、实践性很强，一句话不准确，甚至有一个词、一个字用得不当，都有可能造成重大损失。

4. 简明扼要

应用文是用来解决实际问题的，为提高效率，应用文语言上必须简明扼要，干净利落，避免啰唆。

（五）格式规范

应用文是一种形式上相对固定的文体，有惯用的格式和行文规则。因此，在应用文写作中，必须遵守各类文体的格式要求。另外，形式上的美感也是应用文格式规范方面的重要内容，包括重视文稿的选材用料、重视文稿稿面的修饰、重视文稿篇章句式的布置排列。

方法指导

例文1

中共中央关于授予"七一勋章"的决定
（2021年6月29日）

今年是中国共产党成立100周年。100年来，我们党团结带领中国人民进行了艰苦卓绝的斗争，为实现民族独立、人民解放和国家富强、人民幸福接续奋斗，中华民族迎来了从站起来、富起来到强起来的伟大飞跃，创造了中华民族发展史、人类社会进步史上的伟大奇迹。党的十八大以来，以习近平同志为核心的党中央坚持以人民为中心，统筹推进"五位一体"总体布局、协调推进"四个全面"战略布局，脱贫攻坚战取得全面胜利，全面建成小康社会取得伟大历史性成就，开启了全面建设社会主义现代化国家的新征程。

在100年波澜壮阔的历史进程中，一代又一代中国共产党人顽强拼搏、不懈奋斗，涌现了一大批英勇牺牲的革命烈士、一大批矢志进取的英雄人物、一大批忘我奉献的先进模范。为了隆重表彰在中国革命、建设、改革各个历史时期，为党和人民事业一辈子孜孜以求、默默奉献、贡献突出、品德高尚的功勋模范党员，激励全党坚守初心使命、忠诚干净担当，党中央决定，授予马毛姐、王书茂、王占山、王兰花、艾爱国、石光银、吕其明、廷·巴特尔、刘贵今、孙景坤、买买提江·吾买尔、李宏塔、吴天一、辛育龄、张桂梅、陆元九、陈红军、林丹、卓嘎、周永开、柴云振、郭瑞祥、黄大发、黄文秀、黄宝妹、崔道植、蓝天野、魏德友、瞿独伊同志"七一勋章"。

这次受表彰的"七一勋章"获得者，是我们党各个时期、各条战线党员的杰出代表。他们信念坚定，对党忠诚，矢志不渝为党和人民的事业奉献一切；他们践行宗旨，为了人民根本利益和美好生活，呕心沥血，拼搏奋战；他们勤勉务实，不论在什么岗位，都忘我工作、奋发有为，成就非凡功绩；他们不怕牺牲，保持革命者大无畏的战斗精神，危难时刻挺身而出，用生命践行使命，赢得全党全社会广泛赞誉。

当前，我国正处于实现中华民族伟大复兴的关键时期。党中央号召，全党要以习近平新时代中国特色社会主义思想为指导，以"七一勋章"获得者为榜样，增强"四个意识"、坚定"四个自信"、做到"两个维护"，更加紧密地团结在以习近平同志为核心的党中央周围，赓续共产党人的精神血脉，不忘初心、牢记使命，永不懈怠、一往无前，为全面建设社会主义现代化国家、实现第二个百年奋斗目标、实现中华民族伟大复兴的中国梦作出新的更大贡献！

（来源：新华社）

写作指导

例文1属于应用写作范畴，采用公务语体，主旨鲜明，结构严谨，有开头（缘由）、主体（具体事项）、结尾（结束语）。主体层次清楚，语言庄重得体。这种政府部门处理公务时使用的法定格式的文体，具有很强的实用价值。

例文2

烂漫的山花中，我们发现你。自然击你以风雪，你报之以歌唱。命运置你于危崖，你馈人间以芬芳。不惧碾作尘，无意苦争春，以怒放的生命，向世界表达倔强。你是崖畔的桂，雪中的梅。

写作指导

例文2是感动中国2020给张桂梅的颁奖词，运用文艺语体高度浓缩了张桂梅校长的优秀事迹和高贵品质，文学色彩浓厚，讲究修辞，具有很强的表现力。

写作小贴士

应用写作与文学写作的区别如表2-1所示。

表2-1　应用写作与文学写作的区别

应用写作	比较角度	文学写作
真实生活的反映	写作目的	精神世界的写照
生活真实	思想内容	艺术真实
及时写、及时发	时效性	不受时空限制
规定的格式、科学修辞	表现手法	格式多样、艺术修辞
逻辑思维	思维方法	形象思维

第二节　巧宣传——启事　海报

理论阐释

一、启事

（一）启事的文体特点

启事是一种公告性文书。它是在单位或个人有事需要提请社会公众注意，或要公开说明某件事情，或有什么问题需要请求帮助时，简明扼要地写出来，张贴在公共场合或刊登在报纸杂志上，或在广播电视上播映时常用的一种应用文体。

启事是我们日常工作、学习和生活中解决某一问题快捷而常用的手段之一，它具有 6 个方面的特点：

1. 目的的鲜明性

发布启事总是针对某一个有待解决的问题或某一项业务需要，目的在于促进生产，有利于工作、学习和生活。

2. 目的的针对性

发布启事时指向于一定的人、人群或组织，引起注意或请求帮助。

3. 内容的广泛性

它可以用于公务中的招生、招聘、开业、庆典、单位成立、商标的使用与更换等多种事宜。

4. 告知的回应性

启事不同于只是向社会"告知"的声明，它要求通过告知得到社会上的广泛回应，以解决自己的某件事情或某个问题。

5. 参与的自主性

启事不具有强制性和约束力。启事的对象有参与的目的性，可以选择参与或不参与。

6. 传播的新闻性

启事通过张贴、登报、广播、电视等各种新闻媒体公开传播消息，对社会公众来说，它属于广告性消息，具有新闻性质。

（二）启事的结构

启事一般由标题、正文、落款和附项四部分组成。

1. 标题

标题写在第一行中间，字体稍大些，旨在醒目。启事的标题构成形式比较灵活，可以只写"启事"，也可以由事由和文种组成，如"招领启事""寻物启事""征婚启事""迁移启事""遗失启事"等，还可以由启事机关单位的名称和事由组成，如

"××职业技术学院××××年招生启事"。

2. 正文

正文从第二行空两格开始写。正文是启事的主体部分，主要说明启事事项。具体包括发出启事的目的、意义，办理启事事项的方式、方法、要求等内容。

正文部分的写法比较灵活，可以分段说明，也可以不分段说明；可以标序列述，也可以分层次列小标题分述。需要注意以下三点：一是不同的启事，写法不尽相同，形式应该为内容服务；二是表述要简洁、明确、直截了当；三是要恰当使用礼貌用语。

正文写完后可写上"特此启事"，既可连在正文后，也可以另起一行空两格写。

3. 落款

落款写在右下方，包括署名、日期等内容。

4. 附项

即在正文左下方标明联系地址、邮编、电话及联系人等内容。

（三）几种启事的写作要求

1. 招聘启事

这类启事一般要求写明工作的性质、待遇、被招聘人员的性别、年龄、文化程度等条件以及招聘名额、报名时间和地址、应聘时携带的证件等。最后，还要写明联系人、电话号码及邮政编码，以方便应聘者及时联系。

2. 寻物启事

寻物启事是失主为了寻找所丢失的物品时所写的启事。内容应该将丢失物品的名称、数量、质量、特征以及丢失的时间、地点写清楚，并要写明失主的姓名、住址、工作单位以及联系方式，以便拾物者与失主联系；必要时，还可以写明酬谢方式，以便尽快找回丢失物品。

寻物启事

　　本人于昨天晚上在×××咖啡厅遗失记事本一个，其中记有本人工作关键要点和工作档案及急需的他人联系方式等重要内容，其价值难以用金钱衡量。本人万分焦急，请捡到者及时与本人联系，本人将不胜感激。

　　联系地址：××市××路××号××研究所
　　邮编：×××××
　　电话：×××××××
　　手机：123456789

失主：×·××
20××年 8 月 6 日

3. 招领启事

　　招领启事是拾到物品、钱财后，告知公众，希望失主前来认领而写的启事。一般只写拾到物品的名称，不写数量和特征，以防冒领。

招领启事

　　本商场拾到手提包一个，内装人民币若干元，及手机、信用卡等物，望失主前来认领。

　　地点：本市××商场三楼办公室
　　电话：×××××××

××商场办公室
××××年×月×日

4. 迁址启事

　　迁址启事是机关、团体、企事业单位或个人向人们说明搬迁地点或住址的启事。

这类启事要求写明搬迁的原因、时间以及迁移后的新地址，有时还要写明与迁移有关的业务办理方法，以及何时正式办公或开业和联系电话等。

迁址启事

因维修大楼需要，××市××区工商行政管理局于 10 月 12 日从原办公大楼（××路××号）临时迁往市政府办公大楼（××路××号）。

××市××区工商管理局

××××年 10 月 10 日

---

5. 更名启事

企事业单位更改名称，可写更名启事。这类启事要写明原名称和更改后的新名称，还要声明与更名有关的事项，如公章、合同、账务往来如何处理等，免得以后产生麻烦。

更名启事

经××批准，我单位已由原来"××中心"更名为"××开发公司"。自×年×月×日起启用新名称、公章，原名称各种印章即予废除。原来的银行账号不变，原有一切业务及未尽事宜均由"××开发公司"办理。

××开发公司

××××年×月×日

---

6. 遗失声明启事

遗失了重要的票据、证件，有可能被拾得者利用进行行骗活动，所以一定要及时在报上刊登遗失声明启事。这既是为了让公众知道，以提高警觉，免受损失，也是为了完成法律程序，卸去应负的责任。遗失启事要写明失物的名称、数量和号码等，最后还要写上"声明作废"。如果遗失了支票，还应该赶紧向银行挂失。

遗失启事

××公司遗失盖有公司公章的工商银行支票两张（号码为××××××至×
×××××），特此声明作废。

××公司

××××年×月×日

➤ （四）启事的写作要求

第一，内容要严密、完整。启事的事项要严密、完整，不遗漏应启之事，而且
要表述清楚，切忌含混不清。

第二，用语要热情、恳切、文明。只有态度诚恳、语言有礼貌、言辞恳切，才
能使公众产生信任感，达到预期效果。

第三，不能将"启事"错写成"启示"。"启示"含有"启发指示，使人有所领
悟"之意，它跟"启事"毫无关系。

二、海报

➤ （一）海报的文体特点

海报是主办单位向公众报道举行文化、娱乐、体育等活动的一种事务文书，多
用于电影、戏曲、球赛、文艺演出、报告会等活动。海报中通常要写明活动的性质、
活动的主办单位、时间、地点等内容。海报的内容力求简明扼要，形式做到新颖美
观。从内容上分，海报有演出海报、演讲海报、比赛海报、报告会海报、展览海报
等；从形式上分，海报有文字海报和美术海报两种。

➤ （二）海报的结构写法

海报的告知性和宣传性以及海报文体的特殊形式，决定了海报的整体创意必须
在一瞬间留给人以强烈的印象，让人对海报的内容一目了然。

海报写作的内容和结构基本包括：标题、正文、落款三部分以及整体创意和美
术设计。海报的美术设计要求形式灵活多样，新颖独特。

✿ 1. 标题

海报的标题相当关键，这是海报的主体和内容的焦点。它主要有两种形式：一

种形式是直接采用"海报"做标题；另一种形式是根据活动内容拟定标题，适当使用修辞手法，突出海报的宣传效果，比如"××艺术展""微笑服务——上帝与你握手"。

2. 正文

正文是海报的中心，一般应写明开展什么活动或举办什么事项，如开晚会，要写明表演团体、时间、地点等；报告会要写明报告题目、报告人、地点、时间等。可采用项目排列式直接写明活动的具体事项，也可以采用附加标语式在海报结尾处加上富有感染力的标语，以吸引公众。

3. 落款

写明举办单位或演出单位和日期，还可注明联系电话、联系人。如果标题已写上单位，这里可以省略。

（三）海报的写作要求

1. 交代清楚

对于活动的内容、时间、地点等，必须交代清楚，以便于观众参加。

2. 简洁明了

一句话能说清楚的就只用一句话，切忌长篇大论或言不及义，语不中的。

3. 一事一报

一份海报只写一件事，不要一事多报。

4. 图文并茂

尽可能图文并茂，以吸引读者。

方法指导

例文3

招聘启事

××××旅游集团是专门从事旅游资源开发、项目投资、酒店管理、旅行社业务、酒店用品配送的大型旅游集团，公司拥有多家四、五星级旅游饭店及××国际旅行社等旅游企业。经××省职业介绍中心批准，现向全国诚聘旅游专业人才。

一、招聘岗位及要求

1. 市场营销经理（总监）1名：从事过集团公司营销管理工作2年以上。主要负责制定实施公司市场营销方案，宏观管理公司营销业务，建立公司营销网络。

2. 市场开发及政策研究经理（总监）1名：具有相关专业工作经验3年以上，掌握国家有关法律、法规、旅游宏观经济政策等，主要负责酒店相关领域的调查研究、分析和网络建设，为领导决策提供服务。

3. 饭店管理经理（总监）1名：旅游相关专业毕业，从事过集团公司饭店管理工作2年以上。主要负责公司饭店管理规划、服务质量考核标准的完善和实施，负责监督、指导、检查和考核。

以上人员主要在集团公司职能部门工作，基本要求为年龄35岁以下，本科以上学历。

二、录用待遇

被正式录用后，单位与员工依法签订劳动合同。

录用后试用期3个月，试用期满工资待遇按所在岗位及本人工作表现确定。

三、报名注意事项

报名时间、方式：自见报之日起一周内，将个人资料邮寄或发送至我公司。

四、报名所需材料

1. 学历证书、各类专业证书和身份证复印件
2. 个人情况介绍、联系方式、一寸照片

联系地址：××市××路×号×××旅游集团人力资源部

联系人：略

联系电话：略

电子邮箱：略

◉写作指导

这是一则招聘启事，着重写出了应聘条件、工资待遇及联系方式，条理清晰、格式正确、语言简洁。

例文4

唱响青春　梦想飞翔

你想拥有万人之上，一呼百应的激动场面吗？

你想成为周围星星中最闪亮的那颗吗？

抑或是你已经厌倦了周遭平凡如沙子一样的枯燥生活；

你已经为成为明日的闪亮之星而蓄势待发。

这一切的一切，难道只是在教室里托着腮帮的遐想？

非也非也！成功不再是梦，赶快来参加我们的 in - pop 校园歌手大赛吧！

让青春在这里燃烧，让梦想在这里飞翔，用歌声来演绎全新的校园生活。

本次活动，身高不限，样貌不限，IQ 不限，只需要你有一颗果敢的心。

时间：9 月 30 日中午 1：30

地点：综合楼二楼多媒体教室

我们还招募广大的支持者，届时为你心仪的选手加油呐喊。如果你已经心动，那就速与本班的文艺委员联系吧！

院学生会文艺部

20××年 9 月 23 日

写作指导

这则海报标题高度浓缩了活动的目的和意义，语言贴合大学生心理，运用多种修辞手法，起到了很好的鼓励号召作用。

写作小贴士

海报与启事的异同

海报与广告、启事有相似点，它们都属于告知公众信息或情况的告启性文书，是请求人们支持、协助，希望人们参与和合作的。其表现形式也相似，但它们又有明显的区别。

第一，适用范围不同。海报以报道文化、娱乐、体育消息为主，启事可以反映政治、经济和生活等多方面的内容。

第二，适用场合不同。海报多用于热闹、轻松的场合，启事多用于比较庄重的场合。

第三，制作方式不同。海报除文字说明可用美术加工，配上图片、图画、图案及各种色彩；启事以文字说明为主。

第四，公布方式不同。海报只在公共场所张贴或悬挂；启事除张贴外，还可登报刊、用广播电视传播。

第三节 谋发展——计划

一、计划的概念

计划是国家、单位或个人对今后一定时期内的生产、工作、学习、活动等事先拟定任务和目标、措施和办法、步骤和时间安排以及具体要求的应用文书。它是一种具有预见性、指导性和约束力的事务文书，对所计划的事项具有促进和监督作用。

计划是个统称，它是计划类这一大类应用文的统称。通常所说的规划、纲要、方案、安排、设想、打算、要点等，都属于计划类应用文，它们是根据计划目标的远近、时间长短、内容详略等差异而确定的名称。

（一）规划

规划是具有全局性的、较长时期的长远设想，是一种时间跨度长（一般为三年以上）、范围广、内容较为概括的计划，如《沈阳市城市建设总体规划》。

（二）纲要

纲要和规划相同，它们都是各级领导机关根据战略方针，为实现总体目标，对某个地区或某一事项作出的长远部署。不同的是纲要比规划更为原则和概括，一般只对工作方向、目标提出纲领式要求和指导性措施，如《辽宁省××××年经济发展纲要》。

（三）设想

设想是初步的草案性的计划，是一种粗线条的、初步的、预备性的非正式计划。相对来讲，其适用时限较长，如《沈阳市沈北新区拓展就业安置门路的设想》。

（四）打算

打算是短期内工作的要点式计划，也是一种粗线条的、想法不太成熟的非正式计划。相对于设想，它的内容范围不大，且考虑的是近期要做的工作，如《××学院争创文明校园的打算》。

（五）要点

要点是列出工作主要目标的计划。是将计划的主要内容择要摘编，使之简明突出，它适用于时间相对较短的计划，如《沈阳经济开发区卫生局××××年工作要点》。

（六）方案

方案是从目的、要求、工作方式方法到工作步骤等部署具体周密，有很强可操作性的计划。方案一般适合专项性工作，其实施往往须经上级批准，如《沈阳市住房分配制度改革实施方案》。

（七）意见

意见适用于上级向下级布置工作任务并提供基本的思路、方法，交代政策，提出要求等，如《宏远公司关于下属企业×××年扭亏增盈全面提高经济效益的意见》。

（八）安排

安排是对短期内工作进行具体布置的计划，是短期内要做的工作，是范围不大、内容单一、布置具体的一类计划，如《××学院期末工作安排》。

二、计划的特点

（一）目标性

目标是计划的核心，计划的全部内容都是紧紧围绕着目标展开，为这个既定的目标谋划最优的策略和步骤、落实具体的措施等。写计划前要对全局性的各项工作做全面、合理的安排考虑，保证统筹兼顾，防止顾此失彼，因此计划必须要有明确的目标性。

（二）预见性

计划是事先对所要开展的工作所做的安排与打算。而任何事物在其发展过程中都会出现这样或那样的变化。所以，为实现预定的目标，在制定计划时，必然要对未来活动过程中可能出现的情况进行充分的分析与估计，并要对可能出现的困难、问题等，提出切实有效的措施和方案，这样，才能确保计划顺利进行，并达到预定目标。

（三）针对性

单位的计划往往一方面要根据国家的有关方针政策、上级部门的工作安排和指示精神而定，另一方面要针对本单位的工作任务、主客观条件和相应能力而定。总之，只有从实际出发制定出来的计划，才是有意义、有价值的计划。

✈ （四）可行性

可行性是和预见性、针对性紧密联系在一起的。只有预见准确、针对性强的计划，在现实中才真正可行。如果目标定得过高、措施无力实施，这个计划就是空中楼阁；反过来说，目标定得过低，措施方法都没有创见性，实现起来虽然很容易，并不能因而取得有价值的成就，那也算不上有可行性。为了实现预期的目标，计划必须有切实可行的措施和方法，而且，计划必须切合实际情况，保证目标的实现。

✈ （五）规范性

计划的内容不同（如工作计划、学习计划、生产计划），可以有不同的写法（如条文式写法、表格式写法），但它们都必须具备几个基本的要素，这就构成了计划的比较固定的写作程式和规范。

✈ （六）指导性和约束性

计划一经通过、批准或认定，在其所指向的范围内就具有了约束作用，在这一范围内无论是集体还是个人都必须按计划的内容开展工作和活动，不得违背和拖延。

三、计划的类型

计划的种类很多，按照不同的标准，可以分为不同的种类。

✈ （一）按照计划的性质划分

有综合性计划和专题性计划。

❀ 1. 综合性计划

又称总体计划，是对某一单位或部门在一定时期内的所有工作作出的全面安排和计划。

❀ 2. 专题性计划

又称单项计划，是对某一方面的工作作出安排和计划。

例：《××学院×××年工作计划》——综合性计划。

《××学院×××年招生工作计划》——专题性计划。

✈ （二）按照计划的范围划分

有国家计划、地区计划、系统计划、单位计划、个人计划等。

（三）按照计划涉及的时间划分

有长期计划（5 年以上）、中期计划（3～5 年）、短期计划（1 年及以下）。

（四）按照计划的形式划分

有条文式计划、表格式计划、条文加表格式计划等。

1. 条文式计划

即把计划分为若干条款或部分，通过文字加以阐述，涉及数字指标也都穿插在有关部分的文字叙述之中。这种写作形式，条理分明，层次清楚，说理性强，容易把计划的内容准确地表达出来。这是目前比较常见的一种写作形式。

2. 表格式计划

即用表格来表达计划内容。表内栏目通常包括任务项目、执行部门、完成时间、执行措施等。这种样式的计划比较醒目、简洁，容易理解把握，也便于对照和检查。定期的、以数据为指标的计划，适宜用这种方式。如企业的产销计划、国家经济管理部门下达经济任务的计划。表格式计划常常是定期制订。以数据为指标的计划，用表格式较为合适。

3. 条文加表格式计划

即指计划的内容既有条文的表述，又有表格的形式。条文和表格相配合，能把比较复杂的内容用简洁的方式表达出来。

四、计划的格式和写法

（一）标题的写法

计划的标题一般由计划的制订单位名称、适用时间、内容性质和文种等四部分组成。

（1）《计划》——计划的文种。

（2）《工作计划》——内容和文种。

（3）《××××年工作计划》——执行的时限、内容和文种。

（4）《××学院××××年工作计划》——制定计划的单位、执行的时限、内容和文种。

如果制定的计划还不够成熟，需要试行一段时间，待征求意见后，再进行修改定稿，或者还未经过法定的会议讨论通过，有可能出现第五个部分，即在标题尾部或下方加括号注明"草案""初稿""征求意见稿""送审稿"等字样，如《××学院××××年教学改革实施方案（讨论稿）》。

另外，计划还有双标题的写法，如《影响力 亲和力 感召力 凝聚力——艺术设计系××××年思想政治工作计划》，《加强医疗健康服务 营造温馨和谐社区——福田区社区康复医疗站建设规划》。

✈ （二）前言的写法

计划通常有一个"前言（或序言）"段落，主要点明制定计划的背景、根据、目的、意义等。前言文字力求简明，以讲清制定计划的必要性、执行计划的可行性为主要内容，应力戒套话、空话，一般一两个自然段即可。前言通常以"为此，××××年（或第×季度）要做以下几项工作"或"特制定本计划"来领起下文。

一般而言，单位工作计划的前言可以从这样几个方面来写。

（1）制订计划的指导思想，包括有关的方针政策和上级的指示。

（2）分析现时形势的要求，本单位的基本情况（完成任务的主观和客观条件的分析）。

（3）计划的总任务，计划的目的要求等。

上述几项内容并不是每份计划都必不可少的，应根据计划任务的对象、范围情况的不同，酌情取舍。有的计划前言部分可以省略，直接书写计划的具体事项。

计划前言写法案例：

（1）《××百货大楼开展优质服务的活动方案》的前言：

为了贯彻治理整顿、深化改革的方针，结合百货大楼实际，开展优质服务活动，提高经营质量，维护消费者利益，进一步提高社会效益和大楼信誉，为争创"顾客满意最佳商店"创造条件。

（2）《××市总工会爱国卫生月工作计划》的前言：

今年4月是国务院确定的第24个爱国卫生清洁月，根据市爱卫会的统一部署，市总工会决定，从4月11日至4月30日，全市各级工会广泛深入地开展以"××"为主题的爱国卫生月活动。现将爱国卫生清洁月活动安排如下。

✈ （三）主体的写法

如果说前言回答了"为什么做"的问题，那么主体要回答"做什么""怎么做""何时做"等问题。

❋ 1. 目标与任务

首先要明确指出总目标和基本任务，随后应根据实际内容，进一步详细、具体地写出任务的数量、质量指标。必要时，再将各项指标定质、定量分解，以求让总目标、总任务具体化、明确化。

2. 办法与措施

以什么方法，用什么措施确保完成任务实现目标，这是有关计划可操作性的关键一环。所谓的办法、措施，就是对完成计划须动员哪些力量，创造哪些条件，排除哪些困难，采取哪些手段，通过哪些途径等心中有数。这既需要熟悉实际工作，又需要有预见性，而关键在于有实事求是的精神。唯有这般，制订的措施、办法才是具体的、切实可行的。

3. 时限与步骤

工作有先后、主次、缓急之分，进程又有一定的阶段性，为此，在计划中，针对具体情况，应事先规划好操作的步骤、各项工作的完成时限及责任人。这样才能职责明确、操作有序，执行无误。

（四）结语的写法

这一部分是总结全文，在正文的末尾提出希望和号召。也有的计划省略结语，计划事项写完后自然结束。是否写结语要根据计划的具体情况而定。

（五）署名和日期

计划的结尾要写上制定单位的名称与制定日期两项内容。如果标题中已标明单位名称，结尾可省去单位署名，写明制定日期即可。

五、撰写计划的注意事项

（一）材料准确

计划不能是毫无根据的天方夜谭。撰写计划之前应当进行深入细致的调查研究，了解实际情况，在准确、翔实的材料准备基础之上制定计划。

（二）留有余地

计划任务、指标和措施要求一定要实事求是，但也应当适当留有余地，允许上升的空间。

（三）防患未然

要预先想到计划在实际操作中可能发生的偏差和可能出现的故障，有必要的防范措施或补救方法。

(四)语言质朴

计划不需要生动、形象的语言，也不要很多的修辞方法，一般使用朴实、庄重的语言，做到表达清楚、表意准确即可。

📽️方法指导

例文5

××文学社活动计划

为全面贯彻教育方针，落实学院关于大力开展课外学科小组活动的意见，我社制订活动计划如下。

1. 本学期举办文学作品欣赏两次，写作技法讲座两次（由语文老师负责辅导），读书札记交流一次。

2. 组织一次秋游，一次外出采访活动。

3. 本社成员每周练笔不少于两篇，本社从中选出优秀习作向省市报刊推荐，本社一学期发表的习作不少于五篇。

4. 积极参加省市级作文竞赛、演讲比赛、读书活动竞赛，力争拿到名次。

5. 与兄弟学校文学社团加强联系，10月份组织部分社员外出交流学习。

6. 学期结束，评选优秀社员。

7. 做好补充新社员工作。

××文学社

××××年×月

📚写作指导

这篇例文是某学院的文学社活动计划，属于比较简单的工作计划。

文章结构规范，标题、正文、署名、日期等要素齐全，语言通顺，言简意赅，符合计划的写作要求。"目标与任务"部分基本合理，活动内容紧贴文学社的社团特性，活动种类丰富多彩，活动数量恰到好处，值得借鉴。不足之处也比较明显，缺乏实现计划的"方法与措施""时限与步骤"，使得该计划中的"目标与任务"没有实现的指导与要求。对于文章写作而言，这是一篇内容不完整的计划；对于现实工作而言，这很可能是一份流于形式的空想。

例文 6

20×× —20××学年下学期学习计划

《礼记·中庸》中说道："凡事预则立，不预则废。"在新的学期里，我又要开始备战，准备去迎接新的挑战。为此，做如下学习计划。

一、学习目标

1. 力争在本学期一次性通过英语四级。

2. "精读""应用写作""语音"主修课，期末考试成绩均要达到 80 分以上。

3. 普通话要达到二甲水平，并且拿到二甲证。

4. 提高电脑打字速度，由现在的一分钟打 30 个字达到 60 个字，尽量学会用五笔录入法。

二、方法措施

为了达到上述学习目标，我将采取以下措施。

1. 上课认真听讲，做好笔记，做到"今日事，今日毕"。按时按质完成学习任务与作业。

2. 参加英语四级培训，提高英语学习成绩。购买英语四级辅导资料，坚持每天读半小时的英语，听半小时英语听力磁带，做半小时的阅读理解，一周写一篇英语文章，以提高英语各方面的能力。

3. 多花工夫和时间，学好"精读"这门课程。要坚持按时默写单元后的单词，做到课前预习，课后复习，做好作业。早自习朗诵英语文章，试着背诵。上课积极举手回答问题，锻炼自己的胆量。

4. 多写、多练，提高写作水平。"应用写作"这门功课，除了上课认真听讲，做好笔记，牢记各种应用文体的写作特点、基本格式和写作技巧之外，平时还得多练，多写，勤练笔。要坚持每周写一篇周记，周末一有空就到图书馆去借写作书籍看，多看一些与写作有关的书。有什么不理解的或有什么困难就到网上去查相关的资料或者向老师请教。

5. 仔细揣摸、模仿，发好语音。"语音"这门功课，不要轻视，要认真听讲，把音发准，把课文读得漂亮。平时多看一些英语影片，学习模仿他们的发音，以进一步提高口语能力。

6. 多说、多练，说好普通话。每天坚持练习一小时的普通话，把音发准，把课本读熟。每月写三篇作文并背诵。

7. 合理安排时间，管理自己事务。一位同学是这么描述大学生活的："大学和高中相比似乎没有什么太大的区别，每天依旧是学习，每次考试后依旧是担心考试成绩，不同的只是大学里上网的时间和睡觉的时间多了很多，压力也小了很多。"这位同学并不明白，"时间多了很多"正是大学与高中之间巨大的差别。时间多了，就需要自己安排时间、计划时间、管理时间。除了认真上好每一堂必修课外，还要适当上好选修课，从中多学点知识。

8. 争取学习机会，加强电脑操作练习。每周至少上一次网，练习打字的速度。要多了解一些电脑操作的知识，并学会应用。

9. 注重能力培养，学习工作两不误。在大学里，不能读死书，死读书，还要注意各方面能力的锻炼和培养。因此，除了搞好学习之外，还要做好自己的兼职工作，培养自己工作方面的能力及为人处世方面的能力，坚持做到工作与学习兼顾。在工作中学习，在学习中工作。

10. 注意劳逸结合，多锻炼身体。加强体育锻炼，体质好，身体棒，才能有精力去学习，工作才能做好。

以上为我本学期的学习计划，希望我能朝着自己的目标前进，按照自己制订的计划前行。

计划人：×××

××××年×月×日

写作指导

这篇例文是某位同学为自己制订的学习计划。

文章结构规范、要素齐全、语言简洁流畅。"学习目标"清楚明确，制订的四个目标涵盖了整个学期学习内容的多个方面，以点带面，重点突出；对于目标的描述非常准确，运用数量、等级作为参照，一目了然。"方法措施"具体得当，所采取的10条措施条条针对上文中的四个目标，针对性强；每条措施都切实可行，每天都有具体的学习内容，循序渐进地提高；能注重方法能力的提高，兼顾劳逸结合，具有可行性。

写作小贴士

文章中层次数字序号的使用

在应用写作中，为了使文章层次清晰，观点明确，经常要运用到数字序号，文章中数字序号及其格式、标点符号的运用一般遵循以下规律。

一、

二、

三、

（一）

（二）

（三）

1.

2.

3.

（1）

（2）

（3）

①

②

③

　Ⅰ

　Ⅱ

　Ⅲ

第四节　善回顾——总结

一、总结的概念

总结是一个组织或个人在工作、学习、生活告一段落后，对所做的工作或学习等的回顾、检查、分析和评价，并从中找出成功的经验或失败的教训，用以指导今后的工作而形成的一种事务文书。常用的小结、体会，也是总结，只是其反映的内容较为简单、时间较短、范围有限。

二、总结的特点

（一）自我性

总结仅限于本系统、本单位或者本人前阶段的实践活动。从写作的内容和目的看，总结是自身活动实践的产物。它以客观评价工作实践活动的经验教训为目的，以回顾自身工作情况为基本内容，总结的目的是为了改进、指导本系统、本单位或者本人今后的工作，有很强的自我性。

（二）说理性

总结应当忠实于自身工作实践活动，但是，总结不是工作实践活动的原始记录，不能完全照搬工作实践活动的全过程，它是对工作实践活动的本质概括，要在回顾工作实践活动全过程的基础上，进行分析研究，归纳出能够反映事物本质的规律，把感性认识上升到理性认识，这正是总结的价值所在。

（三）客观性

总结十分重视内容的客观性，即按事物的本来面目加以反映。客观事实是总结的基础。不论是反映全面工作，还是反映局部工作，不论是概括还是提炼，但都要以实际工作活动作为依据，做客观分析，不允许主观臆断或虚构。

（四）实践指导性

总结必须从理论的高度概括。凡是正确的实践活动，总会产生物质和精神两个方面的成果。作为精神成果的经验教训，从某种意义上说，比物质成果更宝贵，因为它对今后的社会实践有着重要的指导作用。这一特性要求总结必须正确地反映客观事物的本来面目，找出正反两方面的经验和教训，得出规律性认识，这样才能达到总结的目的。

三、总结的种类

总结的种类繁多，按照不同的标准划分，有如下种类。

（1）按内容分，有工作总结、生产总结、学习总结和思想总结等。

（2）按时间分，有年度总结、季度总结、月总结和阶段总结。

（3）按范围分，有单位总结、部门总结、个人总结等。

（4）按性质分，有全面总结和专题总结。

①全面总结。全面总结也叫综合性总结，主要用于对一个部门、一个地区、一个单位在一定时期内的各项工作进行全面的总结。如年终总结或阶段总结等，这类总结一般是对做完的工作进行一次总的回顾和检查，从中找出经验和教训，以发扬成绩，克服缺点，把今后的工作做得更好。

全面总结要全，但这种"全"也不是包罗万象，面面俱到，把什么都写进去，而是要点面结合，突出重点。"点"要详，"面"要略，有详有略，主次分明。

②专题总结。专题总结是对某一项或某一方面的问题进行专门的总结。它一般选取工作中的突出成绩、典型经验或者存在的问题进行分析研究，以便指导工作。专题总结针对性强，使用广泛，写这类总结时要明确总结的重点，不能把面铺得过宽。

专题总结经常用于推广典型经验或揭露问题。例如：某企业的专题总结《技术改造是振兴企业之路》，某高校的专题总结《我们是如何实行教学与科研相结合的》。

四、总结的一般格式及写法

总结一般由标题、正文和落款三部分组成。

（一）标题

总结的标题主要有以下两种形式。

1. 公文式标题

公文式标题由单位名称＋时限＋内容＋文种组成。如《基础部×××年度教学工作总结》。

有的综合总结标题只写《工作总结》。

2. 文章式标题

标题直接点明文章的主要内容或主要观点，如《一年来的谈判及前途》，《走活三步棋，选好一把手》，《推动人才交流，培植人才资源》。

3. 双标题

正标题概括该总结的主要内容或基本观点，副标题说明单位名称、时限及文种等。如《增强体质，全面贯彻执行教育方针——开展多种形式的体育活动》，《知名教授上讲台　教书育人放异彩——××大学德育工作总结》。

（二）正文

总结的正文由前言、主体、结尾组成。

1. 前言

这部分是总结的基本情况介绍。一般用简洁的语言，概述完成工作的基本情况，交代清楚工作的时间、地点、背景，对工作完成情况进行总体评价，点明主旨或说明成绩，为主体内容的展开做必要的铺垫。

基本情况这一部分内容要写得提纲挈领、简明扼要，以便读者对总结先有一个大概的了解，为下文具体介绍经验教训打好基础。

2. 主体

主体包括主要工作内容、成绩及评价、经验和体会、问题或教训等。这些内容是总结的核心部分，可按纵式或横式结构形式撰写。

（1）所谓纵式结构，即按主体内容从所做的工作、方法、成绩、经验、教训等逐层展开。

（2）所谓横式结构，即按材料的逻辑关系将其分成若干部分，标序加题，逐一写来。例如，把一年来的所做的事分成三方面：一是理论学习，二是业务学习，三是具体工作。

3. 结尾

结尾作为总结的结束语，可以概述全文，在总结经验教训的基础上，针对工作中存在的问题，提出切实有效的改进措施、今后打算、努力方向，或者提出新的奋斗目标，表明决心、展望前景、鼓舞斗志。

这部分在写法上要力求新意，防止落入俗套。

（三）落款

总结的落款包括署名和日期，一般标注在正文右下方。如果是报纸杂志或简报用的交流经验的专题总结，应在标题下方居中署名。标题中已标明或标题下已署名，结尾则可不署名。

五、总结的写作要求

（一）要有实事求是的态度

工作总结中，常常出现两种倾向：一种是好大喜功，搞浮夸，只讲成绩，不谈问题；另一种是将总结写成了"检讨书"，把工作说得一无是处。这两种都不是实事求是的态度。总结的特点之一是"客观性"，是如实地、一分为二地分析、评价自己的工作，对成绩不要夸大，对问题不要轻描淡写。

（二）要写得有理论价值

一方面，要抓主要矛盾，无论谈成绩还是谈存在问题，都不要面面俱到。

另一方面，对主要矛盾要进行深入细致的分析，谈成绩要写清怎么做的，为什么这样做，效果如何，经验是什么；谈存在问题，要写清是什么问题，为什么会出现这种问题，其性质是什么，教训是什么。这样的总结，才能对前一段的工作有所反思，并由感性认识上升到理性认识。

（三）表达要叙议结合

叙述是总结行文的基础，它通过对过去工作情况的交代，使读者明白某单位、某个人的工作状况。总结写作的表达方式以叙述、议论为主，说明为辅，可以夹叙夹议。在说明工作过程、列举典型事例时，应以叙述为主；在分析经验教训、阐明努力方向时，应以议论为主。叙述是议论的依据，议论又是叙述的分析综合。

（四）要总结出个性

写一个单位的总结，一定要抓住本单位最突出的、最能反映客观事物本质特点，最具鲜明个性和特色的东西，如新的情况、新的问题和新的经验教训等，切忌人云亦云。当然，也不能无中生有地标新立异，要注意内容的代表性和普遍意义。

（五）要用第一人称

即要从本单位、本部门的角度来撰写。

方法指导

例文 7

个人总结

时光飞逝，转眼间一年半时间过去了，仅剩半年时间我们就要离开属于我们的校园进入社会，奔赴不同的实习单位了。

回想过去一年半的时间，我有多少时间放在学习专业知识上，有多少时间放在了学习外语上，有多少时间在图书馆里，而又有多少时间在看课外书，有多少时间在睡觉，有多少时间在机房，多少时间在浪费……

首先在学习上。我们是学生，最大任务是学习。学习不一定是在校时间学习专业知识。要知道现在的社会需要的是各方面的人才，所以我经常去图书馆看些其他方面的知识的书籍，随时观察生活各方面的各种事情，从生活中留意，这使我学到了很多。

其次是在生活上。其实我觉得只要是生活，就会与人际关系有关。现在的人际关系就是你的财富，朋友就是你的宝藏。所以我一直真诚对待身边的人，和身边的人都成为朋友，我想在今后的工作、生活当中，会有意想不到的收获。

……

这最后半年，我要丰富自己，使自己更充实，以饱满乐观的心态走入社会、面对社会。未来的路，我会踏实地走下去。

×××

××××年×月×日

写作指导

这篇文章是一名大二的同学对自己学习、工作等各方面情况的总结。

这篇文章反映了初学应用文阶段同学们极易发生的错误。首先在文章性质上，应用文是为了解决实际问题而写的，个人总结的写作目的在于积累经验和成果，以提高自身能力，寻找差距和不足，使自己更为完善。这篇总结的内容过于笼统和表面化，难以实现总结的作用。其次在文章结构上，总结作为应用文的一种，在行文上具有程式性，而这篇文章结构比较随意，没有按照总结的文章格式写作。最后是在语言风格上，这篇文章的语言是典型的记叙文语言，而非庄重得体、准确规范的应用文语言。

例文 8

学生会生活部20××年工作总结

本着"为学生服务"的宗旨，在学生会各个部门的支持和配合下，通过我们生活部全体同学的共同努力，顺利、圆满地完成了本学期的各项活动。下面对过去一个学期生活部的工作做以下总结。

一、部门建设方面的工作

1. 为了增加新生力量，提高管理水平，生活部在开学初进行了新一届的学生会成员换届工作。经过严格的筛选，最终确定了生活部新一届成员。

2. 新一届成员确定的第二周，为让成员之间消除陌生感，让这个集体内部的气氛变轻松，生活部及时开展了一个小型见面会，做了一些有意义的小游戏，让大家彼此了解，进一步增进感情。与此同时，对新成员又进行了一系列的培训工作。新成员在接受培训后都感触很深，学到了很多的工作技巧，很快融入生活部这个集体里，同时也感受到了大家对工作的热情，也为部门完成本学期的工作打下了一个坚实的基础。

3. 根据工作需要，我们将部里的成员分成了四个小组，这样有助于对本学院各年级所有寝室、教室的卫生状况做全面、系统化的检查。

每周，各个小组根据自己成员的课余时间对自己负责的年级进行宿舍卫生检查。各个小组既保证了工作的顺利进行，同时也提高了工作的灵活性与效率。

在检查宿舍卫生的过程中，生活部全体成员礼貌待人，耐心地指出同学们的不足，并提出改善的具体要求。同时，向同学们耐心介绍我们生活部的工作职能，真诚地欢迎大家提出意见和建议，同时表明我们一定会把"为同学服务"的宗旨落到实处。

每周定期的宿舍卫生检查，不仅加强了宿舍卫生管理力度，同时保证了寝室同学和学生会之间的交流，及时发现问题并解决，这样的信息交流与工作流程确保了同学们生活环境的安全、舒适，也很好地完成了生活部应尽的职责。

二、配合其他部门方面的工作

在保证完成好生活部本部门工作的同时，我们也协助学生会其他部门开展好一系列的工作。

1. 新生入学后，生活部全体成员与学生会其他部门一起组织了"新老生见面会"。生活部主要负责见面会的各项准备工作、会场的布置及后续工作，保证了见面会有序、顺利地进行。

2. 为迎接新生的到来，我们还和学生会其他部门通力配合，举办了一场精彩的迎新晚会。生活部全体成员主要负责晚会会场的布置、礼仪引导和会场秩序维护等工作。我们的工作确保了整个晚会顺利完成。

三、工作中的主要成绩

1. 在这学期的工作中，为了给同学们创造一个良好的学习和生活环境，生活部努力做到工作规范化、有序化，并及时到同学们中了解他们的生活困难，我们能解决的一定给予解决，不能解决的及时向有关部门汇报，寻求解决办法。

2. 加强与学生会其他部门的联系与合作，配合其他部门组织各项活动，认真完成了交给我们的工作任务，做好其他部门的后勤保障工作。

四、工作中的不足

由于生活部成员们课程时间不同，有时工作中成员不能到齐，以后会尽量协调时间，保证每次活动成员全部到齐，以便更顺利开展工作。

从总体上看，本学期我们生活部的工作完成得较好，取得了一定的效果。我们会继续以满腔的热情配合支持团总支、学生会其他各部门的工作，把"为同学服务"的宗旨落到实处。

学生会生活部

××××年×月×日

◎写作指导

这是一篇全面总结，总结了生活部在过去一年的各项工作。

这篇总结在对大量工作归纳总结的基础上，按照"部门建设""其他工作""主要成绩""不足"四个方面，分别加上"一""二""三""四"等序号，以并列关系结构成文。在每一大点之下又有具体小点进行翔实说明。这种结构方式条理清楚、梗概分明、内容清晰，适合在写作全面总结时运用。

例文 9

导游工作总结

导游职业与其他职业有一个显著的不同，那就是你必须与客人朝夕相处，这自然使我们对服务的感触比一般人深刻。从某种意义上可以这么讲，导游职业的无穷魅力正是源于我们对服务的感知和热爱。导游工作不仅仅只被看成一份工作，而应该作为一个值得终身追求的事业。虽然干导游这行并非我的初衷，然而很快我就发现：自己是适合干导游这一行的，因为我喜欢这个职业。细细总结自己几年来带团的成功之处，大致如下。

一、要有积极的求知欲，不断地积累知识

通过多年的工作实践，我深深地体会到，取得了导游证，并不代表你就永远是一个合格的导游员，而要不断地学习、充实、提高。在旅游者的眼中，导游员应该是无所不知的"万事通"。导游工作是知识密集型的高智能的服务工作，丰富的知识、广博的见闻是做好导游服务工作的前提。随着我国改革开放的深入和社会经济的高速发展，文化内涵在不断地丰富，知识更新的节奏在不断地加快，作为一个导游员，就要"与时俱进"，永远保持旺盛的求知欲，以适应社会进步和发展的需求。

二、要有认真负责的工作态度，最大限度地使游客满意

要时刻牢记导游的职责，全力实施旅游计划，做好联系、协调、讲解等各项工作。服务过程中要坚持"为大家服务"的原则，对每个游客都一视同仁；要坚持"合理而可能"的原则，合理又能实现的，就努力地去做；如果没有做好或是已经错过机会，就想办法及时弥补，以求最大限度地使游客满意。游客提出的不合理的、不可能实现的要求和意见，本着实事求是的原则，耐心的态度，给游客作出解释和说明，以得到游客的理解。

三、要准确、清楚、生动地做好讲解服务，做到传递的信息正确无误

在导游讲解过程中，我认为"准确、清楚、生动"三者相辅相成，缺一不可。首先"准确"是至关重要的，在讲解过程中牢记"一伪灭千真"的教训，切忌胡编乱造。旅游者在旅游活动中的"求知"是重要的内容之一，我们导游起着传播知识信息、传递审美观念、播撒中华文明的重任，因此导游语言必须科学、规范，传递的信息必须正确无误，这样才能吸引游客的注意，满足游客的"求知"愿望，我们才会得到游客的尊重和敬佩，这是顺利完成旅游计划的重要前提。其次，"清楚"是关键。在导游讲解中，清楚、简洁流利的语言表达，是导游语言科学性的又一体现。在讲文物古迹、人文景观时，其历史背景、艺术价值，包含的寓意、文化内涵都要讲清说明。最后，"生动"是调和剂，是创造旅游团队和谐气氛的重要手段。生动形象、幽默风趣、妙趣横生的讲解能够创造出美的意境，可激发出旅游者乐观的心态、欢乐的情绪、浓郁的游兴，创造一种和谐、欢乐、积极、高昂的团队气氛，给人一

种美的享受。

四、要有敏锐的观察力、正确的判断力，找到导游服务的切入点

旅游是一种社会群体活动，它涉及社会生活的方方面面，包含"吃、住、行、游、购、娱"六大要素，而其活动的主体是人。常言道，"林子大了，什么鸟都有；世界大了，什么人都有。"旅游者来自不同的社会阶层，从事不同的职业，文化层次不同，性别、年龄不同，兴趣爱好因人而异，身体状况不尽相同，这就要求我们导游员要有敏锐的观察能力，每带一个团队，都要迅速地观察团队人员的年龄结构、性别比例、身体状况等；很快地和游客进行沟通，从游客的言谈举止中判断出客人的文化层次、兴趣爱好，找到和游客相容的交汇点，找准自己导游服务的切入点，使自己能很快地和游客融为一体，打成一片，使游客对自己有初步的好感。时刻掌握游客的情绪和状态，作出正确的判断，随时进行调整和纠偏，时刻保持旅游团队的和谐有序，这是顺利实施旅游接待计划的重要方法。

五、要有良好的合作精神，各方密切协作，共同努力

对一个全陪导游来说，需要和团队负责人、地接导游、景点导游、饭店、宾馆、司机等组成一个工作集体，才能完成一次完整的旅游活动。这就要求全陪导游必须要有良好的协作精神。只有全陪、地陪、司机等各方密切协作，共同努力，旅游活动才会顺利和谐地进行，才能为旅行社争取到忠诚的客户群体。

六、要有良好的精神面貌，注重仪表、仪容、仪态和语言的规范

导游员要时刻保持自己良好的仪容、仪表、神态、风度。首先着装要整洁得体，不能衣冠不整、邋遢；服饰要得体适宜，不能过分注重修饰，要符合自己的身份特征。其次，待人自然大方，彬彬有礼；办事果断利落，不拖泥带水。要精神饱满，站有站相，坐有坐姿。在讲解中，口齿清楚、语调和谐、快慢相宜、亲切自然、风趣幽默，给人以美的享受。在与游客交流的过程中，要热情周到而不阿谀奉承，活泼有趣而不轻佻讨厌，自尊自爱而不狂妄自大。

写作指导

这是一篇专题总结，总结了在导游工作中所积累的经验。

根据材料的不同性质，按照事物的内在联系，划分成若干部分，在每部分前提炼出小标题，起到提示全段或提炼主旨的作用，使阅读总结的人思路清晰，一目了然。

写作小贴士

总结的材料

材料是构成总结的重要元素，总结的材料一般分为以下四种。

一、介绍背景的材料

指导实践活动中的条件、环境和形势等。利用背景材料，读者可以对总结的主

旨有深入的理解。如总结《自卑、自信、自强——我班是怎样成为先进班的》的前言部分：

我们班全是自费生，知识基础和思想、纪律等方面都比不上公费班的同学。但经过两个学期的努力，我们班的同学变自卑自弃为自信自强，思想、纪律转变较大，学习成绩提高得很快。

二、概括性的材料

概括性的材料也可以叫一般材料。交代事物发展过程，叙述工作、学习及其他活动的一般情况，为使用典型材料或叙述重点事件做好铺垫。如总结《自卑、自信、自强——我班是怎样成为先进班的》是这样介绍班级成绩提升的：

第一学期全班各科总平均分达72分，平均成绩80分以上的同学有15人；第二学期全班各科总平均成绩提高到78分，平均成绩80分以上的同学增加到26人。

三、典型的事例材料

一般指内容充实，有利说明主旨的事例。典型事例说明事物的类型和深度，深化总结的思想意义，突出总结的理论性。如总结《自卑、自信、自强——我班是怎样成为先进班的》中的典型事例：

班长李炎兴积极主动配合班主任抓好班上的思想和纪律，带领班委搞好学习、文娱等工作，在思想上、学习上关心同学。同学们称他为"李大哥"，同心合力拥护他、支持他，把班上的各项工作做得有声有色。李炎兴同学已经成为一个领导能力强、同学信赖、班主任放心的"好班长"。

四、图表或数字材料

指使用图表或数据说明问题，清楚、准确，有说服力，使人一目了然，见表2-2。

表2-2　20××年××公司生产销售统计表

序号	类别	指标	同　　比
1	销售计划	1 600万元	与去年的1 552.8万元相比，增长了3%
2	周转天数	118天	与去年的122.9天相比，加快了4.9天
3	平均流动资金	524.4万元	与去年的530.5万元相比，下降了1.15%
4	费用额	68.5万元	与去年的70.69万元相比，下降了3.1%
5	借款利息	19.3万元	与去年的20.8万元相比，减少了1.5万元
6	削价损失	16.7万元	与去年的33.4万元相比，下降了50%
7	毛利率	19.79%	与去年的18.79%相比，增长了1%
8	定制加工	5 460件	与去年的5 300件相比，增长了3%
9	上缴税利	262.2万元	与去年的255.7万元相比，增长了2.6%

方法指导

小标题的拟写

在总结的写作中经常需要拟写小标题，小标题的拟写可以遵循以下原则。

一、逻辑清晰

文章的小标题通常是作者思路的体现。小标题的拟写要在大量占有材料的基础上分析概括，厘清逻辑关系，或递进或并列。

二、高度凝练

每一段落的小标题应当是对这一段落内容高度凝练、概括。

三、句式整齐

文章中每个小标题的语法结构应当大致相同，整齐划一，同时也便于阅读者记忆。

四、表里如一

小标题的内容应与文章内容高度一致，不能为了哗众取宠、吸引眼球而使用与文章内容不符的小标题。

五、富有新意

小标题的拟写应当尽量使用或优美或新颖的语言，给阅读者耳目一新的感觉。

任务二　公务文书

第一节　公文概述

理论阐释

一、公务文书的含义

公务文书简称"公文"。它是党政机关、社会团体、企事业单位以及其他社会组织行使法定职权、处理日常事务时经常使用的，在管理过程中形成的具有法定效力和规范体式的文书，是传达贯彻党和国家的方针政策，公布法规和规章，请示和答复问题，指导、布置和商洽工作，报告、通报和交流情况等的重要工具。

公务文书有狭义和广义之分。狭义的公务文书特指《党政机关公文处理工作条例》规定的 15 种党政公文。广义的公务文书则涵盖了全部通用公文和专用公文。通用公文，是各级各类国家机关、社会团体和企事业单位为处理日常工作时形成的文字材料，具有使用的广泛性，主要包括机关公文、事务文书、经济文书三种。专用公文，是各职能部门使用的具有较强专业性，在一定的业务范围内，按照特定需要而专门使用的公文。如外交公文、法规公文、司法公文、公关公文、军事公文等。

二、公务文书的种类

根据中办发〔2012〕14 号《党政机关公文处理工作条例》规定，我国现行公文种类主要有 15 种。

①决议。适用于会议讨论通过的重大决策事项。

②决定。适用于对重要事项作出决策和部署、奖惩有关单位和人员、变更或者撤销下级机关不适当的决定事项。

③命令（令）。适用于公布行政法规和规章、宣布施行重大强制性措施、批准授予和晋升衔级、嘉奖有关单位和人员。

④公报。适用于公布重要决定或者重大事项。

⑤公告。适用于向国内外宣布重要事项或者法定事项。

⑥通告。适用于在一定范围内公布应当遵守或者周知的事项。

⑦意见。适用于对重要问题提出见解和处理办法。

⑧通知。适用于发布、传达要求下级机关执行和有关单位周知或者执行的事项，批转、转发公文。

⑨通报。适用于表彰先进、批评错误、传达重要精神和告知重要情况。

⑩报告。适用于向上级机关汇报工作、反映情况，回复上级机关的询问。

⑪请示。适用于向上级机关请求指示、批准。

⑫批复。适用于答复下级机关请示事项。

⑬议案。适用于各级人民政府按照法律程序向同级人民代表大会或者人民代表大会常务委员会提请审议事项。

⑭函。适用于不相隶属机关之间商洽工作、询问和答复问题、请求批准和答复审批事项。

⑮纪要。适用于记载会议主要情况和议定事项。

根据机关之间不同的行文关系，上述 15 种公文又可分为上行文、下行文和平行文三类。

上行文是指下级机关或业务部门向所属上级领导机关或业务主管部门的一种行文，主要有"报告""请示"；下行文是指上级领导机关或业务主管部门对所属下级机关或业务部门的一种行文，主要有"命令（令）""决定""通报""批复""意见"等；平行文是指同级机关或者不相隶属的，没有领导与指导关系的机关之间的行文，主要有"函""议案"等。"通知""通告"主要为下行文，有时也具有平行文性质；"函"有时也兼有上行文性质。

三、公务文书的格式

公文一般由份号、密级和保密期限、紧急程度、发文机关标志、发文字号、签发人、标题、主送机关、正文、附件说明、发文机关署名、成文日期、印章、附注、附件、抄送机关、印发机关和印发日期、页码等组成。

①份号。公文印制份数的顺序号。涉密公文应当标注份号。

②密级和保密期限。公文的秘密等级和保密的期限。涉密公文应当根据涉密程度分别标注"绝密""机密""秘密"和保密期限。

③紧急程度。公文送达和办理的时限要求。根据紧急程度，紧急公文应当分别标注"特急""加急"，电报应当分别标注"特提""特急""加急""平急"。

④发文机关标志。由发文机关全称或者规范化简称加"文件"二字组成，也可以使用发文机关全称或者规范化简称。联合行文时，发文机关标志可以并用联合发文机关名称，也可以单独用主办机关名称。

⑤发文字号。由发文机关代字、年份、发文顺序号组成。联合行文时，使用主办机关的发文字号。

⑥签发人。上行文应当标注签发人姓名。

⑦标题。由发文机关名称、事由和文种组成。

⑧主送机关。公文的主要受理机关，应当使用机关全称、规范化简称或者同类型机关统称。

⑨正文。公文的主体，用来表述公文的内容。

⑩附件说明。公文附件的顺序号和名称。

⑪发文机关署名。署发文机关全称或者规范化简称。

⑫成文日期。署会议通过或者发文机关负责人签发的日期。联合行文时，署最后签发机关负责人签发的日期。

⑬印章。公文中有发文机关署名的，应当加盖发文机关印章，并与署名机关相符。有特定发文机关标志的普发性公文和电报可以不加盖印章。

⑭附注。公文印发传达范围等需要说明的事项。

⑮附件。公文正文的说明、补充或者参考资料。

⑯抄送机关。除主送机关外需要执行或者知晓公文内容的其他机关，应当使用机关全称、规范化简称或者同类型机关统称。

⑰印发机关和印发日期。公文的送印机关和送印日期。

⑱页码。公文页数顺序号。

公文的版式按照《党政机关公文格式》国家标准执行。

公文使用的汉字、数字、外文字符、计量单位和标点符号等，按照有关国家标准和规定执行。民族自治地方的公文，可以并用汉字和当地通用的少数民族文字。

公文用纸幅面采用国际标准 A4 型。特殊形式的公文用纸幅面，根据实际需要确定。

方法指导

A4 型公文用纸页边及版心尺寸

公文首页版式

公文末页版式 1

联合行文公文末页版式 1

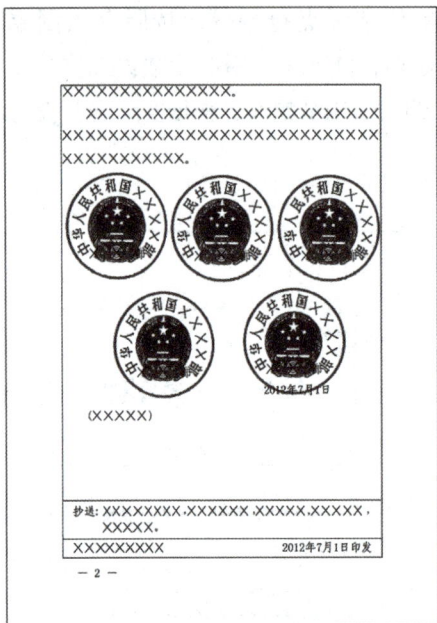

联合行文公文末页版式2

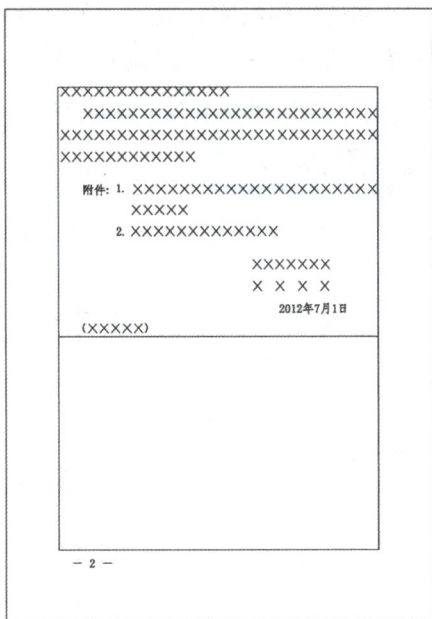

附件说明页版式

写作小贴士

公务文书写作常用词汇

1. 称谓用语：本、我、贵、你、该。

2. 引叙用语：根据、按照、为……特、遵照、收悉、兹介绍、奉等。

3. 祈请用语：希、即希、敬希、请、敬请、烦请、恳请、希望、望、要求等。

4. 征询用语：是否可行、是否可以、是否同意、意见如何、妥否、当否等。

5. 表态用语：应、应当、同意、拟于、缓议、准予备案、特此批准、请即试行、按照执行、可行、不可行、迅即办理等。

6. 结尾用语：此布、特此报告/通知/批复/函复/函告、此致、谨此、此令、……为要，……为盼等。

第二节　知其情——通知

一、通知的含义

通知适用于批转下级机关的公文，转发上级机关和不相隶属机关的公文，发布文件、条例等，传达要求下级机关办理和需要有关单位周知或者执行的事项。通知是各级党政机关、人民团体、企事业单位在公务活动中最常用的一种公文，使用范围相当广泛。

二、通知的作用

第一，用于批转文件。将下级机关报送来的文件，如报告、请示、会议纪要等，加上本机关的批示，用"批转"通知的形式，转发给所属单位。

第二，用于转发文件。转发上级机关的公文或者不相隶属机关的公文。

第三，用于颁发或发布行政规章。各级行政机关制定的各种规章制度，包括条例、规定、办法、细则等都可以用通知发布。

第四，用于向下级布置工作，传达上级指示，加强部门协作，安排部门工作。

第五，用于任免人员。各机关、团体和企事业单位都可以使用通知来任免人员。

三、通知的特点

通知没有级别限制，使用范围特别广，是各级党政机关、社会团体、企事业单位经常使用的一种文体。通知的特点有以下四个。

（一）具有告知功能

通知的主要功能在于告知。它首先告知收文单位有关事项，其次提出要求，让其在知晓内容之后，按发文的规定办理有关事项。一般来说，纯粹的通知不多，大部分是为了提出要求。告知是一种方式手段，告知的目的是提出要求。

（二）应用的广泛性

一是内容广，包括国家政策、法规或机关、企业内部的日常事务都可发通知。二是发文机关广，上至国务院，下至一般企事业单位、社会团体都可以采用通知的形式。既可以用红头文件的形式下发，又可以用最普通的方法告知众人，如抄写在黑板上。三是受文单位广，可以是机关、单位，也可以是个人。

（三）时效性较强

时效性是指时间期限和通知本身效力。时间期限是指必须在规定时间内完成要求，不得延误。通知本身的效力长短根据通知事项而定。有的通知是因公务活动具体事项而发，通知的效力随着活动的结束而自然结束；有的通知是用来部署某方面工作，通知的效力则在工作结束后结束。

（四）职能的多样性

通知的职能最多，不宜发决定、命令等发布的，都可采用通知的形式。

（五）对象的专指性

通知大多是专门针对特定机关和有关人员发的，因此专指性较强，不像通告、公告具有泛指性。

四、通知的种类

通知是各类公文中用途最为广泛的文种，因而也是各级机关、企事业单位使用频率最高的文种。根据内容与作用，通知可分为以下几种类型。

（一）指示性通知

对某一事项作出具体规定或对处理某一问题作出具体指示的通知。用于布置下级机关工作事项，指示工作方法、步骤，如行政法规和规章、办法、措施。不宜用决定、命令发布的，均可使用通知行文。指示性通知往往带有强制性、指挥性和决策性的特点

（二）批示性通知

用于发布某些行政法规，转发上级、同级或不相隶属机关的公文以及批转下级机关的公文。这类通知根据用途的不同，又可以分为批转性通知、转发性通知和发布性通知三种。

1. 批转性通知。适用于上级机关对下级部门的文件加批语下发，需在标题中加"批转"两字。

2. 转发性通知。用于转发上级机关和不相隶属机关的公文，需在标题中注明"转发"字样。

3. 发布式通知。用于发布规范性文件。

（三）知照性通知

用于知照有关单位周知而无须其直接执行或办理事项的通知，多为上级机关向下级机关发文。具有交流信息、通报情况的作用，通常内容较为单一，只要把事情或情况交代清楚即可。

（四）会议通知

告知有关单位或人员参加会议的通知。召开一般性会议时，只需写明会议时间、地点、主要内容、出席对象即可。为保证预定的会议能准时地如期召开，均需在会议召开前制发会议通知，对于重要的会议，其内容要更为详尽，如会议名称、内容、地点、参加范围、会期、需带文件和材料等。

（五）任免通知

是指干部（人员）职务任免的通知。在党政机关、企事业单位和社会团体，干部职务任免用"通知"发布。上级机关任免下级机关的领导人以及上级机关有关人事任免事项需要下级机关知道时，使用任免通知。

五、通知的写法

通知由标题、主送机关、正文、发文机关署名、成文日期组成。各种类型的通知，写法不同。下面主要介绍各类通知标题和正文的一般写法。

（一）标题

标题有完全式和省略式两种写法。

1. 完全式标题

通知的标题由"发文机关""事由"和"文种"三部分组成，如《××市旅游局关于加强五星级酒店规范管理的通知》。

2. 省略式标题

①省略发文机关，如《关于印发〈××××××〉的通知》《关于年终财产清查的通知》。

②省略发文机关和事由。如果通知发文范围很小，内容简单，甚至张贴都可以，标题可以只写文种"通知"二字。如一个单位内部的会议通知、简单的工作通知等，就可以用这种标题格式。这类通知往往用大字书写张贴，或写在小黑板上，放在显眼的地方，以引起大家的注意。

（二）主送机关

通知一般都有特定的受文单位，主送机关若为两个以上，通常依惯用次序排列，体现主送机关排列的规范性。如《国务院办公厅转发工商局等部门关于严厉打击传销和变相传销等非法经营活动意见的通知》，主送机关是"各省、自治区、直辖市人民政府，国务院各部委、各直属机构"。

（三）正文

通知的正文根据内容的不同有不同的要求，下面分别介绍几种通知正文的写法。

1. 指示性通知的正文

正文由开头和主体两部分组成。开头部分，以精炼的文字写出某项工作的定义、工作进展情况和当前存在的问题，有的阐明发文的目的、依据和任务。主体部分，即通知的内容，一般由做好某项工作的意义（为什么要这样做）、具体措施（如何去做）、保障措施（如何确保具体措施的实施）三大部分组成。

2. 批示性通知（批转、转发性通知）的正文

批转与转发性通知正文写法大体相同。可以把这两种通知称为"批语"，把被批转、转发的文件作为通知的主体内容。批语的内容主要有以下三个方面。

第一，说明批转的目的或陈述转发的理由。

第二，对受文单位提出贯彻执行的具体要求。

第三，根据具体情况作出补充性的规定。

用通知批转或转发下级机关、不相隶属机关和上级机关的公文时，对被批转和转发的文件已起到了一种公布、认可或推荐的作用。从构成上看，这种通知由批语部分和批转或转发文件组成，批语和被批转或转发文件都不能单独作为一份文件。如果批语脱离被批转或转发文件，没有实际依托内容，不能单独行文；如果被批转或转发文件离开批语则不能纳入通知的内容，不能体现发文单位的意图，没有批语予以的权威性和合法地位。

3. 知照性通知的正文

知照性通知的撰写，要视具体情况确定，不同的内容有不同的要求。知照性通知的正文的撰写千差万别。比如，成立和调整领导机构的通知，开头部分要写明成立、调整的缘由和形成此决定的机关；领导机构的人员、职务要一一核准，防止人名与职务上的差错。正文之后署发文机关的名称，但行政机关独立行文的公文只盖章，不署名。要求文字明了、简练。

4. 会议通知的正文

会议通知正文的撰写要注意以下三点。

第一，内容要全面。会议通知的正文内容一般应具备12个要素，即决定召开会议的机关、会名、会议时间、会议地点、会议任务（会议内容）、参加会议人员、参加人数、入场凭证、报到时间及具体的地点、联系人与联系电话、与会人员需带的材料、什么时间上报与会人员名单及其他有关要求（如座位号、限带车辆与人员）等。

第二，事项要清楚。会议通知所涉及的每一事项都应交代清楚，切不可含糊其词。

第三，文字要简练。由于会议的内容不同，会议通知的写法不强求一致，但是，都要以最简练的文字表达会议通知的所有事项。

✸ 5. 任免通知的正文

这种通知写法比较简单，一般只要写清决定任免的时间、机关、会议或依据文件，以及任免人员的具体职务即可。

✈ （四）署名和日期

正文后签署发布通知的机关名称和日期。

六、通知的写作要求

通知是常用的公文文体之一。通知的类型较多，写作通知要注意如下几点。

✈ （一）准确使用文种

特别要注意批转性通知与批复的区别。批转性通知和批复都是针对下级来文所做的指示性下行文，但是却有不同之处。批转性通知是与批转的原文作为一个复合式文件一并发布，而批复只需在文中表述所批复的××请示收悉，不用将请示附在批复文件之后。

✈ （二）写清、写全通知主送单位名称

通知主送单位可以是一个或多个，发文时必须写清楚，如使用"省政府有关部门"一类略称，所附发文单位则应写明"有关部门"的名称，以避免发文不全、贻误工作。

✈ （三）通知事项必须明确具体

通知要注意把要求和措施部分交代清楚。通知内容可以分条也可用小标题的形式，这样才能便于下级执行。处理各种事项用其他公文不好归类和使用时，常常考虑用通知来发文。

✈ （四）会议性的通知内容要详细

要交代清楚会议的目的，会议的名称、内容、参加人员、会议时间、地点等，写作时要细致，避免出现纰漏。

✈ （五）批示性通知要简明

批转性通知、转发性通知，这类的通知的内容要简明扼要，直接陈述事宜即可。

（六）通知的语言要准确、简练

有很多通知滥用介词，从而造成文题不通，比如"有关""关于"。通知的事由一般都用"关于"，还要明确上下级的关系等。

（七）实事求是，切实可行

要求办理和执行的通知，其通知的事项应当是下级经过努力可以完成的。另外，通知的时间要和执行的时间衔接好，通知应当及时发送，切忌"马后炮"。

方法指导

例文1

国务院办公厅关于加强困难群众基本生活保障有关工作的通知
国办发〔2017〕15号

各省、自治区、直辖市人民政府，国务院各部委、各直属机构：

在党中央、国务院的坚强领导下，近年来困难群众基本生活保障制度不断健全、水平稳步提升。同时，也存在部分保障政策衔接不够、保障水平与群众需求相比存在一定差距等问题。为进一步加强困难群众基本生活保障工作，经国务院同意，现通知如下：

一、进一步提高对困难群众基本生活保障工作重要性的认识

党中央、国务院历来高度重视困难群众基本生活保障工作，近年来先后出台了《社会救助暂行办法》以及临时救助、农村留守儿童关爱保护、困境儿童保障、特困人员救助供养等政策措施，全面实施了困难残疾人生活补贴和重度残疾人护理补贴制度，高效有序应对了各类重特大自然灾害，有效保障了各类困难群众的基本生活。进一步做好困难群众基本生活保障工作，是维护社会公平、防止冲破道德底线的基本要求，也是补上民生短板、促进社会和谐的内在需要。尽管近年来我国财政收入增速放缓，但是对困难群众的保障水平不能降低、力度不能减弱、工作不能放松。各地各有关部门要认真落实党中央、国务院关于社会政策要托底的部署要求和守住底线、突出重点、完善制度、引导舆论的民生工作思路，进一步加大困难群众基本生活保障工作力度，织密织牢民生兜底保障安全网。

二、进一步加强对重点群体的基本生活保障

各地要加大受灾群众困难排查力度，调整完善自然灾害生活救助政策，做好自然灾害应急救助。加快灾区倒损民房恢复重建，对2016年因遭受特大洪涝灾害仍住在临时安置住所的受灾群众，2017年要全部帮助解决住房问题。进一步落实临时救助制度，建立完善部门联动和快速响应机制，做好救急难工作，及时解决好群众遭遇的突发性、紧迫性、临时性基本生活困难。开展农村贫困人口大病专项救治活动。

提高失能半失能特困人员的集中供养比例,将符合特困人员救助供养有关规定的残疾人纳入救助供养范围。统筹推进农村留守儿童和困境儿童保障工作,改善孤儿和贫困残疾儿童等群体的保障条件。鼓励有条件的地方合理提高困难残疾人生活补贴和重度残疾人护理补贴标准。

三、进一步加大困难群众基本生活保障资金投入

各级财政在一般性转移支付中,要把保障困难群众基本生活放在优先位置,确保政府投入只增不减。中央财政已拨付的救助补助资金要抓紧到位。优化财政支出结构、科学合理编制困难群众生活保障资金预算,增加资金有效供给,提升资金使用效益。落实社会救助和保障标准与物价上涨挂钩联动机制,防止物价波动影响困难群众基本生活。加强资金使用管理绩效评价,推进资金使用管理公示公开,建立健全资金监管机制。完善社会救助家庭经济状况核对机制,做好救助对象准确识别,提高资金使用的精准性和有效性。

四、进一步加强对困难群众基本生活保障工作的组织领导

各有关部门要密切协作,进一步完善政策措施,加强制度衔接和工作衔接,共同做好困难群众基本生活保障工作。发挥好全国社会救助部际联席会议等机制的作用,强化资源统筹、部门联动。各级政府要把困难群众基本生活保障工作作为优先安排,进一步加强领导。全国各县(市、区)都要建立健全由政府负责人牵头,民政部门负责,发展改革、教育、财政、人力资源社会保障、住房城乡建设、卫生计生、扶贫、残联等部门和单位参加的困难群众基本生活保障工作协调机制,定期研究解决本地区各类困难群众基本生活保障问题,确保党中央、国务院相关决策部署更好地落实到基层。各地区要完善"一门受理、协同办理"机制,确保困难群众求助有门、受助及时。推行政府购买社会救助服务,加强基层社会救助经办服务能力。

近期,各地要进一步扎实做好困难群众帮扶救助工作,真正做到解民忧、暖民心。精心组织、广泛开展春节期间对困难群众的走访慰问活动,切实解决低保家庭、建档立卡贫困户、特困人员、贫困残疾人、困难优抚安置对象等困难群众生活的实际问题。全力保障灾区群众生产生活,抓紧发放救灾救助款物。加强各级福利院、特困人员供养机构、救助管理机构等安全管理,切实消除火灾等安全隐患,提升服务保障水平。抓住春节期间外出务工人员集中返乡时机,引导外出务工父母切实履行对农村留守儿童和困境儿童的监护责任和抚养义务。加强生活无着流浪乞讨人员救助,在露宿人员集中地区设立开放式救助点和临时庇护避寒场所,确保生活无着流浪乞讨人员有饭吃、有衣穿、有场所避寒,给困难群众更多关爱和温暖。

国务院办公厅(印章)

2017 年 1 月 26 日

📚 **写作指导**

这是一则指示性通知。

通知的开头和主体部分之间用"现通知如下"来承上启下。主体部分，因内容较多，加序数分四项撰写，每一个项目对于具体问题的处理，都明确了处理问题的原则、具体措施、办法等。通知内容具体，符合实际，切实可行；文字通畅、简练；语言平实、明快，准确地表达了发文机关的意图，易于贯彻执行。

例文 2

国务院办公厅转发文化部等部门关于推动
文化文物单位文化创意产品开发若干意见的通知

国办发〔2016〕36 号

各省、自治区、直辖市人民政府，国务院各部委、各直属机构：

文化部、国家发展改革委、财政部、国家文物局《关于推动文化文物单位文化创意产品开发的若干意见》已经国务院同意，现转发给你们，请结合实际，认真贯彻执行。

国务院办公厅（印章）

2016 年 5 月 11 日

📚 **写作指导**

这是一则转发性通知。

文中明确用"转发"二字标明这是一则转发文化部、国家发展改革委、财政部、国家文物局《关于推动文化文物单位文化创意产品开发若干意见》的通知。正文陈述理由充分，体式规范。

例文 3

中国民用航空局
关于启用内设机构印章的通知

各民航局，各有关单位：

根据《国务院办公厅关于印发中国民用航空局主要职责内设机构和人员编制的通知》（国办发〔2009〕20 号），自本通知印发之日起启用中国民用航空局内设机构印章，原中国民用航空总局内设机构印章同时停止使用。

根据《国务院办公厅关于印发中国民用航空局主要职责内设机构和人员编制的

通知》（国办发〔2009〕20号）和《国务院关于部委管理的国家局与主管部委关系问题的通知》（国发〔1998〕12号），中国民用航空局是国家负责民航方面工作的行政管理机关，原中国民用航空总局规范管理航空运输业、实施航空安全和空中交通管理、组织协调重大紧急航空运输任务等职责已划入中国民用航空局。今后凡涉及民航业的有关事宜，请各部门、各单位、各地区直接与中国民用航空局联系。

附件：新启用的中国民用航空局内设机构印章式样

中国民用航空局（印章）

2009年7月28日

●写作指导

这是一则知照性通知。

正文交代了启用中国民用航空局内设机构印章的缘由、适用时间、适用范围。知照性通知的行文目的是让受文对象了解有关事项，在正文中把事项叙述清楚即可。

例文4

大连商品交易所关于召开《大连商品交易所风险管理办法》
（修正案）视频培训会议的通知

各会员单位：

我所对《大连商品交易所风险管理办法》（修正案）进行了修改完善，为方便广大会员单位尽快熟悉、准确掌握修订后的新规则，我所定于1月30日召开视频培训会议。现将具体事项通知如下：

一、参会对象

会员单位主管交易、结算、资金、风控业务的负责人及相关业务人员。

二、会议时间

20××年1月30日周三下午15：30—16：30。

三、会议内容

由监察部解读《大连商品交易所风险管理办法（修正案）》，具体业务内容可联系监察部××及×××，联系方式0411－××××××××，0411－××××××××。

四、注意事项

本次会议使用迅网天下liveUC视频会议系统，请各会员单位按照分配过的迅网账号登录。大连当地的业务人员可以到期货大厦会议室411现场参加培训。

五、登录方式

1. http：//www. liveuc. net/downloads/activeuc_ client_ setup. exe下载网动视频会

议系统并进行安装。

2. 双击"liveUC"图标后，在企业账号内输入：大连商品交易所，用户账号输入本公司账号，初始密码输入统一的123，点击登录。在个人信息中修改密码。

3. 点击登录后出现的"房间列表"图标，看到右侧有"大连商品交易所会议室"点击"加入"即可。

技术支持：北京迅网天下公司，电话：136××××××××

特此通知。

大连商品交易所（印章）
20××年1月29日

写作指导

这是一则会议通知。

正文交代了会议召开的依据、会议召开的时间、地点，具体、详细地书写了会议议题及有关注意事项。

例文5

关于×××等4名同志职务任免的通知

各二级党组织、校属各单位：

经研究决定：

×××同志任武装部国防教育办公室主任干事，免去其城南学院学生工作主任辅导员职务；

×××同志任教务处质量工程管理与卓越人才培养主任干事，免去其数学与计算科学学院办公室主任干事职务；

×××同志任校医院副院长（正科级），增补为校医院党总支部委员；

免去×××同志信访办综合管理主任干事职务。

中共××大学委员会
20××年10月21日

写作指导

这是一则任免通知，正文简明扼要，直陈其事。

第三节　达其意——通报

一、通报的含义

　　通报是国家机关、社会团体、企事业单位用以表彰先进、批评错误，传达重要精神或通报有关情况的公文。其目的是交流经验，吸取教训，教育干部、职工群众，推动工作的进一步开展。通报的应用也比较广泛，可以用于表扬好人好事、新风尚；也可以用于批评错误，总结教训，告诫人们警惕类似问题的发生；还可以用来互通情况，传达重要精神，沟通交流信息，指导推动工作。

二、通报的作用

　　通报对下级和有关方面的指导作用重于指挥作用，主要是起到倡导、警诫、启发、教育和沟通情况的作用。具体作用有以下两个方面。

（一）表彰和惩戒的作用

　　各机关、团体、企事业单位使用通报对具体的人和事表扬或批评，以达到鼓励先进、弘扬正气、批评错误、打击歪风邪气、引以为戒的目的。表彰通报和批评通报对当事人的奖励或惩罚，具有行政约束力。有的要下发到有关单位，有的还要登报或张贴。

（二）交流和传达作用

　　通报还可以用于传达重要情况和知照事项，包括会议精神和情况、工作活动进展情况或存在的问题、所属单位发生的重大事件或事故等。能及时地交流信息，上情下达，并能促进上下级之间、有关部门之间的相互了解。

三、通报的特点

（一）典型性

　　不是任何人和事都可以作为通报的对象来写。通报的人和事总是具备一定的典型性，能够反映、揭示事物的本质规律，具有广泛的代表性和鲜明的个性。这样的通报发出后，才能使人受到启迪、得到教益。

（二）引导性

无论表扬性通报、批评性通报，还是情况通报，其目的都在于通过典型的人和事，引导人们辨别是非、总结经验、吸取教训、弘扬正气、树立新风。

（三）严肃性

通报的内容和形式都是严肃的。由于通报是正式公文，是领导机关为了指导工作，针对真人、真事和真实情况制发的，无论是表扬性通报、批评性通报或情况通报，都代表着一级组织的意见，具有表彰、鼓励或惩戒、警示的作用，因而其使用十分慎重、严肃。

（四）时效性

通报针对当前工作中出现的情况和问题而发。它的典型性、引导性都是就特定的社会背景而言的。随着客观情况的变化，一件在当时看来具有典型意义的事实，时过境迁，就不一定具有典型性。因此，要抓住时机，适时通报。

四、通报的种类

根据内容不同，通报可以分为表彰性通报、批评性通报和情况通报三种。

（一）表彰性通报

表彰性通报是用来表彰先进单位和个人，介绍先进经验或事迹，树立典型，号召大家学习的通报。

（二）批评性通报

批评性通报是用来批评、处分错误的人或事，以示警诫，要求被通报者和大家吸取教训的通报。

（三）情况通报

情况通报是在一定范围内传达重要情况和动向，以指导工作为目的的通报。

五、通报的写法

通报一般由首部、正文和尾部三部分组成。其各部分的格式、内容和写法要求如下。

（一）首部

通报的首部主要包括标题和主送机关两个内容。

1. 标题

由发文机关名称、事由和文种组成，如《卫生部办公厅　国家发展改革委办公厅关于20××年度全国碘盐监测工作情况的通报》。此外，有少数通报的标题是在文种前冠以机关单位名称，如《中共××市纪律检查委员会通报》。

2. 主送机关

除普发性通报外，其他通报应该标明主送机关。

（二）正文

通报正文的结构通常由开头、主体和结尾等部分组成。开头说明通报缘由，主体说明通报决定，结尾提出通报的希望和要求。不同类别的通报，其内容和写法有所不同，现分述如下。

1. 表彰性通报的正文

一般在开头部分概述事件情况，说明通报缘由。它是做出通报的依据，要求把表扬对象的先进事迹交代清楚。如果属于对一贯表现好的单位或个人进行表彰，事实叙述不但要清楚明白，而且要注意详略得当、重点突出。主体部分通过对先进事迹的客观分析，在阐明所述事件的性质和意义的基础上，写明通报决定。结尾部分明确提出希望和要求，号召大家向先进学习。

2. 批评性通报的正文

批评性通报分两种情况。一种是对个人的通报批评，其写法和表扬性通报基本相同，要求先写出事实，然后在分析评论的基础上叙写通报决定，最后提出希望和要求，让大家吸取教训、引以为戒。另一种是对国家机关或集体的批评通报。这种通报旨在通过恶性事故（事件）的性质、后果，特别是酿成事故（事件）的原因的分析，总结教训，从而达到指导工作的目的，所以写法和表彰性通报略有不同。其正文主要包括叙写事实、分析原因、提出要求和改进措施等内容。批评性通报在机关工作中使用的比较多，对一些倾向性问题具有引导、纠正的作用。

有的批评性通报是针对部分地区或单位存在着的同一类问题提出批评。这类通报虽然涉及的面比较广，但因其错误性质基本相同，所以写法上以概括为主，大体和情况通报相近。

3. 情况通报的正文

情况通报主要起着沟通情况的作用，旨在使下级单位和群众了解情况，以便统一认识，统一步调，推动全局工作的开展。正文主要包括两项内容：通报有关情况和分析，作出结论。具体写法：有的是先摆情况，然后进行分析得出结论；有的是先通过简要分析作出结论，再列举情况，来说明结论的正确性和针对性。总之，写法多样，如何表述可因事制宜，无须强求一律。

（三）尾部

包括发文机关名称和成文日期两个内容。有的在通报标题中已标明发文机关名称，这里就不必再写。

六、通报的写作要求

（一）通报的内容必须真实

通报中所涉及的事例必须是客观存在的，经过反复调查，认为是真实可靠的，绝不允许捏造和虚构。动笔前要调查研究，对有关情况和事例要认真进行核对，客观、准确地进行分析、评论。同时，反映的事例要准确，不能夸大或缩小，要实事求是。通报在结尾提出的希望和号召也必须切合实际，有一定的针对性，使受文者能够受到启示。

（二）通报要具有指导作用

无论哪一种通报，都要做到态度鲜明，分析中肯，评价实事求是，结论公正准确，用语把握分寸。否则通报不但会缺乏说服力，而且有可能产生副作用。不能事无巨细都发通报，要选择对工作有普遍指导意义的事项来发通报。通报要有普遍的指导意义，就应选择典型。先进的典型要能反映事物的本质特征，能揭示时代的本质，体现时代的精神。反面的典型应有一定的代表性，能体现鉴戒的作用。所以，只有选准、选好典型，通报才能起到激励教育、推动工作和批评警诫的作用。

（三）通报要注意时效性

发通报要抓住时机，及时将先进典型和经验向社会宣传推广，对反面典型予以揭露，引起警诫，或对某些重大事项和重要情况，及时予以通报，以起到交流情况、交流信息、指导工作的作用。错过时机的通报，就失去了它的时效性，没有行文的意义了。

方法指导

例文6

国务院办公厅关于××省××市××县
擅自停课组织中小学生参加迎送活动的通报

国办发〔××××〕37号

××××年××月××日，××省××市××县举行××高速公路在本县通车仪式，××县主要领导擅自决定，让本县部分中、小学校停课参加通车仪式，近千名中小学生在风雪天等候长达两小时，致使部分中小学生生病，学生家长和群众极为愤慨，致信中央要求坚决制止此类现象。

中小学校依照国家规定建立严格的教育教学秩序，这是教育教学质量的保证，任何单位和个人都不能随意破坏。现在一些地方的个别领导利用自己的权力，动辄调用中小学生为各种会议、考察、参观、访问甚至营业性典礼搞迎送或礼仪活动，有些地方还因此发生了严重的安全事故，造成极恶劣的社会影响。××县发生的问题，已不只是一般的形式主义，而是官僚主义，严重脱离群众，此类不良风气必须坚决予以制止。各地区、各部门以及各级领导干部，要高度重视这一问题并从中吸取深刻的教训，切实增强群众观念，杜绝此类事件再度发生。

中小学生是祖国的未来，他们的学习和活动安排，要有利他们的学习和身心健康。今后各地区、各部门都必须严格执行国家的有关法规和规定，不得擅自停课或随意组织中小学生参加各种迎送或"礼仪"活动，如确有必要组织的，须报经省级教育行政部门批准。

国务院办公厅（盖章）

××××年××月××日

写作指导

这是一则批评性通报。

通报分为三个部分，第一部分概括事件发生的时间、地点、人物、主要过程和结果，写得清楚明白、准确无误、简明扼要；第二部分对事件进行了全面分析解剖，分析了错误的性质、危害，产生的根源和责任，指出应吸取的主要教训；第三部分对受文机关提出希望和要求：不得随意停课组织中小学生参加各种"仪式"活动。

例文7

国务院办公厅关于第一次全国政府网站普查情况的通报
国办函〔2015〕144 号

各省、自治区、直辖市人民政府，国务院各部委、各直属机构：

为进一步做好全国政府网站信息内容建设有关工作，有效解决政府网站"不及时、不准确、不回应、不实用"等问题，维护政府公信力，2015 年 3—12 月，国务院办公厅组织开展了第一次全国政府网站普查。现将有关情况通报如下：

一、总体情况

《国务院办公厅关于开展第一次全国政府网站普查的通知》（国办发〔2015〕15 号）印发后，各地区、各部门高度重视，迅速行动，确保普查工作顺利推进。通过普查，基本摸清了全国政府网站底数，有效解决了群众反映强烈的政府网站"僵尸""睡眠"等问题，政府网站管理服务水平不断提高，社会公信力稳步提升，正在成为各级政府提升治理能力、推进"互联网＋政务服务"的重要平台。

（一）摸清了全国政府网站底数，实现整体达标合格。截至 2015 年 11 月，各地区、各部门共开设政府网站 84 094 个。其中，普查发现存在严重问题并关停上移的 16 049 个，正在整改的 1 592 个。正常运行的 66 453 个政府网站中，地方网站 64 158 个，国务院部门及其内设、垂直管理机构网站 2 295 个。经抽查，全国政府网站总体合格率为 90.8%。其中，省部级政府门户网站合格率为 100%，市、县级政府门户网站合格率超过 95%，其他政府网站合格率达到 80% 以上。从地域上看，北京、上海、浙江、湖南等地政府网站合格率超过 95%，山西、辽宁、黑龙江、云南、西藏、青海、宁夏、新疆等地和新疆生产建设兵团政府网站合格率低于 85%。

（二）提高了政府网站管理服务水平，有序推进集约化建设。各地区、各部门强化政府网站主管职责，普遍建立了责任到人、层层督办的推进保障机制。不少地方和部门创新工作方法，通过督查、问责和考评等抓手，推动本地区、本部门政府网站管理服务水平不断提高。广东、四川和税务总局等建立了技术监测、群众监督、绩效考核等"多管齐下"的监管模式；发展改革委、农业部、气象局等部门印发文件明确责任，完善流程，优化服务，提升了网站效能。一些地方和部门还探索从源头上解决基层网站无力维护等问题，有序推进本地区、本部门网站集约化建设。江苏、安徽、贵州和海关总署等对问题严重网站关停整改，对同质同类网站归并整合，利用门户网站对分散资源进行整合迁移，集中提供服务，探索建立统一规划、统一建设、统一管理的集约化模式。

（三）建立了政府网站基本信息数据库，社会公信力稳步提升。政府网站基本信息数据库记录了全国 84 094 个政府网站的名称、地址、主管单位、运行状态等基本信息，形成了准确、完整的政府网站动态档案库。该数据库在中央政府门户网站开放后，两个月时间搜索量达 8 万余次，下载 1.3 万余次。据统计，国务院各部门政府网站有关内容媒体转载量较 2014 年上升 15%，省级政府门户网站上升 13%，计划单列市和省会城市政府门户网站上升 17.5%，各级政府网站社会公信力稳步提升。

二、整改工作的成效

各地区、各部门对普查中发现的问题认真查找原因，着力推进整改。通过整改，全国政府网站信息不更新、内容严重错误、咨询信件长期不回复、服务不实用等问题明显减少。

（一）信息更新更加及时。政府网站空白栏目数由普查前的平均每网站 20 个降至 2.3 个，降低 88.5%；更新不及时栏目数由平均每网站 15 个降至 5.5 个，减少 63.3%。

（二）内容准确性普遍提高。政府网站首页不可用率由普查前的 12.8% 降至 3.6%，降低 71.9%；链接不可用数由平均每网站 196 个降至 23.4 个，降低 88.1%。普查前被频频曝光的严重错字问题大幅减少；办事表格、材料清单、联系电话、收费标准等内容不准确问题由平均每网站 17 个降至 2.3 个，减少 86.5%。

（三）互动回应情况明显改善。网上信箱等咨询渠道开通率由普查前的 57% 上升至 85.3%，公开的回复信件数由平均每网站 27 件增加到 110 件，咨询类留言长期不回复的比例降至 0.7%，1 年内开展调查征集活动的次数由平均每网站不足 1 次增加到 4 次。

（四）办事功能不断完善。各地区、各部门积极开展网上办事事项梳理，着力提高服务信息实用性。因内容不齐全、指南不实用造成的"办事难""办证难"问题有所减少。95% 以上的政府门户网站规范了办事指南的基本要素，一些地方和部门还依托政府网站探索推进"互联网＋政务服务"，以"数据多跑路，群众少跑腿"为目标，优化服务流程，推动线上线下资源衔接，不断提高群众满意度。

三、需要进一步解决的问题

在全国政府网站建设管理水平大幅提升的同时，一些政府网站仍存在需要进一步解决的问题。主要是：

（一）部分基层网站仍不合格，少数网站问题严重。抽查发现 421 个不合格网站，少数基层网站问题严重。青海省格尔木市国土资源局、新疆维吾尔自治区莎车县人民政府网站空白栏目数超过 20 个；新疆生产建设兵团石河子市供销合作社网首页多个栏目"开天窗"；山西省泽州县林业局、辽宁省建昌县教育局网站个别栏目 7 年未更新；云南省维西傈僳族自治县政府网站个别栏目 5 年未更新。国务院部门垂直管理机构网站中，国家统计局莆田调查队、红河哈尼族彝族自治州邮政管理局、阿里地区邮政管理局网站不合格。

（二）个别地方检查走过场、整改不彻底。湖北省浠水县巴河镇政府网站"新闻动态"栏目近 60 条新闻属"旧稿新发"，部分发布时间为 2015 年 6 月的新闻实际上是 6 年前的信息；河南省许昌市魏都区西关办事处、海南省儋州市统计局网站因存在严重问题申请关停，其计划整改完成时间超过 10 年；黑龙江省林口县物价局、宁夏回族自治区固原市人民政府、西藏自治区山南地区工业和信息化局等网站自查评分超过 90 分，而实际抽查发现问题较多，为不合格网站。

（三）一些网站便捷性、实用性亟待提升。部分网站没有提供规范清晰的服务流程，缺少可供下载的必要表格和文件，不能提供实用有效的申报、查询等办事服务；14.7% 的网站互动功能缺失，政府与公众交流缺少有效途径；还有一些网站结构混乱、页面繁多、不便使用，给公众查找政府信息、网上办事带来较大困难。

四、下一步工作要求

各地区、各部门要高度重视，加强对政府网站建设和管理工作的领导，并针对普查发现的问题举一反三，进一步查漏补缺，加大对本地区、本部门网站的检查力度，巩固普查成效，避免出现整改不彻底、问题反弹等情况。要切实把办好政府网站摆到服务人民群众、提高治理能力、提升政府公信力的高度，加强督查考核，按照推进"互联网＋政务服务"的工作要求，扎实推动各级政府网站持续健康发展。

对本次通报的网站问题，各有关地区和部门要采取有力措施进行整改，并于 2015 年 12 月 31 日前将整改情况书面报送国务院办公厅政府信息与政务公开办公室。

附件：1. 各地区政府网站抽查合格率
　　　2. 国务院部门及其内设、垂直管理机构政府网站抽查合格率
　　　3. 抽查发现的不合格政府网站名单

国务院办公厅（印章）
2015 年 12 月 4 日

写作指导

这是一则情况通报。

正文由两部分组成。第一部分对第一次全国政府网站普查情况进行了总体说明，在大量占有材料的基础上进行了归纳总结，选材注重数据的运用，有说服力和宣传价值。第二部分是针对情况的分析，既总结了整改工作的成效，又指出了需要进一步解决的问题，条理清晰，情况具体，提出的下一步工作要求切实可行。情况通报既要反映情况，又要加以分析评议，缺一不可。

例文 8

××省旅游局关于季×同志全心全意做好全陪工作的通报

国旅××分社翻译季×同志的《全陪工作汇报》写得很好,现印发给你们。

季×同志刚从学校毕业,在第一次担任全陪途中,"每时每刻都不使客人失望",尽心尽职地为客人服务,将自己的一腔热情倾注于接待工作之中,并能严于律己,自觉抵制不正之风,发扬了旅游工作中的优良传统。季×同志的这种全心全意为旅游者服务的精神,认真负责的工作态度值得称赞,值得学习,特予通报表扬。

陪同、导游是旅客的向导和依托,也是我们旅游工作的一面镜子。如果陪同、导游在接待、导游、服务等环节想客人所想,急客人所急,以热情、周到的服务为客人服务,不仅有助于旅游计划的圆满实现,使客人得到满足,感到愉快,而且会体现出我国人民的精神风貌和社会主义的精神文明,从而使客人对我们国家和人民留下美好的印象,愿意再来;相反,如果陪同、导游态度冷淡,不负责任,就会使客人失望,扫兴而归,甚至抱怨、投诉、永不再来。由此可见,陪同、导游的作用对于我们国家和旅游业的声誉关系很大。请我省旅游系统的陪同、导游以及全体服务人员认真读一下季×同志的《全陪工作汇报》,对照自己,从中吸取教益,进一步提高为游客服务的自觉性,把工作做得更好。

附件:《季×同志的全陪工作汇报》

××省旅游局(印章)

××××年××月××日

写作指导

这是一则表扬性通报。

通报分为三个部分,第一部分运用具有倾向性的导语点明这则通报的写作目的;第二部分运用精练的语言陈述了季×同志的优秀事迹并对之予以表扬,提炼出值得学习与发扬的精神;第三部分对季×同志的精神品质对于旅游行业的重要意义加以肯定,对受文机关提出希望和要求:认真阅读《全陪工作汇报》,取长补短,把工作做得更好。

写作小贴士

通知与通报的区别

从通报与通知的特点和作用，可以看出它们的主要区别有：

1. 内容范围不同

通知可以发布行政法规和规章、批转和转发公文、传达需办理和周知的事项等；通报则是表扬先进，批评错误，传达、交流重要的情况、信息。两者虽然都有告知的作用，但通知告知的主要是工作的情况以及共同遵守执行的事项；通报则是告知正反面典型或有关重要的精神或情况。

2. 目的要求不同

通知的目的是告知事项、布置工作、部署行动，内容具体，要求受文机关了解要办什么事、该怎样办理、不能怎样办理，有严格的约束力，要求遵照执行；通报的目的主要是交流、了解情况，或通过正反面的典型去教育人们，宣传先进的思想和事迹，提高人们的认识。

3. 表现方法不同

通知的表现方法主要是叙述，告知人们做什么、怎样做，叙述具体，语言平实；通报的表现方法则常兼用叙述、说明、分析和议论，有较强的感情色彩。

第四节　互通达——请示　函

一、请求

（一）请示的含义

请示，是下级机关向上级机关或业务主管机关请示某项工作中的问题，明确某项政策界限，审核批准某事项时使用的请求性的上行公文。

根据《党政机关公文处理工作条例》规定，"请示适用于向上级机关请求指示、批准"。下级机关遇到各种无权处理或无力解决的问题，都可以通过向上级机关呈送请示的形式，请求上级机关予以批准或者给予指示。上级机关通过对请示的答复，能够及时肯定下级机关正确的意见和做法，纠正其不当的意见和做法，从而有效地帮助下级机关解决问题，推动工作的顺利进行。

（二）请示的作用

1. 请求上级机关给予指示

当下级机关遇到现有的方针、政策及法规、规定所不曾涉及的新情况、新问题，或政策界限难以把握时，请求上级机关对这些问题予以帮助和解决，需要使用请示。

2. 请求上级机关予以批准

当下级机关遇到超越本机关的职权范围，或本机关人员的看法、意见不是完全一致的问题时需要使用请示。另外，某些业务主管部门就带有普遍意义的问题提出看法，希望领导机关批转有关单位时，也可以使用请示。凡属本机关职权范围之内，并已有明确的方针、政策或法规、规定做参照的一般问题，都应当自行处理，而不必向上级机关请示。

（三）请示的特点

1. 针对性

只有本机关单位权限范围内无法决定的重大事项，如机构设置、人事安排、重要决定、重大决策、项目安排等问题，以及在工作中遇到新问题、新情况或克服不了的困难，才可以用"请示"行文。请示上级机关给予指示、决断或答复、批准。所以请示的行文具有很强的针对性。

2. 呈批性

请示是有针对性的上行文，上级机关对呈报的请示事项，无论同意与否，都必须给予明确的"批复"回文。从行文的目的看，请示写作带有迫切性，并需要上级机关批示、批准，要求上级机关批复。

3. 单一性

请示应一文一事，即内容要单一，不可将多项内容放在同一个文中请示。一般只写一个主送机关，即使需要同时送其他机关，也只能用抄送形式。

4. 时效性

请示是针对本单位当前工作中出现的情况和问题，征得上级机关指示、批准的公文，如能够及时发出，就会使问题得到及时解决。

（四）请示的种类

按请示目的分，请示可分为请求批准的请示和请求指示的请示两类。

1. 请求批准的请示

一般内容比较简单、具体，往往是一些较为细小的实际事项的请求。请示被批准后，执行机关范围也比较小，常常就是请示自己单位。

2. 请求指示的请示

这类请示多涉及政策上、认识上的问题。事项较为重大复杂，具有一定的普遍意义，需要上级机关进行指导。

（五）请示的写法

请示包括标题、主送机关、正文和落款四部分。

1. 标题

请示标题包括发文机关、事由和文种，如《××省关于南山风景名胜区列为国家重点风景名胜区的请示》。写标题要注意，不能将"请示"写成"报告"或"请示报告"。标题中尽可能不要出现"申请""请求"之类词语。

2. 主送机关

请示必须写明主送机关，而且主送机关只写一个。受双重领导的机关向上请示，应根据请示的内容，确定负责答复的上级机关为主送机关，另一个为抄送。

3. 正文

请示的正文包括缘由、事项、要求三部分。

（1）缘由

请示的缘由，实际上就是提出请示事项和要求的理由、背景及依据，要写在正文的开头。先把缘由讲清楚，然后再写请示的事项和要求，这样才能顺理成章，有说服力。请示的缘由是写作请示的关键，写得充不充分，直接关系到请示事项能否成立，关系到上级机关审批请示的态度等。如果缘由比较复杂，不能为简要而简单化，必须讲清情况，举出必要的事实、数据，实事求是，具体而明白。

（2）事项

事项指请求上级机关批准、帮助、解答的具体事项。请示的事项要符合国家法律、法规，符合实际，具有可行性和可操作性。因此，事项要写得具体、明白，并作出具体的分析。如果请示的事项内容比较复杂，则要分清主次，一条一条地写。

请示事项，不能出现不明确、不具体的情况，也不能把缘由、事项混在一起写。否则，容易使上级不得要领，不明白下级要求解决什么问题。

（3）要求

为了使请示的事项得到答复，发文机关一定要提出要求。请示的要求常用的写法有："以上请示，请批复""以上意见当否，请指示""以上请示，请审批"等（见表2-3）。虽然是很简单的一句话，但却是请示必不可少的内容。

表2-3　请示主体结构基本模式

请示理由	扼要写明背景、依据，概括写出请示事项
请示内容	提出请示事项并阐述说明道理或事实
请示结语	特此请示、请审批等类似语句

4. 落款

发文机关和成文日期。

（六）请示的写作要求

1. 一文一事

一份请示只能写一件事，这是《党政机关公文处理工作条例》的规定，也是实际的需要。如果一文多事，很可能导致受文机关无法批复。如果性质相同的几件事确需写在一份请示中，则必须是同一机关可以批复的。

2. 单头请示

一份请示只能送一个上级领导机关，不能同时主送两个或两个以上机关。如有需要，对有关的单位可用抄送的形式。这样可以避免出现推诿、扯皮的现象。受双重领导的机关向上级机关请示工作时，要根据请示内容的性质，主送一个上级领导机关，抄送另一个领导机关。

3. 不越级请示

请示与其他公文一样，一般不越级请示，如果因情况特殊或事项紧急必须越级请示时，要同时抄送越过的机关。请示一般不直接送领导个人，除非是领导直接交办的事项。把应由秘书部门统一办理的请示直接送领导个人，容易误事，甚至会造成领导者之间的矛盾。

4. 不得抄送下级机关

请示是上行公文，不得同时抄送下级机关，更不能要求下级机关执行上级机关未批准的事项。

二、函

（一）函的含义

函，从广义上讲，就是信件。它是人们传递和交流信息的一种常用的书面形式。但是，作为公文法定文种的函，就已经远远地超出了一般书信的范畴，不仅用途更为广泛，最重要的是其被赋予了法定效力。

函适用于不相隶属机关之间商洽工作，询问和答复问题，请求批准和答复审批事项。理解函的定义时，关键要把握住"不相隶属机关"这一概念。一个系统内部的平级机关是不相隶属机关，这个容易理解；另外，凡是双方在行政或组织上没有领导与被领导关系、业务上没有指导与被指导关系的，都是不相隶属机关，无须考虑双方的级别大小。在不相隶属机关之间，级别高的一方不能向级别低的一方发出指挥、指导性公文（个别晓谕性的通知例外），级别低的一方也不需向级别高的一方发出请示和报告。双方之间如果有事项需要协商或请求批准，都要使用"函"这种平行文体。除作为平行文种出现之外，函有时也可用于有隶属关系的上下级机关之间。例如，上级机关向下级机关询问有关情况，用别的文体显然不合适，可以用函，但下级的答复最好用报告。上级机关向下级机关催办有关事宜，如要求下级机关呈报有关报表或材料时，也可以用函，下级同样要回以报告。

（二）函的作用

第一，不相隶属机关之间商洽工作、询问和答复问题。不相隶属机关之间经常发生联系，如进行协作，商调干部，联系参观、进修和实习等。这些事项都应当用函商洽，而不能请示或通知对方，因为对方既不是上级机关，也不是下级机关。另外，不相隶属机关之间还会有所询问和答复，这时都要使用函。

第二，不相隶属机关之间请求批准和答复审批事项。一个单位办一件事情，有些可以自己做主，有些要请求上级机关批准，有些需要请求主管部门批准，有些既要请求上级机关批准，还要请求主管部门批准。所谓主管部门，就是负责管理某一方面工作的部门。对请求批准的单位，如果彼此没有隶属关系，请求答复或审批时都要使用函。

（三）函的特点

1. 平等性和沟通性

函主要用于不相隶属机关之间互相商洽工作、询问和答复问题，体现着双方平等沟通的关系，这是其他所有的上行文和下行文所不具备的特点。即使是向有关主管部门请求批准，在双方不是隶属关系的时候，也不能使用请示和批复，只能用函，并且姿态、措辞、口气也跟请示和批复大不相同，也要体现平等性和沟通性的特点。

2. 灵活性和广泛性

函的灵活性主要表现在两个方面：

一是行文关系灵活。函是平行公文，但是它除了平行行文外，还可以向上行文或向下行文，没有其他文种那样严格的特殊行文关系的限制。

二是格式灵活，除了国家高级机关的主要函必须按照公文的格式、行文要求行文外，其他一般函，比较灵活自便，也可以按照公文的格式及行文要求办。可以有文头版，也可以没有文头版，不编发文字号，甚至可以不拟标题。函对发文机关的资格要求很宽松，高层机关、基层单位、党政机关、社会团体、企事业单位均可发函。既可用于相互商洽工作，询问、答复问题，又可用于向主管部门请求批准事项及主管部门审批或答复事项，所以运用得十分广泛。

3. 单一性和实用性

函的内容必须单纯，一份函只能写一件事项。函不需要在原则、意义上进行过多的阐述，不重务虚重务实。函一般较短小，内容单一，语言简洁明了。有的函只有三言两语。函有公文"轻骑兵"的称誉，是不相隶属机关之间沟通最实用的文体。

（四）函的种类

1. 按照内容和用途，函可分成三种类型

（1）商洽函

指主要用于平行机关或不相隶属机关之间商洽工作、联系有关事宜的函。如商调干部函、联系租赁函、洽谈业务函等。

（2）询问答复函

指主要用于不相隶属机关之间互相询问答复处理有关问题的函。

（3）请批、批准函

主要指向不相隶属的业务主管部门制发的请批函，以及业务主管部门向不相隶属的机关单位制发的批准函。有关机关、单位涉及部门业务工作，需向不相隶属的业务主管部门请求批准，但又因互相之间不是上下级的隶属关系而不宜用请示行文，就应用函。同理，有关主管部门向不相隶属的机关单位批准某些业务事项（例如干部录用、调动、经费拨付等），也应用函。但在实际工作中，这类函常常误用为请示、报告、批复，使用时应注意区分。

2. 按照文面规格，函可分为两种类型

（1）公函

公函要按照一般公文格式，写上标题、主送机关、正文、落款，也要编上发文字号，既可由机关办文部门按发文统一编号，也可按函件单独编号。

（2）便函

便函格式灵活、简便，写法较自由，可不写标题、不编文号。便函不列入正式文件范围。

3. 按照行文方向，函可分为两种类型

（1）去函

去函也叫来函，即是主动发出的函。

（2）复函

复函是针对来函所提出的问题或事情被动答复的函。

（五）函的写法

由于函的类别较多，从制作格式到内容表述均有一定灵活机动性。下面主要介绍规范性函的结构、内容和写法。函由首部、正文和尾部三部分组成。其各部分的格式、内容和写法要求如下。

1. 首部

首部主要包括标题、主送机关两个项目内容。

（1）标题

由"发文机关＋事由＋回复函对象＋文种"构成，如《国务院办公厅关于悬挂国徽等问题给江苏省人民政府办公厅的复函》，这是复函常用的标题。由"发文机关＋事由＋文种"组成，如《××市劳动局关于工伤确认等问题的函》，这是常用的去函标题类型。

（2）主送机关

即受文并办理来函事项的机关单位，于文首顶格处写明全称或者规范化简称，其后用冒号。

2. 正文

正文一般由开头、主体、结尾、结语等部分组成。

（1）开头

主要说明发函的缘由。一般要求概括交代发函的目的、根据、原因等内容，然后用"现将有关问题说明如下"或"现将有关事项函复如下"等过渡语转入下文。

去函的开头，一般先写商洽、请求、询问或告知事项的依据、背景、缘由。事项部分应采用叙述和说明的写作方法，是什么就写什么，要简明扼要，又要交代清楚。复函的开头一般首先引叙来文的标题、发文字号，再交代根据，以说明发文的缘由。

（2）主体

这是函的核心内容部分，主要说明致函事项。函的事项部分内容单一，一函一事，行文要直陈其事。无论是商洽工作、询问和答复问题，还是向有关主管部门请求批准事项等，都要用简洁得体的语言把需要告诉对方的问题、意见叙写清楚。如果属于复函，还要注意答复事项的针对性和明确性。即针对来函所提出的商洽、询问或请求等问题予以答复，即表示同意或不同意，不同意是什么原因，或应该怎么办，不应该怎么办，或对询问问题作出说明等。

（3）结尾

一般用礼貌性语言向对方提出希望。或请对方协助解决某一问题，或请对方及时复函，或请对方提出意见或请主管部门批准等。

（4）结语

通常应根据函询、函告、函商或函复的事项，选择运用不同的结束语。如"特此函询（商）""此复""请即复函""特此函告""特此函复"等。有的函也可以不用结束语，如属便函，可以像普通信件一样，使用"此致""敬礼"。

3. 尾部

尾部即落款。一般包括署名和成文日期两项内容。署名机关单位名称，写明成文日期，并加盖公章。

（六）函的写作要求

1. 开门见山，直叙其事

这是函的写作最基本的要求。函是一种比较简便的行政公文，讲究快捷，所以，函的写法以陈述为主，只要把商洽的工作、询问和答复的问题，向有关主管部门请求批准的事宜写清楚就行。函一般写得很简短，简明扼要，切忌空话、套话，或者含糊其词、不知所云。

2. 措辞得体，平等待人

函的语言表达非常讲究，必须礼貌、谦和、态度诚恳，用语把握分寸。对上要尊重、谦敬，但不恭维逢迎；对下要严肃，但不自傲训人；对平行单位、不相隶属单位，要以礼待人，用商量的口气，不盛气凌人。复函，则要注意行文的针对性、答复的明确性。总之，语言表达要礼貌、得体，尊重对方，一般不用"必须""应该""注意"等指示性语言。

3. 答复快速，讲究时效

函也有时效性的问题，特别是复函更应该迅速、及时。像对待其他公文一样，及时处理函件，以保证公务等活动的正常进行。

方法指导

例文 9

中国农业银行芜湖支行关于拨给灾区贷款专项指标的请示

省行：

7 月 10 日，芜湖地区遭受特大洪水袭击，灾情严重。农田受灾总面积达 38 000 多亩，各种农作物损失达 1 000 多万元，农民个人损失也很大。

由于灾情严重，短期内恢复生产有一定的困难，仅靠正常农贷指标难以解决问题。

为此，请省行下达专项救灾贷款指标 500 万元，以便支持灾区迅速恢复生产。

当否，请批示。

中国农业银行芜湖支行（印章）

20××年 8 月 3 日

写作指导

这是一则请求批准的请示。

开头部分写明了请示事项的原因、背景和理由，合情合理、具体充分、清楚明了，体现了所请示事项的重要性、迫切性和必要性。请示事项简洁明了。结尾语"当否，请批示"是请求批准的请示的常用结束语。

例文 10

关于交通肇事是否给予被害者家属抚恤问题的请示

最高人民法院：

据我省×县人民法院报告，他们对交通肇事致被害人死亡，是否给予被害者家属抚恤的问题，有不同意见。一种意见认为，被害者若是有劳动能力的人，并遗有家属要抚养的，给予抚恤。另一种意见认为，只要不是由被害者自己的过失所引起的死亡事故，不管被害者有无劳动能力，都应酌情给予抚恤，我们同意后一种意见。几年来的实践经验证明，这样做有利于安抚死者家属。

是否妥当，请批复。

×省高级人民法院（公章）

××××年×月×日

写作指导

这是一则请求指示的请示。

请示的开头开门见山，直陈请求指示的事项；之后列举出针对请示事项的两种不同处理意见；最后写明请示方对所请示问题的处理建议和实践效果，供上级机关在做出指示时予以参考。

例文11

国务院办公厅关于农村中小学
现代远程教育工程总体实施方案的复函

国办函〔20××〕85号

教育部、发展改革委、财政部：

《关于报请审批农村中小学现代远程教育工程总体实施方案的请示》（教基〔20××〕24号）收悉，经国务院同意，现函复如下：

一、同意《农村中小学现代远程教育工程总体实施方案》，请按年度组织实施。

二、在工程实施中，坚持科学规划，统筹安排，因地制宜，分步推进，切实加强对各地实施农村中小学现代远程教育工程的指导。

三、要加强对工程资金的管理与监督，督促应由地方安排的建设资金及时足额到位，严格执行资金管理制度，确保专款专用。

四、要加强对地方各级政府的指导，建立保障农村中小学现代远程教育设置正常运行的长效机制，落实工程管理经费和设备维护、更新经费，严禁向农民摊派。

特此函复。

20××年12月5日

📚 写作指导

这是一则答复下级机关询问事项的答复函。

主体部分从四个方面表达了自己的态度。首先对请示的内容表明态度"同意"，然后对工程的实施、工程资金的管理与监督、保障正常运行的畅销机制等提出要求。此复函针对性强，态度鲜明，表述严谨，行文规范。

例文 12

××酒店人力资源部关于商洽代培酒店保安人员的函

××培训机构培训部：

获悉贵机构将于20××年9月20日开办酒店保安人员进修班，系统讲授有关酒店业务技能以及保安人员的必备知识和技巧。由于敝酒店属于新开业酒店，大部分保安人员没有经过系统的专业学习，业务素质较差，有待提高。现贵机构开办进修班，为我们的保安人员提供了一个非常难得的学习机会，敝酒店拟派12名保安人员随班学习，委托贵机构代为培养。有关代培一切费用，敝酒店将如数拨付。

可否，盼予函复。

××酒店人力资源部（印章）
××××年××月××日

📚 写作指导

这是一则商洽性的去函。

开头部分用简练的语言交代致函缘由；主体部分理由充分，言辞恳切；结尾部分用去函结尾惯用语"可否，盼予函复"收束。格式正确，语言得体。

例文 13

××培训机构培训部关于同意为××酒店代培保安人员的复函

××酒店人事部：

来函已收悉，关于为贵酒店代培保安人员的问题，经研究答复如下：

一、同意为贵酒店代培保安人员，人数限定15人以内，时间为6个月，业余学习，开学时间：××××年××月××日。

二、有关学籍管理、证书办法和学习收费标准，请参考敝司《关于代培酒店保安人员的规定》中有关条款另行议定。

三、为保证培训效果，请按限定人数参加培训。如需要增加培训人数，应提前一周告之敝司培训部，并酌情支付一定的培训经费。

特此函复。

×××培训机构培训部（印章）

××××年××月××日

◦写作指导

这是针对上一则来函的复函。

标题的事由中表明了复函的态度。正文部分，先用复函惯用语"来函已收悉"领起复函缘由，然后用习惯性的套语"经研究答复如下"转入主题部分，最后用结尾惯用语"特此函复"来收束。复函简练明确，既同意了来函的要求，同时就培训时间、参加培训人数、证书发放及收费标准等问题进行了约定，保证了各方利益，便于今后工作的开展。

写作小贴士

函与请示的区别

使用函还是请示，主要依据发文机关与受文机关的关系。函主要用于平级单位之间、不相隶属单位之间以及有业务上的主管和被主管关系的单位之间的工作往来。向主管单位请求批准有关事项，主管单位用复函批准请求事项。请示则用于有隶属关系的上下级机关之间，下级机关用请示向上级机关行文请求指示批准重要事项。因此，在使用请示和函时，我们首先要弄清发文机关和受文机关的关系，然后才能确定用什么文种。

任务三　调研文书

第一节　巧设计——调查问卷

一、调查问卷的概念

调查问卷又称调查表或询问表，是以问题的形式系统地记载调查内容的一种调查工具。问卷可以是表格式、卡片式或簿记式。设计问卷，是询问调查的关键。完美的问卷必须具备两个功能，即能将问题传达给被问的人和使被问者乐于回答。要完成这两个功能，问卷设计时应当遵循一定的原则和程序，运用一定的技巧。

二、调查问卷设计的一般程序

（一）准备阶段

1. 确定调查主题的范围和调查项目。
2. 分析调查对象的各种特征。
3. 充分征求有关各类人员的意见。

（二）初步设计

1. 表明每项资料需要用何种方式提问，并尽量相近地列出各种问答题。
2. 对回答题进行检查，筛选、编排、设计每个项目，对提出的每个问答题都要考虑是否有必要。
3. 考虑问卷是否需要编码，或许要向受访者说明调查的目的、要求和基本注意事项。

（三）试答和修改

初步设计出来的问卷通常存在一些问题，故需在小范围内进行试验性调查，以便弄清问卷在初稿中存在的问题，了解受访者是否乐意回答和能够回答所有的问题等。

✈ （四）定稿印制

将修改以后并且得到各方认可的问卷作为最终文本，按照调查工作的需要打印复制，制成正式问卷。

▍ 三、调查问卷的结构

一份完整的调查问卷通常由标题、问卷说明、主体、感谢语或其他资料四部分组成。

✈ （一）标题

调查问卷的标题要主题鲜明，使受访者一目了然，了解所参与调查的内容。调查问卷的标题一般由介词"关于"加上"调查事项"再加上"调查问卷"组成，如《关于大学生人际关系的调查问卷》。

在此基础上，如能更进一步斟酌文字，使问卷的标题具有与众不同的文字美感，会给人耳目一新的感觉，如《新闻标题的时代审美调查问卷》。

✈ （二）问卷说明

一般用来说明以下问题。

1. 调查的主办单位或者个人身份。如在问卷说明部分说明此项内容则在落款部分可以省略。

2. 调查的内容和范围。概括、明确地说明即可，如：我们正在进行物价改革方面的调查。

3. 调查目的。调查的目的应当令受访者感觉恰当、合理，如：为了探索解决好婚姻问题的规律，我们举办了此次调查。

4. 调查对象的选取方式。最好加上保密承诺，以减少受访者的心理压力，如：我们从全市各工厂中随机抽取了一部分工人作为调查对象。

5. 问卷的填答方法、回收方式，致谢。

例如：

××学院大学生读书情况调查问卷

亲爱的同学：

您好！我们是××级××班的同学，为了了解我院学生在课余时间的读书情况，我们特邀您参加此项调查，您宝贵的意见和建议将成为我们学习资源建设的重要参考材料。本次调查采取随机抽查不记名的方式，我们对您的回答将予以保密，我们期待能收到您填写完整的问卷，谢谢！

（三）主体

1. 调查方法的类型

（1）面访调查。

即面对面的采访、调查。

①优点是受访者不需要亲自填写问卷，问卷的完成率高。

②缺点是调查者与受访者的互动可能会影响受访者的答案，尤其是满意率的问题，并且需要较多人力。

（2）电话访问。

即通过打电话方式对受访者进行访问、调查。

①优点是比面访调查省钱，且更能发挥匿名的优势。

②缺点是当问卷中有涉及图片的问题时无法阐述，当选项多时表述困难。

（3）邮寄问卷。

邮寄问卷是将问卷邮寄给受访者并回收的调查方式。

①优点是方便操作，看起来更专业；使用质量好的纸张或者好的画面设计会使受访者更愿意回答问题。

②缺点是不能保证受访人愿不愿意邮寄回来他们的答案，尤其在互联网时代，很多受访者没有邮寄的习惯。

（4）网络调查。

①网络调查的优点是操作方式简单，花费更少，视觉设计更好，信息反馈更及时。

②缺点是网民存在不确定性，无法深入调查；受访对象难以限制，针对性不强。

2. 问题设计的原则

第一个原则是确定某个问答题的必要性。

第二个原则就是必须肯定这个问答题对所获取的信息的充分性。

问卷中的每一个问答题都应对所需的信息有所贡献，或服务于某些特定的目的。如果从一个问答题中得不到令人满意的使用数据，那么这个问答题就应该取消。

3. 问题的形式

（1）开放式问题。

不提供答案，如"您的意见是_____"。

一般情况下，开放性问题只留有一个供被调查者书写答案的空白空间，而调查者留取的空间大小往往决定着受访者的书写长度。如果希望受访者提供更为丰富的信息，可以适当增加空白空间的大小，反之亦然。

（2）封闭式问题。

提供答案，以备受访者选取，如"A. …… B. …… C. ……"

封闭式问题的回答选项比较复杂，其答案的设计必须经过多方面周密细致考虑。对于封闭型问题，根据其答案的测量层次不同，可分为三种类型的答案：定类回答、定序回答和定距回答。

①定类回答。在设计定类问题的答案时，要注意两点：一是答案要穷尽。所谓穷尽是指答案要包括所有可能的情况。即要将问题所有的答案尽可能地列出，才能使每个受访者都有答案可选，不至于因受访者找不到合适的可选答案而放弃回答。二是答案须互斥。互斥是指在两个概念之间不能出现交叉和包容的现象。在设计答案时，一个问题所列出的不同答案必须互不相容，互不重叠，否则受访者可能会做出有重复内容的双重选择，影响调查结果。例如，"青年人"和"知识分子"就不能出现在同一组答案中。

②定序回答。是按照人们对某一对象的态度或看法确定顺序，定序问题的答案往往采取五级，如"①很对，②对，③不一定，④不对，⑤很不对"；或三级，如"①对，②不知道，③不对"。一般以五级为多。不同序号程度不同，以反映答案间的程度差异。设计定序问题的答案要注意两点：一是答案要从强到弱或由弱到强，体现顺序性；二是这些答案要有对称性，如，"好、较好、一般、较差、差"或者"好、一般、差"。

③定距回答。定序回答只反映答案间的程度差异，而定距回答则能表明答案间的数量差异。常用的定距单位有小时、元、公里等。如"您每天的睡眠时间是多少？A. 6 小时以下、B. 6 ~ 7 小时、C. 7 ~ 8 小时、D. 8 ~ 9 小时、E. 9 小时以上。"

4. 问题的类型

（1）顺序式。要求受访者从备选答案中选出部分或全部答案，并按一定原则进行排序，如：

××学区留学市场调查

以下是几个选择出国留学国家的标准，它们在您心目中的重要程度如何？第一重要_____，次重要_____，第三重要_____。

1. 生活环境好　　　2. 留学费用合理　　　3. 就业率高

4. 社会治安良好　　5. 教学质量高　　　　6. 社会福利好

（2）等级式。将备选答案按照等级进行排列如：

××学院食堂满意度调查问卷

您对我院食堂开放时间满意吗？（只选一项）

1. 很满意　　2. 满意　　3. 一般　　4. 不满意　　5. 很不满意

（3）表格式。以表格形式呈现的调查问题及选项，如下面的调查问卷。

××学院露天电影改进情况调查问卷

以下列出了关于我院露天电影播放质量的四方面指标。请问，您对这四方面情况的满意度如何？请分别作出评价。

	很满意	满意	一般	不满意	很不满意
1. 播放时间	5	4	3	2	1
2. 播放地点	5	4	3	2	1
3. 播放质量	5	4	3	2	1
4. 播放片种	5	4	3	2	1

（四）感谢语或其他资料

在问卷的结束部分要表示对受访者的感谢，如需对问卷进行后续处理也应当一并告知。如，邮寄问卷结束语："再次感谢您参与访问，麻烦您在检查是否有尚未回答的问题后，将问卷放入随附的回邮信封并投入邮箱。"电话访问的结束语："访问到此结束，谢谢您！"

四、问卷设计的原则

（一）有明确的主题

问卷中所有的题目都和研究目的相符合，即题目都是测量所要调查的选项。问卷能显示出和一个重要主题有关，使填答者认为重要，且愿意花时间去填答，即具有表面效度。

（二）结构合理，逻辑性强

问卷的题目要依照心理的次序安排，由一般性到特殊性，以引导填答者组织其思想，而让填答具有逻辑性。问卷题目的设计要符合编题原则，以免获得不正确的回答。

（三）通俗易懂

问卷所收集的资料，要易于列表和解释。问卷的指导语或填答说明要清楚，使填答者不致有错误的反应。问卷的编排格式要清楚，翻页要顺手，指示符号要明确，不致有瞻前顾后的麻烦。

（四）控制问卷的长度

问卷尽可能简短，其长度只要足以获得重要资料即可，问卷太长会影响填答，最好 30 分钟以内。

（五）便于资料的校验、整理和统计

印刷纸张不能太薄，字体不能太小，间隔不能太小，装订不能随便，要符合精美的原则。

方法指导

例文 1

大学生阅读现状调查问卷

亲爱的同学：

感谢你在紧张的学习之余参与我们的问卷调查。本问卷旨在了解大学生课外阅读现状，为深化高等学校文化素质教育改革提供参考资料，各项问题无对错优劣之分，请放心填答。对于选择题，请在最符合自身情况的选项上打"√"，若选"其他"请酌注文字；填空题，请直接将答案写在空白处。

非常感谢你的参与和支持！

×× 大学国家大学生文化素质教育基地

×××× 年 × 月

一、基本信息

1. 你的性别：（　　　）

  A. 男　　　　　　　　B. 女

2. 你的年级：（　　　）

  A. 大一　　　　　　　B. 大二

C. 大三　　　　　　　　　D. 大四

E. 研究生

3. 你的专业类别：（　　　）

A. 语言文学　　　　　B. 哲学　　　　　　C. 历史学

D. 理学　　　　　　　E. 工学　　　　　　F. 医学

G. 农学　　　　　　　H. 法学　　　　　　I. 经济学

J. 管理学　　　　　　K. 教育学　　　　　L. 艺术

二、阅读现状

4. 你喜欢读书吗？（　　　）

A. 喜欢　　　　　　　　　B. 较喜欢

C. 不太喜欢　　　　　　　D. 很不喜欢

5. 你每天的平均阅读时间是：（　　　）

A. 3 小时以上　　　　　　B. 1 ~ 3 小时

C. 1 小时以下　　　　　　D. 几乎不阅读

6. 你每月的平均阅读量是：（　　　）

A. 5 本以上　　　　　　　B. 3 ~ 5 本

C. 1 ~ 3 本　　　　　　　D. 少于 1 本

7. 你阅读的主要渠道是：（　　　）

A. 图书馆借阅　　　　　　B. 在书店阅览

C. 自己购买　　　　　　　D. 网上下载或在线阅读

E. （其他）_____

8. 下列读物中你阅读最多的是：（　　　）

A. 图书　　　　　　　　　B. 报纸

C. 杂志　　　　　　　　　D. 电子读物

E. （其他）_____

9. 你最喜欢的课外阅读内容是（可多选）：（　　　）

A. 文学艺术类　　　　　　B. 哲学类

C. 历史学类　　　　　　　D. 社会科学类

E. 自然科学类　　　　　　F. 应用技术类

G. （其他）_____

10. 你阅读经典文学作品（如《安娜·卡列尼娜》等）吗？（　　　）

A. 经常读　　　　　　　　B. 有时读

C. 基本不读　　　　　　　D. 从没读过

11. 你经常阅读的经典文学作品类别是：（　　　）

A. 中国古代文学　　　　　B. 中国现当代文学

C. 外国文学

12. 在下列作品中你阅读最多的是:(　　　)

    A. 诗歌散文　　　　　　　B. 人物传记

    C. 通俗小说　　　　　　　D. 学术著作

    E.（其他）_____

13. 你阅读网络文学吗?(　　　)

    A. 经常读　　　　　　　　B. 有时读

    C. 基本不读

14. 你阅读"80后"作家的作品吗?(　　　)

    A. 经常读　　　　　　　　B. 有时读

    C. 基本不读

15. 你选择读一本书时受哪方面影响最大?(　　　)

    A. 名著或获过奖　　　　　B. 媒体推荐

    C. 老师或朋友推荐　　　　D. 看过作品改编的电影或电视剧

    E.（其他）_____

16. 你一般采用的阅读方式是:(　　　)

    A. 有计划地占用一定时间阅读

    B. 随机地凭兴趣阅读

17. 你做读书笔记吗?(　　　)

    A. 经常做　　　　　　　　B. 有时做　　　　　　　　C. 基本不做

18. 你认为大学期间阅读重要吗?(　　　)

    A. 重要　　　　　　　　　B. 一般　　　　　　　　　C. 无所谓

19. 你阅读最主要的目的是:(　　　)

    A. 提高文化修养　　　　　B. 增长见识，开阔视野

    C. 精通专业　　　　　　　D. 通过考试

    E. 休闲娱乐

    F.（其他）_____

20. 你在阅读方面遇到的主要问题是:(　　　)

    A. 时间紧，忙于学业或实践活动

    B. 想读的书图书馆没有，自己购买负担重

    C. 不知该读哪些书

    D. 不善于阅读

    E.（其他）_____

21. 你最喜欢的一位作家是:_____

22. 给你印象最深的两本书是:_____、_____

23. 你最喜欢的文学人物形象是：＿＿＿＿＿＿

问卷到此结束，再次感谢你对本次问卷调查的支持！

📚 写作指导

这是一份关于大学生阅读现状的调查问卷。

问卷主题明确，所有问题均围绕"大学生读书现状"展开。问卷要素齐全，结构合理，开放式问题与封闭式问题数量比例适当。问卷语言通俗易懂，问题数目适当，答案限定明确，排列有序。

✍ 写作小贴士

调查问卷设计注意事项

1. 尽量用简单的语言，避免专业术语和抽象概念。

2. 问题尽量简短。

3. 避免问题含糊、定义不清的情况。

4. 避免双重或者多重含义问题。

5. 问题不可以带有倾向性，应保持中立态度。

6. 不能以否定形式提问，以免产生误会。

7. 不问回答者不知道的问题。

8. 不直接问敏感性问题，要间接、委婉。

9. 问题的参考框架要明确。

10. 注意问题的提法，别让回答者有考试之感。

11. 问题数量不要太多，答题时间不能太长。

第二节　解实事——调查报告

一、调查报告的概念

调查报告是对某些情况、某一事件或问题进行调查研究后，以书面报告的形式将其结果反映出来的一种应用文体。

二、调查报告的特点

（一）求实性

调查报告要求有求实精神、求实态度，靠事实说话，这是调查报告最大的和首要的特点。客观事实是调查报告的生命和赖以存在的基础，在调查和撰写调查报告的过程中必须树立求真务实的科学态度，尊重客观实际，不说假话、大话和空话。

（二）针对性

调查报告从展开调查到写作，总是针对当时当地的实际情况和需要而进行的，可以说针对性是调查报告的灵魂。针对性越强，调查报告价值就越大，其可能产生的指导意义也越强。

（三）叙述性

调查报告在表述方式上主要用叙述，叙事是它的主要内容，但它又是在明确的观点支配下叙述事实材料的，即在叙述事实、说明情况中又有恰当的分析议论，以叙为主，以议为辅，叙议结合。

三、调查报告的分类

按照不同的分类标准和角度可以对调查报告作出多种分类，比较常见的分类有以下两种。

（一）按调查范围分，有综合调查报告和专题调查报告

1. 综合调查报告

即围绕一个中心问题，从多方面进行普遍调查，对取得的材料进行分析研究，综合整理而写出的关于这一问题的总体情况的调查报告。

2. 专题调查报告

即对某项工作、某个典型事件、某项业务或某个问题进行系统调查和分析研究后而写出的调查报告。这种报告内容单一，范围较小。

（二）按内容性质分，有典型经验的调查报告、揭露问题的调查报告、对新事物的调查报告和对社会情况的调查报告

1. 典型经验的调查报告

这类调查报告主要是为了配合党和政府的各项工作以及贯彻执行党的各项方针政策而写的。利用典型经验指导工作是一项重要的工作方法或领导方法，通过调查将先进单位的经验挖掘出来，推广开来，指导其他方面的工作，对工作起到推动作用。

2. 揭露问题的调查报告

这类调查报告运用得十分广泛，它是用大量的事实，揭露出问题的是非曲直，揭示某些本质方面的问题，以期引起社会的重视，达到解决问题的目的。这类调查报告，要求深刻尖锐，一针见血，起到打击或制止错误的倾向，教育人民的作用。

3. 对新事物的调查报告

这类调查报告一般是反映在新的历史条件下，一些应运而生的新鲜事物，通过对新事物的调查，说明其发生、发展的过程以及生命力，进而阐述它的重要意义，指出它的发展方向，号召人们支持它，学习它。

4. 对社会情况的调查报告

这类调查报告是调查了解某地区、某系统、某个时期政治、经济以及其他各方面的情况，以作为学术研究的基础材料或领导机关制定方针政策的依据。这种调查属于基础情况的调查，是属于对社会的最基础的了解。没有这种调查，我们就不可能真正了解某些事情，作为领导机关，也就不可能制定出正确的政策来。

四、调查报告的格式及写法

调查报告一般由标题、开头、主体和结语组成。

（一）标题

调查报告的标题多用简洁概括的语言表现出调查报告的主题。其常见的形式主要有三种。

第一种是公文式标题，即写出调查对象或调查内容并同时标明文种，如《关于高职院校教学改革的调查报告》。

第二种是文章式标题，这种标题或陈述观点或提出问题，标题中看不到"调查"或"调查报告"字样，如《旅客运输市场谁主沉浮》。

第三种是以上两种形式的结合，即正副双行标题式，如《再造秀美山川——××县退耕还林情况调查报告》。

（二）开头

开头又称引言，起着总领或引出全文的作用。一般是概括交代调查对象的基本情况，或简要介绍调查的缘由、目的、方法、过程以及调查日期、人数、问卷回收等状况；也有的调查报告开头用设问或提问的方式向人们提出或披露问题，以引起社会上的广泛关注和重视；还有的调查报告采用议论式开头。

（三）主体

主体部分是调查报告的主要事实和观点的具体体现。其结构形式常见的有以下三种。

1. 分列式结构

分列式结构就是将调查报告内容分为若干个部分，每部分分列小标题，或用"一、二、三"等序码分块排列，从各个不同方面围绕中心内容和总体观点来做具体的叙述说明。分列的部分与部分之间通常是并列关系，因此又称为横式结构。

2. 直述式结构

直述式结构即按照事物发生、发展、变化的过程为次序来安排内容材料的一种结构形式。一般不用小标题，不用序号，而是上下贯通直述、由先而后、由远及近，或由浅入深层层递进地表达展开主题。因其行文思路纵向展开，层次与层次间是纵向发展深入的关系，因此又称为纵式结构。

3. 错综式结构

错综式结构就是将横式和纵式结合起来，形成横中有纵或纵中有横、纵横交错格局的一种结构方式。

（四）结语

结语即调查报告的结束语。主要有三种情况：一是概括地提出调查报告的结论，说明其主要观点，深化主题，增强调查报告的感染力和说服力；二是对调查的情况和问题提出一系列解决的方法、途径、措施和建议；三是以点带面，从较高层次上来总结经验、说明观点、展望未来、指明方向。

五、进行调查和撰写调查报告的基本要求

（一）深入实际，进行认真的调查研究，大量地占有材料

写调查报告，前提是调查研究，没有调查研究，没有材料，就无法写调查报告，这是很明显的。要认识任何事物，必须亲自调查，掌握第一手材料，不能走马观花，人云亦云，更不能凭主观想象。

1. 要有正确的态度和调查方法

所谓要有正确的态度，就是要眼睛向下，甘当小学生。毛主席在《〈农村调查〉

的序言和跋》中就特别强调调查的态度，他说："没有满腔的热忱，没有眼睛向下的决心，没有求知的渴望，没有放下臭架子、甘当小学生的精神，是一定不能做，也一定做不好的。必须明白，群众是真正的英雄，而我们自己则往往是幼稚可笑的，不了解这一点，就不能得到起码的知识。"所谓方法，主要包括调查前的必要的准备和开好调查会。要搞好调查，事先必须有必要的准备。这就是要明确调查的目的，拟定调查提纲，选择好调查对象。如果缺乏思考，缺乏准备，仓促上阵，就会产生盲目性，事倍功半。简单说，你得知道你要了解什么，你都不知道要了解什么，那怎么去调查？再有要细化所要了解的问题，如果问题太大，太宽泛，对方不知从何谈起，也很难深入谈下去。因此在调查前，要先对有关情况有所了解，然后准备自己所要提问的问题。调查时则要自己口问手写，进行讨论式的调查，有的还可以做个别访问。

2. 大量占有材料，特别是占有最能反映事物特点的典型材料

调查报告是用事实说话，材料就是事实。没有材料形不成观点，就寻找不出事物的规律。材料是写好调查报告的基础，所以，在调查过程中必须大量占有材料，既要占有现实材料，也要占有历史材料，因为现实和历史是分不开的。占有材料要注意占有正反两方面的材料，要注意占有具体的材料和概括性的材料以及必要的数据材料，这样才能生动具体、有说服力。占有材料还要注意占有最能反映事物特点的典型性材料，因为这种材料最有说服力。

（二）要实事求是，切忌弄虚作假

调查报告的特点是用事实说话，真实性是它的生命。一是在调查中实事求是，尊重事实，不弄虚作假；二是在撰写报告的过程中，不能任意拔高，不能笔下生花。坚持实事求是，是写好调查报告的根本立足点。

（三）主题思想和调查目的统一

调查报告有强烈的针对性，它是为了了解特定情况、解决特定问题去调查研究的，因此要解决的问题就是调查研究的目的，也就是要确立主题思想。不能调查的是一个问题，写的主题是另一个问题。

（四）观点和材料的统一

调查报告要有鲜明的观点，而观点又必须用有说服力的材料加以说明。这就要求在写调查报告时，当提出观点时，一定要有材料做依据；在说明观点时，不要空发议论，要用典型材料加以说明；而在运用材料时，又不要变成材料的堆砌，要使材料为说明观点服务。

（五）妥善安排调查报告的结构

正文部分是主要部分，要分别按不同类型、不同内容恰当安排材料。如果是经验性的，就要写出规律性的东西；如果是问题，就要写出问题发生的背景、危害及解决的方法，点明问题的性质；如果是一般社会或经济情况，就要把情况分类写清楚。结尾部分起深化主题、总结全文的作用。

方法指导

例文2

我国大学母语教育现状
——三年来对全国近300所高校"大学语文"开课情况的调查报告
王步高　张申平　杨小晶

我国大学母语教育现状如何？如何应对当前大学母语教育中出现的问题？这些问题现在越来越成为语文教育工作者研究和关注的焦点。

2004年8月底，教育部为了解我国高校大学语文的教学现状，特委托高等学校中文学科教育指导委员会对全国高校的大学语文教学现状进行了问卷调查，发放了300份《高等学校大学语文教学现状调查表》，共回收有效问卷111份。2005年5月，在召开苏皖两省大学语文研讨会时，我们发放回收有效答卷28份。2006年8月，在东南大学召开第十一届全国大学语文研究会，发放《大学语文开课情况调查表》，回收答卷145份。三次共收到答卷284份，其中20份重复；涵盖高校264所，占全日制高校的15%。

这三次调查跨时三年，范围广泛，调查对象均为直接从事大学语文教学或管理工作的高校教师，调查结果具有极高的参考价值。根据对调研结果的认真分析，加上我们多年来对全国各院校大学语文开课情况的了解，现尝试对我国（不含港澳台）大学母语教育的现状进行较为细致的描述。

一、问卷调查结果分析
（一）课程定位

2004年调查从针对大学语文课程设置侧重点选项的有效问卷中，我们可以看出这些侧重点的具体分布情况和各校的不同教学特色。大多数高校侧重于学生综合文化素质的培养（71.88%），也有将近一半的院校认为应该侧重于文学鉴赏能力的培养（44.79%）。另有29.17%的院校认为也应该侧重中国古典文学阅读能力的培养，还有17.71%的院校认为应该侧重写作能力的培养。

课程定位方面，将近2/3（62.22%）的高校将大学语文定位为公共基础必修课，只有少数定位为专业基础课（6.67%）。定位为素质教育类公共选修课和公共基础选修课的比例分别为 23.33% 和 22.22%。有些学校由于专业设置的原因，会出现两种（或以上）的课程定位。比如某些专业定位为公共基础必修课，而其他专业可能就是公共基础选修课等。

（二）开课现状

2004 年调查发现，大学语文课程开设于 20 世纪 80 年代以前的占 7.34%，开设于 20 世纪 80 年代的占 40.37%，开设于 20 世纪 90 年代的占 30.28%，开设于 2000 年后的占 21.10%。可见绝大多数开设于 20 世纪 80 年代以后。

就开设大学语文课程的学科门类而言，工学（49.54%）和理学（53.21%）学科开设接近或者超过一半，在经济学（59.65%）、管理学（56.88%）和法学（66.97%）专业中开设接近或者超过 2/3，说明这些学科比较重视该课程的设置。各学科开设大学语文的比例由高到低依次为：法学、经济学、管理学、理学、工学、文学、教育学、哲学、历史学、农学、医学、军事学。不过开设大学语文课程比例很小的学科并不完全代表不重视大学语文教学，因为每个学校的专业设置会有所不同。比如军事学，虽然它的比率只有 3.67%，这并不说明军事院校不重视大学语文，相反这类院校开设比例还比较高。

关于课时的前后变化情况，2006 年的调查显示，5% 的学校课时和以前差不多，37% 的学校增加，58% 的学校减少。开课时间基本集中在第一学年，一般开设一个学期，学分基本是 2 分。

（三）师资队伍

2004 年关于师资调查的项目是大学语文教师职称结构、学位结构、年龄结构以及是否专职的情况。有 34.26% 的学校聘请兼职老师。各校专职教师比例为 61.75%，兼职教师的比例为 38.25%，将近 2/5 的课程是由兼职老师担任的。教授、副教授、讲师和助教的比例分别为 10.78%、39.92%、39.08% 和 10.22%；教师拥有博士、硕士、学士学位所占比例分别为 15.41%、43.20%、41.39%。年龄结构中 50 岁以上占 10.63%，41～50 岁的占 30.39%，31～40 岁的占 45.51%，30 岁以下的教师占 13.47%。

2004 年和 2006 年的调查对象中，有 20 所学校是相同的。这些院校三年之间，由于教育形势的发展需要，从事大学语文一线教学的教师数量有较大提高，职称和学位都有较大提升。但全国整体情况未必如此，2004 年全国大学语文师资中教授和副教授所占比例为 10.78% 和 39.92%，而 2006 年仅为 9.10% 和 36.99%；2004 年拥有博士学位的教师比例为 15.41%，2006 年仅为 13.01%。可见高职称和高学位教师数量比例有所下降。

（四）教学情况

教学内容方面，2004 年统计显示大学语文教学"以古代文学、文化知识为主"

的占80.73%，"以现当代文学和外国文学为主"的占14.68%，"以专题讲座为主"的占8.26%，"以体裁为主"的占15.6%，"以史带篇为主"的占33.03%。教学内容还有以汉语言知识、名篇赏析、应用文写作、阅读、演讲等多样化的设计和安排。教学方式主要以教师按计划讲授为主，很少有学校邀请名家讲名篇的。学生的反响基本是很欢迎，或者多数欢迎少数不欢迎。几乎所有学校都有多媒体教学。

2006年的调查，对于大学语文被列为全校必修课、全校公选课、部分系必修课和全校限选课等情况做了详细区分。该项有效的问卷显示，将大学语文列为全校必修课的学校占50.54%，定为全校公选课的学校占29.03%，定为部分系必修课的学校占31.18%，定为全校限选课的学校占3.23%。还有将大学语文定为全校公选课和部分系必修课等两种以上的情况。

（五）教材建设和科研投入

现用教材版本杂乱，统编和自编并存。很大一部分学校选择了徐中玉主编的《大学语文》和王步高、丁帆主编《大学语文》版本。至于课程建设经费，2006年调查显示，近五年来，有46所学校提供了经费，所占比例为43.81%。这些提供了经费的学校，近五年经费的平均数为4.07万元，近一年来经费的平均数为1.02万元。资助形式多样化，精品课程、教改立项、会议出差和课程建设等各项分割科研费用，可见经费很紧张。

整体而言，2004年人们普遍关注的是课程定位、学科建设、师资队伍、科研与教材等着眼于全局的宏观问题。到了2006年，除了继续关注上述没有得到有效解决的问题之外，开始探究教学实践的具体操作层面的问题，并且摸索出了行之有效的经验，提出了具体可行的建议。这对于大学语文教学改革和学科建设具有非常重要的借鉴意义。

二、取得的成绩总结

（一）研究会大旗不倒，领头人凝聚人心

作为全国大学语文教师唯一的组织——"全国大学语文研究会"，自1982年在南京召开第一届年会到2006年在南京召开第十一届年会，基本上每两年召开一届。"全国大学语文研究会"是国家一级学会，既不背靠经济政治实体，也无"皇粮"支持，却依然能坚持并逐年壮大规模。每届年会均有几百所院校申请参加。每届都有几个学校或地区争着申办下届年会。重开大学语文以来的28年，作为旗手，徐中玉、齐森华等先生作出了杰出的贡献。他们凝聚了人心，维系了课程发展，功不可没。

（二）建成了一批精品课程

自2003年教育部启动国家精品课程工程以来，许多学校加大了对大学语文的投入，使大学语文在各方面均有了显著的进步。国家提出精品课程"五个一流"（教师队伍、教学内容、教材、教学方法、教学效果）的标准，为大学语文课程建设指明

了方向。各省市都出现了一些课程建设达到省级、校级精品课水平的学校。湖北大学、浙江大学、武汉大学、中山大学、南京审计学院都开得很不错，武汉大学还有意创建省级精品课程，上海财经大学也有相似的意向。

东南大学的大学语文是全国同类课程中唯一的国家精品课程。该课程经过十多年的打造，有了一套在全国有影响的理论与教材，有了一支特别能教学且有博士学历的师资队伍，有了在全国领先的网络课程及多种现代化教学课件。东南大学的大学语文2004年获国家精品课程后，他们又提出"全面精品化"的要求，第二年便重做了全部网络课件，仅容量就增加五倍，教学实况也达到30多课时。教材也不断完善，对全国的辐射作用也与日俱增。仅《教学参考资料》就印到5 000册以上，全国半数同行能人手一册。

（三）编出了一批优秀教材

近年来，教材编著成了大学语文最受关注的领域。一批长期在大学语文领域辛苦工作的老教授如裘汉康、杨建波等，都编出了很有特色也较有影响的教材，被多所学校采用。徐中玉、王步高分别主编的教材，在全国影响最大，几经修订，逐步走向系列化、立体化、经典化。尤其可喜的是，一批学术界的大腕人物，也跻身《大学语文》编写队伍，如陈洪、温儒敏、丁帆等，都编出了在全国有相当影响、能独树一帜的教材。"十五"全国规划《大学语文》教材仅三种（后增补一种），到"十一五"规划增加到11种，而且东南大学的还是以"立体化系列教材"列入，一种之中便含有多种。教材建设也要打造精品，形成系列。目前，获国家优秀教材奖的教材还仅王步高、丁帆主编本一种。

（四）教师队伍学历水平有所提高

随着近几年高等教育的迅猛发展，大学语文教师数量也在增加，教师学历层次的提高是必然而显著的。年轻教师善于接受新事物，计算机基础扎实，有利于实现教学手段的现代化。

（五）教学手段的现代化进程大大加快

由于国家、省、校级精品课程均与网络课程建设联系在一起，迫使大学语文教师要积极关心和热情投入网络课程的建设。湖南城市学院率先建成了"大学语文"网（http：//www.dxyw.com），江汉大学也建成了与之有关的"写作"网。东南大学后来居上，结合国家精品课程建设先后建起"大学语文·中国"网（http：//www.dxyw.cn或www.daxueyuwen.cn）和"唐宋诗词鉴赏·中国"网（http：//www.tsscjs.cn）。此后全国大学语文研究会和湖北省大学语文研究会也都办起了面向全国或地区的网站。高等教育出版社也建起与陈洪主编本配套的网站。

大学语文课程因其面广、量大、兼容性强，十分需要资源共享。网络课程的开设较之其他专业课程而言，共享性和实用性要大得多。例如东南大学投资十多万元用于课程建设，制作了较为精美的大学语文网络课程、音像教材、电子教案，而且不断更新。如今在网上运行的内容已达7GB，加上"唐宋诗词鉴赏"超过13GB。享受这一成果的则远不只是东南大学的教师与学生。近年来刻录赠送网络课件、音像教材、电子教案光盘达1.4万张，同时又在"大学语文·中国"网设立"软件下载区"，专门将部分电子教案挂网供大家下载。一校出钱出力，全国同行受益，真正体现了国家级精品课程的辐射作用。

（六）校际协作成效显著

全国大学语文教师的人数多，但十分分散，因此如果要完成国家规划教材编写、国家精品课程、网站及网络课程建设均需校际力量的整合与分工协作。王步高、丁帆主编的《大学语文》系列教材便有37所院校选用（其中"211"院校21所），创建国家级教学成果奖也是东南大学和南京大学两校合作。"大学语文·中国"网由多所学校合作共建，东南大学只是牵头。

目前，各地有了一些省市或者跨省的大学语文的组织。如苏皖两省就曾召开过三次"大学语文研讨会"，一般三年一次。学校间的互访、听课交流、互开讲座也较频繁进行。安徽省就有十多所高校的"大学语文"教师经常聚合，互通信息，形成了一个协作网。这就部分地克服了"大学语文"教师由于高度分散而"势单力薄"的缺陷。

（七）教学理论的初步建立

教师的分散性也带来教学研究的分散性，但教材的通用性又部分地弥补了这一缺憾。《大学语文》教材的序言，以及教材本身所传达的对语文教育的理念，较之一般学术刊物发表的研究论文有更大的影响，因为教材发行量远超过学术期刊。近年来大学语文的若干重要教材，以及全国大学语文研讨会上的重要发言，已在全国大致构建出以徐中玉、齐森华主编本，王步高主编本、温儒敏主编本、陈洪主编本、丁帆主编本等相应的教材和理论模式。2005年东南大学的"大学语文教学改革的理论与实践"获国家教学成果二等奖。以后人们会十分看重这段教材的百家争鸣时期，在此基础上也许能产生几种可以影响几十年乃至百年的语文教学理论。同时其他相关研究也已能形成相应的体系，且比较前沿。

（八）课程的系列化开始形成

要提高当代大学生的母语水平，提高其文学素养，提高其对中华文化的认同感，提高其民族自信心，同时又能提高其人文精神，使其道德情感能从文学精品的熏陶中得到进一步的升华，单靠大学语文一门课程是远远不够的，单靠课堂教学一种形式也是不够的。因此许多高校还开设了文学素质教育的其他系列课程，以各种形式，达到上述"五提高""一升华"的目标。如东南大学开设了近10门文学素质选修课程，尤其是重点建设"唐宋诗词鉴赏"为总标题的3门课程，即唐诗鉴赏、唐宋词鉴赏、诗词格律与创作。再辅之以若干系列讲座，讲校史唱《东南大学校歌》成了人文系列讲座的第一课，大学语文系列课程成为全校师生引以为荣的名牌课程。这为校园文化建设做出了很大贡献。

三、存在的问题分析

大学语文自匡亚明先生倡导重开以来，曾有过几年迅猛发展的时期。但许多学校领导对该课的认识停留在"补课"（补"文革"中长大的大学生的"文理不通""错别字连篇"的缺憾）上，看不到母语教育的重大作用。当历史的车轮跨入21世纪，大学语文遭遇了前所未有的压力和尴尬局面。有的高校正以"大学人文"取代"大学语文"；不少高校重视各种实用的专业课程，大学语文不得不"让路"，课时被不断压缩、削减或干脆取消。现今大学语文的改革面临以下几个方面的问题。

（一）学科地位不明确

与公共基础课相比，大学语文虽开设人数众多，教师队伍庞大，却没有学科支撑，它连二级、三级学科也不是，没有相应的硕士点、博士点。老师靠它挣点工作量可以，靠它评职称很难。因此，它不受重视，教师队伍不稳定也势所必然。

2004年至2006年的三次调研问卷中，在开放性问题比如"意见与建议"的回答中，从事教学和管理的老师们呼声最高的，就是要求早日明确大学语文的学科定位。他们建议高校中文学科指导委员会制定一定的教学规范，统一教学大纲和考试要求，确定统一的学分，改变现在的"校自为政"的局面，并且对高校该课程建设进行专项评估，加快学科建设。建议最好把大学语文设置为公共必修课程，最好能作为一个学科来建设。早在1978年重新开设大学语文时，就确立了开设的目的和意义有四个方面："交流工具训练作用"，"对优秀传统文化的渗透、传承"，"对现代人类共通精神文明的建设"，"应对和解答当下开放社会各种文化困惑"等。今天看来，这四点仍然有着很强的现实意义。大学语文课的重要性，就在于它对培养人才具有其他学科所无法取代的作用。然而如此重要的课程，它既缺乏思想政治课的权威性，也没有英语四、六级考试那样的"尚方宝剑"，因而教学实践中经常出现"掣肘"现象，使得该课程的强大功能不能得到良好的发挥。

（二）开课比例太低，课时太少

据调查，全国多数综合大学、师范院校较少开大学语文课。开得较好的是军队、财经、政法、外语类院校。理工科院校介于这中间。高职高专院校开设得也不多。高职院校学制有的缩为两年，扣除实习，所剩学时无多，连大学物理、高等数学都停开了，大学语文更难保。大学扩招，大学语文并未相应扩大规模，在许多学校里还日渐萎缩也是不争的事实。如果没有党中央、国务院的《"十一五"文化发展纲要》，全国高校大学语文开课总比例继续下降是可能的。课时太少使得许多名篇无法深入透彻讲解，不利于教师完成教学计划。有限的学分限制了学生选修的积极性，满足不了学生的求知欲。只在晚上或周末这些非正常时间上课，严重影响教学效果。

（三）教材版本众多，良莠不齐

要贯彻实施《大学语文教学大纲》，教材的选定尤为重要。大学语文教材版本太多，令高校无所适从，且多数无特色，有的甚至大量"克隆"别人的，无参考价值，所以许多高校呼吁优选教材，组织力量打造精品教材。大学语文教材已从10年前的"西周时期"（一家独大，垄断市场），发展到春秋时期（诸侯混战，乱成一团）。希望能及时采取措施，过渡到"战国时期"（诸强争雄，各有千秋），适度竞争才能发展。人们普遍认为，目前有影响、有特色的大学语文教材编写模式共有三种，一是"主题 + 文选"模式，如徐中玉教授主编的《大学语文》；二是"文史 + 文选"模式，如王步高、丁帆教授主编的《大学语文》；三是"专题 + 文选"模式，如温儒敏教授的《高等语文》教材等。

（四）师资水平低下，教学质量不高

许多学校的大学语文师资没有中文系科做后盾，有中文系的学校有"大学语文"教研室的也不多。教师培训机会少，眼界不开阔。全国示范性基地缺乏。兼职教师比例很大，只采用"新教师顶顶，老教师搭搭"的方法应付。综合类和文科院校，兼职老师的比例均超过专职。民办院校兼职教师更是占到大多数。任课教师整体人数偏少，年轻教师数量较多，职称和学历较低，这都很难保证教学活动稳步开展以及教学质量的提高。2004年到2006年的调研显示，大学语文教师的年龄集中在30岁到40岁之间，相对年轻化，教学经验势必不足。青年教师文化素质、道德素质、情感表现力和教学技能需要全面提高。另外由于年轻教师在专业发展方面有着不确定性，这就难以保证师资队伍的稳定。

（五）课程改革力度不足

当前，从事一线教学的广大教师对教学改革呼声颇高，他们提出了许多行之有效的建议。比如，大学语文课程需要加强与现实生活的联系才具有强大的生命力；要注重教学辅助和隐性课程的开发，构建开放式、全息化的大学语文课程考核评价体系；应组织专家对各校的开课及教学情况进行专项评估；课程考核的形式和内容应该多元化，应该体现教师的教学特色和学生个性发展的特点；课堂教学亟须改革，应改变当前存在的教学质量低下，教学方法陈旧手段单调，创新意识不强，缺少有效的测评方法，以及教师个性化教学与学校的规范化考试之间的矛盾等问题。

（六）科研活动开展少，理论研究滞后

教学与科研从来是相辅相成的，没有一流的科研就不会有一流的教学。当前的确存在着大学母语教学理论研究的缺失。教育部门包括各高校缺乏相应机制保障大学母语教育教研活动的顺利进展。各学校、各部门对大学母语教育的基础研究非常缺乏。老师们呼吁成立专门的大学语文教研室，教研结合，进一步提高教学和理论研究水平；要加强高校之间的沟通和联系，定期举办高水平的研讨会，在全国范围内开展大学语文公开课活动，每次全国性的研讨会均应安排专家讲示范课，以促进教改的深化。

（《中国大学教育》，2007年第3期，21 - 24）

写作指导

这是一篇社会情况的调查报告。

文章采用双标题形式，正题突出调查报告的主旨，副题表明调查的时间、对象、范围和性质。前言部分简洁清晰，对调查工作的基本情况进行说明。主体部分包含三个方面，问卷调查结果分析、取得成绩总结和存在问题分析。对调查材料进行了深入归纳分析，提炼观点，深入透辟，逻辑性强；对观点的分析以调研材料和数据为依托，实事求是，可信度高。文章语言生动、平实。

二 写作小贴士

调查的方法

选择合适的调查方法，一方面可以获得真实有效的数据，另一方面也为调查报告的撰写打下坚实的基础。

调查的方式有普遍调查和非普遍调查两类。

一、普遍调查

普遍调查也叫全面调查，简称"普查"。它是在一定范围内，对所有对象进行的调查。普遍调查的好处在于它的全面性，能取得比较准确、全面的资料。

二、非普遍性调查

非普遍性调查是指在一定的调查范围里只选取部分样本为对象进行调查，借助对部分样本调查的结果了解总体。非普遍性调查的方式有五种。

（一）典型调查

典型调查是在一定的调查范围里，选择有代表性的典型样本为对象进行调查。它的特点是范围小、对象少，能够对被调查的对象进行深入、细致的了解，同时又节省人力、物力和时间，能以较小的代价获取较大的收益。但是，由于对典型样本的选择是由调查者主观判断决定的，所以难免带有主观性。

（二）重点调查

重点调查是在一定的调查范围里，选取重点样本为对象进行调查。重点调查的关键是准确、恰当地选择重点样本。重点调查的样本虽然为数不多，但调查的标识（即统计总体中各单位所共同具有的特征）应在数量上占整个调查总体的很大比重。通过对重点样本的调查，能够对总体有个基本的了解。

（三）统计调查

统计调查即数量调查，即按照一定的目的要求，运用数量统计的方法，找出事物变化的原因及规律并预测其发展趋势。统计调查具有时间、空间活动范围大和调查数据精确度高的优点，运用这种调查方法，我们能够对被调查的事物"心中有数"，加深对事物的总体认识。

（四）抽样调查

抽样调查是在一定的调查范围里，按照随机原则，抽出部分样本作为调查对象进行调查。其优点是按照随机原则（同等机会）抽查，排除了人为选择调查对象的主观随意性，有助于了解真实可靠的情况；它可以用较少的人力、物力和较短的时间，利用抽样调查的平均数和结构相对数来推算总体，总体达到对事物比较准确的认识。正因如此，抽样调查被广泛应用于社会调查中。

（五）问卷调查

问卷调查是根据调查问题的需要拟定出调查项目，交由被调查者自填回答（或选择回答），以此来分析被调查者对某个问题的看法和评价，从而对事物的总体做出评估和推断。搞问卷调查，要求被调查者人数要适中，提出的问题不要太复杂，也不可包含调查者的倾向；另外还要做好调查前的说明工作，力求真实反映被调查者的意见。当问卷的数据较多时，可采用计算机汇总处理，以求精确和及时。

第三节　践其行——实习报告

◉理论阐释

一、实习报告的概念

实习报告是某项实习结束后，把实习目的、实习时间、实习地点、实习单位和部门、实习过程、实习体会和收获等，用简洁的语言形成的书面报告。实习报告应当依据真实的实习经历进行撰写。

实习是教学过程中理论联系实际的重要环节，是培养应用型人才必要的基础训练和从业、创业的适应阶段。实习报告的撰写是知识系统化的吸收和升华过程，要体现出专业必备的基础理论、专业知识和专业技能在实践中的运用，以及在实习中受到的初步实际工作技能训练。

二、实习报告的写法

（一）前置部分

前置部分包括封面和目录。

封面应主要写明实习报告的题目、作者姓名、专业等信息。题目可以直接写"实习报告"，也可以采用内容加文种的形式，如《城市生态学实习报告》，还可以用实习地点加文种的形式，如《××旅行社实习报告》。

目录是用于反映实习报告的结构和主要内容的，可以省略。

(二) 主体部分

1. 引言或绪言

应主要介绍实习期的情况，包括本次实习的目的、意义、要求、实习的时间、地点、内容（课程）及主要收获、实习表现及对实习意义的认识等，语言应当简明扼要。

2. 正文

实习报告的核心部分，占主要篇幅，可按实习大纲要求，把掌握的材料分章分节地写出来。

（1）实习目的：言简意赅，点明主题。如在引言中已涉及，则可直接进入其他内容。

（2）实习单位及岗位介绍：简要介绍实习单位的情况，要求详略得当、重点突出，侧重对实习岗位的介绍。

（3）实习内容及过程：内容上应当包括在实习过程中如何理论联系实际，将在校所学知识应用于实习，在实习过程中学到了哪些之前没有接触过的行业知识，要进行适当的归纳与总结。这一部分是实习报告的重点，要求内容翔实、层次清楚，侧重实际动手能力和技能的培养、锻炼和提高，切忌记账式的简单罗列。

（4）实习总结及体会：这部分是精华，要求条理清楚、逻辑性强，着重写出对实习内容的总结、体会和感受。

(三) 附件部分

附件为实习鉴定，由实习单位签章，放到正文后面。

三、实习报告的写作要求

(一) 要素齐全

实习时间、实习地点、实习单位名称、实习目的和实习内容、实习总结和体会，其中后两者是实习报告的主要内容。

(二) 全面系统

对实习单位的生产方法、规模、组织、管理要进行说明，对它的过去情况、未来计划等也要介绍，材料可能较多，要精心组织，全面系统地给予反映。

❯ （三）重点突出

遵循实习大纲的各项要求尽量详细地记述，可以通过列表或画图的方式，把丰富、复杂的事物清楚详尽地表达出来，特别是一些重要数据，要尽量列举出来。

❯ （四）实事求是

实习报告的内容要客观真实、准确完备、合乎逻辑、层次分明。语言流畅、结构严谨、书写工整、符合学科及专业的相关要求。

方法指导

例文3

<h3 style="text-align:center">重庆江北希尔顿逸林酒店餐饮部实习报告</h3>

一、引言

随着学校生活的结束，我们即将面临就业的挑战，为了更好地实践课堂知识，增强我们对服务行业的了解，学校安排我们在重庆江北希尔顿逸林酒店进行了为期两个月的实习。此次实习收获颇丰，我掌握了许多课堂上学不到的服务技巧和工作经验，学会了很多为人处事的道理和原则，不管是从知识、技能还是社会阅历等方面都得到了很好的锻炼，为以后的工作和生活打下了夯实的基础。

二、实习时间和实习单位

1. 实习时间

20××年10月31日—20××年1月4日

2. 实习单位

重庆江北希尔顿逸林酒店

重庆江北希尔顿逸林酒店坐落于重庆市江北区观音桥洋河一路协信大厦B栋，是一座集住宿、餐饮、会议及娱乐、休闲为一体的五星级酒店，它的地理位置优越，环境舒适，现代化设施设备完备，以优质、高效的服务赢得中外宾客的赞誉。重庆江北希尔顿逸林酒店拥有大、中、小会议室多处，会议设施先进，具备多种同声传播、多媒体投影系统，会议服务周到细致，是商务洽谈、新闻发布、学术交流、签约仪式、举办展览、举行会议的理想场所。

三、实习岗位与内容

1. 实习岗位

餐饮部

2. 实习内容

熟悉酒店及酒店所处环境的基本情况，包括：

（1）酒店公共设施、营业场所的分布及其功能。

（2）酒店所能提供的主要服务项目、特色服务及各服务项目的分布。

（3）酒店各服务项目的具体服务内容、服务时限、服务部门及联系方式。

（4）酒店所处的地理位置，酒店所处城市的交通、旅游、文化、娱乐、购物场所的分布及到这些场所的方式、途径。

（5）酒店的组织结构、各部门的相关职能、机构及相关高层管理人员的情况。

（6）酒店的管理目标、服务宗旨及其相关文化。

（7）参加公司的岗位培训，熟悉自己的工作职责，了解本岗位的重要性及其在酒店中所处的位置，了解工作对象、具体任务、工作标准、效率要求、质量要求、服务态度及其应当承担的责任、职责范围。

（8）熟悉菜牌、酒水牌，熟记每天供应的品种、沽清的品种。

四、实习过程

餐饮部是酒店各部门中最为辛苦的一个部门，因为酒店并没有给服务员们制定具体的岗位职责和工作描述，在刚刚走进工作岗位的几天，我们就像无头苍蝇，完全不能领会工作的流程和要领，只是听从领班和老员工的安排。庆幸的是基本所有的老员工对我们都特别友好，主管还专门为我们每人安排了一名师傅，负责引导我们的工作。我们的工作除了迎宾、摆台、折口布、传菜、上菜、撤台外，还得兼职勤杂工，负责扛桌子椅子、铺地毯等一些脏活、重活。我们实习生每天工作八小时，每周休息两天，主管根据我们的需要，为我们排了两班制，即上午十点到晚上九点、下午两点到晚上收市，这样中午就有了休息的时间。

在服务过程中，我们接触到了形形色色的客人，我既受到过客人的嘉奖，也曾招受客人的投诉，积累了丰富的服务经验。由于希尔顿是一所老牌的涉外星级酒店，拥有极为丰富的海外客源，在服务的过程中，我也提高了英语口语水平，增长了见识，开阔了视野。

五、我对希尔顿酒店的一些看法

1. 各项规章制度及其落实不是特别到位。（略）

2. 对餐厅卫生的管理和监督不是很到位。（略）

3. 没有建立一套公开透明的激励机制和晋升制度。（略）

六、改进措施及其建议

1. 树立一种能够凝聚人心的精神性的企业文化。（略）

2. 建立一套公开透明的激励机制和晋升制度。（略）

3. 加强餐厅卫生的管理和监督。（略）

4. 加强创新意识，提高服务技能。（略）

七、实习主要收获

通过这次实习，我对酒店的管理又有了更深层次的理解，并且对酒店行业有了自己的见解和认识。在酒店实习期间我不仅更加熟悉酒店的业务操作程序,在待人接物、与人交往方面也学到了不少东西,各方面的能力都有所提升。

1. 语言能力

酒店业是一个以服务为主的行业,在服务过程中,驾驭自如的语言能力是酒店员工与客人建立良好关系、留下深刻印象的重要工具和途径。想要获得驾驭自如的语言能力,就要做到语气的自然流畅、和蔼可亲,在语速上保持匀速表达,任何时候都要心平气和,礼貌有加。注意交谈的对象,即客人的身份,及客人的心理,采用适当得体的语言。(略)

2. 交际能力

因为酒店是一个迎来送往的行业,每天要接待许多不同的客人,有老顾客有新顾客,如何使这些客源保留下来很大一部分是看酒店员工的交际能力。首先,要真诚对待每一位客人,客人第一次来到酒店时对酒店的所有一切都是陌生的,而人对陌生的事物往往都是抱有戒备心理的,这时候我们就要用真诚的心来与客人交往,获取客人的信任,像朋友一样为客人提供服务,他自然会对你产生信任,从而成为你的客户;其次,人际关系的建立还应当有始有终,持之以恒。每一个酒店员工都应当持之以恒地与客人建立良好的人际关系,不能因自己的一时失误和考虑不周而使客人感到怠慢,从而丧失自己苦心经营的客户源。(略)

3. 观察能力

观察能力的实质就是善于想客人之所想,将自己置身于客人的处境中,在客人开口言明之前将服务及时、妥帖地送到,既要使客人感到酒店员工的服务无处不在,又要使客人感到轻松自如,这样使客人既感到自由空间的被尊重,又时时能体会到酒店关切性的服务。

4. 应变能力

在酒店中可以遇见形形色色的人,当然也会遇到各色的突发事件和矛盾,这就需要有良好的应变能力,当遇上突发事件,我会迅速了解矛盾产生的原因和客人的动机,并善意地加以疏导,用克制与礼貌的方式劝说客人心平气和地商量解决,尽快采取各种方法使矛盾迅速得到解决,并尽量使事情的影响控制在最小的范围,在其他客人面前树立酒店坦诚、大度、友好的形象。

八、总结

酒店实习的日子结束了,这次酒店实习也是本人的第一次专业见习。总的来说,在这些日子里自己的确学到了不少东西:除了了解到餐饮的服务程序和技巧,也学会了如何调整自己的心态、如何处理好自己的利益和酒店的利益、如何处理好同事之间的人际关系、如何与顾客打交道;同时,也让我认识到作为一个服务员应该具有强烈的服务意识;更为重要的是,在两个月的工作中,我深刻地体会到了酒店行业的艰辛,也看到酒店发展的前景,更加明白了自己以后学习的方向和侧重点。最后感谢老师的帮助，感谢重庆江北希尔顿逸林酒店能给我们提供这样难得的实习机会。

（摘自职业餐饮网，有删减。）

写作指导

这是一篇酒店实习报告，全文结构严谨，层次分明，语言流畅，内容充实。作者明确地交代了实习的单位、岗位、时间及具体内容，重点介绍了实习过程及体会，对实习的具体内容进行了集中而又有深度的总结，同时还为实习单位提出了一些实用性很强的建议，是一篇极具参考价值的实习报告。

写作小贴士

优秀实习报告的内容特点

1. 具有条理性，谋篇布局具有清晰的脉络，逐步深入进行论述。
2. 具有针对性，针对与专业相关的具体实习单位或岗位，有的放矢。
3. 具有逻辑性，不简单罗列事实，能够综合运用所学专业知识分析研究问题。

项目三　开卷有益

　　"读万卷书，行万里路"，是一个人增长知识与见识的方式。只有"开卷有益"才能做到读万卷书。开卷也不是遇书即开，也要有所选择，读好书、好读书、书读好，才是真正的阅读。阅读要得法，阅读要有质量，阅读时要同时书写读书笔记，方能将阅读的书籍中的内容记录下来；阅读的同时要思考，阅读不是死读书，也不是读死书，要在思考中将书中的内容消化、吸收，才能真正将书中的知识转化成自己的思想。读书笔记的书写也有章可循。

任务一　阅读有法

　　"读"在清代陈昌治刻本《说文解字》中归在言部，"诵书也，从言卖声，徒谷切"。《辞海》中对"读"字有 5 个解释，其中有 3 个是和阅读有关：或"照文字念诵"，或"阅看，默读"，或"宣，外扬"。无论是默读还是念诵，都是将书中的知识内化到阅读者的内心，让阅读者或得到知识，或涤清心灵，或解开困惑。无声的书籍在人的一生中扮演着各种角色，给人以精神营养，输送给人精神食粮，伴人成长，催人进步。

　　中国古语"读万卷书，行万里路"，这是人们增长知识与见识的两种方法。人生的长度谁都无法把握，但能掌控人生的宽度。知识的积累是拓宽人生宽度的重要途径，读书习惯的养成是一个人积累知识的最佳方式。毛主席的"坐地日行八万里"，通过阅读就能达到。"读书破万卷，下笔如有神"，这是人们提高写作能力的重要途径。自古以来，读书是一个人成就自我的最佳途径。历数中国古圣先贤，每一位都是读书的"高人"：圣人孔子读《易经》而"韦编三绝"，唐宋散文八大家之一的苏轼立志"发奋识遍天下字，立志读尽人间书"，西汉的匡衡"凿壁偷光"，晋朝的孙康"囊萤映雪"，汉朝的朱买臣负薪读书，隋朝的李密挂角读书，三国东吴吕蒙"士别三日当刮目相看"也是读书的成效。世界文豪高尔基房中失火唯救"书籍"的故事令人敬佩。当阅读成为一种习惯，心灵也就有了栖息之地，灵魂也得到了净化与提升。

不但中国人认识到读书的益处，世界各国人对读书都非常重视，联合国教科文组织确定每年 4 月 23 日为"世界图书与版权日"，向全世界发出了"走向阅读社会"的召唤，要求社会成员人人读书，使图书成为生活的必需品，读书成为每个人日常生活不可或缺的一部分。

俄国诗人普希金曾说："读书是最好的学习，追随伟大人物的思想，是富有趣味的事情啊。"中国诗词中歌咏读书的诗句也很多，如："半亩方塘一鉴开，天光月影共徘徊。问渠那得清如许，为有源头活水来。"（宋 朱熹《观书有感》）"读书患不多，思义患不明。患足已不学，既学患不行。"（唐 韩愈《劝学诗》）"读书切戒在慌忙，涵泳工夫兴味长。未晓不妨权放过，切身须要急思量。"（宋 陆九渊《读书》）"力学如力耕，勤惰尔自知。但使书种多，会有岁稔时。"（宋 刘过《书院》）一个民族的强大要靠知识，一个国家的富强要靠知识，知识的获得除了生活实践外就是来自书籍。所谓站在巨人的肩膀上行走与思考，就是在前人已有的知识的基础上不断探索与前行。中国 5 000 年的灿烂文明，最重要的就是中国文化以文字的方式保留了下来，今日的我们可以通过翻看古圣先贤的书籍来了解中国文化的渊源，通过翻看外国作品来认识外面的世界，通过书籍打通与世界交流的途径。现在是信息化时代，阅读不只是通过纸张这种媒介，电子书籍越来越多地被人们接受，不管是哪一种阅读的方式，阅读让人增长知识的目的与提高阅读者能力的阅读效果是不变的。

习近平总书记曾指出："读书是一个长期的需要付出辛劳的过程，不能心浮气躁、浅尝辄止，而应当先易后难、由浅入深，循序渐进、水滴石穿。"读书已经成了总书记的一种生活方式。读史使人明智，读诗让人怡情，"读书可以让人保持思想活力，让人得到智慧启发，让人滋养浩然之气"。

第一节　明其义，知其的——阅读概述

一、阅读的重要意义

人的一生是不断学习的过程，在这一过程中读书能使人增长知识、开阔视野、交流情感。在阅读中体味百态人生，在阅读中体会人生的多彩。读书带给人的不但是知识的积累，更多的是性情的滋养与丰富。当一个人灵魂失去了归属地，就成了

"行走的僵尸"。当一个人拥有了丰富的精神世界，在面对困惑时，能找到打开困惑的"钥匙"；在面对不幸时，能以坦然的心态应对；在面临重大选择时，能头脑清醒地去作出最优的决定。每个人都要经历生老病死，当面对亲人的逝去时，去读《庄子》，能从庄子在自己妻子去世时"击盆歌咏"的故事中认识到，在面对自然规律时，死也是一种重生。中国自古以来就是一个尊师重道的国度，孔子开设学堂，所收学生不受阶层限制，开启了中国大众教育的先河，也让百姓认识到了读书带给人的益处。自古以来中国文字中就有很多词语形容读书的好处："腹有诗书气自华"，"学富五车"，"熟读唐诗三百首，不会吟诗也会吟"。

中国作为礼仪之邦也是与重视教育与读书密不可分的。孔子对自己儿子的教诲是"不学诗无以言，不学礼无以立"。

曾国藩在给家人的书信中写道："吾见家中后辈，体皆虚弱，读书不甚长进，曾以养生六事励儿辈：一曰饭后千步，一曰胸无恼怒，一曰静坐有常时，一曰习射有常时，一曰黎明吃白饭一碗，不沾点菜。此皆闻诸老人，累试毫无流弊者，今亦望家中诸侄行之。"在书信中还写了"为学四事"，将养生与为学并进讲述，告诫家人锻炼意志，凝聚精神，有所作为。

书籍是人类获取知识的重要的渠道。多读书、读好书、好读书，对读书人来说，不但能增加自身的书卷气，也能让自己在困顿时不迷茫，在成功时不骄奢。涵养静气是一个人提高自身素质的重要途径。正如莎士比亚所说："生活里没有书籍，就好像没有阳光；智慧里没有书籍，就好像鸟儿没有翅膀。"

▼ （一）读书能使人增长知识

许慎在《说文解字》序中对书的解释为"箸于竹帛谓之书"，《辞海》中对"书籍"的解释为"装订成册的著作"。能装订成册的或写在竹帛之上的文字，记载的都是前人的知识精华。一位先哲说过："不读书的人，天和地都是狭小的，他充其量只能活上一辈子；多读书的人，天和地都是广阔的，他能活上三辈子——过去、现在和将来。"在书籍中我们可以穿越到古代，可以畅想未来的世界。书籍让人类变得越来越文明，人们在阅读中增长了知识，开阔了眼界。读历史类作品能了解人类的发展历程，读文学类作品能从作品中品味百态人生，读哲学类作品能启智发思，读自然科学书籍能让我们在规律中提高生活质量。正如我们读司马迁的《史记》，不但能了解帝王将相的人生轨迹，还能从中悟出历史在前进中的规律。我们在读《老子》时能体悟到"上善若水，水善利万物而不争"的人生哲理。是读书让人类走出了荒蛮，步入了文明。

▼ （二）读书能颐养人的性情

性情，指本性，人的禀赋和气质。孟子认为"人之初，性本善"，荀子认为"人之初，性本恶"，其实"性善说"与"性恶说"的本质都是指出人要向善。自人类从混沌状态中解脱出来后，人就不断地在实践中积累经验，在经验中总结知识，用知识来武装自己，来丰富头脑。读书是一个人获得精神食粮的最佳方式。

读书，让人视野开阔，头脑冷静，正像深水表面，总是波澜不惊。读书能使人做到每临大事有静气，处理问题从容不迫，举重若轻；正气在身，淡泊名利，无欲则刚，无欲则静，心态平静，心有定力，不为进退滋扰，宠辱泰然不惊。多读书的人，情怀开阔，境界高远，心无挂碍，思无羁绊，心态平和。多读书的人，谈吐风趣，举止得体，情趣高雅，自有生活的品位。读书是与高尚的灵魂沟通，与优雅的品德对话，读书不仅是高雅的休闲，倘若细细品味的话，还可以让思想有一点余香，情绪有一点缱绻，当然，灵魂也就在阅读中逐渐变得高尚优雅了起来，使之心灵更纯洁、更美丽。

中国自古就有读书的习惯，《礼记·文王世子》中指出："秋学礼，执礼者诏之；冬读书，典书者诏之。"在以农耕为主的社会中，冬天是一年四季中最清闲的季节，如此清闲的时光唯有读书能让人活得充实。读书的目的不是为了考取功名，不是为了出人头地。读书会在不知不觉中影响一个人的思想，正如欧洲的谚语："读好书就是同许多高尚的人谈话。""一个爱书的人，他必定不致缺少一个忠实的朋友，一个良好的导师，一个可爱的伴侣，一个悠婉的安慰者。"（伊萨克·巴罗）读书带给人的是精神上的享受，读书带给人的快乐正如清朝袁枚在《遣怀杂诗》中所言："书味在胸中，甘于饮陈酒。"读书是一个人净心的过程，能让一个人在精神上保持"非淡泊无以明志，非宁静无以致远"的境界。

（三）读书使人意志坚定

马克思唯物主义哲学指出："矛盾无处不在，处处有矛盾，时时有矛盾。"人作为社会的主宰，在社会上生存自然也会遇到挫折，人生也会有低谷，有逆境，面对痛苦、面对疾病、面对死亡。在种种境况之下，有的人会一蹶不振，有的人会"东山再起"，这和一个人的意志力有关，更和一个人的精神境界有关。读书是接受前人文化，沟通当下信息的最有效的工具。可以通过读书获取前人成功的处理事情的方式。书，是前人智慧的结晶，是智者真知灼见的积累。书中讲述着一个个鲜活的历史故事，记载着无数宝贵的历史经验和深刻的历史教训。只有借助前人的肩膀，才能使人站得更高，望得更远。学习经验，吸取教训，书便能使人心智聪慧不轻信，满怀自信不盲从。著名杂文家陈四益在回答中央电视台《东方书城》节目主持人巴丹关于读书问题的提问时说："许多事情，过去有过；许多问题，前人想过；许多办法，曾经用过；许多错误，屡屡犯过。多读书，就会更多地懂得先前的事情，使自己不至于轻信，不至于盲从。"中国自古对一个人最高的要求就是要达到"立德、立言、立功"，被称为"三不朽"理论。要想达到这"三不朽"需要大量的阅读与思考及在实践中不断地应用知识，总结知识，也就是达到"知行合一"。

❤ （四）读书能带给人快乐

读书是一件很私密的事，与旁人无关，与阅读者的心境与思想密不可分。读书是一种人生享乐的方式。如李清照与丈夫赵明诚读书的故事，则能充分体会到读书是一种人生的享乐。李清照在《金石录》后续中自叙二人读书的生活："余性偶强记，每饭罢坐归来堂，烹茶堆指积书史，言某事在某书某卷第几页第几行，以中否决胜负，为饮茶先后。中即举杯大笑，至茶倾覆杯中，反不得饮而起，甘心老是乡矣！故虽处忧患困穷，而志不屈。……收藏既富，于是几案罗列，枕席枕藉，竟会心谋，目往神授，乐在神色狗马之上……"为求功名与文凭的读书未得读书真味道，为求职位读书未解读书的真快乐，读书带给人的是一种精神上的享受与愉悦。

读书是一种品质，读书是一种责任，读书是一种情怀，读书是一种境界。"展一卷书，神与之交，气与之合，魄附其上，而魂游其中，至掩卷仍如梦如冥，大汗淋漓，口存余香，乐至醍醐灌顶，物我两忘。"读书，不仅可以使我们摆脱愚昧，洗去心灵的尘埃，走向文明，读书更加赋予人才识与智慧，给人以信念与力量，是通向成功、走向快乐的阶梯。我们没有理由懈怠自己疏远读书之心。让我们静心用心读书，提升自身的素质，净化灵魂，驱心魔，斩恶魔，戒浮躁，祛贪欲，让蓝天更蓝，让自然更绿，让社会更优，让人心更纯，让世界更美。

二、读书的作用

❤ （一）读书是推动历史进步的内推力

社会的进步，历史的发展与知识息息相关，培根说"知识就是力量"，而这力量在历史的发展上起到了不可替代的作用。纵观人类社会发展史，人类社会的每一次大的变革与进步都是与知识的大爆发密切相关，尤其是纸张的发明，让知识以书籍的方式流传下来。作为世界四大文明古国之一的中国，之所以5 000年的文明源远流长，就是因为将先人的智慧以书籍的形式保存下来了。我们现在可以翻看先秦时期作品，我们可以在当下研读诸子百家的作品，对于现在的我们可谓是一直"站在巨人的肩膀上"在学习。多份知识就多一份解决困难的能力。人类的这种求进取的决心也是推动历史和社会进步的动力。

❤ （二）读书是一个民族发展的动力

中国作为一个文明古国，自古就有很多刻苦读书的例子，如"头悬梁""锥刺股""凿壁偷光"等。如果苏秦没有"锥刺股"的读书精神，苏秦岂能挂六国帅印？是读书能让李斯成为秦始皇的左膀右臂，是读书能让吕蒙"士别三日，当刮目相看"。我们伟大的领袖毛泽东主席在战争年代身边也不离《资治通鉴》等书籍。

阅读尤其是阅读本民族的文字，也是一个国家文化自信的体现。热爱自己的祖国，喜爱本民族的文字，徜徉在民族文字的海洋里，去体味先人的生活，聆听前人的忠告，汲取成功的经验，为当下与未来打好知识的基础。民族文化是一脉相承的，在传承中有继承、有创新，正如庄子在《庄子·养生主》中说道："指穷于为薪，火传也，不知其尽也。"成玄英疏："穷，尽也。薪，柴樵也。为，前也。言人然火用手前之能尽然火之理者，前薪虽尽，后薪以续，前后相继，故火不灭也。"

（三）读书是一个人完善自我的方式

读书使人明智，脚步不能丈量的地方，文字可以；眼睛到不了的地方，文字可以。你读过的书其实早已融进你的骨血，只要一个触动点，就会喷薄而出。就算最终跌入烦琐，洗尽铅华，同样的工作，却有不一样的心境；同样的家庭，却有不一样的情调；同样的后代，却有不一样的素养。拓宽灵魂的广度和宽度，能在跌宕起伏的生活中拥有处变不惊的内心。正如现在比较流行的一句话："你现在的气质里，藏着你走过的路，读过的书，爱过的人。"读书，是为了成为一个有温度、懂情趣、会思考的人。

读书能让一个人提高自己的境界，有学识的人，能把苦日子过得精致。如梁实秋能将漏风漏雨的雅舍看成是人间天堂般的所在地。晚年的李白尽管屡遭贬谪，但他所写的诗篇中，字里行间仍流露出昂扬志气。他不坠青云之志，尽管在人生的低潮时期，也不放弃理想；身被放逐，却不曾放逐自我的气节和心智。那种"安能摧眉折腰事权贵，使我不得开心颜"（《梦游天姥吟留别》）的傲气，"仰天长笑出门去，我辈岂是蓬蒿人"（《南陵别儿童入京》）的自信，以及"长风破浪会有时，直挂云帆济沧海"（《行路难三首·其一》）的霸气，让人读之奋起，读之而意气风发。

读书多了，就可以多角度看待事物。既能做到宽以待人，也能做到宽以待己，不钻牛角尖，也不跟自己过不去。毕淑敏在她的《让美好现在发生》一书中谈到"我是怎样度过人生的低潮期的"这个问题时写道："多读书，看一些传记。一来增长知识，顺带还可瞧瞧别人倒霉的时候是怎么挺过去的。"是书籍里的人物让我们充分理解了俄国小说家托尔斯泰在写《安娜·卡列尼娜》时说过的一句话："幸福的家庭都是相似的，不幸的家庭各有各的不幸。"从小说人物的经历中去体味人生，对我们的生活也有很好的指导意义。除此还能从作品中得到精神的鼓舞，如我们在阅读路遥的《平凡的世界》时，会被孙少平为了梦想不断追求的精神而鼓舞，在自己的梦想实现的路途中不放弃，勇于追求。在读美国女作家玛格丽特·米切尔《飘》时，会被女主人公斯佳丽那句"不管怎么说，明天又是新的一天"对生活充满了希望而感动。

（四）读书是一个人永葆青春的良方

曾国藩说："人之气质，由于天生，本难改变，唯读书则可以变其气质。"三毛也曾说过："读书多了，容颜自然改变，许多时候，自己可能以为许多看过的书籍都成过眼烟云，其实它们仍是潜在气质里、在谈吐上，当然也可能显露在生活和文字中。"很多人都希望青春永存，但从自然法则的规律上，人都要经历由青春到衰老的过程，但内心的青春却是可以自己掌控的。多读书，自然胸中有丘壑，可以开阔眼界，沉淀思想，提升涵养和气质，让灵魂充满香气。阅读就是让你从里往外改变心性和气质。一个人的美好，是来自内心的淡泊宁静，来自身体和精神的双重保养。

（五）读书是一个人修心宁静的过程

西汉初年刘安在《淮南子·主术训》中写道："人主之居也，如日月之明也。天下之所同侧目而视，侧耳而听，延颈举踵而望也。是故非澹泊（同：淡泊）无以明德，非宁静无以致远，非宽大无以兼覆，非慈厚无以怀众，非平正无以制断。"诸葛亮54岁时写给他8岁儿子诸葛瞻的一段话收录在《诫子书》中："夫君子之行，静以修身，俭以养德。非淡泊无以明志，非宁静无以致远。夫学须静也，才须学也，非学无以广才，非志无以成学。淫漫则不能励精，险躁则不能冶性。年与时驰，意与日去，遂成枯落，多不接世，悲守穷庐，将复何及！"意思就是说：心里如果有杂念，就不能达到成功的境界。想要成功就要心无旁骛地专心做一件事情。如何才能让自己修炼到心无杂念地去做事情，唯有读书，能让人心静，能让人心净。老子的《道德经》第十六章写道："致虚极，守静笃；万物并作，吾以观复。夫物芸芸，各复归其根。归根曰静，静曰复命。复命曰常，知常曰明。不知常，妄作凶。知常容，容乃公，公乃全，全乃天，天乃道，道乃久，没身不殆。"此章就是告诉世人要懂得顺其自然，不必刻意强求。现实生活中，总是会遇到复杂的、变化的情况，于是就百般思量、殚精竭虑，与其如此，不如历尽了人事之后，顺其自然，也许就会柳暗花明。能达到如此境界的人，需要用知识来武装自己的头脑，正如清代学者金缨《格言联璧·学问》说道："古今来许多世家，无非积德；天地间第一人品，还是读书。读书即未成名，究竟人高品雅，修德不期获报，自然梦稳心安，为善最乐。读书最佳。"苏轼在被贬黄州时，仍能写出"竹杖芒鞋轻胜马，谁怕？一蓑烟雨任平生"这样的诗句来，得益于他的满腹经纶，因为饱读诗书的东坡先生，本就以"达则兼济天下，穷则独善其身"为人生的信条。

三、读书的目的

（一）功利性的读书

"书中自有黄金屋、书中自有颜如玉、书中自有千钟粟"，中国封建社会提倡"学而优则仕"，读书的目的是为了考取功名。此种带有功利性的读书让很多读书人吃得"十年寒窗苦"就为一朝"皇榜中状元"，取得功名"衣锦还乡"。如《儒林外史》里高中后发疯的范进，《孔乙己》中那个数茴香豆的孔乙己，都是功利性科举考试的产物。

"万般皆下品，唯有读书高"，"学成文武艺，货与帝王家"，这是中国封建社会里读书人的认识，读书是平民阶层改变命运的唯一出路，而读书唯一的买家是皇帝，读书取得功名，是为皇帝一人效力，是为皇家"卖命"。这种"有所为"的读书，是将读书作为一种工具，只能在知识上有所增长，但在为"仁"上却效果甚微。

当下也有些人在学生时代为了考上大学而拼命学习，而一旦大学录取通知书到手就不再努力，这种"功利性"读书，不能提高一个人精神境界，也与我国人才培养的目的相悖。为了文凭而读书，文凭到手就远离了书籍，此种读书也可称为功利性的读书。这种读书的目的会让一个人在今后的工作中缺少创新能力，缺乏与时俱进的精神，工作的成效也就可见一斑了。像中国古代的伤仲永，如果其父不为了炫耀孩子的才华，也不至于在虚荣的"软刀"下，扼杀了一个孩子的天分与才华。

（二）追求高尚人格的读书

儒家的代表人物之一曾子曾说："吾日三省吾身；为人谋而不忠乎？与朋友交而不信乎？传不习乎？"这是曾子对自己的要求，也是他追求高尚人格的写照。"不为五斗米折腰"的五柳先生，"安得摧眉折腰事权贵"的李白，在文学史上都是赫赫有名的人物，他们读书的目的不是为了求得功名，是为了提升自我的人格。饱读诗书才能出口成章、下笔有神。苏轼在被贬时仍能豁达地写出"也无风雨也无晴"，欧阳修写出了"立身以立学为先，立学以读书为本"，袁枚能做到"寒夜读书忘却眠，锦衾香烬炉无烟"。

（三）求知识、为做人的读书

江问渔在《对于读书问题的我见》一文中指出："为学做人而读书。"他认为要做人，要做一个好人要具备三个条件：一是优良的品性，二是丰富的知识，三是应变的才能。将这三方面完备起来，方能融会贯通，才能成为一个好人；若三样没有，便成了古人说的"不为圣贤，便为禽兽了"。要做一个好人，要从读书入手，其目的就是为借读书的作用，来增加知识锻炼才能，矫正品性。现在出现很多有丰富知识但遇事无应对方法的人，就是"只知为求知识而读书，不是为学做人而读书"的缘故。孔子说"食无求饱，居无求安"，又说"士志于道，而耻恶衣食者，未足与议也"。欧洲有一位哲学家曾说过："我宁愿做一个终身穷苦的苏格拉底，不愿做一头快乐的猪。"范仲淹提出"先天下之忧而忧，后天下之乐而乐"。只有将读书作为人生一大乐事，作为人生求做好人的标准，才能体味到读书带给人的不只是知识的积累，还有人格的修养。那么，是要做个像秦桧那样的读书人，还是要做个像辛弃疾的读书人呢？是要做个像"王师北定中原日，家祭无忘告乃翁"的陆游式的读书人，还是要做个像徐悲鸿"人不可有傲气，但不可无傲骨"的读书人呢？

第二节 循其法，遵其律——阅读方法概述

"书犹药也，善读之可以医愚。"可有人会有这样的困惑：用等量的时间读书，为何别人学识渊博，我却学识浅陋？别人能旁征博引，我却只能照本宣科？究其原因，前者得法，后者不得法，久而久之，双方差距不断拉大，就会判若云泥。读书方法因人而异，但正确的适合自己的读书方法能让阅读者在享受到读书的乐趣的同时，同时又增长了知识，颐养了性情。读书方法不当，就会适得其反，用了很大的工夫，但成效不佳。在读书方法上有一些禁忌的地方，希望能给阅读者给以提示。

一、读书的忌讳

一忌择"不善"书而读之

这里的"不善"包括两个方面，一是指内容，一是指所选之书非应选之书。读书的第一步是要选择读什么书籍。菲尔丁曾说："不好的书也像不好的朋友一样可能会把你戕害。"在阅读前要对所读书籍进行取舍，内容健康积极向上的书籍带给人的是知识力量，能指引阅读者前进的方向，反之内容淫秽、思想消极的书籍会腐蚀阅读者的精神，甚至会让阅读者迈入死亡之谷。儒家思想提出"择其善者而从之，其不善者而改之"，用在读书上就是"择其善者而读之，其不善者而弃之"，方能让阅读者从书中汲取营养，收获真知识。

书籍的选择还要考虑是否是此阶段需要读书，因为一个人的精力是有限的，阅读书籍也要分为急需阅读和暂缓阅读，如果现在急需阅读的书籍没有优先阅读会影响工作效率，降低工作质量，如此的选择书籍也隶属于择"不善者"而读的行列。

二忌饥不择食囫囵吞枣不知消化

有人觉得自己需要读书就随意选本书开读，不明其因地进行读书无异于"不辨

荍麦"。还有人读书不能做到灵活应用，孙中山先生曾说过"学古人而不为古人戚"，"用古人而不为古人奴"，"取二三诗文务求滚瓜，铭三五散句唯求烂熟，生吞活剥，断章取义，开口必曰之乎，凡言必谓者也，皮囊外曰文化人，内实盗娼之属，无非丑婆娘施了亮艳脂粉，益丑而又可怖也！"读书不是为了装门面，不能急功近利，如此读书不如不读书。"只尚空谈不知实务"的读书人是不明读书真谛的人。

三忌虎头蛇尾半途而废

读书忌讳只翻看开头或翻过半本。未看完全书就不能领会阅读书籍的真正内涵。有的书籍在写作的时候是欲扬先抑，结尾部分往往是最精彩的部分，但虎头蛇尾地阅读，就不能体会到其中的意味了。如以下作品的结尾就意义深刻。

《双城记》（查尔斯·狄更斯）：我今日所做的事远比我往日的所作所为更好，更好；我今日将享受的安息远比我所知的一切更好，更好。

《百年孤独》（加西亚·马尔克斯）：这手稿上所写的事情过去不曾，将来也永远不会重复，因为命中注定要100年处于孤独的世家，绝不会有出现在世上的第二次机会。

《茶花女》（小仲马）：我不是邪恶的鼓吹者，但不论我在什么地方，只要听到高尚的人不幸哀鸣，我都会为他应声呼吁。我再说一遍，玛格丽特的故事非常特殊，要是司空见惯，就没有必要写它了。

《荆棘鸟》（考琳·麦卡洛）：鸟儿胸前带着荆棘，它遵循着一个不可改变的法则，它被不知其名的东西刺穿身体，被驱赶着，歌唱着死去。在那荆棘刺进的一瞬，它没有意识到死之将临。它只是唱着、唱着，直到生命耗尽，再也唱不出一个音符。但是，当我们把荆棘扎进胸膛时，我们是知道的。我们是明明白白的。然而，我们却依然要这样做。我们依然把荆棘扎进胸膛。

《呼啸山庄》（艾米莉·勃朗特）：我在那温和的天空下面，在这三块墓碑前流连。眺着飞蛾在石南丛和蓝铃花中飞舞，听着柔风在草间吹动，我纳闷有谁会想象到那平静的土地下面的长眠者竟会有并不平静的睡眠。

《追风筝的人》（卡勒德·胡赛尼）：我追。一个成年人在一群尖叫的孩子中奔跑。但我不在乎。我追，风拂过我的脸庞，我唇上挂着一个像潘杰希尔峡谷那样大大的微笑。我追。

《浮士德》（歌德）：万象皆俄顷，无非是映影；事凡不充分，至此开始发生；事凡无可名，至此始果行；永恒之女性，引导我们飞升。

《复活》（列夫·托尔斯泰）：从这天晚上起，聂赫留朵夫开始了一种全新的生活，不仅因为他进入了一个新的生活境界，还因为从这时起他所遭遇的一切，对他来说都具有一种跟以前截然不同的意义。至于他生活中的这个新阶段将怎样结束，将来自会明白。

《小王子》（圣埃克苏佩里）：如果这时，有个小孩子向你走来，如果他笑着，有金黄色的头发，如果当你问他问题时他不回答，你一定会猜得出他是谁。那就请你们帮个忙，不要让我这么忧伤：赶快写信告诉我，他又回来了……

《飘》（玛格丽特·米切尔）：毕竟，明天又是另外的一天呢。

《基度山伯爵》（大仲马）：人类的一切智慧是包含在这四个字里面的："等待"和"希望"！

《老人与海》（海明威）：在大路另一头老人的窝棚里，他又睡着了。他依旧脸朝下躺着，孩子坐在他身边，守着他。老人正梦见狮子。

《情人》（玛格丽特·杜拉斯）：他对她说，和过去一样，他依然爱她，至死不渝。

《瓦尔登湖》（亨利·梭罗）：使我们失去视觉的那种光明，对于我们是黑暗。只有我们睁开眼睛醒过来的那一天，天才亮了。天亮的日子多着呢。太阳不过是一个晓星。

《麦田里的守望者》（塞林格）：我只知道我很想念我所谈到的每一个人。甚至老斯特拉德莱塔和阿克莱，比方说。我觉得我甚至也想念那个混账毛里斯里。说来好笑。你千万别跟任何人谈任何事情。你只要一谈起，就会想念起每一个人来。

《巴黎圣母院》（维克多·雨果）：可以断定，这具尸骨生前那个人是自己来到这里，并且死在这儿的。人们要将他从他所搂抱的那具骨骼分开来时，他霎时化为了尘土。

四忌浅尝辄止、望文生义

俗话说"人生得一知己足矣"，这知己之交也不是一日之功就能对其"掏心掏肺"的，是经过了时间的磨砺，经过近距离的相处，而最终确定之。读书与交友也是有个异曲同工之妙，读一本书就是和智者在交谈，与勇者在战斗。如果阅读仅仅流于表面，没有深入"海底"，怎知"海底"世界的奇幻迷离呢？

读书还要学会使用工具书，工具书是帮助我们更好地理解字义，解释词句的帮手。对于书中的疑点难处，读者应当细想穷究，单纯以己意去揣摩、揆度，就很可能差之毫厘、谬以千里。在没有一个准确的解释前提下，按自己的理解去阅读，在自己望文生义的阅读中，不但背离了作者的初衷，也曲解了作品的真意。

五忌全盘照收、盲目模仿

孟子说："尽信书则不如无书。"每部作品的写作都有个或作者感同身受的经历，或作者采风的现实生活的原版人物，正如俄国作家列夫·托尔斯泰说过："幸福的家庭大体是相同的，不幸的家庭各有各的不幸。"阅读者在阅读作品时，也要做到"知人论世"，要分析写作背景，不能将作品中的故事照搬现实生活，或模仿作品中的人物。每个人的存在恰如叶子一样，世界上没有完全相同的两片树叶，每个人的存在都是独一无二的。所以，阅读作品只是从作品中学会做人的道理，学做事的方法，但在现实生活中，还要具体问题具体分析，自己通过分析得到恰当的解决方法，不能做书籍的"留声机"。生活不能复制，人生更不可能雷同。

六忌读而不思不用

读书的目的是为了增长见识，丰富知识，要将书中的内容运用到实际生活中有指导作用，才算是得到了读书的真谛。有人读书光注重量的积累，而不去寻求质的指导意义。读书要边读边思，就像我们读古书，书中的时代背景与当下的时代环境有很大的差异，那我们为什么还要读呢？因为书中有很多道理是经过了前代人的实践总结出来的，对当下的人们还有一定的指导意义。所以我们在读书的时候要边读边思，思考书中内容，这对当下的生活与工作有指导作用。

七忌单纯地读，不动笔墨

整理和综合的思想，就会永久留在脑中，将阅读时产生的碎片式话语记录下来，经过一番思考，就能形成自己的观点与思想。天下能过目不忘的，除了金庸笔下的"黄蓉"之母外，大多人都不具备这个能力，而将书中的精彩片段能够用笔墨记录下来，那么，看似片段的思想，积累多了，就会融化在自己的思想中，并形成自己的观点。

八忌用心太专一，限制思维

有人对某个作家特别喜欢，非这个作家的作品不读。其实，每个作家在创作中都会或多或少带有着个人成长的印迹，也不可避免存在着知识与见识的局限性，作家自我的色彩越浓烈，其局限性就越明显。而每个人的成长都不能复制，读者与作家的成长时代不同，社会发展的状况不一样，就需要读者能多涉猎其他作家的作品，才能看到一个多彩的世界。

九忌朝三暮四、一曝十寒

法国思想家、文学家萨特曾在《文字生涯》中告语："每日必写一行。"读书也需要养成一个好的习惯，要日日读才能将读书形成一个习惯，最后将读书成为自己生命中第一部分，就像中央电视台主持人董卿因主持《中国诗词大会》而再次红遍大江南北。在对她的采访时，她说："读书就像吃饭一样，成为生活的一部分，一日不读书就觉得生活中缺少了什么。"所以说，读书不能今日兴致高就读一读，明天没有兴致了就放下不读，如此的读书方法永远养不成读书的习惯，也不会真正体会到读书的乐趣。

二、名家读书方法介绍

读书有法方得其果，历史上有很多文化学者对读书方法进行过或系统或经验性介绍。

（一）孔子：学而时习，知类通达

孔子的读书法可以概括为：好学乐学、由博返约、学而时习、学思结合、温故知新、学行结合、举一反三、一以贯之、述而不作。

没弄清作者的意思前，自己不主观发挥和附会。默而识之。一以贯之，举一反三，知类通达。

（二）孟子："自求自得"读书法

孟子读书方法论的精义如下。

1. 自求自得，依靠自己的求知欲，努力去获得。
2. 专心有恒。
3. 盈科后进，即循序渐进。
4. 重思存疑。
5. 以意逆志，就是"以古人之意求古人之志，乃就诗论诗"。
6. 知人论世。
7. 详说返约。先深入钻研，再归纳概括，直至明确掌握。

（三）诸葛亮："观其大略"读书法

每一篇文章，每一本书籍，都有它最精粹的部分，抓住了它再进行深钻细研，就能较好地把握通篇的主要精神，使所学知识扎实深刻而不浅薄，从而达到事半功倍、融会贯通的效果。"观其大略"即提纲挈领地领会要点的读书方法。

（四）陶渊明："会意"读书法

好读书，不求甚解，每有会意，便欣然忘食。

陶渊明读书时会注意抓住重点，去繁就简、独立思考。他追求的是读书会意，着重领会书中深含的旨意，而不死抠个别字句。

（五）韩愈：提要钩玄

韩愈认为读书一定要写笔记。读记载事实的史籍，一定要写出提要，掌握纲要。读辑录言论的书，一定要钩出精义，领会精神。写提要时，必须弄清楚事情的来龙去脉、前因后果。钩精义时，必须对那些言论进行深入的研究与分析。

（六）苏东坡：“八面受敌”读书法

苏东坡认为人们在读书时，往往会感到处处都是有用的知识，犹如“八面受敌”，每次读书，只求一点，容易集中深入，彻底攻破一“敌”，像打仗那样，把敌人化整为零，各个击破，一次攻破一面“敌”。

（七）朱熹：“格物致知，读书穷理”

朱熹认为读书应该循序渐进，熟读精思，虚心涵泳，切己体察。舍得下苦功，居敬持志，要用心专一，敬于读书。朱熹把“格物致知，读书穷理”和“为学之实，固在践履”作为读书基本原则，其精义是：1. 循序渐进。2. 熟读精思。3. 虚心涵泳。4. 切己体察。“观书以己体验”，不可固执己见。5. 着紧用力，舍得下苦功。6. 居敬持志，要用心专一，敬于读书。

（八）顾炎武：读万卷书，行万里路

顾炎武的读书法是把阅读和复习交叉进行。在阅读的过程中，顾炎武读书总要动手抄录，又动手又动脑，强化记忆。顾炎武笃信“读万卷书，行万里路”的读书方法。他从 45 岁开始了大规模的游学生活，做到了书本知识与实际知识相结合，学以致用。

（九）郑板桥：“三读”读书法

“三读”即复读法、抄读法、游读法。郑板桥给自己规定，每年半年读书，半年复习，把阅读和复习交叉进行。郑板桥认为读书要求精不求多，“非不多也，唯精乃能运多。当则粗者皆精，不当则精者皆粗。”读书就是要恰到好处，要适合自己的水平和工作需要。

（十）董遇：“三余”读书法

董遇提倡利用“三余”时间读书。三余为冬者岁之余，夜者日之余，雨者晴之余。意思是说：冬天，没有什么农活，这是一年之中的空余时间；夜间，天黑不便出去活动；雨天，不能下地劳作。抓住这三种空余时间用来读书，肯定会有收效。

（十一）张溥：“七焚”读书法

明代学者张溥的“七焚”读书法分为三步：第一步，每读一篇新文章，都抄在纸上，一边抄一边默读。第二步，抄完后高声朗读一遍。第三步，将抄写的文章投进火炉里。烧完之后，再重新抄写，再朗读，再烧。这样反复地进行七八次，一篇文章要读十几遍，直至彻底理解、背熟为止。

（十二）鲁迅：泛览、硬看、专精、活读、参读

泛览："学理科的，偏看看文学书，学文学的，偏看看科学书"；另外不要专看一个人的作品；同时"明知道和自己意见相反的书"也要翻一翻。

硬看：对较难读懂的必读书，硬着头皮读下去。

专精：选几个方向深入研究。

活读：要独立思考。

参读：不但读选本，还参读作者传记、专集。

（十三）胡适："精""博"

胡适在读书要"精"里提到读书应该有四到：眼到、口到、心到、手到。眼到就是要个个字都要认得。口到就是把一篇文章能烂熟地背出来。心到就是要懂得每一句、每一字的意思。手到，胡适总结出三个意思，一是标点分段，二是查参考书，三是做札记。

"博"就是什么书都读。胡适指出"博"的目的一是为参考，二是为做人。他说我们应该多读书，无论什么书都读，往往一本极平常的书中，埋伏着一个很大的暗示。他认为理想的读书人是又精又博，像金字塔那样，又大、又高、又尖。

（十四）毛泽东"三复四温"式阅读法和"不动笔墨不读书"的读书方法

毛泽东毕生珍惜时间，博览群书。其中"三复四温"式阅读法和"不动笔墨不读书"是他主要的读书方法。他在青年时期就熟读了《史记》《汉书》等古籍，并且不断地重温；就是到了晚年，他喜爱的同一本史书，也是反复研读，并有读过一遍书在封面划上一个圈做记号的习惯，所以，在他读过的许多书籍中，均留下了他读过二遍、三遍的圈记。毛泽东在青年时代读书时即有"读得多，想得多，写得多，问得多"的习惯。他的写作多表现在做内容摘录，在重要的地方画上圈、杠、点等符号，作批注以及写读书日记，在原书上改错纠谬。

（十五）吴晗："摘卡片式"读书法

凡遇有价值的资料，吴晗就抄在卡片上，每张卡片只记一件事、一段话，并且记上出处。日积月累，卡片多了，就按照内容分类保管。吴晗亲手整理了几万张卡片，把大量的资料储存起来，随用随取。

（十六）华罗庚："厚薄"读书法

华罗庚主张读书分两步：第一步"由薄变厚"，即读书要扎扎实实，每一个概念、定理都要追根溯源，这样一来，本来一本较薄的书，由于增加了不少内容，就

变得"较厚"了，这是"由薄变厚"。比这一步更重要的是第二步：能学会分析、归纳、抓住本质、把握整体，做到融会贯通，就是"由厚变薄"。

（十七）爱因斯坦："忘书"法

爱因斯坦在读书时，往往有意识地忘掉一些东西。他"从来不记载辞典上已经有的东西"。爱因斯坦的读书方法是：在所阅读的书本中找出可以把自己引到深处的东西，而抛掉使头脑负担过重和会把自己诱离要点的一切东西。通过这种方法，去粗取精，把握要点，吸取有益的核心东西。"抓住书的骨肉，抛掉书的皮毛。"

（十八）黑格尔：摘录分类读书法

黑格尔把读过的东西详细地摘录在活页上，然后按照语言学、美学、数学、心理学、史学、神学和哲学等类别加以分类。每一类都严格地按照字母次序排列。所有摘录都放在贴有标签的文件夹里。不论需要哪一类资料摘录，都可以马上找到，这些文件夹伴随了这位哲学家一辈子。

方法指导

根据前人的读书方法的经验之谈，我们将读书方法进行综合，可以在读书时采用下列几种读书方法。

1. 经纬式阅读法

经纬本是指在地理位置上的划分。这里的经纬式阅读法是在读一本书时，不能单纯地局限在这本书里，要横向纵向地进行相关书籍的阅读，才能够对这本书有更深透的理解。如达尔文在研究生物演进时，用 30 多年的时光，积累了大量的材料，但总是想不出一个简单的答案，偶尔阅读了马尔萨斯的《人口论》，才从中悟出了生物演化的理论。

经纬式阅读法也就是强调读书要"博"，博大才能精深，只有广博的知识作为地基的知识大厦，才能让知识大厦顶天立地。

2. 轴心式阅读法

所谓的轴心式阅读法是读过一本书之后，围绕着这本书的内容，进行相关书籍的阅读，这样的阅读，既能对某一个知识掌握得比较深透，又能对问题有个更广博的认识，能够对知识达到触类旁通。这种阅读方法既能做到读书之精，又能做到读书之博。以一个圆点为轴心开展由浅入深的阅读，不但能将要解决的问题掌握清楚，还能在阅读中不断地探索，这也是进行创造性阅读的一种方式。

3. 读思写记并进式

读书不思考不如不读书，读书贵在兴趣使然，读书贵在多思，只有多思才能对书的内容进行揣摩，才能对书的内容产生怀疑，这怀疑也就是形成自己观点的过程。

读书还要及时地将书上精彩内容抄录下来，同时，也要将自己的读书感受及在读书时迸发出的思想用笔记录下来。读书还要培养一种能力就是记忆，将读过的书中的精彩的段子能够记忆下来，无论是在与人交流中还是在写作中都可以引用，更能使说话言之有物，写作有理有据。

4. 间隔重复读书法

《论语·为政》里孔子说："温故而知新，可以为师矣。"重复温习学过的知识，才能对新学习的知识有更深透的理解。对一本书重复地读，熟读成诵，也就能充分理解书中的内容。德国哲学家狄慈根也曾说过："重复是学习的母亲。"从心理学中对记忆的描述，人的记忆是一个记忆与遗忘间歇进行的活动，只有不断地重复记忆，才能将知识变成永久记忆。"一蹴而就"的学习捷径和记忆方法可能只存在于金庸的《射雕英雄传》里黄蓉的母亲身上。间隔重复读书就是对知识不断梳理、加深理解的过程。书本知识是前人辛勤探索归纳的结晶，我们对书中的内容不能一次性完全理解，对书中出现的语言只有在不断地咀嚼中，才能体味其深意。著名阿拉伯哲学家、科学家、医学理论家阿维森纳，在读亚里士多德的《形而上学》时，前前后后读了40多遍，以至都能成诵了。"融汇才能贯通"，批判和吸取，借鉴和创新，继承和发展，都是建立在对前人知识温习深透的基础之上。

5. 勾画式阅读方法

俗话说"打蛇要打七寸""擒贼要擒王"，读书也是一样，读书要找出书中的重点，要理解书中的要旨。在阅读的时候，尤其是自己收藏的书，要舍得用。读书的本质是要掌握书中要义，在阅读过程中要将重点词语、段落，自己疑惑的地方勾画出来，这一过程也是了解作者写作目的并与作者产生思想共鸣的过程。钱钟书就有边读书边圈点的习惯，毛泽东在读书时都要在重要的地方画上圈、杠、点等各种符号，早年他在读鲍尔生著、蔡元培译的《伦理学原理》时，全书逐字逐句都用毛笔标注圈、点、单杠、双杠、三角、叉等符号。这种读书方法适合于精读的书籍，需要重复阅读的书籍。

第三节　养成习，选对式——阅读习惯的养成

心理学家大卫·奥苏伯尔的认知同化理论指出："学生能否习得新信息，主要取决于他们认知结构中已有的有关观念。当有意学习发生时，也就是新知识与学生认知结构中已有观念发生相互作用时，这种作用的结果导致新旧知识的意义的同化。"

艾宾浩斯遗忘曲线理论指出："遗忘在学习之后立即开始，而且遗忘的进程并不是均匀的。最初遗忘速度很快，以后逐渐缓慢。使用无意义音节作为记忆材料，20分钟后即可遗忘将近一半。"不管你当初用什么方法记忆，如果不复习，就会全部忘记。在开始培养阅读习惯的开端，要多花些时间进行选择书籍，在选择书籍上首先

要从书籍的内容上入手，其次要从书籍的阅读方式上开展，最后要从对书籍的消化理解程度上提高阅读书籍的效率。

一、开始阅读的第一步是选择书籍

选择书籍可以说因个人兴趣不同有很大的差异，但从书籍的类别还是书籍的范围来看，在选择书籍时可以遵循以下几个原则。

（一）选择阅读经典作品

经典指具有典范性、权威性的、经久不衰的传世之作，经过历史选择出来的"最有价值经典的"，最能表现本行业的精髓的，是最具代表性、最完美的作品。随着纸张的发明和现代传媒的发达，人们能看到的书籍种类也越来越多，但一个人的生命是有限的，在有限的时间内，要将时间安排在最有效的生活中，是提高生命质量的最佳方式。阅读经典就是避免重走前人走过的路，是聆听前人对后人的指导与忠告。所以说，在选择书籍时，首先要判断选择的书籍是否是本行业的经典之作。正如朱光潜在《谈读书》一文中指出："经过时代淘汰而巍然独存的书才有永久性，才值得读一遍两遍以至无数遍。在这些书中间，你不但可以得到较真确的知识，而且可以于无形中吸收大学者治学的精神和方法。这些书才能撼动你的心灵，激动你的思考。"例如在读文学作品时就要选择如《诗经》《红楼梦》《三国演义》《水浒传》《西游记》《牡丹亭》《红与黑》《基督山伯爵》《神曲》等作品来阅读。读历史类作品时选择《史记》《汉书》《资治通鉴》《中国人史纲》《世界史》等作品来读。读哲学类作品要选择《老子》《庄子》《理想国》《中国哲学简史》等作品来阅读。

（二）选择阅读必需的作品

人在每个时期都有因为工作与生活而要解决的问题，而问题的解决有时需要我们求助于书籍，这时就要在庞杂的书籍中选出自己现在最需要的作品，这样能让自己更快地找到解决问题的答案，也会提高工作效率，提高生活质量。如一名教师就要根据所授课程选择与课程有关的书籍来阅读，这样自己的教学能力才能提高。如一名即将毕业的学生要找工作参加面试，这时就不能整天阅读文学作品，需要选择一些与求职面试有关的书籍，来提升自己面试的成功率。

（三）选择阅读适合自己年龄的作品

每个年龄段的人由于阅历的不同，知识结构的不同，对阅读的书籍的理解与消化能力也就不同，所以在书籍的选择上要选择适合自己年龄的书来阅读。朱光潜曾指出："十五六岁以后的教育宜注重发达理解，十五六岁以前的教育宜注重发达想象，所以初中的学生们宜多读想象的文字，高中的学生总应该读含有学理的文字。"

中国有句民间说法：少不读《三国》老不读《西游》，是因为年少因为人生阅历的缺乏在读《三国演义》时，不能全面悟出书中的内涵，反而单纯地去学习书中出现的计谋，这样的人就很难有很高的精神境界，也难以融入团队。人到了一定的年龄，在体力与记忆力上都会有所减退，再去读《西游记》为理想而奋勇前行，就会有心有余而力不足之感，反而会徒增烦恼。

（四）选择阅读书籍要亲力亲为

每个人的人生都无法复制，也无人能替代。其实，作为阅读这种具有私密性的行为，在选择阅读的书籍上还是要靠自己，根据自己的兴趣，根据自己专业需求，根据自己生活的状况来选择适合自己阅读的书籍，这样才能在阅读中体会到乐趣，从阅读中实现自我。

二、开始阅读的第二步是选对阅读方式

（一）按阅读的范围宽窄可以分为精读与泛读

1. 精读

精读就是逐字逐句阅读，在阅读时要弄懂文章每个句意。苏轼说"旧书不厌百回读，熟读精思子自知"，朱熹说"读书之法，在循序而渐进，熟读而精思"。经过时代淘汰而巍然独存的书才有永久性，才值得读一遍两遍以至于无数遍。

2. 泛读

泛读即广泛阅读，指读书的面要广，要广泛涉猎各方面的知识，具备一般常识。不仅要读自然科学方面的书，也要读社会科学方面的书，古今中外各种不同风格的优秀作品都应广泛地阅读，以博采众家之长，拓展思路。泛读强调的是知识面，形成知识结构，包括扎实的专业基础，也包括相邻学科基础。

（二）按阅读书籍的次序可以分为通读与跳读

1. 通读

通读即对书报杂志从头到尾阅读，通览一遍，意在读懂，读通，了解全貌，以求一个完整的印象，取得"鸟瞰全景"的效果。对比较重要的书报杂志可采取这种方法。

2. 跳读

跳读这是一种跳跃式的读书方法。可以把书中无关紧要的内容放在一边，抓住

书的筋骨脉络阅读，重点掌握各个段落的观点。有时读书遇到疑问处，反复思考不得其解时，也可以跳过去，向后继续读，就可前后贯通了。

3. 序例读

读书之前可以先读书的序言和范例，了解内容概要，明确写书的纲领和目的，有指导性地进行阅读。读书之后，也可以再次读书序和范例，以便加深理解，巩固提高。

（三）按阅读所用时间可以分为速读、略读、再读、写读

1. 速读

这是一种快速读书的方法，即陶渊明提倡的"好读书，不求甚解"。可以采用扫描法，一目十行，对文章迅速浏览一遍，只了解文章大意即可。这种方法可以加快阅读速度，扩大阅读量，适用于阅读同类的书籍或参考书等。

2. 略读

这是一种粗略读书的方法。阅读时可以随便翻翻，略观大意；也可以只抓住评论的关键性语句，弄清主要观点，了解主要事实或典型事例。而这一部分内容常常在文章的开头或结尾，所以重点看标题、导语或结尾，就可大致了解，达到阅读目的。这种阅读方法适合于实用性比较强的书籍，选择自己最需要的内容阅读即可。

3. 再读

有价值的书刊不能只读一遍，可以重复学习，"温故而知新"。著名思想家、文学家伏尔斯泰认为"重读一本旧书，就仿佛老友重逢"。重复是学习之母。重复学习，有利于对知识加深理解，也是加深记忆的强化剂。对于经典的文学作品、哲学类书籍都适合此种阅读方法。

4. 写读

古人云："不动笔墨不读书。"俗语也有"好记性不如烂笔头"之说。读书与作摘录、记心得、写文章结合起来，手脑共用，不仅能积累大量的材料，而且能有效地提高写作水平，并且能增强阅读能力，将知识转化为技能和技巧。

三、开始阅读的第三步是制订阅读计划

制订阅读计划分为两个方面，一是阅读书籍的类别计划，一是阅读书籍的时间计划。

世界上的书籍浩瀚无垠，而一个人的生命是有限的，在有限的生命周期里就需要对阅读的书籍进行短期与长期的计划。不能"眉毛胡子一把抓"没有重点阅读，否则阅读的效果也是甚微的。另外，读一本书也要有时间上的限制。胡适给青年学生提出读书要做到"克期"，"克期"是一本书拿到手里，定若干期限读完，就该准期读完。有计划地进行阅读，在规定时间内阅读完，才能提高阅读的质量与数量。

四、开始阅读的第四步是意志坚定、贵在得法

（一）读书贵在专

读书专，一方面指读书时要专心，另一方面指读书要有系统。读书时要专心，只有心静方能记忆内容，才能有所思。一个时期读的书不能漫无目的，任性而读，而要围绕一个主题，进行专题性阅读与延伸性阅读。培根曾说："看书同吃东西一样，有的随便尝尝就够了，有的应该吞咽下去的，有的应该咀嚼消化的。没有系统的读书，正同随便吃东西一样，一定要弄成胃扩张，不消化。"将自己爱读的关于某个问题的书籍归纳起来，进行系统性的阅读。

（二）读书贵在勤

勤包括阅读要勤，阅读要勤奋，阅读时要勤思考，阅读时要勤动笔。关于读书要勤奋在中国有很多诗词来歌咏之：

"盛年不再来，一日难再晨。及时当勉励，岁月不待人。"（晋　陶渊明《杂诗》）

"劝君莫惜金缕衣，劝君惜取少年时。有花堪折直须折，莫待无花空折枝。"（唐　佚名《金缕衣》）

"昨日兮昨日，昨日何其好！昨日过去了，今日徒烦恼。世人但知悔昨日，不觉今日又过了。水去汩汩流，花落日日少。万事立业在今日，莫待明朝悔今朝。"（佚名《昨日歌》）

"今日复今日，今日何其少！今日又不为，此事何时了？人生百年几今日，今日不为真可惜！若言姑待明朝至，明朝又有明朝事。为君聊赋今日诗，努力请从今日始。"（明　文嘉《今日歌》）

"明日复明日，明日何其多。我生待明日，万事成蹉跎。世人若被明日累，春去秋来老将至。朝看东流水，暮看日西坠。百年明日能几何？请君听我明日歌。"（清　钱泳《明日歌》）

"青青园中葵，朝露待日晞。阳春布德泽，万物生光辉。常恐秋节至，焜黄华叶衰。百川东到海，何时复西归？少壮不努力，老大徒伤悲。"（汉乐府《长歌行》）

"罗马城不是一日建成的"，读书也不是一日能读懂、读透的。读书是一个人一辈

子都要努力的事情，古代雅典著名政治家梭伦用"活到老，学到老"来自勉，可见，读书需趁早，读书要勤奋。只有勤，才能多读书，才能书读得多。

这里的勤还包括勤动笔，用笔记录。"不动笔墨不读书"这是毛泽东的老师徐特立先生给自己订立的读书的要求，也是毛泽东读书时采用的方法。胡适先生之所以有那么多的称谓，也是与其读书勤奋密不可分，就连在外出时他都会带着书籍，看到有用的材料就折角或用铅笔做记号。

（三）读书贵在疑

宋人张载说"读书先要会疑"，"于不疑处有疑方是进矣。"又说："可疑而不疑不曾学，学则须疑。""学贵心悟，守旧无功。"读书时产生的疑其实就是独立思考。胡适说："学原于思，思起于疑。"程颐也曾说："学源于思。"胡适告诉我们："读古人的书，一方面要知道古人聪明到怎样，一方面也要知道古人傻到怎样。"读书产生疑问，也是产生创造性思维的过程。孙中山先生说过："学古人而不为古人戚，用古人而不为古人奴。"这就是说书中的内容对当时的社会是事事适应的，而时代不同，就要对读的书的当下的功用产生疑问，并进而思考为当下所用之处何在。

（四）读书贵在恒

《孟子·尽心上》说："孔子登东山而小鲁，登泰山而小天下。"这句话的意思是人的视点越高，视野就越宽广。随着视野的转换，人们对人生也会有新的领悟。杜甫诗句云"会当凌绝顶，一览众山小"，制高点需要有恒心方能到达。读书的恒心就是不放弃，无论什么环境都不放弃读书，要读得恒久。厚积而薄发，总有一天会让自己的小宇宙爆发。就像中央电视台 2017 年的《中国诗词大会》的获胜者武亦姝同学，她只有 16 岁，诗词的积累量却远超很多成人。她自己表述，平时陆游和苏轼的诗集不离身，只有这种日积月累的坚持，才能取得今日的成绩。

（五）读书贵在熟

俗话说"熟能生巧"，阅读次数多了，阅读时记忆深刻了，阅读的内容就内化到阅读者的脑海里，与阅读者的灵魂融为一体。现在流行的一句话："20 岁之前的容貌是父母给的，20 岁之后的容貌是自己给的。"如何让自己 20 岁之后还能气质有佳、青春永驻呢？从生物学的角度来看，人类到目前为止还没有找到能青春永驻的良方，而精气神的聚揽，气质的培养，可以通过读书来完成。我们在看到百岁的杨绛，看到 90 多岁的许渊冲时，谁也不会评论他们脸上的皱纹，都会为他们的学识而倾倒。这种世纪读书人留下的是文化，在容貌上体现出来的是人生的从容与淡定。"熟读唐诗三百首，不会写诗也会吟"，读书读得熟就能熟烂于心，在需要应用时就能信口拈来。

🔹（六）读书贵在博

博大才能精深，触类才能旁通，读书不能局限于一个类别，仅读一类书籍就如井底之蛙，不知天之广阔，海之无涯。除了阅读本学科的书籍外，还要阅读其他学科的书籍，不同领域的书籍阅读的多了，掌握的知识自然就多，知识之间也可以互相转化。

任务二　笔记有方

人的记忆分为短期记忆与长期记忆，但想将阅读过的书籍或喜欢的句子长期记忆下来，等待需要引用或使用的时候能够信手拈来，最有效的方式就是将文字记录下来，随时能够翻阅。《论语》中提出"温故而知新"，不时地翻阅记录下的文字，或是原文抄录，或是阅读批注，或是阅读感受，都是积累资料的方式。在阅读的时候书写读书笔记就是将文字保留下来的最好方式，而读书笔记的书写与记录方式也是因人、因时而异的。

第一节　读其形，记其神——读书笔记概述

读书笔记从文体上可以划分在应用文范围内，它是学习的一种方式，也是记忆的一种方式，也是个人思想得到升华的方式。写读书笔记，绝不是简单地抄抄写写，而是要有一番对学到知识加工制作的过程，这本身又是一种写作锻炼。俗话说："好记性不如烂笔头。"所以，俄国文学家列夫·托尔斯泰要求自己：身边永远带着铅笔和笔记本，读书和谈话的时候碰到一切美妙的地方和话语都把它记下来。记下重要的知识如有不懂可以再看一下。梁启超还专门论述过这个问题，他说："我们读一部名著，看见他征引那么繁博，分析那么细密，动辄伸着舌头说道这个人不知有多大记忆力记得许多东西，这是他的特别天才，我们不能学步了；其实哪里有这回事。好记性的人不见得便有智慧，有智慧的人倒是记性不甚好。你所看见的是他发表出来的成果，不知他这成果原是铢积寸累，困知勉行得来。大凡一个大学者平日用功总是有无数小册子或单纸片，读书看见一段资料觉有用者，立刻抄下来。短的抄全文，长的抄摘要，记书名、卷数、页数。资料渐渐积得丰富再用眼光来整理分析，便成为一篇名著。想看这种痕迹，读赵瓯北的《廿二史札记》、陈兰甫的《东塾读书

记》，最容易看出来。这种工作笨是笨极了，苦是苦极了，但真正做学问的人总离不开这条路子。"（《治国学杂话》，《饮冰室专集》之七十一《国学入门书要目及其读法》附录二，中华书局1936年，第24页）

从内容上划分，读书笔记可以记录读书心得，可以摘抄书中优秀的词语、精彩的句段。从写作的方式上看，读书笔记的格式不拘一格；从书写的方式上来看，可以是直接在书上的空白处书写，也可以在自己精心准备的本子上书写；从书写的内容来看，可以是写自己的心得、感受，也可以是对书中原文的摘录、对书中内容的提炼、凝缩。

读书笔记写作本身就是知识积累的过程，所以写完的读书笔记要定期地翻看，才能对已有的知识起到巩固作用，还能对知识起到创新作用。顾颉刚之子谈及其父时说："父亲一生治学，留下了一部分极富特色的文字，这就是他从1914年至1980年记了60多年的、积累了约200册400万言的读书笔记，它们已成为父亲全部著述的重要部分。父亲生性遇事注意，并勤于动笔，或写下直接的闻见，或记录偶然之会悟，总之不放过每一个思想的火花，使其留于札牍，把笔记簿当成随手可稽的工具，为作文著书打基础。"（《关于顾颉刚先生读书笔记的特色》，《文史哲》1993年第2期）

阅读的过程中书写读书笔记，无论是从知识的积累还是思维的开发上，都起到一定的积极作用。

一、积累知识，提升记忆能力

梁启超曾说："若问读书方法，我想向诸君上一个条陈，这方法是极陈旧的，极笨极麻烦的，然而实在是极必要的。什么方法呢？是抄录或笔记。……当读一书时，忽然感觉这一段资料可注意，把它抄下来。这件资料，自然有一微微的印象印入脑中，和滑眼看过不同。经过这一番后，过些时碰着第二个资料和这个有关系的，又把它抄下来，注意加浓一度，经过几次之后，每翻一书，遇有这项资料，便活跳在纸上，不必劳神费力去找了。这是我多年得来的实况。"（《治国学杂话》，《饮冰室专集》之六十九，中华书局1936年，第25页）

读书笔记或是抄录阅读书籍中的优秀词语或是精彩的句段，这一抄录的过程也是不断积累知识的过程，而且经由阅读者抄录的句子势必是阅读的人喜欢的，感动的，能震撼心灵的，这样的内容抄录越多，对于阅读者来说积累的知识就越多。如钱钟书先生就有写读书笔记的习惯，而且对于一本书，在读第二遍、第三遍时还会不断地补写读书笔记，他曾说："有些书中的精彩句子，读一遍是体会不到的，读第二遍时才能发现其精彩之处。"书写读书笔记同时也是一个记忆的过程。俗话说"好记性不如烂笔头"，再好的记忆也是有"保质期"的，尤其是对书中的原话能够一字不差记忆下来，光靠单纯的大脑记忆都是一件难事，而通过书写读书笔记的方式，阅读者可以重复地翻看读书笔记，能够不断地重温抄录的内容，每一次的翻看都是加深一遍记忆，无形中就能将抄录的内容印入头脑了。清初顾炎武的《日知录》，是读书笔记的巨著。他在《与人书十》里，谈到有两种书：一种是收旧钱将称作废铜的来铸新钱，既粗制滥造，又毁坏了好的旧钱；一种是开山采铜矿来炼铜。他的《日知录》，"早夜诵读，反复寻究，仅得十余条，然庶几采山之铜也。"

二、净化心灵，提高写作能力

阅读是一个人私密的事，书写读书笔记更是和阅读者的喜欢与兴致有关。读书笔记里抄录的词语是阅读者喜欢的。在抄录时，有人喜欢唯美的词汇，有人喜欢悲情的句子，有人钟爱出人意料的结局……不管哪一种，那些被抄录的词汇都能触动阅读者的内心，忧郁时能从抄录的句子中体会到"人生不如意事十之八九"，也就释然了。喜悦时能从抄录的句子体会到幸福都是来之不易的，要倍加珍惜。越是能触动心灵的句子，阅读者越是有感而发，在书写读书感悟时，将阅读者的表达与人生历程相结合，每一篇读书笔记的感悟都是一次心灵的激荡，是不掺杂任何别人的观点的，都是原创作品，这样，也无形中提高了阅读者的写作能力。清龙启瑞说："愚谓今日诸生，读史必须手边置一札记，随其所得，分类记之。记古人之嘉言懿行，则足以检束其身心；记古人之善政良谋，则足以增长其学识，以至名物象数，片语单辞，无非有益于学问文章之事，当时记录一过，较之随手翻阅，自当久而不忘，且偶尔忆及与蓄疑思问，其检查亦自易易。此为读史要诀，诸生所宜尽心。"（《经籍举要》史类《资治通鉴》提要）龙氏所说，当然不局限于史学著作，对于阅读其他类型书籍也适用。

三、业有所专，提高创新能力

读书笔记的记录不是盲目地抄写书中的内容，而是需要阅读者对阅读的内容有所取舍，记录的对阅读者来说都是"有用"的内容，能够对阅读者的某个能力有所提升的内容，这样的内容积累的多了，无论是对生活来说，还是对工作来说，都会产生潜移默化的影响，这种影响最直接的就是能对阅读者的创新能力有所提高。严家炎说得好："读书要有效果，一定要做笔记。笔记的作用，不仅是消极的，不仅是为了记下读书的当时产生的那些闪光的思想和精彩的语言，使之不要被遗忘；它还有更积极的意义，即可以促使我们在整理自己原始想法的过程中把思想系统化和深刻化，促使我们摆脱那种'学而不思'的状态，不做思想懒汉。我自己有这样的体会：一些本来尚处于朦胧状态的思想，经过做笔记过程中的加工整理，不仅明确了，而且丰富了、升华了，于是变得一发而不可收，记下一大篇东西来，犹如从蚕茧上理出一个丝头，能得到一大堆蚕丝一般。这就是记笔记的好处。我们应该养成这个习惯，不要偷懒，不要把它看作可有可无的事情。"（《严家炎自述》，《世纪学人自述》，北京十月文艺出版社，2000年，第473页）例如，记录关于感情方面的内容比较多，就能更懂得感恩，懂得情感需要培养，婚姻需要经营。创新能力的提升不是一日之功，需要在占有大量资料的基础上，经过思考、研究，才能迸射出创新的火花。读书笔记的书写记录就是占有资料的过程，而且这种资料的占有是分类别的，阅读书籍上的内容大多是经过实践检验的。梁启超也谈到过这个问题："读书莫要于笔记，朱子谓老吏断狱，一字不放过。学者凡读书，必每句深求其故，以自出议论为主，久之触发自多，见地自进，始能贯串群书，自成条理。经学、子学尤要，无笔记则必不经心，不经心则虽读犹不读而已。"（《读书分月课程·学要十五则》，《饮冰室专集》之六十九，中华书局1936年，第4页）

第二节　取其骨，择其要——读书笔记的书写方法

读书笔记的记录方式因人而异，但不同的记录方式也反映了一个人阅读书籍的水平高低。有人说：低水平读书人看完的书上画满了重点线，而高水平读书人看完的书上写满了批注。历史上牛人读书都喜欢在书页的空白处批注。据说人们一般不爱把书借给毛泽东看，因为他看完之后别人没法看了，书上密密麻麻全是他的批注。

对于写在本上的读书笔记，无论采用哪种书写的方式，都需要在做读书笔记时率先将下列要素写上：读书笔记书写的日期，阅读作品名称，作品作者的姓名、时代，出版社，出版日期，页码等，便于引用和核实。

方法指导

例如《人生哲思录》（周国平著，上海辞书出版社2011年5月第1版，第84页）中："注重内心生活的人善于把外部生活的收获变成心灵的财富。"

一、摘抄式

摘抄就是原文抄录，将阅读的书中优美的词语，精彩的句子一字不差地抄录在读书笔记上。这是在书写读书笔记时常用的一种方法，采用这种方法也是积累知识的一个过程。但摘抄的内容需要阅读者有所取舍。郑板桥曾对儿子说：

"凡经史子集，皆宜涉猎，但须看全一种，再易他种，切不可东抓西拉，任意翻阅，徒耗光阴，毫无一得。阅书时见有切于实用之句，宜随手摘录，若能分门别类，积成巨册，则作文时可作材料，利益无穷也。"（《潍县署中谕麟儿》，《郑板桥全集》，齐鲁书社，1985年，500－501页）

摘抄的内容分为以下两种。

❯ （一）以作者的写作目的为中心的摘抄

这种摘抄的方法就是以作者在文中要表达的主要内涵为中心，将最能体现文章主旨的句子摘抄下来，这种摘抄对于阅读者来说需要充分领会文章的主旨，才能找出要摘抄的句子。

方法指导

如在阅读由北京出版社出版集团北京十月文艺出版社2009年5月第1版路遥的《人生》时会摘抄第212页的句子：

"一个男子汉，不怕跌跤，就怕跌倒了不往起爬，那就变成个死狗……"

这句话是书中的德顺爷爷在面对生活失去了信心的高加林时说的一段话中的一部分，其实也是作者要表达的是在社会不能全部满足青年人的生活要求时，应该正确地对待生活和对待人生。

❯ （二）以读者内心的需求为中心的摘抄

摘抄的文字是能触动读者自己内心的语言，这些被摘抄的文字可能不是大众一致认为的能表现文章主旨的句子，但却与阅读者产生了心灵的共鸣，阅读者读到这样的文字就心潮澎湃，就心花怒放，有与知己相谈的感受，有如同他乡遇故知的欣喜。

方法指导

如我们在阅读人民文学出版社2005年1月北京第1版霍达著的《穆斯林的葬礼》时会摘抄第435至第436页的一段：

"新月毕竟太年轻了，太年轻了，人生的路，她才刚刚走了19年，只要还有一线希望，她怎么能放弃自己？即使命运剥夺了她的一切，只要楚老师还留在身边，她就要坚强地活下去！她的眼前，仿佛出现了一条曲曲折折、坎坎坷坷但又望不到尽头的路，一个倒下了的人又支撑着站起来，不顾一切地朝前走去。那不是在阿拉斯加淘金的人，那是她自己，朝霞披在她的头上、肩上，闪烁着比金子还要灿烂的生命之光。不，那不是她一个人，楚老师和她在一起，肩并着肩，手拉着手，两个身影已经融成了一个生命……"

这段话每每读到的时候都能让人热泪盈眶，在一个人知道自己将不久于世时，仍然对美好的生活充满着向往，充满着幸福的希望，读之多么令人酸楚，又鼓舞人，要珍惜当下，珍爱拥有的一切。

二、批注式

批注是我国传统的读书方法之一，是在阅读的时候将阅读的感受、疑惑不解之处，随手写在书中的空白处。批注式读书笔记书写是在摘抄的基础上，对文字进行分析与评论。批注包括两个方面的内容：批，指的是对文中的内容进行思考；注，指的是将自己思考的结论用文字表达出来。毛泽东主席最常用的读书笔记的方法就是在书中进行批注。王季思介绍过古人常用这种方法，他指出：

"最简单是在书上做记号，最先他们所用的记号是画、是抹。《朱子语录》：'某20年前得《上蔡语录》观之，初用朱笔画出合处；及再观则不同，乃用粉笔；三观则又用墨笔。数过之后，全与原看时不同。'又朱子论读书法说：先以某色笔抹出，再以某色笔抹出。所谓抹，所谓画，都是在文章的紧要处或精彩处，画一条线。宋吕祖谦的《古文关键》，楼昉的《迂斋评注古文》，也都是用这个方法指示读者的。现在学生看书，遇到应该注意的地方，大都用铅笔、自来水笔或颜色笔画出来，不知这正是800年前人的读书方法。稍后一点，是用圈点。谢枋得的《文章轨范》，方回的《瀛奎律髓》，罗椅的《放翁诗选》，都是附有圈点的刻本。（这圆点不是标点的符号，而是鉴赏的符号。）这种方法从元、明以来，日见流行，直到现在才渐渐地少用了。"（《语录与笔记》，《玉轮轩古典文学论集》，中华书局，1982 年，第 322 页）

在阅读时对词语、句子进行圈圈画画，是精读作品时常用的一种方法。在批注的内容上可以从内容、写法、结构、语言等方面给文章加上评语。这种方法的好处是简便、灵活，有助于培养言简意赅的好文风。

（一）批注的类别

注释：在读书时，遇到不认识或难懂的字、词，查字典，找参考书，弄清词义，指明出处，写在空白处。

提要：边看边思考，用简练的语言概括中心思想，把握文章脉络，提示语言特点。

批语：读书时，会有各种思想、见解、疑问产生，这些内容可随手写在空白处。

警语：在读书时，发现优美语句、典范引文、重要段落、新颖说法及特别值得注意的地方，为提醒自己，可批注上"注意""重要""用心记住""抄写笔记"等字样，使自己注意力集中，并为今后重点阅读提供条件。（注意：不能在图书馆或从他人处借的书上做批注。）

批注时应注意用语简洁、精练，语言通顺，不能太烦琐，用自己的话准确概括，做到言简意赅。

（二）常用批注符合及作用

"～～～"波浪线（也叫曲线），画在文章精辟和重要的语句下面。

"○○○○"圈，标在文章的难词下面。

"——"直线，标在文章中需要着重领会加深记忆、理解的语句下面。

"?"疑问号，用在有疑问的语句末尾。

"‖""/"分隔号，用来划分段落与层次。

（三）批注书写的位置

批注书写的位置通常有三个地方：书写在书头上被称为"眉批"或"首批"；书写在字、词、句的旁边，书页右侧的被称为"旁批"或"侧批"；书写在一段或全文之后的被称为"尾批"。

（四）批注书写的方式

感悟式批注：就是将阅读书籍的感受及体悟书写出来。

点评式批注：就是对阅读的书籍进行评论，这种批注方式，多采用议论的方式，将自己对书籍或褒或贬的评论写出来。

疑问式批注：就是对阅读的内容产生疑问，包括对字、词、句子及整篇文章的疑问都写出来。对阅读的书籍进行质疑也是培养独立思考能力的一种方式，也是阅读方法中思考的重要组成部分。疑问式批注方法，有利于培养学生的探究精神。质疑本身就是一种思考，一种挑战，一种探索。

方法指导

如毛泽东在阅读鲁迅的《唐朝的盯梢》这篇文章时，他根据词律的音韵平仄，将"那里面有张泌的《浣溪沙》调十首，其九云：晚逐香车入凤城，东风斜揭绣帘轻，慢回娇眼笑盈盈，消息未通何计从，便须伴醉且随行，依稀闻道太狂生"这段文字中的"从"字改成"是"字。据中华书局出版的《全唐诗》卷898载，确实是"是"字，而不是"从"字。善于发现一般人不容易发现的错误，从中可见其读书的仔细。

联想式批注，就是由阅读的内容而想到相关或相反的知识，这种批注的方式是开拓阅读者思维的一种较好的方式。在实践中，毛泽东更是善于灵活运用书本知识。如将《孙子兵法·始计篇》中的"兵者，诡道也。故能而示之不能，用而示之不用，近而示之远，远而示之近"和《孙子兵法·兵势篇》中的"故善动敌者，形之，敌必从之"等思想，通俗地概括成为"声东击西"的原则，并灵活地运用在平型关、孟良崮等战役中。

批注式阅读的开展，丰富了阅读者的情感体验，形成了他们的阅读个性，让读书不再处于一种被动局面，不再成为一种负担，相反读书已经变成了一种精神需求。在这个过程中，阅读者得到的不仅是知识的增加，能力的提高，更为重要的是，在批注式阅读中找到了读书的乐趣，得到了健全的心智，形成了独立的思想，拥有了自主的精神。因为有了批注式阅读，才让阅读者的个性得以神采飞扬。

三、读后感式

读后感是常用的读书笔记书写的方式之一，是一个人从小学就开始使用的记录读书的一种方式。读后感是在阅读的基础上，有感而发，读是前提，感是重点。所谓"感"，可以是从书中领悟出来的道理或精湛的思想，可以是受书中的内容启发而引起的思考与联想，可以是因读书而激发的决心和理想，也可以是因读书而引起的对社会上某些丑恶现象的抨击、讽刺。

（一）读后感书写格式

读后感从文体上可以归为议论文，是记录对阅读的书籍的感想与体会。在书写上主要包括以下几个方面。

一是概述文章或作品，用简洁的话语将阅读的文章或书籍的内容进行概述，这种概述是整体上的概述，包括阅读的书籍或文章名称，作者等。

方法指导

如：《国学开讲》，作者范曾。

二是提炼出文章或书籍的主要观点，提炼的观点可以是文章或书籍的主要观点，也可以是分论点。

三是结合实践提出自己的观点，自己提出的观点可以和书籍或文章的观点相同。

（二）读后感的写作方法

首先是引用，就是在书写时围绕阅读时感触最深的一点引述原文材料，简述原文有关内容，概括本文的主要内容，要用简练的语言将重点内容书写出来。

其次是议论，也就是根据引用的原文材料，进行分析，提炼感受点，指出基本观点。

这一环节也是读者自己阅读书籍的思考的结果，是将阅读时对书中内容的思考以文字的方式呈现出来，同时将自己的感悟点有逻辑性、有层次地表达出来。在引出"读"的内容后，要对"读"进行一番评析。既可就事论事对所"引"的内容做一番分析，也可以由现象到本质，由个别到一般做一番挖掘；对寓意深的材料更要做一番分析,然后水到渠成地"亮"出自己的观点。要选择感受最深的一点,用一个简洁的句子明确表述出来。这样的句子可称为"观点句"。这个"观点句"表述的就是这篇文章的中心论点。"观点句"在文中的位置是可以灵活,可以在篇首,也可以在篇末或篇中。初写者最好采用开门见山的方法,把"观点句"写在篇首。

再次是联系实际,纵横拓展。读书的目的不是"人云亦云",也不是"拾人牙慧",而是达到"古为今用""洋为中用"的目的,是指导现今的实践。要根据阅读的内容,提炼观点,联系实际,并对现实起到一定的指导意义,这种指导意义或是方法上的,或是精神指引上的。

写读后感最忌的是就事论事和泛泛而谈。就事论事撒不开,感受不能深入,读后感就过于肤浅。泛泛而谈,往往使读后感缺乏针对性,不能给人以震撼。重要的是要紧密联系实际,既可以由此及彼地联系现实生活中相类似的现象,也可以由古及今联系现实生活中相反的种种问题;既可以从大处着眼,也可以从小处入手。当然在联系实际分析论证时,还要注意时时回应,或呼应"引"部,使"联"与"引""藕断而丝连",这部分就是议论文的本论部分,是对基本观点(即中心论点)的阐述,通过摆事实讲道理证明观点的正确性,使论点更加突出,更有说服力。这个过程应注意的是,所摆事实、所讲道理都必须紧紧围绕基本观点,为基本观点服务。

最后是总结全文,升华感悟点。读书的目的是为了感悟书中的道理,在现实生活中具有指导意义。在书写读后感时,可以采用再次点明观点的方法,让读书的意义更加突显。

（三）写读后感的注意事项

1. 写读后感绝不是对原文的抄录或简单地复述,不能脱离原文任意发挥,应以写"体会"为主。

要弄懂原作,"读"是感的基础,"感"是由"读"而生。只有认真地读书,弄懂难点疑点,理清文章的思路,透彻地掌握文章的内容和要点,深刻地领会原文精神,结合历史的经验、当前的形势和个人的实际,才能真有所"感"。

2. 要写得有真情实感。应该发自内心深处的感受,绝非"检讨书"或"保证书"。

要写出真情实感,就是要写自己的真情实感。自己是怎样受到感动和怎样想的,就怎样写。把自己的想法写得越具体、越真实,文章就会情真意切,生动活泼,使人受到启发。千万不可有假大空的嫌疑。

3. 要写出独特的新鲜感受,力求有新意的见解来吸引读者或感染读者。

要抓住重点。读完一篇(部)作品,会有很多感想和体会,但不能把这些都写出来。读后感是写感受最深的一点,不是书评,不能全面地介绍和评价作品。因此,要认真地选择对现实生活有一定意义的、有针对性的感想,要避免泛泛而谈、漫无中心和不与事例挂钩等弊病。怎样才能抓住重点呢?我们读完一部作品或一篇文章后，自然会受到感动，产生许多感想，但这些感想大多是零碎的，有些是模糊的，一闪而过。要写读后感，就要善于抓住这些零碎、甚至是模糊的感想，反复想，反复做比较，找出两个比较突出的、对现实有针对性的感想，再集中精力凝神地想下去，在深思的基础上加以整理。也只有这样，才能抓住具有现实意义的问题，写出真实、深刻、用于解决人们在学习上、思想上和实践上存在的问题以及有价值的感想来。

4. 注意不要写成流水账。

（1）要认真思考。读后感的主体是"感"。既要写实感，还要在读懂原作的基础上作出自己的分析和评价。分析和评价是"感"的酝酿、集中和演化的过程，有了分析和评价，才有可能使"感"紧扣原作的主要思想和主要观点。

（2）要避免脱离原作，东拉西扯，离开中心太远。所以，写读后感就必须边读边思考，结合历史的经验、当前的形势和自己的实际展开联想，从书中的人和事联系到自己和自己所见的人和事，那些与书中相近、相似的人和事或观点，那些与书中相反、相对的观点，自己赞成书中的什么，反对些什么，从而把自己的感想激发出来，并把它条理化、系统化、理论化。总之，想得深入，才能写得深刻感人。

四、思维导图式

思维导图是由东尼·博赞（Tony Buzan）创建的，是有效的思维模式，是应用于记忆、学习、思考等的思维"地图"。思维导图运用图文并重的技巧，把各级主题的关系用相互隶属与相关的层级图表现出来，把主题关键词与图像、颜色等建立记忆链接。采用思维导图方式进行记录读书，主要是将书中的内容以图画的方式勾画出来，使阅读者对书中的内容记忆深刻，同时可以针对阅读者感兴趣或能表达书中主要内容的关键词或句子在思维导图中勾画出来。主要的勾画过程包括以下几种。

（一）阅读书籍

如果是理论性书籍，很多情况下前后章节连续性不是很强，可以在读完一章之后进行一次整理。如果是整体性较强的书籍，并且在短时间内可以阅读完成，可以读完全书一并制作思维导图，这个根据实践情况和书籍难度自行判断。

（二）构建框架

可以直接将书籍的目录录入到思维导图中，也可以选择比较重要的部分录入。主要的目标是将书籍中最重视的部分框架清晰地反映在思维导图中。

（三）录入重点

将书中的重点论证部分录入思维导图，同时将自己摘录、勾画的部分录入，这个时候不必变更书中原句，简单地录入即可。这时有两种内容：第一种是和书籍框架及论证有关的，放入导图的对应分支下；第二种是与框架无关的，可以在导图中建立一个"杂项"的分支，将所有内容统统扔进这个分支下。

（四）调整方式

如果读书的目的不是为了了解作者的思路或者纯粹和作者有关的东西，那么绝对不关心作者或者本书的思维框架如何，但是在书中可能关心其中某些部分。比如在《如何阅读一本书》中，关心如何做分析阅读，如何做检视阅读，如何做主题阅读，那么可能要做三个主要的分支。

（五）论证引入

将内容和论证放入相应分支中，完成整体框架的构建，这就是该细化的时候了。

（六）细化语言

细化每个分支的逻辑性和语言。

框架已经有了，每个分支下也有了一定内容，但是每个独立分支下的逻辑性并不清楚，需要将书中原话转变成自己理解的话语，尽力简化；同时，将这些句子的逻辑关系理清，用分支的形式体现出来，这时就有了一个层次分明、逻辑清楚的思维导图了。

（七）处理杂项

大家没有忘记杂项中还有很多内容吧，处理一下这些句子，有些内容可以放入前面整理出的框架中，有些内容则和全书整体框架并不相关。

（八）内容归档

比如管理一个专门的导图，日常杂项一个导图，谈读书系列一个导图。将杂项中的内容分门别类地归入这些导图中去，不必太过意构架和体系，可以同样在它们中建立杂项，加入进去就可以了，等到想用的时候再说，到时候不过是一个搜集资料的过程而已。同时，最好注明该条出自哪本书及页码。

第三节　多其样，任其选——读书笔记的记录方式

读书笔记记录的方式是多样的。随着电子产品的不断增多，记录读书笔记也从单纯地用纸张记录，发展到用电脑或手机等电子产品将知识以电子文档记录保存的方式。现在常用的读书笔记记录的方式如下。

一、笔记本

采用笔记本记录读书笔记是最传统的方式之一。可以准备专门的笔记本用来抄

原文、写提纲、记心得、写综述。采用这种方式的长处是便于保存，缺点是不便分类，但可按类单独成册。

二、活页本

活页本可用来记各种各样笔记。这种记录方式的好处是便于分类，节约纸张，也便于日后查阅。

三、卡片

卡片式记录方式是将要记录的内容分类写在卡片上。卡片式与活页式的共性是便于分类，便于灵活调动又节省纸张。卡片可按目排列，但篇幅小，内容不宜长。

方法指导

如王利器说：读书要全靠记忆，哪里记得住许多。除了我在家塾里读的那些死书，至今尚能背诵而外，我全是利用卡片来帮助记忆力之所不及，来处理所搜集的第一手资料。十几二十年来，我积累了数以万计的卡片。十年内乱中，我蒙受的损失最大的要数这批卡片。(《王利器自述》，《世纪学人自述》，北京十月文艺出版社，2000 年，第 210 页)

四、剪报

剪报顾名思义是将报纸和有用资料剪下来，这种记录方式适用的范围是报纸、杂志，通常不适用于书籍。剪下来的长文章可贴在笔记本或活页本上，短小材料可贴在卡片上。剪报材料可加评注，也可分类张贴，要注明出处，以便使用。

五、全文复印

对于全文都非常有价值的内容，如重要读书材料，想将阅读的内容记录下来，为保持完整性，可全文复印编目分类留用。

六、记忆

如果能用大脑记下来的话，就能更好地在生活中运用这些笔记中的知识。这种记录方式是采用其他方式中必须要增强的一项，目的都是在需要应用时能快速地引用，如果能用大脑记忆，就能更便于对知识的应用。

七、书签式

平时读书时遇到需要背诵的内容，可记在书签上，夹在书里、放在口袋里或插在专放书签的袋子里，一有空就读一读背一背，记得牢为止，再把它存放起来，可以帮助记忆。

八、图像式

阅读完之后，可以将书中的主要内容和重点整理成概念图或思维导图，相对于传统的文字式读书笔记，图像式更加方便快捷。

九、电子文档

将阅读的书籍或文章，采用电子文档的方式存在电脑或移动硬盘中。这是信息化时代的产物，这种方式的好处是便于保存，易于查询，可以不受时间和空间限制而添加内容，同时易于分类。

十、索引式

索引读书笔记是只记录文章的题目、出处的笔记。如书刊篇目名、编著者、出版年月日、藏书处。如果是书，要记册、章、节；如果是期刊，要记期刊号；报纸要记年月日和版面，以备日后查找方便。

读书笔记的记录方式多样，采用哪种方式是因人、因时而变的，在记录时也不是单一的方式，可以多种方式同时采用，便于资料的留存。

任务三 知史明智

第一节 历史书籍的类别

一、阅读历史类书籍的意义

司马光砸缸、曹冲称象这些历史小故事是自我们咿呀学语就耳熟能详的语言启蒙；当我们走入学校，历史课是小学中学的必修科目；当我们开始自由地阅读，历史类书籍也总是在阅读推荐书目中有一席之地，凡此种种，无不说明历史类书籍的阅读具有重要意义。

（一）记得来路，知晓方向

钱穆先生在其著作《国史大纲》一书的开篇讲述了 4 条作者声明：

第一，当信任何一国之国民，尤其是自称知识在水平线以上之国民，对其本国以往历史，应该略有所知。

第二，所谓对其本国以往历史略有所知者，尤必附随一种对于本国以往历史之温情与敬意。

第三，所谓对其本国以往历史有一种温情与敬意者，至少不会对其本国以往历史抱一种偏激的虚无主义，亦至少不会感到现在我们是站在以往历史最高之顶点，而将我们当身种种罪恶与弱点，一切诿卸于古人。

第四，当信每一国家必待其国民备具上列诸条件者比较渐多，其国家乃再有向前发展之希望。

钱穆先生的《国史大纲》写于民族危亡之时，希望国民在了解本国历史的基础上，对祖国充满温情与敬意，以生发出保种护国之心。战乱之时如是，和平之时更应如是。只有记得来路，知道今天何以成为今天，才有向前发展之希望。

（二）高山仰止，景行行止

历史是由一个个具体的人组成的，在我们阅读历史的过程中虽然绝大多数人的事迹终究会淹没于历史长河，但也总有一些人的言行如同夜空中的点点繁星，闪烁光芒，千百年后依然指引着人们的人生之路。这样的人物古今中外不胜枚举，通过阅读历史我们会认识他们，了解他们，他们的言行会教会我们在人生面临选择的时候分辨出什么是是非。

（三）鉴于往事，资于治道

读史可以鉴今。唐朝重臣魏征死去时，唐太宗说："以铜为鉴，可正衣冠；以人为鉴，可明得失；以史为鉴，可知兴替。"历史会告诉人们过去所发生过的事情，当相同的情况再次出现的时候，人们便可以选择趋利避害，作出修改，或是避免已经发生过的情况再次发生。

（四）世事洞明，人情练达

史书中有很多君王治理国家事务的记载，也有不同的历史人物在面临不同处境时的言行记录，这些经验已经被有心人整理并应用于企业管理和日常人际交往之中。在阅读历史书籍的同时善于思考，联系事务纷繁复杂的关系，这样的思索会磨砺一个人的智慧。尤其是刚刚走入社会的青年学生，可能在现实生活中并没有更多的可供借鉴的经验为自己所用，但如果你了解历史，善于举一反三，一定会从中受益的。

（五）积累知识，开阔视野

在工作和日常生活当中我们会发现，总有那么一些人，他们知识渊博、谈吐风趣，无论聊到什么样的话题都会有独到的见解；还有一些人，他们才思敏捷、文采斐然，在写文章的时候引经据典、挥洒自如。如果我们再留心观察不难发现这样的人往往都具有比较丰富的历史知识。历史人物事迹、历史典故、甚至我们国家的许多成语无不与历史相关，这些都是我们在交谈和写作当中的良好素材。经常抱怨自己讲话的时候无话可说，写作的时候无话可写的同学，相信多读读历史类书籍会对你有帮助的。

二、历史类书籍的自身特点

（一）历史的不确定性

虽然历史记载以真实为第一要务，但与之相悖的是，我们今天所能接触到的历史记载很可能是不真实的。

在《如何阅读一本书》中，作者举了这样一个例子来确切说明这个问题，让我们援引如下。

"或许你加入过陪审团，倾听过像车祸这类单纯的事件。或许你加入的是高等法院陪审团，必须决定一个人是否杀了另一个人。如果这两件事你都做过，你就会知道要一个人回忆他亲眼见到的事情，将过去重新整理出来有多困难——就是一个小小的单纯事件也不容易。

法庭所关心的是最近发生的事件与现场目击的证人，而且对证据的要求是很严格的。一个目击者不能假设任何事，不能猜测，不能保证，也不能评估（除非是在非常仔细的情况掌控之下）。当然，他也不可以说谎。

在所有这些严格规范的证据之下，再加上详细检验之后，身为陪审团的一员，你是否就能百分之百地确定，你真的知道发生了什么事吗？

法律的设定是你不必做到百分之百的确定。因为法律设定陪审团的人心中总是有些怀疑的感觉。实际上，为了审判可以有这样与那样的不同决定，法律虽然允许这些怀疑影响你的判断，但一定要'合理'才行。换句话说，你的怀疑必须强到要让你的良心觉得困扰才行。

历史学家所关心的是已经发生的事件，而且绝大部分是发生在很久以前的事件。所有事件的目击者都死了，他们所提的证据也不是在庭上提出的——也就是没有受到严格、仔细的规范。这样的证人经常在猜测、推想、估算、设定与假设。我们没法看到他们的脸孔，好推测他们是否在撒谎（就算我们真的能这样判断一个人的话）。他们也没有经过严格检验。没有人能保证他们真的知道他们在说些什么。

所以，如果一个人连一件单纯的事都很难确知自己是否明白，就像法庭中的陪审团难下决定一样，那么想知道历史上真正发生了什么事的困难就更可想而知了。一件历史的'事实'——虽然我们感觉很相信这两个字代表的意义，但却是世上最难以捉摸的。"

以上例子仅仅在于说明，即使是当事人确然在场，然而在事后回顾复述的时候都往往因为各种原因而与事实有所出入。而我们所谓的历史，绝大多数都是发生在久远年代之前的事情，即使当时的人们没有出错也难免不会在漫长的流传过程中出现谬误。

在以西汉初年为背景的历史小说或影视剧中经常会出现的一个桥段是：汉惠帝刘盈迫于母亲吕后的压力娶了自己外甥女。这出舅甥结婚的乱伦戏码很多人都相信了。然而历史的真实情况可能并不如此。

据考证，在《史记》当中，提到张皇后的记载是"敖女"，即张敖的女儿，而并没有提到她是张敖与妻子鲁元公主（吕后之女）的女儿。而《史记》当中，陈阿娇是"长公主嫖女"，即馆陶公主刘嫖之女，陈阿娇的兄弟是"长公主子蟜"。按照《史记》的体例，我们的确很难说张皇后就是鲁元公主的女儿。但是到了东汉班固《汉书》时，提到张皇后的记载依然是"公主女"。所以也有说法认为，张皇后并不是鲁元公主的女儿，所以她嫁给汉惠帝并不是什么舅舅娶了亲外甥女的丑剧。

两种观点孰是孰非并没有确定的答案。但这却给我们阅读历史提供了一个需要注意的地方。我们今天所看到的历史记载它可能并不是历史的真实面貌，不管怎样，书写的历史永远小于真实的历史，所以我们对待历史要始终保持一颗审慎的心。你对感兴趣的历史事件或时期尽可能阅读一种以上的历史书，对书籍的内容互相认证，在历史的记载发生抵牾的时候要有自己的思考，尽量接近历史的真实。

（二）历史的理论性

毋庸讳言，对于历史阅读来说最客观的只有历史事实，在什么时间什么地点发生了哪些事情，参与的有哪些人物等。但是，即使你把所有的内容都烂熟于胸，对理解世界可能也没有更多的帮助。这就显示出了历史理论的重要性。

古往今来的许多历史学家或历史学派，不论其自觉与否，都有关于历史发展的理论性论述，以至建立了各自的历史理论。诸如历史是不是运动的、变化的，历史发展的趋向是什么，历史发展的决定性因素是什么，地理环境在人类历史发展中起何种作用，历史发展是否有规律，等等。

当然，也有很多人对于历史理论存疑。比如说大家都比较熟悉的小说家列夫·托尔斯泰，他认为，造成人类行为的原因太多，又太复杂，而且动机又深深隐藏在潜意识里，因此我们无法知道为什么会发生某些事。他的观点被许多历史学家尤其是一些近代的历史学家所认同。

在这里我们无意于对深奥的历史理论进行深入细致的讨论。摆出以上不同的观点只是想说明，一个认真负责的历史学家一定是尽量去做到客观真实的，他的陈述、观点以及推导出的结论都是经过审慎思考的。但我们不能忽略的是，很多历史学家难免会受到自己所推崇的历史理论的影响，因此而自觉不自觉地在史实当中找到一个共同的模式或规律。即使他没有这样做，其实也很难保证任何一个研究者为了说明自己所信服的结论而对推导出这些结论的材料有所取舍。

✈ （三）历史的普遍性

古希腊历史学家修昔底德说过，他写历史的原因是："希望经由他所观察到的错误，以及他个人受到的灾难与国家所受到的苦楚，将来的人们不会重蹈覆辙。"他所描述的人们犯下的错误，不只对他个人或希腊有意义，对整个人类来说更有意义。

司马迁在《报任安书》中曾经说过自己写《史记》是为了"究天人之际，通古今之变，成一家之言"。简单说来，就是研究探索自然规律和社会规律之间的对立统一关系，理顺明白从古代到现在的变化迁移，成就自己的独立完善的理论著述。

江泽民同志在其《始终做到"三个代表"是我们党的立党之本、执政之基、力量之源》重要讲话中提道：历史上许多不可一世的帝国，最后都在历史的运动和人民的反抗中垮台了。中国自古以来也经历了许多朝代更替。奥斯曼帝国曾经十分强大，但西欧国家经过文艺复兴和工业革命快速发展起来，形成了强大的经济技术优势。奥斯曼帝国最后不堪一击、分崩离析，与它在经济技术上的落后有密切关系。15世纪以前，中国的科学技术在世界上是领先的。但是，当欧洲经济技术迅速发展时，中国却由于封建主义制度和思想的长期束缚而落伍了。近代以来，中国受到西方列强的野蛮侵略和蹂躏。历史反复说明，违背历史规律和人民要求，不紧跟人类社会经济文化和科技进步发展的潮流，一个国家、一个民族不论曾经多么强大，最终也是要落伍的，而落后就会挨打。我曾经引用过唐代诗人杜牧在《阿房宫赋》中写下的一段话。他说："灭六国者，六国也，非秦也。族秦者，秦也，非天下也。嗟乎！使六国各爱其人，则足以拒秦。使秦复爱六国之人，则递三世可至万世而为君，谁得而族灭也？秦人不暇自哀，而后人哀之；后人哀之而不鉴之，亦使后人而复哀后人也。"很值得我们深思啊！

我们耳熟能详的一句话是：历史总是惊人地相似。

历史是由古到今的故事，我们期待的是明天的故事，但我们知道明天的故事很大程度上取决于今天的选择。阅读历史时，不只要关心在过去某个时间、地点真正发生了什么事，还要读懂在任何时空之中，尤其是现在，人们为什么会有如此这般行动的原因。

三、历史类书籍的分类

我们在做历史书籍分类时参照了《中国图书馆图书分类法》（以下简称《中图法》），但因为我们的分类旨在对高职院校学生的日常阅读作出指导帮助，所以会与《中图法》有所不同，删减了一些专业性极强的类别，加入了一些内容与历史紧密相关的文学类书籍。

（一）中国史书籍

中国史书记载的第一个朝代夏朝（约前2070—约前1600年）至今大约有5 000年的时间了，记录这5 000年历史的书籍，无论是通史还是断代史都可以归入这一范围之内。

1. 原始典籍

二十四史是中国古代各朝撰写的二十四部史书的总称，由于《史记》的写法被历来的朝代纳为正式的历史写作手法，故将和《史记》一样用纪传体写作的史书称"正史"。二十四史上起传说中的黄帝（约前2550年），止于明朝崇祯十七年（1644年），计3 229卷，约4 000万字，用统一的本纪、列传的纪传体编写。《二十四史》包括：

（1）《史记》；（2）《汉书》；（3）《后汉书》；（4）《三国志》；（5）《晋书》；（6）《宋书》；（7）《南齐书》；（8）《梁书》；（9）《陈书》；（10）《魏书》；（11）《北齐书》；（12）《周书》；（13）《隋书》；（14）《南史》；（15）《北史》；（16）《旧唐书》；（17）《新唐书》；（18）《旧五代史》；（19）《新五代史》；（20）《宋史》；（21）《辽史》；（22）《金史》；（23）《元史》；（24）《明史》。

1921年，"中华民国"大总统徐世昌下令将《新元史》列入正史，与"二十四史"合称为"二十五史"，而多数地方不将《新元史》列入，而改将《清史稿》列为"二十五史"之一，如果将两书都列入正史，则形成了"二十六史"。

其他典籍。

（1）《尚书》，起初被称为《书》，相传经过孔子整理，是我国最早的一部历史文件汇编。

（2）《春秋》，是孔子根据《鲁春秋》修改而成。

（3）《春秋左传》附《公羊传》《穀梁传》，《左传》是《春秋左氏传》的简称，原名《左氏春秋》。传统认为是春秋时左丘明所作，里面有后人所加内容。《左传》属编年体。《公羊》《穀梁》两传记事起讫年代与《春秋》相同，从不同的角度说明《春秋》的书法，即所谓"微言大义"。

（4）《国语》，是我国最早的一部国别体史书，相传为左丘明所作。

（5）《战国策》，是战国时游说之士的策谋和言论的汇编，由当时各国史馆或策士辑录而成。

（6）《史通》，由唐代刘知几撰写，是我国第一部史学理论专著，是唐代以前我国史论的集大成之作。

（7）《通典》，由唐代杜佑撰写，是我国第一部专叙历代典章制度沿革的通史。

（8）《资治通鉴》，为北宋司马光撰，原名《通志》，宋神宗因其"鉴于往事，有资于治道"，定名为《资治通鉴》。

2. 研究类著作

在对以上的书目有所了解后，对中国历史产生浓厚兴趣并想进行更加深入系统的学习，可以去看一些现当代学者的中国通史，比如钱穆的《国史大纲》，吕思勉的《中国通史》，蒋廷黻的《中国近代史》，徐中约的《中国近代史》等。

（二）世界史书籍

世界史是一个更为宽泛的概念。根据百度百科条目解释，世界史一般是指有人类以来地球上历史的总和，虽然世界的历史本身早在人类文明出现前就存在，但是人类一直到近现代才真正用这个概念来研究和述说历史。早期的"世界史"不可能记述本身文明之外的历史，因此真正意义上的世界史，则必须要近代地理大发现以后才可能逐渐出现。世界历史根据不同的时间段，可以分为古代史、近代史、现代史等；根据不同的地区，可分为不同地区的历史；根据不同的代表事物，可以分为不同事物的历史。

（三）史家名著

这一类著作指的是历史学家就某个特定的历史时期、历史事件或历史人物，深入挖掘历史材料，经过自己的整理分析研究得出自己观点的作品。在我们广泛阅读历史的过程当中总会有一些特定的事件或人物能够引起我们的深入思考，如果想进一步研究下去就可以关注一下这一类型的历史著作。

（四）历史小说

历史小说严格说来是小说，属于文学类而非历史类书籍。这类小说以真实的历史时期和历史事件为背景，以真实的历史人物作为小说的主人公，虽然在内容上有所虚构，但能够在一定程度上反映出某一历史时期的生活面貌和历史发展趋势，使得读者在阅读这类小说时能够获得一定的历史知识。由于小说语言通俗易懂，情节引人入胜，这类书籍往往能够起到激发同学们学习历史的兴趣，故我们也将其作为历史类书籍进行介绍。

第二节　知史实，明事理——历史类书籍的阅读

一、中国史书籍阅读指导

（一）阅读原典

原始典籍的阅读非常重要，毕竟它们是我们能够看到的最公正客观的史实记载，可以帮助我们纠正在其他历史演绎、历史小说当中获得的不正确的历史知识。另外阅读原始典籍可以帮助我们屏蔽现代作家主观想法的干扰，这点也很重要。犹如我们看了一部好电影，进而再看影评，这是正确的顺序，而如果先看影评再来观看电影难免会被影评人的想法所左右，失去了观看电影的乐趣，也失去了自己思索评判的乐趣。

很多同学可能会觉得阅读古代史书有难度，毕竟它们都是用文言文写就的。这的确是一个问题。首先我们需要的是克服心理上的障碍，其实像《史记》《资治通鉴》这些经典史书，是自我们开始学习文言文时就学习过的，其中的许多经典篇目都在课堂上进行过逐字逐句的解读。另外，我们看过的许多影视剧、历史小说也多有情节取材于此，对很多的历史事件我们还是熟悉的。

方法指导

如果刚开始的时候还是觉得有阅读上的障碍，我们可以选择一个比较好的白话译本，文白对照。像《资治通鉴》这样一部皇皇巨著，阅读起来确有难度。我们可以看看目前比较受肯定的台湾学者柏杨的《柏杨白话版资治通鉴》，这套书是柏杨先生历时 10 载所写就，内容翔实、扎实，很见功力，也很值得阅读。需要值得注意的是，这套书中加入了很多柏杨自己的评论，对此争议较多。在阅读过程中可以仁者见仁、智者见智。

（二）有所侧重

中国史书卷帙浩繁，曾经有人做过统计，即使是功底深厚的专业学者，通读二十四史所需要花费的时间也要 5～10 年。因此，我们以增长知识、陶冶性情为目的的历史阅读并无必要将以上史书通读，掌握中国历史古代典籍都有哪些，能够在想深入了解历史的时候能够找到适当的书目，有侧重地阅读重点篇目即可。

方法指导

可以通过阅读《古文观止》对古代史书做大致的了解。《古文观止》的作者是清

初山阴（今浙江绍兴）人吴乘权、吴调侯叔侄俩。这部书突破了以前文选不收经史的传统，收录了《左传》《史记》《汉书》《后汉书》等史书中的文章。所选之文均是语言精练、短小精悍、便于传颂、兼具思想性与艺术性的好文。最为难得的是，在文章中间或末尾，选者有一些夹批或尾批，对初学者理解文章很有帮助。

（三）理清脉络

历史事件总是交互发生的，历史人物之间也多有互动，彼此之间纵横交错，很容易搅乱了阅读者的思路，所以在阅读历史类书籍的时候理清脉络是一件非常重要的事情。这里推荐几个小办法。

方法指导

第一，做笔记。边阅读边做简单的笔记，这是记住主要时间、人物名称和人物关系非常有效的方法。

第二，善用网络。运用互联网资源，我们可以快捷地找到历史发生时代的大事年表、地图等相关资料，这对我们熟悉某一段历史非常有帮助。

第三，交叉阅读。每一种史书都有着它的不完美之处，纪传体史书人物形象生动丰满，但在阅读过程中搭建起一个完整的历史体系就比较困难；编年体史书的好处是脉络比较清晰，但要了解某个重点人物的生平情况也是比较有难度的，因此在阅读中我们可以把不同的史书交叉起来，互为补充。

（四）与生命体验互证

中国古代学者也总结过一些历史类书籍的读法，很有借鉴意义。

宋代著名的史学家吕祖谦读历史的方法："人二三十年读圣人书，一日遇事，便与里巷人无异，只缘读书不作有用看故也。何取？观史如身在其中，见事之利害，时而祸患，必掩卷自思，使我遇此等事，当作何处之。如此观史，学问亦可以进，智识亦可以高，方为有益。"

如果读了几十年的书，碰到事情除了跟乡民们一样凑热闹，发表一点个人的感想外，却对于如何解决事情，一点方法也没有，那读书有什么用？如果读了这么多历史，自己却在应付现实事情时，半点帮助都没有，那学历史有什么用呢？读史当身临其境，"在关键处掩卷沉思，如果换作是我会怎么做？这样读史，学问才能精进，学识才能提高，才会从史书中真正受益。"

晚晴名臣左宗棠的读史方法："读书时，须细看古人处一事，接一物，是如何思量？如何气象？及自己处事接物时，又细心将古人比拟。设若古人当此，其措置之法，当是如何？我自己任性为之，又当如何？然后自己过错始见，古人道理始出。断不可以古人之书，与自己处事接物为两事。"

左宗棠比吕祖谦更进一步，他不但要读史者"设身处地"地思索古人为何这么选择，还要去设想如果是你处在那位古人的环境下，你会如何作出决定。然后两相对比，会发现自己的不足，从而更加从古人的道理当中受益。切不可认为历史是古人的事情，与自己的日常生活毫无关系。

方法指导

阅读历史的最高境界：拿书中的道理和自己的生命历程不断相互印证，不断地去思索如何在自己的生活中运用前人的智慧，最后将书上的道理与自己的生命融合为一体，让古人的智慧为己所用。

二、世界史书籍阅读指导

（一）从兴趣出发

俗话说，兴趣是最好的老师。对于任何科目的学习都是如此。在书目众多的世界史书籍阅读中尤为建议大家遵从这一原则。在基本史实知识不够扎实的情况下，不要从晦涩的理论研究开始，更不要贪多贪全，搞不好会适得其反，丧失了历史阅读的兴趣。

兴趣点的挖掘大家可以从自己的日常生活当中留心。

方法指导

如果你对外国历史感兴趣，在看《冰与火之歌：权力的游戏》的时候也禁不住会去思考，这部剧目中各种残酷的场景：英雄的仓促陨落，毫无尊严地死亡，峰回路转的权力交替，难道仅凭编剧一己之力的想象？现实当然不是如此，该剧的编剧自己也坦陈自己的创作很多灵感借鉴于英格兰战争和玫瑰战争。那么接下来，带着兴趣去翻翻关于这段历史的记载就会是一件很有意思的事情了。

（二）由浅入深

以了解常识、积累知识为目的的历史阅读不妨从一些趣味性较强的世界史类图书开始。

美国历史地理学家房龙《人类的故事》，是一本以通俗写法描述人类文明发展的历史巨著，书中既有宏大而流畅的"大历史"的描述，也有微妙而精彩的人类文明进程中的细节描写。房龙从人类的起源讲起，在这本书中讲述了希腊与罗马时代的辉煌，讲述了埃及和美索不达米亚文明的缘起，讲述了中世纪社会的发展与演变，一直到近代，为读者展示了人类历史发展的浩荡长卷。"感觉历史比了解历史更重要"，这正是一部可以在雨夜里，在炉火旁信手翻看的世界历史，精致凝练的语言里不时暗藏着作者的小小幽默，还有那些出自作者本人之手的小插图，使得阅读历史变成了一种享受。

还有一些经得起读者检验的畅销类历史读物也非常不错。比如《你一定爱读的极简欧洲史》，该书的作者是澳大利亚与英联邦权威的历史学家、欧洲史专家约翰·赫斯特。这本书被称为是一部"最短"的欧洲史。它以极简练的文字，从不同的角度，把欧洲历史的精要述说透彻。雅典的民主、罗马的共和，差别在哪里？蛮族入侵是如何发生？中古时期的政教之争到底争什么东西？罗伯斯庇尔时期的法国为什么叫"美德共和国"？虽然只是一本小册子，但作者却并不囿于历史范围，而是结合哲学思维、民主制度的渊源、政治权力的传递，甚至是医学、生物学等其他学科来共同讲述。深入浅出的同时具有整合性。尤为值得称道的是，该书还配有大量丰富的插图，通过插图讲述书中的逻辑和时间顺序。

方法指导

阅读历史一个很令人头疼的问题就是纵横的勾连，画图来梳理结构的确是非常有效的一种方式。当然我们要注意，这是一本"简明"史，只是一个相对简单的通俗地介绍，如果想对某一个国家某一个地区某一个时段的历史有详细的了解，还是要去看相关的专门著作。

如果想对世界历史有一个全局性的掌握，可以去阅读《全球通史》。

《全球通史》由美国著名历史学家斯塔夫里阿诺斯著，吴象婴、梁赤民、董书慧、王昶译，分为《1500年以前的世界》和《1500年以后的世界》两册。作者在本书中采用全新的史学观点和方法，将整个世界看作一个不可分割的有机的统一体，从全球的角度而不是从某一国家或某一地区的角度来考察世界各地区人类文明的产生和发展，把研究重点放在对人类历史进程有重大影响的诸历史运动、诸历史事件和它们之间的相互关联和相互影响上，努力反映局部与整体的对抗以及它们之间的相互作用。

《全球通史》上起人类的起源，下迄21世纪初多极世界相待时期，上下数十万年，一气呵成。除了政治、经济外，还涉及军事、文化、教育、宗教、科学技术、人口、移民、种族关系、道德风尚、思想意识等各个方面。读来颇觉新颖爽朗，有强烈的现实感。从文字内容来看，作者对庞杂的史料取舍恰当，对各种历史事件着笔简要，边叙边议，文字生动；从编写技巧来看，每章前冠以简明提要，承上启下，便于掌握线索，每章末附有选读书目，便于进一步研究。

类似的著作还有《全球视野下的西方文明史》《西方文明简史》《世界文明史》等。

如果还想要深入世界史的细节部分就要去细读一些地区史、国家史了。

三、史家名著阅读指导

(一) 关注特色

这一类作品的数量也非常庞大，在这里我们主要以近年在国内非常热门的黄仁宇的《万历十五年》为例来进行介绍。过去关于明史的叙述，几乎无不有"税重民穷"的说法。对于史学界这一接近定论的观点作者却有着自己的独立思考。作者并没有采用编年的方式，而是采用传记体的铺叙方式，选取了历史上非常平淡的一个年份——万历十五年，作为背景撰写了一个大失败的总记录。书中的主要人物，万历皇帝朱翊钧，大学士张居正、申时行，南京都察院都御史海瑞，蓟州总兵官戚继光，以知府身份挂冠而去的名士李贽，他们或身败，或名裂，没有一个功德圆满。梳理发生在历史参与者身上的以往史学家易于忽视的小事，作者发现，这些小事表面看来虽似末端小节，但实质上却是以前发生大事的症结，也是将在以后掀起波澜的机缘。其间关系因果，恰为历史的重点。其著作主旨在可以在书中末段看出："当一个人口众多的国家，各人行动全凭儒家简单粗浅而又无法固定的原则所限制，而法律又缺乏创造性，则其社会发展的程度，必然受到限制。即便是宗旨善良，也不能补助技术之不及。"

方法指导

《万历十五年》是一本有新意也有争议的书。以某一年份为历史的横断面抽丝剥茧地梳理以后引起轩然大波的机缘，换一个视角来解读历史，是这本书区别于以往历史类书籍的一大亮点，同时也是争议较大的一个热点。对于书中作者第一次提出的"数目字管理"概念，很多读者也并不认同。举这本书的例子是想说，越是深入细节的研究往往分歧越大，不唯历史，很多社会科学研究莫不如是，但这也是这本书的特色与我们阅读这类书价值所在。对这类作品感兴趣的同学可以去看看黄仁宇的其他著作和史景迁等人的著作。

(二) 独立思考

如前所述，史家名著往往是历史学家深入典籍独立思考的体现，而作为读者我们在看这类书的时候也需要具备独立思考能力。一是肯定书的价值，但并不一定认同书中的观点；二是学习作者的思考方式。这其实也是我们在讲历史书籍的特色时所提到的历史书籍阅读中思辨的重要性。

大家在中学课本里都读过《木兰诗》这篇诗歌，诗歌的一开头是这样说的："唧唧复唧唧，木兰当户织。""唧唧"是什么声音？按照书中的注解，"唧唧是织布机的声音"。

但事实可能并非如此。我们接着往下读："不闻机杼声，唯闻女叹息。"作者清楚地说出，这时只听见叹息的声音，因此"唧唧"是叹息声。

历史学讲求"孤证不立"，我们可以举出更多的例证来证明这一点。

"唧唧"一词，也出现在白居易的《琵琶行》中："我闻琵琶已叹息，又闻此语重唧唧。"前句是"已叹息"，后句是"重唧唧"，可见白居易也以"唧唧"为叹息声。试想，如果"唧唧"是织布机的声音，难道白居易是先听了琵琶乐声后叹了口气，然后听了女子讲话后就开始当场织布吗？

《琵琶行》是唐朝的诗，《木兰诗》是南北朝的作品，两者可以这样互证吗？我们可以举出更多的例子来进行证明。

1. 南朝梁施荣泰《王昭君》诗："唧唧抚心叹。"

2. 北魏杨衒之《洛阳伽蓝记》："高树出云，咸皆唧唧。"

3. 北魏《元举墓志铭》："履朝独步，伦华非匹。一见唧唧，宋朝更生。"

这些都是唐前文字，所有的"唧唧"都是指叹息之意，可以证明当时人确以"唧唧"为叹息声。

事实上，将"唧唧"当作织布机的声音，这样的解释除了中学课本外，在古籍中似乎找不到任何例证。因此不管你认为"唧唧"听起来多么像织布机的声音，这都是一种没有根据的说法，是不能成立的。之所以会产生这样的误会，是因为古时的语音和今日有很大的差别。而在古代，织布机也不是发出"唧唧"声，而是"札札"声。《古诗十九首》有"札札弄机杼"，白居易《缭绫——念女工之劳也》有"丝细缫多女手疼，札札千声不盈尺"，都足以为证。

举这个例子是想说明阅读当中思辨能力的重要性。我们读书是为了获取更多的知识，但更重要的是要做知识的主人而不是知识的奴仆。对于历史书籍的阅读更是如此，要学会边阅读边思考，有质疑精神，不人云亦云，就如同上面所举的例子，哪怕是前人所谓的"标准答案"也可能并不"标准"，知其然还要知其所以然才能真正有所收获。

方法指导

曾有学者谈到思辨方法的时候有 16 个字，很值得借鉴："设身处地、揣摩通透、体贴入微、洞见表里"。

1. 设身处地

要不断追问："在历史的那一刻，如果你是他，你会怎么办？"当读到史书中的古人面对人生的重要抉择时，那一刻请你把书合起来，把自己放在古人的位置上，努力地想该怎么办，等到想清楚了，再把书打开，看他怎么办，然后比较两者的得失，这是最基本的方法。

2. 揣摩通透

读书要靠工夫,没有读一遍就能全部理解的。而所谓的工夫,就是多读书,然后反复揣摩。揣摩的结果有时虽"通"而"未透",就得再下功夫。"通"和"透"有时只隔一层窗户纸,但就是两个境界。怎么知道自己"透"了没有?很简单,当你不断揣摩后,有一天忽然拍案大叫:"原来如此!"那一刻,你就"透"了。

3. 体贴入微

"揣摩通透"是就"理"字上揣摩、理解,可是人不只有"理",还有"情"。中国史学是研究"人"的学问,要真正了解人,就必须明白他的"情"。

4. 洞见表里

做到上面三步,最后才能够"洞见表里"。中国文化认为,万事万物皆有两端,阴阳、虚实、正反、表里等都须涵盖,才是完整的整体。我们读史,也必要注意在表面的言行之下,每个人隐而不显的那一面又是什么,只有两面都理解了,才能更明白真相究竟如何。

四、历史小说阅读指导

(一) 认清本质

历史小说的本质是"小说",小说是可以源于生活而高于生活的,也就是说历史小说对历史进行演绎、戏说本来就是无可厚非的,但我们作为读者是万万不能以历史小说来代替正史的。

方法指导

以时下口碑非常好的历史小说《明朝那些事儿》为例,主要讲述了从 1344 年到 1644 年这 300 年间关于明朝的一些故事。这本书以史料为基础,以年代和具体人物为主线,并加入了小说的笔法,语言幽默风趣。对明朝十七帝和其他王公权贵和小人物的命运进行了全景展示,尤其对官场政治、战争、帝王心术着墨最多,并加入对当时政治经济制度、人伦道德的演绎。这部书可以说开了一代幽默讲历史的风气,当时风靡全国,语言幽默生动,参考资料也比较详尽,同时加入作者自己的思考和见解,当然严谨性方面肯定会有所缺失,但是对于普通大众来说,这本书不失为值得一读的历史类书籍。很多人认为《明朝那些事儿》是当代历史小说中最好的一部。

(二) 激发兴趣

因为小说本身的趣味性比较强,可读性远超于需要正襟危坐集中精力去阅读的历史书，所以我们不妨先看些轻松的历史小说，对历史事件和历史人物有个粗浅的认识后再去阅读史书，就会比较好把握了。

《世说新语》是我国最早的一部文言志人小说集，是由南朝宋的刘义庆组织编写的。全书 8 卷，分为德行、言语、政事、文学、方正、雅量等 36 门，全书共 1000 多则，记述自汉末到刘宋时名士贵族的逸闻逸事，主要为有关人物评论、清谈玄言和机智应对。

方法指导

《世说新语》中每则故事只有寥寥数语，但将魏晋风度勾勒得活色生香。说嵇康"肃肃如松下风，高而徐引"，说王羲之"飘如游云，矫若惊龙"。既品评出人物外在的潇洒，也赞誉了内在的品行。有貌美的潘安驾车出行受到妇孺追捧"掷果盈车"的故事，也有洛阳纸贵的左思"丑绝"而东施效颦，遭乱砸乱唾，委顿而返的笑话。读来令人齿颊留香，不禁对所谓的"魏晋风度"心生向往。可如果我们为这清新风雅的故事打动去探寻历史的真相，会发现所谓的魏晋风度原不过在魏晋这样的乱世，人人命如草芥，朝不保夕，即使这些所谓高高在上的贵族也概莫能外。既然说不能保证生命的长度，那么能够无止境地提升生命的质量也总是好的。

类似的，如果我们先看看《东周列国志》再去看《史记》《战国策》，就会有似曾相识之感，而将《三国演义》和《三国志》对照来看也是别有一番风味的。

（三）去伪存真

从古至今，历史类小说一直是数量众多的一个书籍类别，其中不乏以上我们所引述的家喻户晓的精品，但也有泥沙俱下、粗制滥造之作。我们在阅读过程中一定要审慎对待，加以甄别。

第三节　见其人，观其程——传记类书籍的阅读

一、传记类书籍的分类

（一）人物传记

人物传记是通过对典型人物的生平、生活、精神等领域进行系统描述、介绍的一种文学作品形式。作品要求"真、信、活"，以达到对人物特征和深层精神的表达和反映。人物传记是人物或人物资料的有效记录形式，对历史和时代的变迁等方面的研究具有重要意义。人物传记的类型有很多种。

1. "定案本"传记

"定案本"传记是对非常重要的人物的一生详尽完整、盖棺定论式的传记。"定案本"传记的传主一定是一位已经去世的人,只有对已经去世的人才能够说得上"定案"。但所谓"定案"还有另一层次的要求,对于传记的写作者来说,"定案本"传记的写作者应当是阅读过关于传主的几乎所有非定案的传记之后,阅读过所有的资料和信件,做大量的调查取证工作之后所作出的"定案"。

《维特根斯坦传:天才之为责任》就是一部"定案本"传记。传主维特根斯坦是对 20 世纪哲学的发展有着重大影响的学者。此书的作者瑞·蒙克在书的序里这样列举:"有写他的诗,有受他之感而画出的画,有为他的著作谱的曲,还有一本以他为主角的小说——几乎就是一本文学化的传记。此外,至少有五种关于他的电视片,无数写他的回忆录,而写他的回忆录的人经常只是略微认识他。""一个最近的二手文献资源列出了不少于 5 868 种谈他的工作的文章和书籍。"在瑞·蒙克眼里,那些有关维特根斯坦的传记使读者不幸地分化为两级:"独立于他的生活而研究他的工作的人;受到他的生活的吸引,却理解不了他的工作的人。"因而,瑞·蒙克说他写书的目标是要"同时描述他的生活和工作"

一本"定案本"的传记是历史的一部分,这是一个人和他生活的那个时代的历史,就像从他本人的眼中所看到的一样。应该用读历史的方法来读这种传记。

2. "授权本"传记

"授权本"传记的作者通常是传主的继承人或者是某个非常重要的朋友。所谓"授权"也并不一定是说作者得到了传主的授权来为其立传,更多的是说作者能够看到很多相关人士所掌握的资料,这是其他作者所不能够具备的优势。也是因为"授权本"传记作者与传主之间的关系,使得他们很难能够公正客观地对传主进行评价,传主的优势与所犯的错误都会被有意识地润饰,以至于读者很难通过阅读传记来对传主进行真实的认识,这是"授权本"的缺陷之所在。

3. "一般"传记

"一般"传记是介于"定案本"与"授权本"之间的传记。

（二）自传

"自传"是叙述自己的生平经历的书或文章。一般认为卢梭的《忏悔录》是自传的开始,其实我们也可以认为柏拉图的《理想国》、弥尔顿的《失乐园》或者歌德的《浮士德》中也都有很强烈的个人的影子。蒙田说过:"并不是我在塑造我的作品,而是我的作品在塑造我。一本书与作者是合二为一的,与自我密切相关,也是整体生活的一部分。"他还说："任何人都能从我的书中认识我，也从我身上认识我的书。"

二、人物传记阅读指导

（一）人物传记的选择

"定案本"过于厚重，"授权本"又难以信任，所以，如果有阅读传记的需要，人物传记就是一个不错的选择。

例如被称为"历史上最好的传记作家"的斯蒂芬·茨威格的著名传记《人类群星闪耀时》，呈现了 12 个从不同的时代、不同的地域搜寻到的人类历史中曾经星光灿烂的时刻：巴尔沃亚到不朽的事业里寻求庇护，亨德尔的精神复活，鲁热有如神助般在一夜之间创作出了《马赛曲》，古稀之年的歌德如情窦初开的少年疯狂热恋十几岁的少女未果的哀歌，决定滑铁卢一役战果的一分钟……看命运之手是如何巧妙地选中了这 12 个人，又是如何将这改变人类历史的使命投诸其身。这些历史时刻像耀眼的星光在夜空闪现，将漆黑的夜空瞬间照亮，驱散了人类幽暗的长夜。

🎬 方法指导

在这本书中，斯蒂芬·茨威格并没有对所谓的"丰功伟绩"歌功颂德，只是让读者深深感动于历史的推动者们在历史的关键节点上所作出的艰苦卓绝的努力，因而有着震撼人心的力量。而仅仅是书中妙笔生花的句子也足以令读者反复回味。

这一类型的传记还有斯蒂芬·茨威格的《断头王后——玛丽王后的最后岁月》《异端的权利——卡斯特利奥对抗加尔文》《玛丽·斯图亚特——苏格兰女王的悲剧》《麦哲伦航海记》，罗曼·罗兰的《贝多芬传》《米开朗琪罗传》《托尔斯泰传》，埃米尔·路德维希的《拿破仑传》等。

（二）人物传记的价值

在这里我们想谈的不是人物传记的历史价值，而是它对于阅读者的精神价值。杨绛先生在傅雷先生翻译的《名人传》序言中曾经说道：传记里的三人，虽然一是音乐家，一是雕塑家兼画家，一是小说家，各有自己的园地。三部传记都着重记载伟大的天才，在人生忧患困顿的征途上，为寻求真理和正义，为创造能表现真、善、美的不朽杰作，献出了毕生精力。他们或由病痛的折磨，或由遭遇的悲惨，或由内心的惶惑矛盾，或三者交叠加于一身，沉重的苦恼，几乎窒息了呼吸，毁灭了理智。他们所能坚持自己艰苦的历程，全靠他们对人类的爱、对人类的信心。贝多芬供大家享乐的音乐，是他"用痛苦换来的欢乐"。米开朗琪罗留给后世的不朽杰作，是他一生血泪的凝聚。列夫·托尔斯泰在他的小说里，描述了万千生灵的渺小与伟大，描述了他们的痛苦和痛苦中得到的和谐，借以传播爱的种子，传达自己的信仰："一切不是为了自己，而是为了上帝生存的人。""当一切人都实现了幸福的时候，尘世才能有幸福存在。"罗曼·罗兰把这三位伟大的天才称为"英雄"。

🎬 方法指导

人物传记的价值并非某些所谓畅销书所鼓吹的"成功可以复制"，每个人的天赋秉性有所差异，这是客观存在。我们在看人物传记的时候更应当感受的是，即使具有天赋，秉性各异，但这些"名人"也无不经过"苦其心志、劳其筋骨"的淬炼才取得了举世瞩目的功业，读者所汲取的应当是他们所传导的精神力量，而并非什么"成功捷径"。这也是斯蒂芬·茨威格和罗曼·罗兰的人物传记之所以不朽的原因所在。

任务四　品哲励志

第一节　哲学类书籍的分类

一、什么是哲学

说到哲学，一个尤为令人困惑的问题就是：究竟什么是哲学？就像是"1 000个读者心中有 1 000 个哈姆雷特"，1 000 个哲学家也有着 1 000 个关于哲学的定义。

英国哲学家罗素对哲学的定义：哲学，就我对这个词的理解来说，乃是某种介乎神学与科学之间的东西。它和神学一样，包含着人类对于那些迄今仍为科学知识所不能肯定之事物的思考；它又像科学一样是诉之于人类的理性而不是诉之于权威的，不论是传统的权威还是启示的权威。罗素认为，一切确切的知识都属于科学；一切涉及超乎确切知识之外的教条都属于神学。介乎神学与科学之间还有一片受到双方攻击的无人之域，这片无人之域就是哲学。

柏拉图指出："thauma"（惊奇）是哲学家的标志，它是哲学的开端。柏拉图满蕴深意地说："iris"（彩虹，虹之女神，宙斯的信使）是"thauma"（惊奇）之女，并无误溯其血统。"Iris"（彩虹）向人传达神的旨意与福音，哲学是由惊奇而发生。在其注目之下，万物脱去了种种俗世的遮蔽，而将本真展现出来。由此，它把自己展现为一种真正解放性的力量。

亚里士多德在《形而上学》中说：求知是所有人的本性。人都是由于惊奇而开始哲学思维的，一开始是对身边不解的东西感到惊奇，继而逐步前进，而对更重大的事情发生疑问，例如关于月相的变化，关于太阳和星辰的变化，以及关于万物的生成。一个感到困惑和惊奇的人，便自觉其无知。

黑格尔认为：哲学是一种特殊的思维运动，哲学是对绝对的追求。"哲学以绝对为对象，它是一种特殊的思维方式。"

为什么会产生这样的差异？还是让我们从"哲学"一词的起源开始。哲学这个概念源于希腊语 philosophia，由 philos 和 sophia 组合而成，意思是"爱智慧"。这里需要我们注意的是动词"爱"，它强调的是哲学本身并不是智慧，通俗点说就是我们学习了哲学也未必会拥有智慧变得更聪明，只能是"爱智慧"，思索智慧，追寻智慧。因为哲学是宇宙自然之最深邃最根本的奥秘，标志的是一个至高无上、永恒无限的理想境界。所以古希腊著名哲学家柏拉图才会说，智慧这个词太大了，它只适合神而不适合人，我们人只能爱智慧。

（一）哲学不是科学

科学或自然科学是我们认识世界和改造世界的工具和手段。作为人类认识能力的产物，科学或自然科学以理性为基础，其成果表现为具有一定的普遍必然性的知识和实用性的技术。哲学与科学确有相似之处，二者都属于理性思维，从根本上都是诉诸理性。哲学既然起源于人类精神的终极关怀，它的对象就一定是永恒无限的东西，那实际上是我们的认识能力亦即理性所难以企及的。因此我们不能要求哲学达到科学知识所特有的确定性。

（二）哲学问题是永恒无解又万古常新的问题

如果有一个问题是永远不可能有标准答案的，只有各式各样不同的解答方式，那么在这些解答方式之间就不存在孰高孰低的问题，它们都超越了时间和历史，无论在什么时候都是可供后人选择的道路。这就是哲学。因为一切答案都不具有终极的意义，各式各样不同的解答方式都具有"平等"的价值。

了解了哲学这样的特性之后我们在阅读哲学的时候就会不那么纠结了。因为我们明白了亚里士多德不能掩盖柏拉图的光辉，黑格尔也不可能动摇康德的历史地位，他们不过是把解决问题的某种方式发挥到了极致，便成了不可替代的"典型"，在哲学史上树起了一座座"里程碑"。这样我们在阅读哲学时也就不必总是试图用一种理论去说服另一种理论。我们在面对浩如烟海的哲学理论时也便不必抱有穷尽之心，因为每种理论的互不相同，我们大可以挑选自己深以为然的说法去深入阅读。甚至我们还可以通过自己的思考，另辟蹊径，去追寻自己看待世界解决问题的方法。

二、阅读哲学类书籍的提示

（一）阅读关键点——中心思想原则

我们在介绍读书方法的时候一直在强调，对于任何一本图书的阅读，发现书中的中心思想或者说找到书中想要回答的问题是非常重要的。这些问题可能是作者明确详细地表达出来的，也可能是隐藏在书的字里行间，等待读者去细心挖掘。

哲学类书籍也是如此。一个好的哲学家应当具备翔实解说他的理论体系的能力。

比如，康德的成熟思想通常被认为是批判的哲学。他自己将"批判主义"与"教条主义"做了比较，把过去许多哲学家归类为后者。他所谓的"教条主义"，就是认为只要凭着思考，用不着考虑本身的局限性，人类的知性就可以掌握最重要的真理。按照康德的看法，人类的第一要务就是要严格地检查并评估心智的资源与力量。因此，人类心智的局限就是康德中心思想的原则，在他之前没有任何一位哲学家这样说过。在《纯粹理性批判》中，这个概念被清楚地解说出来了。但是在康德主要的美学著作《批判力批判》中，却没有说明出来，而只是假设。然而，不管怎么说，在那本书里，人类心智还是他的中心思想原则。

又或者中国古代哲学著作《论语》《老子》等。在初次阅读的时候往往令人困惑，这些言论和文章都非常简短，且上下之间没有联系，看似非常随意地记载一些言论。究其原因在于，在中国古代并没有正式的哲学著作，古人写东西也还没有运用到推理和论证，甚至以"述而不作"自谓的孔子也未必有建立理论体系的自觉。但一个学者他的思想一定是相互勾连的，我们深入文本一样会发现作者所要表达的道理。就如一部《老子》，上下 5 000 言，不长于杂志上一篇普通的文章，可是从中却能见到老子哲学思想的全体。

找到作者的中心思想，并不是一个容易达成的任务，需要大量阅读和反复思索。如果只是想做大概的了解，我们可以去看一些哲学史著作，或者更容易一些的介绍类的通俗读物。当然想要更为深入地理解，则需要深入原典下苦功夫。

✈ （二）阅读注意事项——哲学词汇

哲学类书籍晦涩难懂，一个很重要的原因就在于哲学家们在论述理论时所运用的词汇。相信很多人都有过这样的阅读体验，阅读一段甚至一句哲学类书籍中的话语，里面的每一个字都认得，每一个词语单独理解起来也没有问题，可是当他们组合在一起的时候就是那么的难以索解、深不可测，尤其以西方哲学中的抽象词汇与中国哲学中的名言隽语为最。

先说说西方哲学中的这些"抽象词汇"。首先我们需要了解的是，并不是哲学家们都不能好好说话，他们可能是比任何人都困惑于这个问题的，因为他们找不到适当的语言好好说话。我们说过，哲学要解决的是永恒无解又万古常新的问题，是涉及终极关怀的思想问题，而我们日常的语言体系是为了解决日常真实的社会生活中的问题的，用日常语言去解释哲学问题恐怕会更加让读者感到不明所以，所以哲学家不得不启用了抽象词汇。其实这类似于科学家运用专业术语，当我们开始接近这个领域，熟悉这些词汇，就一定会感觉到只有运用专业术语才能准确表意。所以我们所能做的只能是熟悉了哲学家们表达思想的方式，按照他们的方式，理解他们的思想。

中国哲学中的"名言隽语"则是另外一个微妙的存在。"言有尽而意无穷"是一切中国艺术的理想，这也反映在中国哲学家表达自己思想的方式里。《庄子》中说："荃者所以在鱼，得鱼而忘荃。蹄者所以在兔，得兔而忘蹄。'言'者所以在意，得意而忘言。""言"透露"道"，是靠"言"的暗示，不是靠"言"的固定的外延和内涵。"言"一旦达到了目的，就该忘掉。"名言隽语"只是"意"的表述，而绝不是"意"的本体，也不能够将"意"明确、彻底、完整地表述出来。"意"的获得，需"人乎无言无意之欲，而后至焉"。

✈ （三）哲学的评价标准——你自己

在介绍哲学究竟是什么的时候我们提到过，哲学问题是没有一个确切答案的。它不是自然科学，可以通过实验室验证答案；它也不是宗教，只需信仰不可置疑。

哲学家的理论来自他对于外部世界的感知，来自经验，来自自身的思考。同样的，要了解并测验一位哲学家的主要原则也同样诉求于读者的普通常识以及对自己所身处的世界的日常观察。

换句话说，读者在阅读哲学书时要用的方法，就跟作者在写作时用的方法是一样的。哲学家在面对问题时，除了思考以外，什么也不能做。读者在面对一本哲学书时，除了阅读以外，什么也不能做——那也就是说，要运用你的思考。除了思考本身外，没有任何其他的帮助。

三、哲学类书籍的分类

（一）中国哲学

对于中国哲学是否属于哲学这一问题，历来有所争议，或许我们换一个词语用"思想"来表达会比较确切。中国哲学分为古代哲学和现代哲学。古代哲学主要指"春秋百家争鸣""汉唐儒道三玄""宋代儒学的发展""近代中西融合"四个阶段。现代哲学主要指"对中国古代哲学的研究"和"对西方哲学的研究"。

（二）西方哲学书籍

人们通常将世界上的哲学形态分为三种主要类型：西方哲学、中国哲学和印度哲学。所谓"西方哲学"中虽然有"西方"二字，但却不是一个严格意义上的地域或空间概念，而是指一种不同于中国思想和印度思想的思想形态。西方哲学中"西方"广被认为不仅仅指地域上的"西方（西欧）"，而且指文化上的具有"思辨"特色的"西方"。

（三）美学类书籍

美学的研究对象是艺术，美学就是艺术的哲学。西方美学的历史是从柏拉图开始的。尽管在柏拉图之前，毕达哥拉斯等人已经开始讨论美学问题，但柏拉图是第一个从哲学思辨的高度讨论美学问题的哲学家。在中国，先秦是中国古典美学发展的一个黄金时代。老子、孔子、《易传》、庄子的美学奠定了中国古典美学的发展方向，但中国美学的真正起点是《老子》。

可见，美学类书籍和宗教类书籍一样，都是本应包含在西方哲学和中国哲学中的，但因为近代以来美学理论研究不断深入发展，使得这一学科的独立性不断增强。另一方面，由于人们文化素养及物质文化水平的不断提高，人们认识美、欣赏美的要求也越来越强烈，高质量的美学类书籍也越来越多，因此我们将美学类的书籍作为单独的分类。

值得注意的是，源于西方哲学和中国哲学的不同，美学书籍也分为西方美学类书籍和中国美学类书籍，二者之间泾渭分明。

（四）哲理散文

哲理散文是讲哲理、论道理的散文，即以散文的形式讲哲理，启迪人生的文章。按照《中图法》分类，哲理散文应当属于文学类书籍而不是哲学类，但因其内容与哲学息息相关故归类于此。

第二节 品人生，懂哲理——哲学类书籍的阅读

一、中国哲学类书籍的阅读

（一）中国古代哲学流派

古代中国主要有儒家、道家、法家、墨家等为主要的哲学流派，其中尤其以儒、道、墨三家影响深远。

1. 孔子

孔子（前551—前479），名丘，字仲尼，春秋末期鲁国人，儒家学派的创始人，著名思想家，教育家。《论语》是儒家学派的经典著作，主要记录孔子及其弟子的言行，较为集中地反映了孔子的思想。《论语》由孔子弟子及其再传弟子编写而成，以语录体为主。

孔子的主要思想如下。

（1）政治上，主张礼治，反对法治。

（2）经济上，维护西周的田赋制度，反对封建田赋制度。

（3）礼制上，维护等级制度，主张"克己复礼"："非礼勿视，非礼勿听，非礼勿言，非礼勿动。"

（4）伦理上，主张"仁"："己所不欲，勿施于人。"

（5）哲学上，主张天命观。

（6）教育上，主张因材施教，循循善诱等。

（7）品德上，做到"宽、耻、信、敏、惠、温、良、恭、俭、让。"

2. 孟子

孟子（前372—前289年），名轲，字子舆，邹（今山东邹城市）人。孟子是继孔子之后的儒家代表人物，与孔子并称为"孔孟"。孟子的思想主要体现在《孟子》之中，《孟子》七篇主要记录了孟子的谈话，是孟子和其弟子共同所著。

孟子的主要思想如下。

（1）性善论。"性善论"是孟子谈人生和谈政治的理论根据，在他的思想体系中是一个中心环节。

（2）道德论。"仁义"是孟子的道德论的核心思想。孟子所说的"仁义"是有阶级性的，是建筑在封建等级社会的基础之上的。但是，他反对统治者对庶民的剥削，反对国与国的战争。

（3）政治及经济方面。孟子着重发挥了孔子的"仁学"思想，提出了"仁政"的政治主张。"仁""义"是孟子理论的核心，又是孟子的政治经济学说的出发点。孟子的政治论，是以仁政为内容的王道，其本质是为封建统治阶级服务的。孟子以"仁政"为根本的出发点，创立了一套以"井田"为模式的理想经济方案，提倡"省刑罚、薄税敛""不违农时"等主张。要求封建国家在征收赋税的同时，必须注意生产，发展生产，使人民富裕起来，这样财政收入才有充足的来源。

（4）哲学思想及认识论等方面。孟子的观点中包含了一定的唯心主义成分。孟子的天道认为天是最高的有意志的，人世间的朝代更替、君王易位，以及兴衰存亡、富贵穷达，均是由天命所定。人对于天必须百依百顺，"顺天者昌，逆天者亡"，天意是不可抗拒的。他站在唯物主义反映论的对立面，否认人的思想是社会存在的反映，认为人生下来就具有与生俱来的先天的善性的萌芽。

3. 老子

老子，姓李名耳，字聃，号伯阳。春秋后期楚国苦县厉乡曲仁里（今河南鹿邑东）人，与孔子同时代而年长于孔子。老子是道家学派的创始人，他的思想主要体现在其语录体著作《老子》（又称《道德经》）中，也有人认为该书是老子的追随者根据他的学说发挥补充而成的。

老子的主要思想如下。

（1）以"道"为核心。"道"在《老子》中出现了 70 多次。老子认为"道"是天地万物的本源，是万物存在与变化的普遍原则和根本规律。

（2）以辩证法思想为其思想的精髓，包括大量朴素辩证法观点，如认为一切事物均具有正反两面，"反者道之动"，并能由对立而转化，"正复为奇，善复为妖"。又以为世间事物均为"有"与"无"之统一，"有、无相生"，而"无"为基础，"天下万物生于有，有生于无"。

（3）"无为而治"的政治主张和"小国寡民"的社会理想。"圣人处无为之事，行不言之教。""无为而无不为，取天下常以无事。""小国寡民。使有什伯之器不用。使民重死，而不远徙。邻国相望，鸡犬之声相闻，民至老死不相往来。"

（4）独特的美学观。真正的美只能是自然本身，要通过"见素抱朴，少私寡欲"的办法体现。

4. 庄子

庄子（前 369—前 286），名周，字子休，战国早期宋国蒙城（今河南商丘市东北）人，是继老子之后道家学派的代表人物。庄子的思想主要体现在《庄子》中，一般认为内篇为庄子自作，其余为庄门后学之作。

庄子的主要思想如下。

（1）无为而治。万物（也包括所有人）都是自由自在的时候才能接近幸福，管制越多规矩越多就越失去自我，也就越失去幸福。所以任何非自然的规矩，都是压制人的幸福的。

（2）逍遥游。获得幸福有不同等级。自由发展人类的自然本性，可以使人类得到一种相对幸福；绝对幸福是通过对事物的自然本性有更高一层的理解而得到的。

（3）齐物论。庄子认为，天人之间、物我之间、生死之间以至万物，只存在着无条件的统一，即绝对的"齐"；主张齐物我、齐是非、齐生死、齐贵贱，幻想一种"天地与我并生，万物与我为一"的主观精神境界，安时处顺，逍遥自得，而学"道"的最后归宿，也唯有泯除一切差异，从"有待"进入"无待"。在思辨方法上，把相对主义绝对化，转向神秘的诡辩主义。

5. 墨子

墨子，生卒年不详，名翟，东周春秋末期战国初期宋国人，墨家学派的创始人。其弟子根据墨子生平事迹的史料，收集其语录，完成了《墨子》一书。

墨子的主要思想如下。

（1）政治思想。墨子在政治上提出了"兼爱""非攻""尚贤""尚同""节用""节葬""非乐"等主张。"兼以易别"是他的社会政治思想的核心，"非攻"是其具体行动纲领。他认为只要大家"兼相爱，交相利"，社会上就没有强凌弱、贵傲贱、智诈愚和各国之间互相攻伐的现象了。他对统治者发动战争带来的祸害以及平常礼俗上的奢侈逸乐，都进行了尖锐的揭露和批判。

（2）军事思想。非攻，反对攻伐掠夺的不义之战；救守，支持防守诛讨的正义之战。

（3）哲学思想。包括认识论和逻辑学两个方面。

（4）认识论。他以"耳目之实"的直接感觉经验为认识的唯一来源。墨子认为，判断事物的有与无，不能凭个人的臆想，而要以大家所看到的和所听到的为依据。

（5）逻辑学。墨子是中国古代逻辑思想体系的重要开拓者之一。墨辩和因明学、古希腊逻辑学并称世界三大逻辑学。墨子比较自觉地、大量地运用了逻辑推论的方法，以建立或论证自己的政治、伦理思想。他还在中国逻辑史上第一次提出了辩、类、故等逻辑概念，并要求将辩作为一种专门知识来学习。

（二）中国哲学类书籍阅读指导

1. 阅读原典

原典的阅读至为重要，只有阅读原典才能够对中国古代哲学形成自己的看法和感悟。中国古代哲学著作中的许多篇章作为课文出现在各级教材中，其内容和表达方式对于大多数的同学来说都不陌生，而且这些著作很多都采用了语录体，语言简短，阅读难度不是特别大。

方法指导

在阅读原典的过程中注释本的选择非常重要。推荐大家阅读中华书局出版的杨伯峻译注的《论语译注》和《孟子译注》，商务印书馆出版的陈鼓应译注的《老子今注今译》和《庄子今注今译》。

2. 阅读对经典的解读

在对原典有了一定的体悟之后，可以通过阅读名家对原典的解读来对照自己与名家对于经典的不同看法，取长补短，融会贯通。对经典的解读有的倾向于学术性也有的倾向于通俗性。偏学术性的如冯友兰的《中国哲学简史》，这本书是著名哲学家冯友兰 1947 年在宾夕法尼亚大学担任客座教授讲授中国哲学史时的英文讲稿翻译整理而成。全书以 20 万字的文字讲述了中国哲学的发展历史，对中国古代哲学各家的源流，主要人物及其思想主张作以简要的介绍，是了解中国哲学的入门书。这本书在有限的篇幅里还融入了冯友兰对中国哲学的理解，是史与思的结晶，充满了人生的睿智与哲人的洞见。因为它最初是讲义，所以它的语言极其流畅；因为它是由英文翻译过来的，所以它的文字极其符合当代人的阅读。类似的书目还有冯友兰的《中国哲学史》、李泽厚的《论语今读》等。

对经典的通俗性解读类图书是时下流行的畅销书，数量非常巨大。这一类书籍或是以通俗的语言介绍哲学家的生平逸事，或是结合生活经验谈对哲学理论的感悟，或是谈哲学理论如何对现实人生起到指导作用，阅读起点相对较低，阅读体验轻松流畅，属于通俗类的入门读物。

方法指导

在阅读这类书的时候有两点需要大家注意：首先，一定要明确，这类书籍都是作者对于哲学理论的解读，掺杂着作者的私人感情，不一定是唯一正确的解读，不能用它来代替你的思考和感受。其次，这类书籍因为目前非常畅销，数量巨大，质量难免缺乏保障，在阅读时一定要仔细挑选，有所鉴别。

二、西方哲学类书籍的阅读

（一）西方哲学的奠基者

古希腊历来被认为是欧洲文明的摇篮，是欧洲乃至西方哲学的故乡。古希腊的苏格拉底和他的学生柏拉图，以及柏拉图的学生亚里士多德并称为"古希腊三贤"，是被后人广泛认可的西方哲学的奠基者。

1. 苏格拉底

苏格拉底（前469—前399）出生在雅典，做过阿那克萨戈拉的学生阿尔克劳的学生。他虽然没有写过什么哲学著作，但却以他的言行对西方文明产生了至今难以估量的深刻影响。

苏格拉底的哲学风格是问答法，即通过发问与回答的形式，运用比喻、启发等手段，使对方对所讨论的问题的认识从具体到抽象，从特殊到普遍，一步步逐渐深入，最后得出正确认识，"生下自己孕育的真理胎儿"。这种方法，一般被总结为四个环节：反讥、归纳、诱导和定义。这也就是苏格拉底的"助产术"理论，自己并不"生产"理论，而只是理论的"助产者"。

苏格拉底以"认识自己"为座右铭。对苏格拉底而言，认识自己就是认识心灵的内在原则，亦即认识"德性"。自然万物之中都蕴含着内在目的，苏格拉底称之为"善"。苏格拉底是一个理想主义者，在某种意义上说，他认为人性本善，不过善是潜在的，需要认识将它实现出来。苏格拉底是一位实践哲学家，他从来不是停留在口头上，而是口传身教，身体力行。

2. 柏拉图

柏拉图（前427—前347）不仅是古希腊哲学，也是全部西方哲学乃至整个西方文化最伟大的哲学家和思想家之一。柏拉图是苏格拉底的学生，他对哲学的贡献就在于把苏格拉底的思路确定下来，奠定了西方哲学的基本观念。

与苏格拉底一样，柏拉图的哲学著作也采用文学对话的形式，因此也不适宜作为一个完整的体系进行解读。既然如此让我们举三个例子来简单解说一下。

在柏拉图的《理想国》中，有一个著名的洞穴比喻来解释理念论：有一群囚犯在一个洞穴中，他们手脚都被捆绑，身体也无法转身，只能背对着洞口。他们面前有一堵白墙，他们身后燃烧着一堆火。在那面白墙上他们看到了自己以及身后到火堆之间事物的影子。由于他们看不到任何其他东西，这群囚犯会以为影子就是真实的东西。最后，一个人挣脱了枷锁，并且摸索出了洞口。他第一次看到了真实的事物。他返回洞穴并试图向其他人解释，那些影子其实只是虚幻的事物，并向他们指明光明的道路。但是对于那些囚犯来说，那个人似乎比他逃出去之前更加愚蠢，他们向他宣称，除了墙上的影子之外，世界上没有其他东西了。柏拉图利用这个故事来告诉我们，"形式"其实就是那阳光照耀下的实物，而我们的感官世界所能感受到的不过是那白墙上的影子而已。我们的大自然比起鲜明的理性世界来说，是黑暗而单调的。不懂哲学的人能看到的只是那些影子，而哲学家则在真理的阳光下看到外部事物。但是另一方面，柏拉图把太阳比作正义和真理，强调我们所看见的阳光只是太阳的形式，而不是实质；正如真正的哲学道理、正义一样，是只可见其外在表现，而其实质是不可言说的。此外，柏拉图的《理想国》还向我们描绘出了一幅理想的乌托邦的画面。柏拉图认为，国家应当由哲学家来统治。这也就是所谓的"灵魂王"。

关于柏拉图的理念论，比如，存在着三张桌子：画家画的桌子、现实中的桌子和桌子的概念。在他看来，只有桌子的概念（他称之为理念）是真正真实的存在。个别具体的事物始终处在生灭变化之中，而且是不完善的、有缺陷的。而使所有同类的事物归属的类概念，则是普遍的、无限的、完善的、永恒不变的。于是从柏拉图开始，西方哲学就走上了这样一条理性认识的道路。

关于回忆说与灵魂转向说，柏拉图讲过这样一个故事：我们的灵魂原本高居于天上的理念世界，"那时它追随神，无视我们现在称作存在的东西，只昂首于真正的存在"，所以它对理念领域有所观照，具备一切知识。但是后来灵魂附着于躯体之后，由于受到躯体的干扰和污染，因此遗忘了一切。只有经过合适的训练，灵魂才能回忆起曾经见过的东西。因此，回忆的过程也就是学习的过程，不过是把被我们遗忘了的东西回忆起来而已，"所有的研究，所有的学习不过是回忆而已"。当然，并不是所有的灵魂都能轻易地回忆起它们，凡在投生前只约略窥见，或在投生后受邪恶熏陶而堕落的，都不易做到这一点，只有少数人保持着回忆的能力。在西方哲学史上，柏拉图的回忆说以粗糙的形式第一次提出了先验论的问题。如果理念与事物判然有别，关于理念的知识就不可能从感觉经验中获得，它只能是先天的。换句话说，如果普遍的共相不可能来源于个别偶然的感觉经验，我们只能说在感觉之先，它就存在于我们的头脑之中了。后来近代哲学中唯理论的天赋观念论与康德的批判哲学，都与此密切相关。

🌼 3. 亚里士多德

亚里士多德（前384—前322），古代先哲，古希腊人，世界古代史上伟大的哲学家、科学家和教育家之一，堪称希腊哲学的集大成者。他也是柏拉图最好的学生。

据说亚里士多德也写了对话录，却没有完全遗留下来。所遗留下来的是一些针对不同的主题，异常难懂的散文或论文。他的文章是哲学的一种新风格。

亚里士多德虽然是柏拉图的学生，但却抛弃了他的老师所持的唯心主义观点。柏拉图认为理念是实物的原型，它不依赖于实物而独立存在。亚里士多德则认为世界乃是由各种本身的形式与质料和谐一致的事物所组成的。"质料"是事物组成的材料，"形式"则是每一件事物的个别特征。就像是有一只鼓翅乱飞的鸡，这只鸡的"形式"是它会鼓翅、会咕咕叫、会下蛋等。当这只鸡死时，"形式"也就不再存在，唯一剩下的就是鸡的物质。

柏拉图断言感觉不可能是真实知识的源泉，亚里士多德却认为知识起源于感觉。这些思想已经包含了一些唯物主义的因素。亚里士多德和柏拉图一样，认为理性方案和目的是一切自然过程的指导原理。可是亚里士多德对因果性的看法比柏拉图的更为丰富，因为他接受了一些古希腊时期对这个问题的看法。

他指出，"因"主要有四种，第一种是质料因，即形成物体的主要物质。第二种是形式因，即主要物质被赋予的设计图案和形状。第三种是动力因，即为实现这类设计而提供的机构和作用。第四种是目的因，即设计物体所要达到的目的。

亚里士多德本人看中的是物体的形式因和目的因，他相信形式因蕴藏在一切自然物体和作用之内。开始这些形式因是潜伏着的，但是物体或者生物一旦有了发展，这些形式因就显露出来了。最后，物体或者生物达到完成阶段，其制成品就被用来实现原来设计的目的，即为目的因服务。他还认为，在具体事物中，没有无质料的形式，也没有无形式的质料，质料与形式的结合过程，就是潜能转化为现实的运动。这一理论表现出自发的辩证法的思想。

亚里士多德在哲学上最大的贡献在于创立了形式逻辑这一重要分支学科。逻辑思维是亚里士多德在众多领域建树卓越的支柱，这种思维方式自始至终贯穿于他的研究、统计和思考之中。他在研究方法上，习惯于对过去和同时代的理论持批判态度，提出并探讨理论上的盲点，使用演绎法推理，用三段论的形式论证。

古希腊是西方哲学的诞生地，西方哲学史上各式各样的思想学说都可以在古希腊哲学中找到自己的起源。怀特海曾经强调，全部西方哲学，不过是"柏拉图的注脚"。希腊人也承认："无论我想到什么，都会碰到柏拉图的影子。"苏格拉底和他的弟子柏拉图，几乎已经把后来的哲学家认为该讨论的所有重要问题都整理和提问过了。了解源头会让我们对西方哲学的思维方式有更好的把握。

（二）西方哲学类书籍阅读指导

1. 入门无捷径

埃及国王托勒密一世曾经问欧几里得：有没有不学《几何原本》，就能掌握几何学的捷径？欧几里得表示，几何学没有快捷方式，国王也是一样。哲学正是如此。恩格斯说，锻炼人的理论思维能力，除了学习哲学史，至今尚无别的办法。

方法指导

没有捷径并不意味着没有喜悦。在学习哲学的过程中我们可以通过理论联系实际的方法把抽象的哲学原理变得生动活泼、深入浅出；可以运用哲学原理解决学习、生活中的疑难问题，收获哲学学习的益处和喜悦。

✦ 2. 入门需简

哲学著作晦涩艰深，并非哲学家故作高深刻意为之，而是有深度的思想本来如此。所以对于一般读者来说阅读哲学并不推荐从原典开始，可以尝试从通俗的哲学普及作品或者是深入浅出的哲学史类书籍入手。

对于西方哲学，绝大多数的阅读者由于语言隔阂，很难具备阅读原典的能力。即使语言不是障碍，没有经过专业的哲学思维训练的人面对深奥的哲学理论也很难进行持续的阅读。更何况，西方哲学学派林立，每个学派都有着自己的知名学者与著作，如果不是专业的研究需要，也实在并无必要进行这种全面深入的阅读。因此，通过哲学史类书籍来了解西方哲学是一个行之有效的途径。

《苏菲的世界》是挪威作家乔斯坦·贾德创作的一本关于西方哲学史的长篇小说，它以小说的形式，通过一名哲学导师向一个叫苏菲的女孩传授哲学知识的经过，揭示了西方哲学史发展的历程。小说主要讲述了 14 岁的少女苏菲某天放学回家，收到了神秘的一封信——"你是谁？世界从哪里来？"与此同时，她收到一封古怪的明信片，上面的收件人是"请苏菲转交给席德"，邮戳来自黎巴嫩。从这一天开始，苏菲不断接到一些极不寻常的来信，世界像谜团一般在她眼底展开。她运用少女天生的悟性与后天知识，企图解开这些谜团。在一位神秘导师艾伯特的指引下，苏菲开始思索从古希腊到康德，从祁克果到弗洛伊德等各位大师所思考的根本问题。最后谜底揭开，不可思议的是，苏菲意识到自己不过是书中一个虚构的角色，但小说并没有到此为止，而是出现了一个非常耐人寻味的结局：艾伯特和苏菲莫名地逃出了书中世界，来到了席德所在的世界……

🎬 方法指导

这本小说将看似深奥的哲学史以富有趣味的方式娓娓道来，通过苏菲玩积木的进程描述德莫克里特的原子理论；通过皇帝的新衣来讲述苏格拉底的智慧，以及人类并非万能和无所不知的；通过戴眼镜等方式让人们理解康德的时间和空间直观形式；通过光着身体的男人，来表现弗洛伊德的潜意识理论，生动形象。是一本非常适合作为西方哲学史启蒙的小说。

✦ 3. 入门须正

须知将晦涩的理论用深入浅出的语言表述给罗普大众是需要非常深厚的功力的，一则需要学养丰富，对各家学说有深入了解；二则要能用生动语言进行表述，饶有趣味，二者缺一不可。这并不是市面上一些粗制滥造的所谓"哲学读物"所能够轻易达到的。越是入门读物越是应该严格把关。

《西方哲学十五讲》《现代西方哲学十五讲》是学术性更强一些，也更适合中国学生阅读的哲学类入门书籍。这两本书均隶属于由北京大学发起编写的《名家通识讲座书系》，由北京大学出版社出版发行。这一整套书都是以讲座的形式，每一个章节设置一个主题，保留了"讲"的语言和风格，是各个学科的高质量、高起点的入门书籍。其中《西方哲学十五讲》由中国人民大学教授张志伟著，从智慧的痛苦导出哲学的诞生，之后分别介绍了苏格拉底、柏拉图、亚里士多德等希腊哲学，中世纪基督教哲学，康德、费希特、谢林、黑格尔的德国古典哲学，以及大陆理性主义、英国经验主义、18世纪法国哲学等，用通俗易懂的语言介绍了各位哲学家的时代背景，理论部分则多引用原文，是一本具有一定深度的入门类哲学书籍。《西方现代哲学十五讲》由复旦大学教授张汝伦著，介绍了叔本华、尼采、博格斯、维根斯坦、罗素、海德格尔等10多位不同时期的西方现代哲学家及其哲学思想。

📽 方法指导

现代哲学秉承古典哲学而来，是对古典哲学所作出的评论、阐释和批判。这就要求读者在读现代著作之前具备古典著作方面的修养，于是，多数哲学爱好者的感受都是书多得读不胜读，且不说读不读得懂。在这样的情况下，一张现代哲学思想的"路线图"就显得很有必要了，在它上面不仅应该标明群星般璀璨的哲学家们的方位，而且要揭示出哲学家不同的思想出发点，这比罗列他们出版过哪些著作要重要得多。张汝伦教授的《西方现代哲学十五讲》就可以看作是非常适合中国学生阅读西方现代哲学的"路线图"，有了"地图"的指引，阅读将会事半功倍。

类似的书籍还有《哲学家们都干了些什么》《大问题》《哲学的故事》《查拉图斯特拉如是说》等。

第三节　欣赏美，体悟情——美学类书籍的阅读

一、美学类书籍的阅读

🐦 （一）欣赏美

很多时候我们遇到美好的事物，比如一幅画，一首诗，一支曲子，除了直觉地觉得美，还希望有人来引领我们：究竟为什么美。这时候我们需要看一些能够指引我们如何欣赏美的书籍。比如，日本著名的美术史论家高阶秀尔的《看名画的眼睛》，从达·芬奇的《圣安娜与圣母子》，拉斐尔的《座椅中的圣母》，丢勒的《忧郁》等世界名画入手，带我们走进神秘的艺术世界。

方法指导

《看名画的眼睛》这本书提供给读者的是一种思路——知道在进行画作分析时该从什么角度分析；它提供给读者的还是美术创作领域的一种背景知识梳理——这些知识被作者巧妙地融合进入对画作的分析之中，于不知不觉间为读者勾勒出一个完整而易懂的创作背景图；它提供给读者的更是一份厚实——一张不大的画布上居然可以放下那么多值得深挖的细节，居然隐藏着那么多画家对当时神话、宗教、历史、政治的思考。

类似的书籍还有：朱良志的《南画十六观》，蒋勋的《美，看不见的竞争力》《写给大家的西方美术史》等。

（二）了解美

除了欣赏美的事物，我们还要大致了解一些美的理论。美学理论本出自哲学，因此在阅读的过程中也推荐通过读"史"的形式做概要式了解。比如北京大学教授朱良志先生的《中国美学十五讲》，整本书分为 15 个单元，每个单元针对一个主题：比如第一讲叫做"游鱼之乐"，立足道家老庄哲学，阐述了中国哲学和美学思想中的通、大、全、乐、游等几个部分；第二讲是立足禅宗智慧的不二法门，阐述了南禅宗不二之义的去有无、泯能所、弃判断和任圆成；第三讲是"逝者如斯"，立足儒家思想，重点谈了儒家思想的创造、新变、流动对于中国美学的影响；第四讲是"骚人遗韵"，从楚辞出发，重点谈了潇湘烟雨文化中的感伤、唯美、远游、物哀以及对于后世中国审美所产生的重大影响。后面陆续地谈到气化宇宙、落花无言、灵的空间、四时之外、以小见大、大巧若拙、华严境界、饮之太和、妙悟玄门、形神之间和颐养性情。

方法指导

《中国美学十五讲》对中国美学进行了比较全面的梳理，内在逻辑非常严密。尤为值得称道的是作者的文笔极好，诗词典故如信手拈来，随意点染，使得高深的美学思想读来不禁令人有似曾相识之感，如清风徐来，余香满怀。

朱良志的《中国美学名著导读》，叶朗的《中国美学史大纲》也可以作为我们了解美学的入门书籍来阅读。

二、哲理散文类书籍的阅读

古今中外许多大家都写过哲理散文，这一类书籍的数量也非常之多，其中本身就是哲学研究者的周国平先生的《安静》《守望的距离》《各自的朝圣路》《人生哲思录》《思想的星空》等一系列作品；自谓"生病为业，业余写作"的史铁生徘徊在生死边缘，于轮椅之上写就的《病隙碎笔》等作品，都是当代哲理散文中的精品。

方法指导

这类作品不讲或极少讲哲学原理，而是侧重于通过对人生做哲理性的思考以获得深邃感悟，能够帮助我们正视生活当中的很多问题。另外，哲理散文的文字本身通常非常优美，这也是我们欣赏这类作品的时候应当去反复品味的。

任务五　文学感悟

感受文学形象，品读文学语言，培养学生的感知、体验、领悟、鉴赏能力，培养学生的审美、探究、批判性的阅读能力，重在强调培养学生适应社会发展要求的文学知识储备和情感、态度、价值观的有机统一，使学生在阅读文学作品的过程中，活跃想象思维、开阔心灵空间，激发创新能力、提高文学素养。

第一节　文学类书籍的类别

阅读所有的优秀名著就像与过去时代那些最高尚的人物进行交谈。而且是一种经过精心准备的谈话。这些伟人在谈话中向我们展示的不是别的，那都是他们思想中的精华。

——［法］笛卡尔

一、文学概述

文学本身是一个很大的概念。凡是以语言文字为工具，形象化地反映客观现实、表现作家心灵世界的艺术都可称之为文学，从体裁上来划分，包括小说、戏剧、诗歌、散文、寓言、童话等，这些文学类作品表现作家内心情感，再现一定时期和一定地域的社会生活，是文化的重要表现形式。作为学科门类理解的文学包括中国语言文学、外国语言文学和新闻传播学。统观古今文学的概念，主要有以下几方面的意义。

（一）文学是一种社会意识形态

社会意识形态是指社会意识在社会现实生活中的表现和表述形式。文学作为特定意识形态下的人所创作出来的艺术形式，也必定要具有社会意识形态性，归属于人类世界的精神产物。客观世界是人类生存与发展的物质基础，文学对于客观世界的反映，就要受到一定社会的发展以及人与人之间关系的制约，所以说文学是一种社会意识形态。

但文学与哲学、社会科学等其他意识形态相比又有着自己的特殊规律。毛泽东说："作为观念形态的文艺作品，都是一定社会生活在人类头脑中反映的产物。"这是对文学意识形态性的高度科学的概括。

（二）孔子时期的四个学科之一

孔子认为教师要"述而不作"，所以他的教学内容主要集中在言传而身教，直观全面的教学内容的设定。他教学的四个学科分别是：德行、政事、言训和文学。孔子曰："受业身通者七十有七人，皆异能之士也。德行：颜渊，闵子骞，冉伯牛，仲弓。政事：冉有，季路。言语：宰我，子贡。文学：子游，子夏。师也辟，参也鲁，柴也愚，由也喭，回也屡空。赐不受命而货殖焉，亿则屡中。"（《论语·先进》）

（三）辞章与修养

唐代诗人元次山在《大唐中兴颂》中写道："前代帝王有盛德大业者，必见于歌颂。若今歌颂大业，刻之金石，非老于文学，其谁宜为？"可见，比金石之刻还能够长久立于世间而不被时间侵蚀的唯有"文学"，也就是优秀文章及人的修养。

（四）官名

西汉时期，学校的负责人，称为"文学"。汉代各地方郡县向朝廷举荐精通儒学经典的人也被称作"文学"，以后历代皆有"文学"官位的设置。

二、文学类书籍与非文学类书籍的对比

初看文学类作品与非文学类作品，我们区别它们的方法应该都只是凭借自己对文学的理解，即文学是所有富有价值意义的文学作品的总称。从定义上来讲，文学是作家创作的以语言文字为媒介的表达作家情感，满足读者情感需要的一种艺术。也就是说，一部文学作品不是一件简单的东西，而是交织着多层意义和关系的一个极其复杂的组合体。诗歌、散文、小说、戏剧是常见形式。而非文学的范畴并不像文学这样严格，非文学所包含的内容与之又有一些差距。判断文学与非文学的标准有以下几点。

（一）文学的语言具有丰富的表现力

首先，我们要区分文学的、科学的和日常的这几种语言在使用上的主要区别。

🌼 1. 科学语言与文学语言的区别

（1）科学语言具有直指性，它要求语言符号与指称对象一一吻合。科学语言趋向于使用类似数学或符号逻辑学等标识系统，追求一种统一的、全面的、结构严谨的语言体系。而文学语言就显得有很多歧义，每一种在历史过程中形成的语言都拥有大量同音异义字以及诸如语法上的特定专属的不合理的分类，并且充斥着历史上的事件、记忆和联想。所以文学语言显得更自由，意义更深远。

（2）文学语言强调语词的声音象征，即语言的自由组合要有一种思想的冲击，表达作家内心的某种情感，是作品中的主人公行动的外在指向。而科学语言则正相反，科学语言力求"言副其实"。

（3）文学语言可表现情意，有时是巍巍乎而志在高山，有时是洋洋乎而志在流水，作家和人物饱满的情感通过文学语言倾泻而出。而科学语言则不是，科学语言要求冷静叙述。

🌼 2. 日常语言与文学语言的区别

（1）从量的方面讲，日常语言是大于文学语言的。文学语言要求或优美，或生动，或豪放，或婉约，而日常语言则只是要求说明白话即可。

（2）文学语言具有刻意性和系统性，一部作品中只要改了一个字也会影响文学作品的整体意义。中国关于"一字之差"的故事有很多。

传说有一年夏天，乾隆皇帝命纪晓岚把唐朝诗人王之涣的七绝诗《凉州词》写到一把扇子上去。《凉州词》的全诗为：

黄河远上白云间，一片孤城万仞山。羌笛何须怨杨柳，春风不度玉门关。

在写的过程中，纪晓岚不小心把第一句的"间"字漏写了。乾隆皇帝不悦，要治他欺君之罪。纪晓岚急中生智，对乾隆皇帝说："启禀圣上，臣写的这首不是诗，而是一首词。"乾隆皇帝觉得奇怪："此话怎讲？"纪晓岚说："让微臣吟诵给圣上听。"

黄河远上，白云一片，孤城万仞山。羌笛何须怨，杨柳春风，不度玉门关。

经过纪晓岚这么一断句，一首《凉州词》果然就由诗变成了语意优美的词。乾隆皇帝听后哈哈大笑，连连夸赞纪晓岚机敏过人，没有治他欺君之罪。

（3）文学语言是以审美为标准的，而日常语言则不是。

综上所述，在文学语言和非文学语言的区别上，具有普遍性和代表性的观点是：非文学语言的特点是"真实性、准确性、规范化"，文学语言的特点是"形象性、情感性、音乐性"；另一种观点认为文学语言的特点是"内指性、音乐性、陌生化、本色化"。也有研究者认为文学语言与非文学语言是两套不同的语言符号系统。

文学语言虽然允许有某种灵活变通和违反语言常规的情况，但事实上文学语言和非文学语言并不是两套不同的语言符号系统。文学语言并没有在普通语言之外，另创一套语法和词汇系统。它用的无非就是我们平常在用的语言。正如韦勒克、沃伦的观点，文学作品不过"是一个为某种特别的审美目的服务的完整的符号体系或者符号结构"。所以说文学语言就是为特殊的审美目的服务的语言符号系统。

（二）文学世界里呈现出鲜明的审美形象

文学的这种审美形象具有想象、虚构和情感等特性。应该承认，非文学作品中也有形象，而且与文学作品中的形象也有某些相似之处，但之间的区别也很明显。

首先，非文学作品中的形象一般都是单独存在的，散见于其他的文字之中，而文学作品中的形象则是一种系列的组合，是作品的主体。文学作品中作家所创造出来的世界是一个独一无二的世界，在这个世界中，会发生任何可以想象或不可想象的事，这些事情在文学作品中变得顺理成章，自然而然。有时这个世界也不归属于某一个作家，可能归属于数个作家。比如金庸创造出来的武侠世界，当下流行的穿越题材等。

其次，在文学作品中，形象占据着中心位置，它既是作品的主体，又是作品的目的，其他的一切都是为塑造形象服务的。古龙小说中往往淡化了女性形象，男主人公在他的酒、武的世界里行侠仗义。在文学作品中，即使有议论，这议论也要服从塑造形象的需要，本身并不能成为作品的目的。如对景物的描写，对情感的宣泄，目的都是为了塑造饱满的人物形象。

（三）文学传达的是一个具有完整意义的整体

小说，有时候即使是一些短篇小说，依然可以是当时社会的缩影，传达出一个完整的意义。特别是对具有文学造诣的天才作家们来说，有的时候仅仅一句话就能让人感到意味深远，只可意会，不可言传。古龙是真正的惜字如金者，在对环境和人物的描摹上不会浪费一个字。

古龙的小说《武林外史》开头的环境描写：

剑气纵横三万里。一剑光寒十九洲。残秋。木叶萧萧，夕阳满天。萧萧木叶下，站着一个人，就仿佛已与这大地秋色融为一体。因为他太安静。因为他太冷。一种已深入骨髓的冷漠与疲倦，却又偏偏带着种逼人的杀气。他疲倦，也许只因为他已杀过太多人，有些甚至是本不该杀的人。他杀人，只因为他从无选择的余地。他掌中有剑。

短短几句，带给读者的全是疑问，有疑问就需要有思考，有思考才能构建想象的文学世界。卧龙生在古龙小说的序中，对比金庸和古龙的创作："金庸、古龙的作品就像一锅汤，金庸的作品入口平淡，渐入佳境、回味无穷，随着故事的深入，越来越好看。作为武侠小说的一代宗师，作品中禅宗佛道、琴棋书画皆有武功。读之引人入胜，倡导侠之大者。古龙的作品开局就是一锅滚开的浓汤，读之欲罢不能，注重对人性的诠释，文字简练，高潮迭起。"短短几十字，就对比出了金庸和古龙构建的武侠世界。

（四）文学彰显的往往是深远的韵味

都说文史不分家，其实从总体上而言文学比历史更为自由。历史是不能任意涂抹更改的，历史的重要原则就是要还原事件本身，文学却可以天马行空，作家可以在想象的天空中任意驰骋。在文学的世界里，历史上的人和事会以不同于史实的面貌出现，只要能够自圆其说就可以。举例来说，描述一场战争，从历史的角度出发，首先要明了双方为何而战，胜负如何，有何深远影响。但从文学的角度来看，作家可能只记录了交战当天的风和日丽，交战双方的内心冲突，多年以后再次想起，依然让人无法忘记那"大漠孤烟直，长河落日圆"。再辉煌绚烂的历史画卷，都终将归于云淡风轻，任人一声叹息而已。用余光中说过的一句话来概括文学的意味更为恰当："别的事是忙出来的，文学是闲出来的"。

三、文学类书籍的体裁概述

文学类书籍的分类往往是按照体裁来划分的，文学体裁是指文学作品的具体样式，它是文学形式的因素之一，简称"文体"。常见的文学体裁有诗歌、小说、散文、戏剧等。

（一）体裁的来源与发展

一个时代、一个作家，如果不能以前人的文学遗产作为基础，长期地积累创作经验，适应时代的要求，充分发挥自己的创造性进行文学创作，那么，新的文学体裁就不可能产生。历史上的中篇、长篇小说、多幕剧以至电影文学等篇幅较大的文学体裁，都是在这样的条件下逐步产生的。我国最早产生和发展的文学体裁是诗歌和散文，鲁迅说，当古代劳动人民合力抬一根木头，大家同时喊出的"嗨哟！嗨哟！"声，就是最早的诗歌。文学产生于劳动。而小说和戏曲文学则出现较晚。在诗歌的发展过程中，《诗经》里收录的大都是比较简单的四言体的诗歌，随后五言体、七言体的诗歌才陆续产生，到了隋、唐前后则逐渐出现了对仗整齐、音韵和谐的绝句和律诗。这些发展和演变，无疑是反映着社会生活的发展和艺术表现技巧的相谐调。

由于社会生活和人们艺术创作经验日益丰富，文学体裁也越来越丰富，越来越形式多样。文学体裁的多样化，是社会生活多样化的反映。壮烈的历史场面、狂风暴雨式的矛盾斗争，需要有大容量、长篇幅、强表现力的文学体裁来驾驭，如小说和戏剧；而生活里的小浪花、小涟漪，则要求以灵活轻巧的文学体裁来表现，例如诗歌。徐志摩的一首现代诗《沙扬娜拉》就是生活中的一朵小浪花。

沙扬娜拉

——赠日本女郎

最是那一低头的温柔，

像一朵水莲花不胜凉风的娇羞，

道一声珍重，道一声珍重，

那一声珍重里有蜜甜的忧愁——

沙扬娜拉！

这首诗是简单的，也是美丽的；其美丽也许正因为其简单。诗人仅以寥寥数语，便构建起一座审美的舞台，将司空见惯的人生戏剧搬演上去，让人们品味其中亘古不变的世道人情。而隐在诗后面的态度则无疑是：既然岁月荏苒，光阴似箭，我们更应该以审美的态度，对待短暂的人生。

历史上各种新的文学体裁的形成，最初往往产生于民间，由劳动人民所创造，然后才受到统治阶级和文人的注意，为他们所运用。有的文学体裁由于经过文人的加工改造，会逐渐趋于完美，如中国诗歌的发展；有的也可能由于统治阶级及其御用文人的改造而逐渐僵化，如八股文。其关键就在于那些文人是否或多或少地接近人民、和人民群众保持一定的联系，是否能根据社会生活的需要和人民群众的要求不断地予以改进、提高。我国古典文学中起源于民间的四言诗、五言诗、词、曲、杂剧、话本等样式，都是经过许多艺术修养较高而又和人民群众保持一定联系的作家的加工改造而发展、成熟起来的。

除此之外，也有一些文学体裁最初由国外传入，由于适合反映本国社会生活的需要，并为人民群众所接受，于是逐渐地和本民族的文学传统相结合而生根、成长起来。例如，"五四"以后发展起来的自由体诗、话剧和新小说等文学样式，就是最明显的例证。

总之，文学体裁是表达文学作品的思想内容的具体样式，它是适应于反映社会生活的需要而产生的，同时又受制于作家对文学传统的继承、革新，艺术经验的积累和创造能力的发挥。各种文学体裁只有适应于反映社会生活的需要和广大群众的要求，并和民族的优秀文学传统结合起来，才能健康地发展，并逐步地趋于完美。

（二）体裁分类中的"三分法"和"四分法"

各种文学体裁在产生和发展的过程中，逐步地形成了各自的特点，这些特点具体地表现为形象塑造、情节构想和语言运用等方面。历来对文学体裁的分类，有各种不同的标准，因而也有各种不同的分类法。我国目前最常见的分类法主要有两种：一种是"三分法"，一种是"四分法"。

"三分法"就是把各种各样的文学体裁依据塑造形象的不同方式划分为三个大类：叙事类，抒情类，戏剧类，这种分类标准在外国相当流行。亚里士多德说：文学模仿现实有三种方式，"既可以像荷马那样，时而用叙述手法，时而叫人物出场（或化身为人物），也可以始终不变，用自己的口吻来叙述，还可以使模仿者用动作来模仿"。这是"三分法"最早的说明，所谓"像荷马那样"指的就是叙事（史诗）类；"用自己的口吻来叙述"指的是抒情类；"使模仿者用动作来模仿"指的就是戏剧类。亚里士多德以后，欧洲一些著名的文学评论家，都沿用这种分类标准。

"四分法"，就是把一切文学作品，根据它在形象塑造、体制结构、语言运用和表现方法等方面的不同，把体裁分为四个大类：诗歌、小说、散文、戏剧。纵观我国和世界各国文学的发展脉络，大体都是沿着"诗歌－散文－小说－戏剧"这样的顺序发展起来的。我国最早的文学体裁分类只有诗歌和散文两大类。宋元以后，小说、戏剧文学有了发展，但都被排斥在主流文学之外。晚清时期，由于本国小说、戏剧的发展和外国的小说、戏剧翻译作品的增多，才对文学体裁有了新的分类，基本采取了"四分法"。五四运动以后，"四分法"在继承过去文学分类法的优点和吸取外来分类法的长处的基础上被确定下来。

本书主要以四分法为主，讲述小说、诗歌和戏剧三种体裁的相关知识点。

方法指导

任何一种阅读，都是需要经过努力才能实现与完成的。阅读文学作品与观看影视作品最大的区别就在于阅读文学作品需要主观能动性的更高参与，在阅读过程中需要作者采取一定的方式方法才能够推动阅读活动的开展；而影视作品的观看则不同，影视作品作为一种扑面而来的艺术表现形式，观看者更多的是被动地接受。

在阅读的时候，通过对一个个具有明确意义的词句的理解，读者在脑海中构建出画面和充满个性的形象。作品中留下的空白之处，更容易激发阅读过程中的想象。而在看电视的时候却没有这种创造的空间，眼前闪过的是一幅幅色彩斑斓的画面，耳旁流动着的是跌宕起伏的声响，面对流动的影像，读者的思维几乎不能停顿片刻，从而渐渐失去想象的能力。

一个人的精神发育史，应该是一个人的阅读史，而一个民族的精神境界，在很大程度上取决于全民族的阅读水平；一个社会到底是向上提升还是向下沉沦，就看阅读能植根多深；一个国家谁在看书，看哪些书，就决定了这个国家的未来。读书不仅影响到个人，还影响到整个民族，整个社会。要知道，一个不爱读书的民族，是可怕的民族；一个不爱读书的民族，是没有希望的民族。

同样，一个不爱读书的人，也必将是个前途堪忧的人。作为一个有追求的阅读者，我们在阅读时最应采取主动阅读的方式，尝试去设置问题，并尝试着主动去回答，在书中寻找答案。在阅读文学类书籍的时候，我们要时刻以下面三个问题来作为一个总的纲领，学着去在作品中找到答案：

第一个问题：这个书讲了什么内容？这个问题实际上是在说一本书的主题。任何一本书都有自己的主题，不论它是文学类的书籍，还是历史类的书籍，还是科学类的书籍，抑或是小说、戏剧、散文、诗歌，都离不开一个主题或是一个主要内容。

第二个问题：这本书是如何开展的？对于非文学类的作品，指的是它的纲目，即写作方法，或是写作思路；而对于文学类的作品，指的就是故事的线索或是情感的脉络。一部或是一本好的文学作品，它一定有一个最主要的故事线索或是一个最主要的情感走向，也应该是爱憎分明的。找到这个，才可能读懂这本书，才可能与作者产生共鸣。

第三个问题：这本书和你有什么关系？这是一个高层次的问题，与其说是高层次，不如说是你如何才能把这本书变成你自己的书。这就要求我们在与作者达成情感共鸣的前提下，还要努力挖掘作品中主人公的精神与情感，把这种精神与情感提炼出来，总结成一种独特的生命经验，从而去指导你的人生。这是一种间接经验的获取，我们在生活中，不可能遇到所有人生中都遇到的问题，那如何去丰富自己的生命经验，唯有通过与故事中的主人公一起哭、一起笑、一起抉择、一起放弃，这样才会使我们的人生更加丰富多彩。

第二节　观社会，识人性——小说的阅读

我没有骗过人，没有写过轻蔑或告密的东西，没有阿谀过谁，没有说过谎，没有侮辱过人；简单地说，我有许多篇小说和文章，由于写得拙劣而情愿扔掉，然而没有一行文字会使我现在为它抱愧。

——［俄］契诃夫

小说是以塑造人物形象为中心，通过完整故事情节的叙述和具体的环境描写来反映社会生活的一种文学体裁，它是拥有完整的布局、发展脉络及主题的一种文学作品。

一、小说溯源

"小说"一词最早出现于《庄子·外物》："饰小说以干县令，其于大达亦远矣。"庄子所谓的"小说"，是指琐碎的言论，与今日小说观念相差甚远。直至东汉桓谭《新论》："小说家合残丛小语，近取譬喻，以作短书，治身理家，有可观之辞。"才稍与今日小说的意义相近。班固《汉书·艺文志》将"小说家"列为十家之后，"小说家者流，盖出于稗官，街谈巷语，道听途说之所造也"。

中国小说最大的特色，自宋代开始便具有文言小说与白话小说两种不同的小说系统。文言小说起源于先秦的街谈巷语，是一种小知小道的记录。在历经魏晋南北朝及隋唐长期的发展过程中，无论是题材或是对人物的描写，文言小说都有明显进步，形成笔记与传奇两种小说类型。而白话小说则起源于唐宋时期的话本，故事的

取材来自民间，主要表现了百姓的生活及思想情感。但不管文言小说或白话小说都源远流长，呈现出各自不同的艺术特色。

二、中西方小说的区别

（一）起源

中国小说起源于史传叙事。中国古代小说的结构模式、叙事技巧、创作方法都与编年体或纪传体的历史著作有着千丝万缕的联系。

西方小说起源于神话。古希腊对于宇宙及世界本源的创造性想象影响了整个西方的思维结构及文学创作。古希腊神话经过诗史、传奇，进而演变成小说。马克思曾指出："希腊神话不只是希腊艺术的宝库，而且是它的土壤。"古希腊神话包括神的故事和英雄传说两方面的内容。《荷马史诗》是近代欧洲史诗的典范，后来欧洲的许多作家都从这部史诗的故事和人物形象中取得素材。古希腊的神话和史诗，在后来的悲剧中留下了深刻的痕迹，同时也直接影响到西方小说的产生。

（二）发展历程

1. 中国小说的发展历程

中国古代文学作品中，抒情诗占了相当大的比重，代表着中国古代文学的最高成就。小说的发展相对要晚一些。

首先是先秦两汉时期，这一时期的史书传记大多叙述故事或记录历史事件，没有小说应有的超越故事的寓意，没有创作主体的蓄意经营，没有完整的艺术逻辑，没有社会生活的典型意义及对引发对现实人生问题的思考，所以还不能称其为小说。

到了魏晋南北朝，出现了志人志怪的文学作品，如干宝的《搜神记》，由于篇制短小，形象单薄，依然只是小说的雏形，没有形成更高级别的想象空间。为了区别于唐传奇以后的小说，人们通常称这一时期的志人志怪小说为古小说。

唐代出现了唐传奇。唐传奇直接继承了六朝小说的传统，又接受了史传文学的哺育，从而有了巨大的发展。唐传奇虽有明显的志怪小说的痕迹，篇幅也不是很长，但记事写人都比较细致，整个故事有始有终。作者在叙述故事的同时，也表现人物的感情，使读者不仅知道故事的内容，还能产生情感上的共鸣，从中得到某种人生的启示。所以，无论是从思想内容还是艺术表现上看，唐传奇的出现，标志着中国小说的正式诞生。

宋代话本是中国古代白话小说的开端。对小说的内容，表现手法等做了衔接和拓展。这一时期的代表作品有《三国志平话》《金瓶梅词话》《大唐三藏取经诗话》等。

明清时期又演进出章回体小说，并产生了许多伟大的文学著作，如《三国演义》（罗贯中）、《水浒传》（施耐庵）、《金瓶梅》（兰陵笑笑生）、《西游记》（吴承恩）、《红楼梦》（曹雪芹）等，其中《红楼梦》的出现，代表着中国古典小说艺术发展的最高峰。

五四运动以来，中国的小说又有了长足的发展，出现了"鲁郭茅巴老曹"（鲁迅、郭沫若、茅盾、巴金、老舍、曹禺）等一批文学创作大师，为中国现代小说的发展添上了浓重的一笔。

20 世纪 80 年代以后，中国小说再次迎来灿烂的春天。寻根文学、零度写作、新写实主义等等小说创作流派与创作风格的出现，使得中国小说在对历史进行审视的同时，也对人生与生命发出了响亮的叩问。

2. 西方小说的发展历程

首先是史诗。《荷马史诗》（前 6 世纪写成文字）是欧洲文学史上最早出现的重要作品。其后出现的《埃涅阿斯》《罗兰之歌》《熙德之歌》《神曲》《失乐园》等重要的史诗巨作，从描写地府，扩展到地狱、炼狱和天堂，充满着史诗传统中的宗教色彩，深含着宗教的神圣性与口头叙事文学的特点。

西方出现最早的小说形式的文学作品是意大利作家薄伽丘的《十日谈》，在欧洲的小说史上开了近代短篇小说的先河。而这一时期正值中国元朝末年，《水浒传》成书于这一前后。《十日谈》问世以后，给欧洲小说带来很大的影响。此后，意大利短篇小说盛行，许多短篇小说家都继承薄伽丘的传统，写出了许多具有现实主义的文学作品。

文艺复兴时期最早出现的一部长篇小说，是法国著名作家拉伯雷所写的《巨人传》。文艺复兴时期西班牙最有成就的小说是塞万提斯的《唐·吉诃德》。唐·吉诃德一直是欧洲文学和世界文学中的一个著名的典型人物。《唐·吉诃德》的成功，标志着欧洲长篇小说进入一个新的发展阶段。

18 世纪是欧洲的启蒙运动时期，这个时期的小说主要是现实主义。笛福的《鲁滨孙漂流记》是一本以第一人称写的长篇小说，理查生的《帕美拉》是一部书信体的小说。这些小说，已不再是脱离现实的虚构的故事，都是从现实生活取材，以普通人为主人公，语言的生活化，情节结构的概括性，小说艺术的近真实性，塑造了多典型性的人物形象。这些优秀文学作品的出现，标志着西方现实主义小说创作进入到一个新的发展阶段。

到了 19 世纪，小说获得了更加蓬勃的发展，出现了大批的名家名作，各种各样的小说杰作，层出不穷。19 世纪末，诺贝尔文学奖成立，授予最近一年来在文学方面创作出具有理想倾向的最佳作品的人。100 多年来，共评选出百余位富有代表性的作家和作品。诺贝尔文学奖的获奖作品，代表着世界文学创作的最高峰，以这些获奖作品为中心，集合了大批的具有时代风向标倾向的优秀小说作品。

（三）结构特点

中国小说一般注重结尾，并且首尾呼应，结构完整。比较有名的《三国演义》《水浒传》等，其结尾都是诗词，并且发人深省。中国小说不论是长篇小说还是短篇小说，都要从源头开始交代故事情节。一个人物，往往从籍贯、出身、年龄、品貌说起，有时甚至还要先述父母出身，再及本人。结尾则不但情节结束，还要说明主人公的结局。西方小说则特别注重开端，并且是片断式的。如《呼啸山庄》《傲慢与偏见》的开头都非常讲究。像俄国作家契诃夫的许多短篇小说，它们往往都没有完整的艺术结构，不太注重艺术结构本身。

中国小说的发展线索往往是单线式的，即使是双线，也是交代清楚、层次分明；西方小说则往往是多条线索同时发展，并且错综复杂地交织。从整体结构来看，中国古典小说结构布局的目的，是把生活中复杂错综发生着的事件整理为头绪分明的线索以表现主题，要求脉络分明，层次清晰，中国古典小说的代表体式章回体，其特点更是如此。在另一线索开始时，经常用"花开两朵，各表一枝，接下此事不说，且说……""欲知后事如何，且听下回分解"等话语来进行表达。这样能够将错综复杂的现实生活通过结构交代得非常清楚明白。西方小说结构布局与此不同，偏重于将生活中普遍的事加以组合，突出情节的吸引力，满足读者的好奇心，吸引读者对主题的思考与想象。结构的手段不是使矛盾显明，而是使之隐蔽，读者必须各个发掘才能明白主题的全部内涵。

中国长篇小说结构既统筹全局，又有相对独立的部分，以独立的存在去构成完整的艺术体系。例如，《三国演义》中，关羽、赵云、张飞、曹操等英雄人物都有一个较为完整的故事。再如莫言的长篇小说《生死疲劳》，共分五个部分，每个部分也都可以单独成篇。余华的长篇小说《兄弟》分为上、下两部，其实每一部都可以单独成为一部小说。西方小说很少按时间发展顺序安排情节，有时甚至完全颠倒了次序，在时序上表现出倒叙、插叙与交叉叙述的特点：你以为是小说的发展阶段，可能处在小说的结尾处；你以为是小说结尾的部分，却正是事件的起因。小说按内容的需要，颠倒事件的次序以突出最主要、最精彩、最吸引人的部分。

中西小说以上三点差别，究其原因可总结为与中西方传统的审美特点有关。中国历代的绘画艺术往往是以山水长卷为主，中国古代的建筑艺术往往也是园林式的结构。如中国四大园林和北京的故宫等。它们往往都有方方正正、大中套小的格局。西方小说则与西方文化传统中的审美特点有关，像罗浮宫、罗马教堂等，往往简洁、突起，虽也有对称之美，却富于变化之姿。

三、小说的特点

作为一种特定的文学样式，小说有着鲜明的特点。

（一）价值性

小说的价值本质是以时间为序列、以某一人物或几个人物为主线的，非常详细地、全面地反映社会生活中各种角色的价值关系（政治关系、经济关系和文化关系）的产生、发展与消亡过程，非常细致地、综合地展示各种价值关系的相互作用。

（二）容量性

与其他文学样式相比，小说的容量较大，它可以细致地展现人物性格和人物命运，可以表现错综复杂的矛盾冲突，同时还可以描述人物所处的社会生活环境。小说的优势是可以提供整体的、广阔的社会生活以供读者想象。

（三）情节性

小说主要是通过故事情节来展现人物性格、表现主题的。故事来源于生活，但它通过整理、提炼和安排，就比现实生活中发生的真实事例更加集中，更加完整，也更具有代表性，用一句话来概括就是"艺术来源于生活而高于生活"。

（四）环境性

小说的环境描写和人物的塑造与中心思想有着极其重要的关系。在环境描写中，社会环境是重点，作用是交代人物的生存环境、交代人物的社会关系、交代作品的时代背景。自然环境包括人物活动的地点、时间、季节、气候以及景物等，作用是渲染故事气氛、烘托人物形象、推动情节发展、暗示社会环境、深化作品主题。所以说，一切环境的描摹都是为了突出人物，使得人物的出现顺理成章。

（五）发展性

中国小说是随着时代的发展而发展的：魏晋南北朝时期文人的笔记小说，是中国古代小说的雏形；唐代传奇的出现，尤其是三大爱情传奇，标志着古典小说的正式形成；宋元两代，随着商品经济和市井文化的发展，出现了话本小说，为小说的成熟奠定了坚实的基础；明清小说是中国古代小说发展的高峰，至今在古典小说领域内，没有可超越者，四大名著皆发于此。

（六）纯粹性

纯文学中的小说体裁讲究纯粹性。小说首先是一种艺术，所有的艺术都讲究要去除伪善，去除谎言，表现出艺术应有的纯真。小说的纯粹性是阅读者最重要的审美期待之一。随着时代的发展，不仅是小说，所有的文学类作品的纯粹性越来越成为文学审美的一个重要核心。

四、小说三要素

小说的三要素是指生动的人物形象、完整的故事情节和具体的环境描写。

（一）人物形象

小说反映社会生活的主要手段是塑造人物形象。小说中的人物，我们称为典型人物或圆型人物（指文学作品中具有复杂性格特征的人物）。这个人物是作者把现实生活中的不同人物原型提炼加工而成的。他不同于现实中的人和事，而是本着"杂取种种，合成一个"的原则来塑造的一种具有特质的人物形象。正如鲁迅所说："人物的模特儿，没有专用过一个人，往往嘴在浙江，脸在北京，衣服在山西，是一个拼凑起来的角色。"人们可以通过这些艺术典型的镜子，看到、理解许多人的面目。通过这种典型的人物形象反映的社会生活，也更为集中，更具有普遍意义。

（二）故事情节

小说主要是通过故事情节来展现人物性格，表现主题的。小说的情节是指作品所描写的事件发展、演变的全过程，故事情节的一般结构为"序幕→开端→发展→高潮→结局→尾声"。情节的安排决定于作者的艺术构思，并不一定按照现实生活中的事件发生、发展的自然顺序，有时可以省略某一部分，有时也可颠倒或交错。小说的人物形象是虚构的，故事情节同样也是虚构的。故事来源于现实生活，通过作者的整理、提炼和重组，比现实中发生的真人真事更完整，更集中，更具有代表性。

（三）环境描写

环境描写是指人物活动的环境和事情发生的背景。一部好的小说总能让人身临其境、感同身受。作者以优美的文笔、生动的描写和不可思议的想象构建一个超越现实的"真实"世界，在这个世界里发生了一些"真"人"真"事。通过这样的艺术创造把一个完整的故事牢牢地刻印在读者的脑海里。

五、小说的分类

（一）按照篇幅长短划分

1. 微型小说

微型小说也叫极短篇、精短小说、超短篇小说、微信息小说、一分钟小说、一袋烟小说、袖珍小说、焦点小说、瞳孔小说、拇指小说、迷你小说等，一般篇幅都在 2 000 字以下。题材常是生活经验的片段，因此可以是有头无尾、有尾无头，甚至无头无尾。高潮放在结尾，高潮一出马上完结，营造余音绕梁的意境。百花洲文艺出版社 2009 年出版了一套微型小说系列《微型小说佳作欣赏》，选编了微型小说 300 余篇。作品贴近时代、贴近读者、内容丰富，信息量大，反映了当代人的生活、爱情和种种人生。

2. 短篇小说

短篇小说的篇幅大致在几千字到 2 万多字。短篇小说往往有一个特定的模式，习惯上称作"三一律"（这个"三一律"不同于诗歌的"三一律"），即一人一地一时，主要角色不多，环境设定较少，故事的时间跨度较短。中国短篇小说代表作要属鲁迅的从《呐喊》到《彷徨》，里面的《狂人日记》《伤逝》《在酒楼上》都是名震一时的佳作代表，作品中揭示农民命运及精神痛苦，探寻知识分子的精神世界，塑造了形象饱满的人物典型。

3. 中篇小说

中篇小说的篇幅大致在 3 万字至 6 万字之间。中篇小说往往截取主人公一个时期或某一段生活的典型事件来塑造人物形象，反映社会生活的某个方面，故事情节较为完整。海明威的最负盛名的中篇小说代表作《老人与海》，塑造了古巴渔夫圣地亚哥这一"硬汉形象"，这篇小说也相继获得了 1953 年美国的普利策奖和 1954 年的诺贝尔文学奖。

4. 长篇小说

比中篇小说字数更多的就是长篇小说。长篇小说篇幅长，容量大，情节复杂，人物众多，结构宏伟，往往更利于表现错综复杂的人物关系。在篇章结构上，一般根据故事情节的发展，分成许多章节，篇幅特别长的，还可以分为若干卷或部、集等。如《三国演义》《生死疲劳》《人间喜剧》等。2012 年诺贝尔文学奖获得者莫言将长篇小说称为"胸中的大气象，艺术的大营造"。

（二）按照创作年代划分

1. 古典小说

古典小说萌芽于先秦，上古时期到先秦两汉的古代神话传说、寓言故事促成了小说的孕育和形成；雏形于魏晋南北朝，出现了志人志怪小说，其情节结构比较简单、粗略，如《搜神记》《世说新语》；形成于唐代，唐传奇的出现，标志着中国古代小说的成熟，如《柳毅传书》和《莺莺传》；繁荣于宋元，宋代的话本、元代的拟话本的出现，推动了古代小说的发展，拟话本的题材更加广泛，情节更加曲折，描写更加细腻，如《大唐三藏取经诗话》和《大宋宣和遗事》；鼎盛于明清，明清章回体小说将古代小说逐渐推向了顶峰，如中国十大古典小说等。

💧 2. 现代小说

现代小说是指"五四"文学革命后诞生的一种用白话文写作的新体小说。它取法欧洲近代小说，却植根于现实生活的土壤，既不同于中国历来的文言小说，也迥异于传统的白话小说。从鲁迅到鸳鸯蝴蝶派的张恨水再到当代金庸，中国现代小说走出了一条历史蜕变中的文学革新之路。

✈ （三）按照内容题材划分

分为武侠小说、恐怖小说、言情小说、推理小说、悬疑小说、历史小说、军事小说、科幻小说、网游小说、玄幻小说、逸体小说、穿越小说、魔幻小说。

✈ （四）按照主义流派划分

分为古典主义小说、讽刺主义小说、现实主义小说、批判现实主义小说、浪漫主义小说、自然主义小说、形式主义小说、表现主义小说、存在主义小说、意识流小说等。

✈ （五）按照表现形式划分

分为书信体小说、日记体小说、对话体小说、自传体小说。

✈ （六）按照创作进度划分

分为连载小说、全本小说。

🎬 方法指导

在阅读小说之前，作为一个稍有一些阅读经历的读者，都会问这样一个问题，这里面讲的故事是真的吗？

这就涉及一个阅读小说的原则，就是不要用科学去评判小说。对于一个好的故事来说，所谓的"真"就是一种写实，一种可能性，或与真实的神似。故事就是故事，不需要像做科学研究或是医学手术一样来形容生活的事实或是社会的真相。如读《水浒传》，固然觉得有趣，也像读《史记》般，但《史记》是真的，《水浒传》是假的。我们阅读历史书，如果没有看到史实，我们有权利抱怨作者的虚构。但将史实写错却不会影响到一本小说的价值，只要它能自圆其说，将整体表现得活灵活现就可以了。我们阅读小说时，我们想要的是一个故事，这个故事只要确实可能在小说家笔下创造出来，经过我们的再创造，可以在想象的世界中实现，这就是一个优秀的故事。

如果我们能明确了上面讲的这一点，我们便是找到了通向小说的一条大道。我们就可以去阅读小说了。

一、书名

小说的书名是作者向我们发出的第一个信号。小说，不同于诗歌。中国的诗歌，无论是古代的还是现代的，作者所要表达的情感很模糊或是意义复杂时，诗名可能为"无题"，像李商隐的很多诗，或是有些诗，本身就没有名字，以诗的前几个字来作为题目。如《诗经》中的《氓》《采薇》等。但小说不同，每一部小说都有属于自己的名字，不存在没有名字的小说。所以，在阅读小说之前，我们能否先静下心来，思考一下，作者为这本书取这个名字的意义何在，知道了意义，就是明确了作者的出发点。例如莫言的代表作之一《生死疲劳》，我们看到这个书名时就要思考，为什么这部小说要叫作《生死疲劳》，而不叫作甲、乙、丙、丁？带着这个疑问我们去翻阅这本书，会看到莫言在书的扉页中提到了"生死疲劳，从贪欲起，少欲无为，身心自在"。原来这个书名是来自佛经中的话。莫言说，佛教认为人生最高境界是成佛，只有成佛才能摆脱令人痛苦的六道轮回，而人因有贪欲则很难与命运抗争。这是一部讲贪欲和轮回的书。

19 世纪法国著名批判现实主义作家司汤达的《红与黑》，看到这个书名，应该能猜到作者一定是要描写两种相反的事情，"红"代表什么、"黑"又代表什么？看完这部小说，我们能回答出来这个问题吗？

18 世纪英国著名女性小说家简·奥斯汀，她的作品主要关注乡绅家庭女性的婚姻和生活，以女性特有的细致入微的观察力和活泼风趣的文字真实地描绘周围世界的小天地。她的代表作《傲慢与偏见》，这个小说名字同《红与黑》一样，也会引发我们一些思考，谁是傲慢的？谁是有偏见的？具有这样性格的两个人物形象会发生怎样的故事呢？同样，她的另一部作品《理智与情感》也是如此。

二、目录

明确了小说的名字之后，下一步，我们再接着往后翻，看到的是小说的目录，当然，如果这部小说还有序言之类的，就更要读一下，因为序言通常用来说明作者的创作意图和写作经过。

中国的章回体小说都有一个固定模式的目录，它的目的，一是概括这个章节要讲的故事内容，二是要吸引读者。而通读了这个目录的好处就是创造了一种可能性，即我们能从总体上把握这部小说的故事走向。读者内心首先会产生出一个情感期待，对于一个较长篇幅的小说来说，读者在读到 3/4 长度的时候，往往会产生一种抵触或是厌弃的心理，不利于阅读整本小说，而阅读完这些目录，无疑会利于阅读活动的开展。再以《生死疲劳》来举例，这部小说一共有五部：

第一部　驴折腾

第二部　牛犟劲

第三部　猪撒欢

第四部　狗精神

第五部　结局与开端

知道了这五部的名称，我们就可能猜测，对于一个讲轮回的书，这应该是讲了主人公的几次轮回，每一次都以不同的动物投胎。再以第一部为例，第一部讲了作为驴的投胎，一共有十一章：

第一章　受酷刑喊冤阎罗殿　　遭欺瞒转世白蹄驴

第二章　西门闹行善救蓝脸　　白迎春多情抚驴孤

第三章　洪泰岳动怒斥伛户　　西门驴闯祸啃树皮

第四章　锣鼓喧天群众入社　　四蹄踏雪毛驴挂掌

第五章　掘财宝白氏受审　　闹厅堂公驴跳墙

第六章　柔情缱绻成佳偶　　智勇双全斗恶狼

第七章　花花畏难背誓约　　闹闹发威咬猎户

第八章　西门驴痛失一卵　　庞英雄光临大院

第九章　西门驴梦中遇白氏　　众民兵奉命擒蓝脸

第十章　受宠爱光荣驮县长　　遇不测悲惨折前蹄

第十一章　英雄相助装义蹄　　饥民残杀分驴尸

从这十一章的名称来看，我们可以猜测出，主人公第一次投胎变成一只白蹄驴，这个驴经历了很多事：啃树皮、被挂掌、跳墙、斗恶狼、咬猎户、失一卵、折前蹄、被分尸等，那么小说究竟是如何细致描写的呢？读者就可以到书中去寻找答案了。

三、作者

小说离不开作者，我们在读小说的时候也要稍微了解一下作者，一个作者的风格虽然会随着时间的变迁而有所不同，但绝不会有南辕北辙这样的情况发生。所以了解了一个作者，实际上也是了解了他的大部分作品风格，也有利于引导我们去阅读他的其他作品。

中国当代作家余华，并不是一名多产作家，他的作品以精致见长。作品以纯净细密的叙述，打破日常的语言秩序，形成了一个独特的话语系统，并且以此为基点，建构起一个又一个奇异、怪诞、隐秘和残忍的独立于外部世界和真实世界的文本世界，实现了其文本的真实。余华曾坦言："我觉得我所有的创作，都是在努力更加接近真实。我的这个真实，不是生活里的那种真实。我觉得生活实际上是不真实的，生活是一种真假参半、鱼目混珠的事物。"十年磨一剑的余华，尽管作品不多，但多年来依然保持着这样的风格。

《活着》（1993）是作家余华的代表作之一，讲述了在大时代背景下，徐福贵的人生和家庭不断经受着苦难，到了最后所有亲人都先后离他而去，仅剩下年老的他和一头老牛相依为命。这部小说展现了一个又一个人的死亡过程，掀起一波又一波无边无际的苦难波浪，表现了一种面对死亡过程的可能的态度。活着本身很艰难，延续生命就得艰难地活着，正因为异常艰难，活着才具有深刻的含义。没有比活着更美好的事，也没有比活着更艰难的事。这种格调也成了余华创造的一个大走向。

《兄弟》（2005）讲述了江南小镇重组家庭中的两兄弟李光头和宋钢，在时代大潮中历经磨难成长的故事。他们的生活在裂变中裂变，他们的悲喜在爆发中爆发，他们的命运和时代一样的天翻地覆，最终他们在恩怨交集中走向结局。

由以上两个小说来做基础，当余华 10 年后的又"一剑"——《第七天》（2013）问世后，我们也能猜测出这个又魔又实的小说的大致内容走向。《第七天》用荒诞的笔触和意象讲述了一个普通人死后的七日见闻：讲述了现实的真实与荒诞，讲述了生命的幸福和苦难，讲述了眼泪的丰富和宽广，讲述了比恨更绝望、比死更冷酷的存在。《文城》（2021）是他时隔 8 年后的又一作品。小说情节紧凑，斗争与矛盾并存，虽与以往略有不同，完全回归到"讲故事"的形式里，但依然具有浓重的"余华风格"。

可见，了解了一个作家的风格，就相当于了解了一类作品，因为喜欢一种作品风格而喜欢一个作家，当然，也就会因为喜欢一个作家，而喜欢这种具有作家风格的作品。

当然，对于仅有一两部代表作品的作家来说，了解作家就显得更为必要了。如我们读《白鹿原》，陈忠实只有这一部长篇小说，读完了这部小说意犹未尽，怎么办？去了解陈忠实这个人，了解他其他类型的作品，了解他写作的缘起，等等，更有利于架构我们的知识体系。纵观陈忠实的创作道路，可以清晰地看出时代的印迹，而他创作于不同历史时期的作品，也鲜明地折射出时代的色彩，甚至不乏里程碑式的标志。

四、架构、梳理人物关系

作者已经展示给我们一个故事体系，我们为什么还要再重新架构呢？原因有很多，但最主要的原因在于我们要把作者讲述的故事变成我们所知道的故事。为什么"1 000 个读者就有 1 000 个哈姆雷特"，原因也正在于此。只有架构起自己真实理解的故事，我们才能真正理解了这个小说，理解了作者创作的意义所在。要知道，作家所讲述出来的故事，和你理解后讲出来的故事可能是有所出入的。

我们如何来向别人讲述莫言的《生死疲劳》呢？我们可能首先会介绍一下作家，作家说"我是一个讲故事的人"，那么他的作品本身就是在讲故事。《生死疲劳》开篇第一句话写道："我的故事，从 1950 年 1 月 1 日那天讲起。"小说的叙述者西门闹，是土地改革时被枪毙的一个地主，他认为自己虽有财富，但并无罪恶，因此在阴间里他为自己喊冤。基本上大多数的再创作叙述者在这个部分都会详细讲述，为什么？因为这是这部小说架构的基础，你只有相信了这种阴阳轮回的转世，才能相信一个已经死去的地主西门闹会因为命运的不公而要求还阳，才会在第一次投胎时被阎王和众小鬼戏弄而转世投胎为驴。经历了一世驴，西门闹再次来到阎王殿，看到阎王后，经过一番交涉，西门闹再次被戏弄，转世为西门牛。后来又转世为猪、转世为狗、转世为猴、最后转世为人。终于转世为人的这个人却是一个生来就有先天疾病的大头婴儿，大头婴儿长到五岁时，有一天他把大家叫到面前，摆开一副像要讲述一段长长的故事的架势，说："我的故事，从1950年1月1日那天讲起……"再创作叙述者讲到这里，一个一气呵成的故事就此结束，到此，也让人有一种意味深长的感觉。重新架构了这部小说，我们再来看这个小说的人物关系，就显得明晰一些了。

《生死疲劳》主要人物表：

西门闹：西门屯地主，被枪毙后，转生为驴、牛、猪、狗、猴、大头婴儿蓝千岁。为叙事主人公之一。

蓝解放：蓝脸与迎春之子，曾任县供销社主任、副县长等职。叙事主人公之一。

白氏：西门闹正妻。

迎春：西门闹二姨太太，新中国成立后改嫁蓝脸。

吴秋香：西门闹三姨太太，新中国成立后改嫁黄瞳。

蓝脸：原西门闹家长工，新中国成立后一直单干，是全中国唯一坚持到底的单干户。

黄瞳：西门屯村民兵队长、生产大队大队长。

西门金龙：西门闹与迎春之子，新中国成立后一度随养父姓蓝。曾任西门屯大队革命委员会主任，后任养猪场场长，团支部书记，改革开放后任西门屯村党支部书记、旅游开发区董事长。

当然，如果能把这样的人物关系用线路图表现出来就更加一目了然了。

到此，我们才能说，我们大致读懂了这部小说，也成了一个合格的再创造叙述者。当然，这都归功于你是一个努力的、喜欢阅读的人。

五、哪些生命经验可指导你的人生

每一部小说都是一次对生命的问，主人公会展开一段生命旅程，读者会跟着主人公的这段旅程和他一起哭，一起笑，共同欢喜，共同忧伤。

作为一名经历有限的人，我们很难在幼年时经历困苦，到青年时当了一名家庭教师，来到一个庄园，遇到一位优雅的庄园男主人，并与其深深相爱。即将要结婚的时候，发现这个男主人竟另有妻子，还是一位疯女人，被关在家里阁楼上。作为一个有着平等意识并向往纯粹婚姻的主人公离开了庄园和相爱的男人。后来庄园一场大火，烧毁了一切，庄园主也失去了眼睛，主人公再次回到庄园，和男主人重新在一起。这样的经历，可能普通人一生也不会经历，但是通过《简·爱》这部小说我们和主人公简一起经历了。我们知道了当爱情来临时，我们应该和简如何抉择；当发现原来罗切斯特另有妻子时，我们应该和简如何抉择；当心爱的罗切斯特变得一无所有时，我们应该和简如何抉择……这些都是可以指导我们的生命经验，值得我们去阅读、去总结、去感悟，并去指引我们的人生。这样当不般配的爱情来临时，我们的耳边才会一再地回响着那句话：

你以为我贫穷、相貌平平就没有感情吗？我向你起誓：如果上帝赐予我财富和美貌，我会让你难于离开我，就像我现在难于离开你一样。上帝没有这样安排。但我们的精神是平等的。就如同你我走过坟墓，平等地站在上帝面前。

——《简·爱》

可见，从《简·爱》里我们看到了一个高贵的灵魂的坚持，做任何事，我们都要坚持自己的原则与立场，不放弃追求幸福的力量，永远怀有一颗宽容善良的心；从《堂吉诃德》中看到了骑士精神的荒诞；从《世界上最疼我的那个人去了》里我们学到了亲情的可贵。

再举一个例子，一个来自农村的年轻人，人生最大的理想就是能够买一辆属于自己的车，做一名独立的劳动者。但攒了三次钱，三次都没有实现理想，第一次攒了三年的血汗钱换来的车被军阀的乱兵抢走；第二次还没攒够买车的钱，钱就被一个侦探敲诈走了；第三次用自己老婆的积蓄买的一辆车，后来在为老婆办理丧事时又不得不卖掉。在经过多次挫折后，随着心爱的女人的自杀，现实吹灭了这个年轻人心中最后一朵希望的火花，他终于从一个老实的车夫逐渐演变成为一个地道的流氓地痞无产者。这就是《骆驼祥子》里祥子的经历。无法再遇的社会现实，无法还原的人生经历。我们在这个人物的身上全看到了，看到了残酷的封建现实把一个有理想的年轻人一步步逼到了绝望的深渊：一个由乡间来的淳朴、老实、善良、结实的祥子沦落成一个让人同情的混混，最后像一条狗一样栽倒在街头，再也爬不起来。祥子的人生经历对我们有哪些启示呢？

一是如何在身处困境时依然保持生命的本真，维系我们最初的梦想，这是很多人一生都在思考与纠结的问题。

二是如何提高自身能力以适应社会的发展，不要做社会的淘汰者。

三是努力、坚持永远是成功的必由之路。

小说家们已在每一个精雕细琢的作品中为我们展开了一个个丰富饱满的虚幻世界，我们也应努力从每一本小说中，找到指引我们更好生活的人生经验。

六、寻找一种可能性，找到阅读小说的乐趣

到目前为止，你已经学会如何去阅读文学类书籍中的小说部分了，也一定已经找到了一些小说之间的共同之处，并会在今后的学习中选用科学的方法去指导阅读。那么，如果已经阅读完了一些内容有所关联又情感相近的作品时，是否也会去总结

一下这一类作品的共同之处，可以是一个事物，也可以是一种经历，在不同的作品中有不同的形式表现。找到了这种共同之处，就寻找到了这种阅读的乐趣。

举例来说，中国文学中对于女娲补天有着详尽的描述和各种各样的版本，在这些不同的版本中，我们单拿出女娲补天剩下来的那一块顽石来说事。

先来看一下《女娲补天》的故事。

往古之时，四极废，九州裂，天不兼覆，地不周载，火滥焱而不灭，水浩洋而不息，猛兽食颛民，鸷鸟攫老弱。于是，女娲炼五色石以补苍天，断鳌足以立四极，杀黑龙以济冀州，积芦灰以止淫水。苍天补，四极正；淫水涸，冀州平；狡虫死，颛民生；背方州，抱圆天。

译文：

以往古代的时候，四根天柱倾折，大地陷裂；天有所损毁，不能全部覆盖万物，地有所陷坏，不能完全承载万物；烈火燃烧并且不灭，洪水浩大汪洋泛滥并且不消退；猛兽吞食善良的人民，凶猛的禽鸟用爪抓取年老弱小的人吃掉。于是女娲炼出五色石来补青天，斩断大龟的四脚来竖立天的四根梁柱，杀死水怪黑龙来拯救冀州，累积芦苇的灰烬来制止（抵御）过量的洪水。苍天得以修补，四个天柱得以扶正直立；过多的洪水干涸了，冀州太平了；狡诈的恶禽猛兽死去，善良的人民百姓生存下来。

传说中女娲历时九天九夜，炼就了五色巨石 36 501 块。然后又历时九天九夜，用 36 500 块五彩石将天补好。女娲补天剩下来的这一块石头，成了文学作品中争相使用的一个角色。

在《西游记》中，这块石头化作了孙悟空。

女娲炼就的五色石，并没有全部用来补天，所以人间就有了"娲遗石"。在连年泛滥成灾的淮河入海口，有一座被康熙誉称为能"遄镇洪流"的云台山，那山上的青峰顶上，就有一块上部被夹、下部完全悬空的娲遗石。诗人汪枚在他的《云台山赋》里唱道：

维女娲之炼石，化五云而补天，遗瑶台之一片，忽吹堕于海边。

《西游记》成书的明代中叶，淮安城常常被泛滥的河水围困数月，吴承恩在寻觅小说主人公孙悟空的原型时，想到了那块被治水女神所弃置的奇异而迷离的娲遗石。《西游记》在第一回"灵根育孕源流出　心性修持大道生"中就描绘了这块石头变成石猴而成为美猴王的情状。《西游记》中对孙悟空的来历的描述如下：

那座山正当顶上，有一块仙石。其石有三丈六尺五寸高，有二丈四尺围圆。三丈六尺五寸高，按周天三百六十五度；二丈四尺围圆，按政历二十四气。上有九窍八孔，按九宫八卦。四面更无树木遮阴，左右倒有芝兰相衬。盖自开辟以来，每受天真地秀，日精月华，感之既久，遂有灵通之意。内育仙胞。一日迸裂，产一石卵，似圆球样大。因见风，化作一个石猴。五官具备，四肢皆全。便就学爬学走，拜了四方。

在《红楼梦》中，这块石头化作了贾宝玉出生时口中含着的玉。

又不知过了几世几劫，因有个空空道人访道求仙，从这大荒山无稽崖青埂峰下经过。忽见一块大石，上面字迹分明，编述历历。空空道人乃从头一看，原来是无才补天、幻形入世，被那茫茫大士、渺渺真人携入红尘、引登彼岸的一块顽石；上面记着堕落之乡、投胎之处，以及家庭琐事、闺阁闲情、诗词谜语，倒还全备。只是朝代年纪，失落无考。后面又有一偈云：无才可去补苍天，枉入红尘若许年。此系身前身后事，倩谁记去作奇传？

宝钗看宝玉的玉，托在掌上，只见大如雀卵，灿若明霞，莹润如酥，五色花纹缠护。

看官们须知道，这就是大荒山中青埂峰下的那块顽石幻相。后人有诗嘲云：女娲炼石已荒唐，又向荒唐演大荒。失去本来真面目，幻来新就臭皮囊。好知运败金无彩，堪叹时乖玉不光。白骨如山忘姓氏，无非公子与红装。

宝钗看毕，又从新翻过正面来细看，口里念道："莫失莫忘，仙寿恒昌。"

在《封神演义》中，这块石头化作了石矶娘娘。

《封神演义》是明代道士陆西星（一说为许仲琳）所著的神魔小说。主要以姜子牙辅佐周室（周文王、周武王）讨伐商纣的历史为背景，描写了昆仑山元始天尊为代表的阐教、仙岛通天教主为代表截教诸仙斗智斗勇、破阵斩将封神的故事。这部小说里面的石矶娘娘在骷髅山白骨洞修行，是天地玄黄之外一块顽石成精，得道数千年，原著中对她的来历进行过这样的描写：

且说太乙真人罩了石矶，石矶在罩内不知东西南北。真人用两手一拍，那罩内腾腾焰起，烈烈光生，九条火龙盘绕，此乃三昧神火，烧炼石矶。一声雷响，把娘娘真形炼出，乃是一块顽石。此石生于天地玄黄之外，经过地水火风，炼成精灵。今日天数已定，合于此地而死，故现其真形。

在《花千骨》里，这块石头化作了朔风。

中国当代仙侠小说《花千骨》里，白子画身中剧毒，花千骨需要集齐九大神器召唤炎水玉，所有炎水玉碎片会重新组合，而花千骨好友朔风真实身份竟是女娲石碎片，在花千骨原著小说中朔风为帮助花千骨救白子画，牺牲自己，使炎水玉复合，而自己却消散了。

小说中如此描述：

很多事情不需要相信，我只想让你知道，你面前的这个我不是人也不是仙，不是妖也不是魔，只是一块石头而已。甚至连一块完整的石头都称不上，只是女娲石的一小块碎片罢了。

……

我第一次有意识的时候，我在水里迷迷糊糊沉睡了百年或者千年，我醒来蹲坐在岸边，看着水流来去、花开花落、云卷云舒又是 100 年。然后我无聊了，站在山上的一棵树上，看着半山腰的一户人家，每天日出而作日入而息生老病死，就这样又过了 100 年。之后我渐渐有了形体和人的外貌，学会了说话。我去过很多地方见过很多不一样的人。可是还是没有觉得这一个世界有什么有趣的事情，也不知道自己为什么会存在。于是又回到最初的那条河边待着，一晃就又是 100 年。突然有一天尊上正好路过，从天空飞过，可能是察觉到神器的气息，下来查探然后发现了我。他问我为什么会在这里，可是我又怎么知道呢！于是我反问他我为什么会在这里。尊上看着我说，如果你想知道自己为何会在这里就随我回去吧，或许终有一天能弄明白。于是我便这样被尊上捡回了长留山，然后遇见了你，遇见了你们。其实在哪里对我而言都是一样的，我跟他回去其实或许只是因为可以多一点机会接触到神器。当时我特别想知道其他的神器是不是也像我这般人不人鬼不鬼的样子？

……

无数碎片拼合在一起组合成一块完整的流光溢彩的石头，女娲石终于归位。十六件神器千年之后再次齐聚。

第三节　戏其言，诵其情——戏剧诗歌的阅读

自有戏剧以来，它的目的始终是反映人生，显示善恶的本来面目，给它的时代看看它自己演变发展的模型。

——［英］莎士比亚

一、戏剧的阅读

戏剧旧时专指戏曲，后作为戏曲、话剧、歌剧、舞剧、诗剧等的总称。文学上的戏剧概念是指为戏剧表演所创作的脚本，即剧本，是戏剧艺术创作的文本基础，编导与演员根据剧本进行演出。剧本以代言体为主要方式来表现故事情节。

剧本主要由台词和舞台说明组成。对话、独白、旁白都采用代言体，在戏曲、歌剧中则常用唱词来表现。剧本中的说明是以剧作者的口气来写的叙述性的文字说明，包括对剧情发生的时间、地点的交代，对剧中人物的形象特征、形体动作及内心活动的描述，对场景、气氛的说明，以及对布景、灯光、音响效果等方面的要求。在戏剧发展史上，剧本的出现，大致在戏剧正式形成并成熟之际。古希腊悲剧从原始的酒神祭礼发展为一种完整的表演艺术，就是以一批悲剧剧本的出现为根本标志的；中国的宋元戏文和杂剧剧本，是中国戏剧成熟的、最确实的证据；印度和日本古典戏剧的成熟，也是以一批传世的剧本来标明的。但是，也有一些比较成熟的戏剧形态是没有剧本的，例如古代希腊、罗马的某些滑稽剧，意大利的初期的即兴喜

剧，日本歌舞伎中的一些口头剧目，中国唐代的歌舞小戏和滑稽短剧，以及现代的哑剧等。

（一）戏剧的特点

1. 空间和时间要高度集中

剧本中通常用"幕"和"场"来表示段落和情节。"幕"指情节发展的一个大段落。"一幕"可分为几场，"一场"指一幕中发生空间变换或时间隔开的情节。剧本不像小说、散文那样可以不受时间和空间的限制，剧本一般都要求篇幅不能太长，人物不能太多，场景也不能过多地转换，它要求时间、人物、情节、场景高度集中在舞台范围内。小小的舞台上，几个人的表演就可以代表千军万马，走几圈就可以表现出跨过了万水千山，变换一个场景和人物，就可以说明到了一个全新的地方或相隔数年之后。相隔千万里，跨越若干年，都可通过幕、场的变换在舞台上展现。

2. 反映现实生活的矛盾要尖锐突出

各种文学作品都要表现社会的矛盾冲突，而戏剧则要求在有限的空间和时间里反映的矛盾冲突更加尖锐突出。因为戏剧这种文学形式是为了集中反映现实生活中的矛盾冲突而产生的，所以说，没有矛盾冲突就没有戏剧。又因为受剧本篇幅和演出时间的限制，所以对剧情中反映的现实生活必须凝缩在适合舞台演出的矛盾冲突中。

剧本中的矛盾冲突大体分为发生、发展、高潮和结尾四部分。演出时从矛盾发生时就应吸引观众，矛盾冲突发展到最激烈的时候称为高潮，这时的剧情也最吸引观众，最扣人心弦。

3. 剧本的语言要表现人物性格

剧本的语言主要是台词。剧本通过台词推动情节发展，表现人物性格。因此，台词语言要求能充分地表现人物的性格、身份和思想感情，要通俗自然、简练明确，要口语化，要适合舞台表演。

舞台说明也是剧本语言不可缺少的一部分，是剧本里的一些说明性文字。这些文字说明对刻画人物性格和展开戏剧情节有一定的作用。这部分语言要求写得简练、扼要、明确，一般出现在每一幕（场）的开端。结尾和对话中间，一般用括号（方括号或圆括号）括起来。

（二）戏剧的结构

一部较长的剧本，往往会由许多不同的段落组成，而在不同种类的戏剧中，会使用不同的单位区分段落。在西方的戏剧中，普遍使用"幕"作为大的单位，"幕"之下再区分成许多小的"景"。中国的元杂剧以"折"为单位，南戏以"出"为单位，代表的是演员的出入场顺序。尽管叫法不同，但作用都是大同小异。剧本的结构一般可分为"开端→发展→转折→高潮→再高潮→结局"，有时根据作家和故事内容的不同，结构会稍有变化。

1. 条式结构

众所周知，传统的戏剧结构根据主题、人物性格来组织戏剧冲突和安排情节，它是戏剧创作的重要一环，是按照戏剧规律来结构剧本的。由于生活本身是有节奏有规律地向前发展的，反映在戏剧冲突上的结构必然形成一条由冲突动作所引起的"开端→发展→高潮→结局"这一情节曲折的时间链，而且应该是按时间顺序安排的。这种结构的特点，表现在层次的安排上，整个戏剧演出就是由一场又一场的戏组成的，几场戏组合在一起就形成了一出剧。每一场戏都有一个小高潮，几个小高潮形成一个大高潮。传统的戏剧结构，以时间为主线，以冲突为线索，以人物之间的对立关系为脉络贯穿全剧，是一种线性发展的戏剧结构，往往被称作条式结构。

2. 团块结构

团块结构，是同纵向发展的条式结构相反的一种戏剧结构的方式。它没有完整的故事情节，没有高度集中的矛盾冲突，一切都是自然而然地展开，又自然而然地结束。这种剧作，往往由几个生活片断或几组不规则的情节组成，虽然在场景之间毫无因果依存关系，在结构上也显得很不规则，然而它又"形散而神不散"，有一个可以说得过去的中心，段落之间也具有十分讲究的内在联系。团式结构几乎不分场、不分幕，是一种无场次戏剧。

（三）中国戏剧和西方戏剧对比

戏剧最早是从古希腊神话开始的，古希腊神话就成为西方戏剧的经典，也成为中国戏剧的一个经典，对中西方戏剧的发展产生了极深刻的影响。当戏剧融入不同的国家之后，由于宗教、经济、文化以及政治等方面的影响，不同国家的戏剧在其后的发展上展现出不同的特点。

诗歌对中国戏剧的影响是重大的。戏剧一般要体现的是一段故事情节，但是在中国戏剧的发展历程上，由于戏曲与诗歌相辅相成，因此也就出现了"故事里有诗，诗里有故事"的独特特点。中国人写的戏曲，始终逃脱不了诗歌这种思想、语言较为跳跃的艺术形式的桎梏。

中国人由于长久受到儒家、道家以及佛家思想的相互影响，比较追求个人人生的圆满，而反映到戏剧的著作上，主要体现在结局的大团圆上，而这也是与西方戏剧很大的不同点。比如中国古代戏剧里面讲爱情，大多有一个固定的套路：

公子小姐相见欢，私定终身后花园。落难公子中状元，奉旨完婚大团圆。

例如由元代王实甫所创作的戏曲剧本《西厢记》，全名为《崔莺莺待月西厢记》，就是以爱情为主题的一出剧本。历史上"愿普天下有情人都成眷属"这一美好的愿望，不知成为多少文学作品的主题，《西厢记》便是描绘这一主题的最成功的戏剧。故事的发展也往往按照这个固定的套路，这从剧本的目录中便可看出来。

西厢记目录

第一本　张君瑞闹道场

第二本　崔莺莺夜听琴

第三本　张君瑞害相思

第四本　草桥店梦莺莺

第五本　张君瑞庆团圆

前朝崔相国死了，夫人郑氏携小女崔莺莺，送丈夫灵柩回乡安葬，途中因故受阻，暂住河中府普救寺。书生张君瑞只身一人赴京城赶考，路过河中府，也在普救寺住了下来。一天碰巧遇到了到殿外玩耍的莺莺与红娘。赞叹崔莺莺的美貌是："十年不识君王面，始信婵娟解误人。"对莺莺一见钟情。（公子小姐相见欢）

夜深人静，月朗风清，张君瑞到后花园里偷看莺莺烧香。便吟诗一首："月色溶溶夜，花阴寂寂春。如何临皓魄，不见月中人。"莺莺听了也附诗一首："兰闺久寂寞，无事度芳春。料得行吟者，应怜长叹人。"两人互生爱慕之情。（私定终身后花园）

叛将孙飞虎爱慕莺莺有"倾国倾城之容，西子太真之颜"，要娶莺莺做"压寨夫人"。崔夫人声言："有谁能杀退贼军，就将小姐许配给他。"张君瑞用计谋打退孙飞虎。崔夫人反悔，不同意二人婚事，让张君瑞与莺莺兄妹相称。张君瑞上京考得状元，向莺莺报喜。（落难公子中状元）

最后张君瑞以河中府尹的身份归来，崔夫人同意了二人的婚事，张君瑞与莺莺终成眷属。（奉旨完婚大团圆）

再去看中国的其他的爱情戏剧，如《牡丹亭》等，也同样是换汤不换药，大抵都是套路相同的。

西方戏剧则不然，其更加注重在戏剧中抨击与批判社会，因此西方戏剧多属于悲剧式的结局。就比如影响西方戏剧几百年的文学巨人莎士比亚来讲，其故事结局一般都是悲剧，人物的主人公在结局上都是死，就连罗密欧与朱丽叶这一浪漫爱情故事，也是以双双自杀而告终。西方著名的悲剧有许多，如《俄狄浦斯王》《被缚的普罗米修斯》《安娜·克里斯蒂》《浮士德》《哈姆雷特》《奥赛罗》《李尔王》《麦克白》等。著名的悲剧作家无计其数，如埃斯库罗斯、索福克勒斯、莎士比亚、斯特林堡等。中国人编戏可谓用尽心思去构建大团圆结局，在西方戏剧中却是少有的。

中国戏剧与西方戏剧不同的地方还表现在舞台的布置上。因为中国戏剧以唱为主，以演员的表演和唱词为核心，主要通过演员的表演吸引观众，特别是那些出名的演员，所以舞台的布置极简单。后来随着西方戏剧理论"戏剧与表演上应该注重更加肖似真实人生相应对，舞台上的空间布置与道具应更符合戏剧所提供的历史与现实背景的原生状态的要求"的传入，舞台的设置丰富了许多，布景里有了山水庭院，也有下雨下雪、刮风打雷等实物和道具被摆上了舞台，这些布景与道具用以衬托故事情节以及人物塑造，好人好事都是好景致，坏人坏事的背景则充满了阴暗气息。这种现象十分明显，《西厢记》里最后一幕就是张君瑞和崔莺莺才子佳人后花园相会，有情人终成眷属，花园就是个好景致。而中国戏剧的坏人大都面相狰狞丑陋，身居山洞贼窝，出场时也大多昏天暗地。虽然这是中西方戏剧发展的必然，但西方戏剧与中国戏剧相比，就不那么明显。因为西方戏剧要求："从大幕拉开的一刻开始，布景与道具已经放置在观众眼前，而戏剧剧本在设计人物出场时而要首先解决的问题，已经不再是如何让观众尽可能快地明白上场人物的身份性格，而是如何让人物尽可能快地融入这个现成的舞台环境，让人物在这个给定的背景下展开他的性格，以及发展与其他人物的关系。"而中国戏剧虽然做到了理论要求，但至于黑脸白脸，好人坏人，以及由此衬托的景物，还是一看就知道，用不着对人物展开性格的分析。

在西方戏剧的发展历史上，戏剧消费的主要群体是贵族，一般只有经济收入可观的人群才能消费得起，因此在表演场所的安排上主要在剧院，而剧院是只有高贵身份的贵族才能进入；但在中国则恰恰相反，中国的戏剧从最开始出现便属于一种平民消费品，街边、茶馆，随便搭起戏台就可以唱起来。东北民间的二人转兴起于田间地头，更加说明了戏剧的平民性。中国戏剧在舞台、服装以及实物等方面并没有苛刻的要求，观众可以尽情地想象发挥。演员手里拿了个鞭子就表示在骑马，做个拿杯子的动作就表示在喝茶。中国戏剧源于民间通俗文学，开始时文学地位比较低下，没有得到正史和学者的承认和重视。但在中国的元杂剧繁荣兴盛时期，戏剧演出非常广泛，上自宫廷，下至平民社会，观赏戏剧演出是一种娱乐习惯。近代大学者王国维说过："独元人之曲，为时既近，托体稍卑，故两朝史志与《四库》集部，均不著于录；后世儒硕，皆鄙弃不复道。"在今天，中国的戏剧（话剧）演出开始走向高雅，成了一种高消费的名词。

中西方戏剧的差异是存在的，中西方各自的特点也是值得互相学习和效仿的，中国的戏剧的综合艺术可能不及西方戏剧，但作为一种杂糅了古今与中外的艺术形式，它能让中国更多的人看懂听懂，这也是难能可贵的。

方法指导

一个剧本是一篇小说、一个故事，我们在阅读剧本时可以参考阅读小说的方法，但剧本又不同于小说，剧本在交代背景时远不如小说详细，所以作为一个有追求的读者，我们在阅读剧本时要更加主动一些，因为我们并不仅仅是要读懂那些台词，更为重要的是我们要构建一个以角色生活为背景的想象的世界。

一、书名（剧名）、目录、作者

这三个部分参看阅读小说的方法指导。

二、尽可能记住角色的名字

与其说记住角色的名字，不如说是记住角色的性格特点，就是把角色符号化后的一种记忆储存。在阅读小说时，我们没有提到这一点，在阅读剧本时首先就提到这一点是因为剧本由于历史局限性往往受到"三一律"的影响，就是剧本的创作必须遵守时间、地点和行动的一致性，即一部剧本只允许写单一的故事情节，戏剧行动必须发生在一天之内和一个地点。法国古典主义戏剧理论家布瓦洛把它解释为"要用一地、一天内完成的一个故事从开头直到末尾维持着舞台充实"。对于一些较为成功的剧本而言，庞杂的矛盾集中在有限的时间内，而推动这些矛盾发展的除了那些看不见的动作之外，只剩下了人物的无声语言。如果不能做到把人物符号化，就无法理解人物的性格及矛盾发展的走向，也就无法理解戏剧的冲突。

三、厘清人物之间的关系

戏剧是通过无声语言来单一架构起来的人物关系，可见，语言在一个剧本中占据着最重要的地位。语言不仅表现人物的性格，语言实际上也是剧作家在向读者交代关于这部剧的所有事项。所以，我们在厘清人物关系时，也只能从语言入手。作为一个8万字的《雷雨》，里面讲了8个人的矛盾冲突。只有通过语言厘清了人物之间的关系，才有可能去理解这个剧。剧中8个人物为：

周朴园：55岁，某矿业公司的董事长，年轻时曾有一位女仆情人鲁侍萍，在家庭压力下抛弃她另娶。

繁漪：35岁，周朴园之妻，与周萍私通。

鲁侍萍：47岁，女仆，原姓梅，周朴园的旧情人。28年前和周朴园生下周萍，第二年生下鲁大海，三天后被周家赶出门，跳河获救，嫁给周家的仆人鲁贵，生下女儿四凤。

周萍：28岁，周朴园和侍萍的长子，周家少爷，与继母繁漪、同母异父的妹妹四凤私通。

鲁大海：27岁，周朴园和侍萍的次子，随母亲生活，矿业公司的工人，工人运动领袖。

周冲：17岁，周朴园和蘩漪的独子，学生，喜欢四凤。

鲁四凤：18 岁，鲁贵和侍萍的独女，周萍、鲁大海同母异父的妹妹，在周家当女仆时，在不知情下与周萍相恋并怀孕。

鲁贵：48 岁，周家仆人，侍萍的丈夫，四凤的亲生父亲。

当我们明确了这八个人的复杂关系之后，我们再读《雷雨》就会轻松很多。当然，在阅读的时候，你的既定设想可能会遭到一再挑战。比如，当最初阅读剧本时，你可能会被周朴园的念旧长情所打动，而不耻于鲁侍萍的蛮横。这些都是戏剧所吸引我们的地方，只有读到最后，我们才能真正地理解了作者的良苦用心，把人物重新归类。

四、梳理故事的源头

梳理故事的源头就是去总结，不同版本的故事在不同的年代有如何的不同，简单点说就是你读的这个剧本里的故事是否有源头，脉络是如何的，故事的演变是如何的，为什么会有这样的演变，到你读的这一个时有哪些变化，为什么会有这样的变化。

一个剧本或是故事都有激发作家创作的一个点，如果不是故事，也一定是生活中的某一个片段，找到它，便于你更好地理解戏剧。

以《牡丹亭》为例，《牡丹亭》是明朝剧作家汤显祖的代表作之一，共 55 出，描写杜丽娘和柳梦梅的爱情故事。全名为《牡丹亭还魂记》，也叫《还魂记》《还魂梦》或《牡丹亭梦》。

源头一：江西大余有两个女魂恋人的传说故事：一说某郡守的女儿与某书生在府衙后花园相会，女儿被责骂后忧郁成病，终至命赴黄泉；另一说是，南安府后花园一株几百年的番蕉感受日月精华竟然成精，常常变成英俊男子，与府衙小姐幽会，事败后，小姐羞愧忧郁之中逃出闺房投井而死却尸身不腐，托梦于路过南安的书生，许以婚配，最终还魂后与书生成亲团圆。

源头二：宋代大学者洪迈在其著作《夷坚志》中也记载了两则传奇故事，一是谪居在南安的太尉解元的孙子解俊，遇到前抗金将领邵宏渊女儿鬼魂的历史传奇故事。二是张太守亡女在南安嘉祐寺变成厉鬼，去迷惑解元的孙子。

源头三：明人话本小说《杜丽娘慕色还魂》，故事内容与《夷坚志》记载的情节大同小异。该话本正文的开头有一首诗：

闲向书斋览古今，罕闻杜女再还魂。聊将昔日风流事，编作新闻励后人。

知道了故事的这些源头之后，我们就知道了在不同的历史时期故事的多个版本的可能性；同时，我们也可以思考一下，如果在当代，你会如何来架构这个故事，你所架构的故事和《牡丹亭》里的故事又有哪些改变呢？

五、寻找一种可能性，找到阅读戏剧的乐趣

说实话，戏剧本身不应该是拿来读的，能够读的戏剧都是半成品，真正的戏剧是在舞台上演出，供观众看的。如果说寻找一种可能，去找到阅读戏剧的乐趣的话，

那就是做一次戏剧的导演，把你读到的剧本，在你的头脑中进行一次演练。假设你有六七个演员在你眼前，等待你的指令。告诉他们如何说这一句台词，如何演那一幕。解释一下重要的句子，说明这个动作如何让整出戏达到高潮，你会玩得很开心，也会从这出戏中学到很多。

有个例子可以说明我们的想法。

《阳光灿烂的日子》中，雨夜，在米兰家楼下，马小军声嘶力竭地喊着米兰的名字。终于米兰出现在门口，她问马小军怎么回事。马小军大声地说："我喜欢你！"声音被大雷掩盖，米兰没有听清，她走到马小军身边问："你说什么？"马小军失去了勇气扭身要走，说"我车掉沟里了。"如果你是导演，在这个细节处理上，是处理成米兰真的因为雷声没有听到马小军说"我喜欢你"，还是处理成米兰作为一个女孩子故意对向自己表白的男孩的刁难，这就必须由你自己去决定，你自己的判断会是理解整出剧的中心点。

还有一种可能就是当你读到一部戏剧的时候，你可以根据对整个剧本人物的理解和把握去为剧本挑选角色。你一定有喜欢的演员，并了解这些演员的性格在作品中常表现出来的特点，把他们放到你的剧作中，让他们在你的头脑中演出，这何尝不是一件乐事呢。

二、诗歌的阅读

诗是至上的幸福，至善的精神，至佳而且至高的瞬间幸福的记录。

——［英］雪莱

诗歌是用高度凝练的语言，形象表达作者丰富情感，集中反映社会生活并具有一定节奏和韵律的文学体裁。诗歌作为一种文学体裁，通过语言这种外在媒介，除了表达文字本身的意义外，也表达了诗人丰富的情感与审美，引发与读者之间的共鸣。在形式上，诗能够自成一格，也能与其他艺术相结合，如诗剧、圣诗、歌词或散文诗等，文字配上音乐则称为歌。诗根源于简洁、有力的想象，将生活的意义、人的意识和潜意识外显化、象征化，以正式的或非正式的文学样式，借助声音和韵律的特殊规律来加以重组和安排，这种文学类型包含叙述性、戏剧性、讽刺性、训诫式等形式。

诗歌是一种抒情言志的文学体裁。诗人没有激情，便写不出感人的诗篇。古人说："情动于中而形于言。"诗歌的这一创作规律，说明了诗歌的特点，首先在于集中、强烈地抒发感情。说诗的本职在于抒情，并不意味着情感是诗的唯一的内容，诗还应当有思想。中国古典诗歌理论很早就提出了"诗言志"这一说。《毛诗·大序》："诗者，志之所之也。在心为志，发言为诗。""志"是指情意与怀抱。按我们现在的理解，言志，是既要抒情，又要表达思想。南宋严羽《沧浪诗话》亦云："诗者，吟咏性情也。"诗的思想，是诗人对生活与斗争的观察、体验，从中孕育、发掘出来的独创的见解和认识，是同诗人的热情融合在一起的，可以激起人们情感共鸣的真理。

➤ （一）诗歌溯源

中国古代不合乐的称为诗，合乐的称为歌，现代一般统称为诗歌。诗按照一定的音节、韵律的要求，表现社会生活和人的精神世界。诗的起源大约可以追溯到上古。虞舜时期就有相关文献记载。《诗经》是我国第一部诗歌总集，相传为孔子所编，有孔子"删诗"一说。但历年来都是争论不休。中国古代诗歌历经汉魏六朝乐府、唐诗、宋词、元曲之发展。王国维说过："凡一代有一代之文学：楚之骚、汉之赋、六代之骈语、唐之诗、宋之词、元之曲，皆所谓一代之文学，而后世莫能继焉者也。"可见，诗歌这种文学样式在中国古代发展历程之长远，处处都有诗歌的影子。中国历来对诗歌的产生有较多之感悟。《汉书·礼乐志》曰："和亲之说难形，则发之于诗歌咏言，钟石筦弦。"唐代韩愈的《郓州溪堂诗》序："虽然，斯堂之作，意其有谓，而暗无诗歌，是不考引公德而接邦人于道也。"明代王鏊的《震泽长语·官制》曰："唐宋翰林，极为森严之地，见于诗歌者多矣。"

诗是最古老也是最具有文学特质的文学样式，它来源于上古时期的劳动号子（后发展为民歌）以及祭祀颂词。诗歌原是诗与歌的总称，诗和音乐、舞蹈结合在一起，统称为诗歌。中国诗歌有悠久的历史和丰富的遗产，如《诗经》《楚辞》和《汉乐府》以及无数诗人的作品。欧洲的诗歌，由古希腊的荷马、萨福和古罗马的维吉尔、贺拉斯等诗人开启创作之源。

➤ （二）诗歌的特点

诗除了表达作者的思想和情感，也反映社会文化，富于想象，语言具有节奏韵律，传统的诗歌亦常常对结构格式有一定要求。诗的特点在于除了可以阅读外，亦宜于吟诵，或者和其他艺术形式结合表演。诗常通过特定的形象和技巧，让字词除了表面意义之外，蕴含另一层意义，以唤起情感共鸣。

✿ 1. 节奏性

传统的诗被称作韵文（verse）。诗和散文（prose）不同之处在于有独特的结构、节奏和韵律。欧洲语言的字词本身有重轻音节的区别，因此西方的诗也特别着重字词的节奏（rhythm）。从希腊时代开始，不少的诗由轻重格或重轻格等的节拍组成。而在中国，由于中文的词语本身可以由两字或三字等组合而成，例如一句七字句的诗词常常可以分作"四、三"或"二、二、三"的词组。由于这种特性，每个词组之间念起来自然形成短的停顿，形成中国诗词独特的节奏感。

2. 韵律性

无论西方或中国的诗都注重字词的声韵，常常利用押韵将句子的结尾关联起来。汉语本身有平仄声调的分别，因此不少诗词对字句的声调有一定的格式要求，称为格律。《旧唐书·元稹传》："思深语近，韵律调新，属对无差，而风情宛然。"可见一首诗韵律的重要。中国诗讲究字词的搭配、音调的和谐，在这些方面，古人有许多精辟的论述，常见，有《诗品》《词品》《曲品》等。

3. 结构性

传统诗对每一句的字节的数目，以及句子的数目都有一定的格式要求，利用整齐的句子或不规则的长短句来体现节奏上的美感，如西方的十四行诗。十四行诗是欧洲一种格律严谨的抒情诗体。彼得拉克的十四行诗是十四行诗的典范，每首分成两部分：前一部分由两段四行诗组成，后一部分由两段三行诗组成，即按"四、四、三、三"编排，每行诗句 11 个音节，通常用抑扬格。莎士比亚的十四行诗按"四、四、四、二"编排，每行诗句有 10 个抑扬格音节。普希金创立的"奥涅金诗节"，每一诗节中包含 14 个诗行，每一诗行中包含 4 个轻重格音步，每音步两个音节。中国的古体诗有四言诗、五言诗和七言诗等，近体诗有五言律诗、五言绝句、七言律诗、七言绝句等格式。

4. 技巧性

诗常常会利用字词、句子和段落的组合来赋予含义，亦会通过对仗、排比、叠字、叠句等技巧来表现美感。押韵和节奏除了营造音乐般的效果，亦可以达到联想和共鸣的功用。如中国古体诗词讲究"粘"和"对"，就是利用这两大类声调有规律地交替使用，造成音调抑扬起伏，悦耳动听的音乐美。如杜甫的《春望》：

春　　望

国破山河在，城春草木深。感时花溅泪，恨别鸟惊心。
｜ ｜ — — ｜　 — — ｜ ｜ — 　｜ — — ｜ ｜ 　 ｜ ｜ ｜ — —

诗歌在内容上常常运用隐喻、譬喻与借喻等等手法来暗示一些文字以外的意义，通过对景物的描写来加强想象，甚至可以创造两个浑然相异的意象互相辉映，如运用歧义、象征、反讽等"诗的语言"的文体手法，使诗作遗留多样、自由的解释空间。如辛弃疾词名作《青玉案·元夕》：

青玉案·元夕

东风夜放花千树。更吹落、星如雨。宝马雕车香满路。

凤箫声动，玉壶光转，一夜鱼龙舞。

蛾儿雪柳黄金缕。笑语盈盈暗香去。

众里寻他千百度。蓦然回首，那人却在，灯火阑珊处。

这首词大约写在辛弃疾被迫退休于江西上饶之后。一生驰骋疆场的大将军辛弃疾很少写婉约的词作，这首词便是一个例外。全词着力描写了元月十五夜元宵节观灯的热闹景象，在词的末两句终于出现了"那人"，她远离众人，为遗世独立，久寻不见，原来竟在"灯火阑珊处"。这是一位孤高幽独、淡泊自恃、自甘寂寞、不同流俗的女子形象。这不正是作者的自我写照吗？梁启超评价这首词是"自怜幽独，伤心人别有怀抱"，是很有道理的，可见含蓄之深。

（三）诗中所蕴含的诗人的人生及生命体验

可以说，每首诗所述说的都是诗人在写作时的境况与心性的最真实的反映。诗歌，与我们之前所讲的小说和戏剧的最大的不同之处可能也就在于诗的这种真实性，心境是最不能虚构的一个东西，所以，我们在读诗的时候，你可以看到诗人在写诗这一特定阶段的人生，可以看到他独一无二的生命体验；也可以看到，那种唯一的，必须要通过"诗"这种手段或渠道才能够宣泄出来的内心情感的迸发。例如普希金的《假如生活欺骗了你》：

假如生活欺骗了你

普希金

假如生活欺骗了你，

不要悲伤，不要心急！

忧郁的日子里需要镇静：

相信吧，快乐的日子将会来临！

心儿永远向往着未来，

现在却常是忧郁。

一切都是瞬息，

一切都将会过去；

而那过去了的，

就会成为亲切的怀恋。

这首诗写于 1825 年，正是普希金流放南俄敖德萨同当地总督发生冲突后，被押送到其父亲的领地米哈伊洛夫斯科耶村幽禁期间所作。从 1824 年 8 月至 1826 年 9 月，是一段极为孤独寂寞的生活。那时俄国革命如火如荼，诗人却被迫与世隔绝。在这样的处境下，诗人仍没有丧失希望与斗志，他热爱生活，执着地追求理想，相信光明必来，正义必胜。

再如中国现代诗人食指的《相信未来》：

相信未来

食指

当蜘蛛网无情地查封了我的炉台，

当灰烬的余烟叹息着贫困的悲哀，

我依然固执地铺平失望的灰烬，

用美丽的雪花写下：相信未来。

……

我坚信人们对于我们的脊骨，

那无数次地探索、迷途、失败和成功，

一定会给予热情、客观、公正的评定，

是的，我焦急地等待着他们的评定。

朋友，坚定地相信未来吧，

相信不屈不挠的努力，

相信战胜死亡的年轻，

相信未来，热爱生命。

《相信未来》这首诗写于 1968 年，诗人曾经热烈、单纯的理想遭到了狂风暴雨的冲刷，内心充满了失落、迷茫和悲哀，但他又不甘于轻易地放弃理想和希望，于是希望与绝望的剧烈冲突，经由他的笔流淌出来，随即写下这首诗来自我鼓励，恪守自己对明天的承诺。

可见，每一首诗都是一个故事，都是诗人心境的最真实的反映，不论古今、不论中外。我们在读诗的时候，也要去读一下诗歌背后的故事。

中国文学的精粹不仅在于包含了儒道佛诸派思想，而且也包含了作家的人格。中国的作家，或崇儒，或尚道，或信佛，诗人把他的学问和性情，真实地融入人生，然后在他作品里，把他全部人生琐细详尽地写出来。这样便使我们读一个作家的全集，等于读一部传记或小说，或是一部活的电影或戏剧。他的一生，一幕幕地表现在诗里。我们能这样地读他们的诗，才是最有趣味的。我们读诗，最好是读诗人的全集。中国大诗家写诗多半从年轻时就写起，必得是一完人，乃能有一完集。而从来的大诗人，却似乎一开始，便有此境界格局了。去读一个诗人的诗集，你就了解了他全部的心性，了解了他全部的心性，你就了解了他所处的时代和他的人生抉择。

我们读一家作品，也该从他的笔墨去了解他的胸襟。我们不必要想自己成为一个文学家，只要能在文学里接触到一个较高的人生，接触到一个合乎自己理想的更高的人生，就是一种圆满。比方说，我感到苦痛，可是有比我更苦痛的；我遇到困难，可是有比我更困难的。我是这样一个性格，在诗里也总找得到合乎我喜好的而境界更高的性格。我哭，诗中已先代我哭了；我笑，诗中已先代我笑了。读诗是我们人生中一种无穷的安慰。有些境界，根本非我所能有，但诗中有，读到他的诗，我的心就如跑进另一种境界中去了。我们不曾见的人，可以在诗中见；没有处过的境界，可以在诗中想象到。西方的小说，也可能给我们一个没有到过的境界，没有碰见过的人。而中国文学之伟大，则是那境界那人却全是真的。读杜工部诗，他自己就是一个真的人，没有一句假话在里面。这里显现的是他最真实的人生，这一点在读诗时很值得我们的注意。

如由中国《家藏经典文库》编委会编著的《人间最美纳兰词全集》，几乎收录了纳兰词现存的全部词作，书中把纳兰词分为深情伤怀、述怀言志、扈从游历、托物寄情、师友酬赠和闲情杂感等六篇，我们单拿出其中任何一篇，都能够看出纳兰性德在这一篇章中不同时期的心路历程。

以"扈从游历"中的词作为例：

好事近·马首望青山

马首望青山，零落繁华如此。再向断烟衰草，认藓碑题字。

休寻折戟话当年，只洒悲秋泪。斜日十三陵下，过新丰猎骑。

纳兰性德这首词作于清康熙十五年（1676 年）十月。纳兰性德作为一等侍卫，随从康熙到了昌平祭拜十三陵。当时，在北京城外围的昌平，明代皇陵默默地立于此处，见证了明代的覆亡。清朝统治者在此处设立皇家围场，清朝贵族在围场内奔驰射猎，十分热闹。纳兰性德看到这么鲜明的对比，心中自然感慨万分，他作此词记其所感。

南楼令·塞外重九

木向人秋，惊蓬掠鬓稠。是重阳、何处堪愁。记得当年惆怅事，正风雨，下南楼。

断梦几能留，香魂一哭休。怪凉蝉、空满袭裯。霜落乌啼浑不睡，偏想出，旧风流。

这首词作于清康熙十六年（1677 年）九月，那时，他的爱妻病亡。词人一面承受着失去爱人的痛苦，一面身负皇命，被迫远赴他乡。此刻又恰逢重阳佳节，在别人合家团聚之时，词人身在异地，形单影只，自然倍觉凄楚。

清平乐

麝烟深漾，人拥缕笙氅。新恨暗随新月长，不辨眉尖心上。

六花斜扑疏帘，地衣红锦轻沾。记取暖香如梦，耐他一晌寒严。

这首词写于清康熙十七年（1678 年），正逢他的妻子卢氏去世一年，深情的词人写下了这首满怀离情的悼亡之作。

临江仙·永平道中

独客单衾谁念我，晓来凉雨飕飕。缄书欲寄又还休，个侬憔悴，禁得更添愁。

曾记年年三月病，而今病向深秋。庐龙风景白人头，药炉烟里，支枕听河流。

这首诗作于清康熙二十一年（1682 年）三月，是年已平三藩之乱，康熙皇帝东巡，纳兰性德以一等侍卫身份随帝出行，这首词作于此行途中，上阕写乡关客愁，下阕写愁苦难耐，全篇充满着孤寂凄切的情感。

纳兰性德虽出身豪门，才华出众，平步宦海，却有一种常人难以体察的矛盾感受和无形的心理压抑。从这一阶段的词可看出，他虽数次伴驾出行，词中却充满了天下之大，唯独我一人的孤独之感。这种情感几乎贯穿着纳兰性德的一生。

方法指导

诗是一种情感的宣泄，所以读诗最重要的就是抓住诗的情感，或者叫感情基调。如果一首诗不是赞美，或是唤起行动，或者不是以诗的语言来写成的，那就不是真正意义上的诗。一首好诗，是值得你反复吟诵的。日后再次想起这首诗时，你会在诗中找到新的乐趣与启示，对你自己及这个世界产生新的想法，这就是诗歌的魅力。

一、诗名

前面已经提到过，小说的名字与诗的名字是不同的，有时候诗名并不会像小说的名字一样为我们提供什么阅读线索，所以只能依靠读者的自身努力去走近诗歌。但并不是所有的诗歌都是如此的，有一些诗的诗名同样会对我们有所启发。如有的唐诗，就会告诉我们许多线索。

李白的作品：

《下终南山过斛斯山人宿置酒》，写到终南山路过一个叫斛斯的人家里，住宿、喝酒。

《月下独酌》，写诗人月下一个人喝酒的事。

《听蜀僧浚弹琴》，写听蜀地叫浚的僧人弹琴的事。

杜甫的作品：

《登岳阳楼》，登上岳阳楼的所见所感。

《八阵图》，一定与一幅画有关。

《梦李白》，写梦到李白，所思成诗。

与小说更大的不同是，这些有明确题目的诗，所起诗名不仅与诗的关系很大，有的诗名甚至可以说本身就是一篇一句话日记，诗句只是把这个日记给艺术化了。举几个《唐诗三百首》里的极端的例子：

王昌龄的《同从弟南斋玩月忆山阴崔少府》。

李颀的《听董大弹胡笳声兼寄语弄房给事》。

李白的《宣州谢朓楼饯别校书叔云》。

岑参的《走马川行奉送封大夫出师西征》。

杜甫的《韦讽录事宅观曹将军画马图》《至德二载，甫自京金光门出，间道归凤翔，乾元初从左拾遗移华州掾，与亲故别，因出此门，有悲往事》。

王维的《奉和圣制从蓬莱向兴庆阁道中留春雨中春望之作应制》《九月九日忆山东兄弟》。

刘长卿的《自夏口至鹦赋洲夕望岳阳寄源中丞》《江州重别薛六柳八二员外》。

这些诗的题目都是有地点、有事件、有对象。有的诗名甚至包含了更多的东西，这些都需我们去探索发现。

西方诗歌的诗名相比中国诗歌的诗名，就要简单很多，大多数只会写出主人公的名字。

如歌德的代表作诗剧《浮士德》，拜伦的代表作品《恰尔德·哈洛尔德游记》《唐璜》等。

二、作者

对于作者这一项，我们可以说的可能不会那么多，很少有作者一生只致力于诗歌这一单独领域，大多数诗人都是兼具着诗人、小说家或是散文家等，而且由于诗歌这一文学体裁的特殊性，不同时期诗人的诗风可能是截然不同的。比如中国伟大的浪漫主义诗人李白的作品，有沉静之时的《静夜思》，有豪放之时的《将进酒》，有欢喜之时的《早发白帝城》，有迷茫之时的《行路难》，尽管风格有如此大的不同，但我们依然可以用"浪漫"这个词来统括他的诗歌的总体特点，描绘他的诗歌的总体风格。同样，我们也可能去概括一下其他的诗人风格，如：

杜甫：沉郁顿挫；

刘禹锡：含蓄豪俊；

王维：恬静悠闲，清新淡远；

高适：雄浑质朴、苍劲悲壮；

李贺：奇崛冷艳；

李商隐：深情绵邈，绮丽精工。

我们多数是喜欢这个诗人的诗风，才会去朗读诗歌。我们喜欢读心性柔软的纳兰性德，喜欢读会看破世事的仓央嘉措，喜欢读清新豪健的苏轼，可以说，我们在诗人身上看到了太多诗歌本身以外的东西，这些东西所带给我们的精神与感官的愉悦，远胜于我们在阅读的诗歌本身。

三、时代背景

时代背景这个问题，是我们在读诗歌的时候必须要关注的一个问题，也是我们想理解一首诗歌，所必须要首先理解的问题。我们在阅读小说时，可以忽略到小说的时代背景，因为我们不是在用科学的态度去对待小说，我们允许小说虚构，允许小说脱离历史。但是对于诗歌，时代背景却是与诗歌密切相关，甚至是诗歌得以存在的一个最重要的理由。为什么这么说呢？这就要从一首诗的产生开始说起。

诗歌的存在可以说像是一个诗人在那个时间段的一篇日记，他或欢笑，或愁苦，或悲伤，或得意，需要一个渠道把内心的情感表现出来，这就是诗歌的产生。我们平时也会创作或吟读一些诗歌，这也是情感宣泄的渠道。恋爱时，我们吟读"与其在悬崖上展览千年，不如在爱人肩头痛哭一晚"，吟读"得成比目何辞死，愿为鸳鸯不羡仙"等，去歌颂只要拥有了爱情，仿佛拥有了全世界的美好；失恋时我们说"生命诚可贵，爱情价更高，若为自由故，二者皆可抛"来表白世界上还有比爱情更加重要的东西。每个人都可以化成一个诗人。太胖时你会吟"恨如今披星戴月，悔当初胡吃海喝"，来比喻减肥的不易；暗恋时你会写满了那种旁人看不懂的藏头诗，来表达内心的忧喜；数不清的工作压在肩头，你呼出"老牛已知桑榆晚，不需扬鞭自奋蹄"……可以说，热爱生活的、敏感的人，时时都是诗人。

李商隐写《寄令狐郎中》，李白写《行路难》，杜甫写《佳人》，究其写作的原因，都要放到当时写作的时间、场合、心境里才能找到并真正地理解。诗人不仅仅是在写作一首诗，实际上诗人是在写一篇通过诗这种形式所完成的日记，是他当下人生的反映。再没有一种文体能够像诗歌一样，那么真实，容不得半点虚假。我们虚构故事情节，但我们伪造不了自己的思想。纳兰性德在妻子去世后偶然回想起与妻子在书房中互相论学的事情，感叹道：

浣溪沙·谁念西风独自凉

谁念西风独自凉，萧萧黄叶闭疏窗，沉思往事立残阳。

被酒莫惊春睡重，赌书消得泼茶香，当时只道是寻常。

如果没有彼时彼景彼情相映衬，又怎能发出如此的感慨。

四、一气读完

诗歌，不论是中国的、外国的、古代的、现代的，只要称之为诗，那么它的语言就一定是诗的语言，而不是我们日常的随意用语。这种语言在理解上可能会有一定的难度，但我们在读诗时，依然要求要一气读完。任何一首诗都有个整体大意，除非我们一次读完，否则无法理解大意是什么，也很难发现诗中隐藏的基本感觉是什么。尤其是在一首诗中，中心思想绝不会在第一行或第一段中出现的，那是整首诗的意念，而不是属于某一个单独的句、段。

五、大声再读一遍

重读一遍，而且要大声地读出来。所谓"读书百遍，其义自见"，所谓"诗不可以译"，我们最好通过不断地阅读去了解诗中的大意。你大声朗诵诗句，会发现似乎说出来的字句可以帮助你更好地了解这首诗。用声音朗诵出来，诗中的节奏或是韵律也就出来了，诗人强调的地方也就出来了，这会增加你对这首诗的理解。最后，你会对这首诗打开心灵，让它去引导你的心灵。

掌握了以上两个读诗的步骤，理解诗歌就会相对容易一些，一旦你理解了诗的大意，你就可以开始提出问题来：为什么作者要这么写？他在强调什么？他在隐藏什么？他想让你知道什么？他不想让你知道什么？对于最后一个问题，你通过阅读，你能回答了，这就是理解更进了一步。

六、寻找与诗人的共鸣

寻找与诗人的共鸣需结合诗的时代背景，当然，更重要的是结合你的当下的心境才能寻找到与诗人的共鸣，这么说，并不是危言耸听。得意时我们不会去喜欢阅读失意的作品，失意时我们也不会去喜欢阅读得意的作品。十几岁的人是读不了陆游的《示儿》的，把这首诗放在小学的课本里去学习也不甚恰当。

死去元知万事空，但悲不见九州同。王师北定中原日，家祭无忘告乃翁。

为什么，因为我们没有这些国破家亡的经历，甚至会去拒绝产生一种情感上的认同，小学生更不能理解。所以，寻找与诗人的共鸣，不是一件可以勉强而来的事，更多的是需要读者的自觉。

七、寻找一种可能性，找到阅读诗歌的乐趣

诗可以说是中国文学的发源地，在阅读中国诗歌时，如果可以对中国的诗歌内容或是诗歌特点来加以总结和梳理，可能会另有一番乐趣。下面以中国古代诗歌中的爱情诗为例，来进行一个爱情诗歌的梳理。你会发现，爱情永远是古往今来亘古不变的话题。

（一）诗经里的百年好合

《诗经》内容丰富，反映了中国古代的劳动与爱情、战争与徭役、压迫与反抗、风俗与婚姻、祭祖与宴会，甚至天象、地貌、动物、植物等方方面面，是周代社会生活的一面镜子，被誉为古代社会的"百科全书"。《诗经》中的爱情诗，历经2 000多年，今读来依然感天动地。

卷　耳

采采卷耳，不盈顷筐。嗟我怀人，寘彼周行。

陟彼崔嵬，我马虺隤。我姑酌彼金罍，维以不永怀。

陟彼高冈，我马玄黄。我姑酌彼兕觥，维以不永伤。

陟彼砠矣，我马瘏矣。我仆痡矣，云何吁矣！

《卷耳》是《诗经》中的一篇抒写怀人情感的诗作。朱熹在《诗集传》中说这首诗是后妃思念文王之作。现代一些研究学者多认为这是一首女子怀念征人的诗。此诗由女子在采集卷耳的劳动中想起了他远行在外的丈夫开始，想象她丈夫在外经历险阻的各种情况。诗的首章以思念征夫的妇女的口吻来写，后三章以思家念归的备受旅途辛劳的男子的口吻来写，犹如一场表演着的戏剧，男女主人公各自的内心独白在同一场景同一时段中展开。

野有蔓草

野有蔓草，零露漙兮。有美一人，清扬婉兮。邂逅相遇，适我愿兮。

野有蔓草，零露瀼瀼。有美一人，宛如清扬。邂逅相遇，与子偕臧。

本诗写的是非常浪漫而自由的爱情：良辰美景，邂逅丽人，一见钟情。恰如一对自由而欢乐的小鸟，一待关关相和，便双双比翼而飞。率真的爱情，形诸牧歌的

笔调，字字珠玉，如歌如画。全诗讲的是"不期而遇的惊喜"。

击　鼓

击鼓其镗，踊跃用兵。土国城漕，我独南行。

从孙子仲，平陈与宋。不我以归，忧心有忡。

爰居爰处？爰丧其马？于以求之？于林之下。

死生契阔，与子成说。执子之手，与子偕老。

于嗟阔兮，不我活兮。于嗟洵兮，不我信兮。

《国风·邶风·击鼓》是《诗经》中一篇典型的战争诗。前12句征人自叙出征情景，承接绵密，已经如怨如慕，如泣如诉；后8句描写战士间的互相勉励、同生共死，令人感动。其中，描写战士感情的"死生契阔，与子成说。执子之手，与子偕老"，在后世也被用来形容夫妻情深。

（二）汉乐府里的山盟海誓

女性题材作品在汉乐府民歌中占重要位置，这些用通俗的语言构造贴近生活的作品，由杂言渐趋向五言，采用叙事写法，刻画人物细致入微，创造人物性格鲜明，故事情节较为完整，而且能突出思想内涵，着重描绘典型细节。汉乐府民歌标志着叙事诗的发展进入成熟的新阶段，是中国诗史五言诗体发展的一个重要阶段。汉乐府中的爱情诗在文学史上也有着较高的地位。

上　邪

上邪！我欲与君相知，长命无绝衰。

山无陵，江水为竭，冬雷震震，夏雨雪，天地合，乃敢与君绝！

《上邪》出自汉乐府民歌，是一首情歌，是女主人公忠贞爱情的自誓之词。女主人公自"山无陵"一句以下连用五件不可能的事情来表明自己生死不渝的爱，深情奇想，被誉为"短章中的神品"。

白头吟

皑如山上雪，皎若云间月。闻君有两意，故来相决绝。

今日斗酒会，明旦沟水头。躞蹀御沟上，沟水东西流。

凄凄复凄凄，嫁娶不须啼。愿得一心人，白头不相离。

竹竿何袅袅，鱼尾何簁簁！男儿重意气，何用钱刀为！

《白头吟》多认为是西汉才女卓文君所做的诗，其中"愿得一心人，白首不相离"为千古名句。诗中表达了作者对于失去爱情的悲愤和对于真正纯真爱情的渴望，以及肯定真挚专一的爱情态度，贬责喜新厌旧、半途相弃的行为。

（三）唐诗中的仙侣奇缘

唐诗是汉民族最珍贵的文化遗产，是汉文化宝库中的一颗明珠。唐诗的题材非常广泛，单从爱情诗来讲，可歌可泣的也是数不胜数。

无题·锦瑟

锦瑟无端五十弦，一弦一柱思华年。

庄生晓梦迷蝴蝶，望帝春心托杜鹃。

沧海月明珠有泪，蓝田日暖玉生烟。

此情可待成追忆？只是当时已惘然。

本诗是李商隐最难索解的作品之一，诗家素有"一篇《锦瑟》解人难"的慨叹。作者在诗中追忆了自己的青春年华，伤感自己不幸的遭遇，寄托了悲慨、愤懑的心情，借助可视可感的诗歌形象来传达其真挚浓烈而又幽约的深思。

离思·曾经沧海难为水

曾经沧海难为水，

除却巫山不是云。

取次花丛懒回顾，

半缘修道半缘君。

《离思·曾经沧海难为水》作者为唐代诗人元稹，此诗为悼念亡妻韦丛之作。诗人运用"索物以托情"的比兴手法，以精警的词句，赞美了夫妻之间的恩爱，表达了对韦丛的忠贞与怀念之情。

菩萨蛮·小山重叠金明灭

小山重叠金明灭，鬓云欲度香腮雪。

懒起画蛾眉，弄妆梳洗迟。

照花前后镜，花面交相映。

新帖绣罗襦，双双金鹧鸪。

《菩萨蛮·小山重叠金明灭》是唐代文学家温庭筠的代表词作。此词写女子起床梳洗时的娇慵姿态，以及妆成后的情态，暗示了人物孤独寂寞的心境。鹧鸪双双，反衬人物的孤独；容貌服饰的描写，反衬人物内心的寂寞空虚。是闺怨词中的代表作。

（四）清词中的幽怨衰婉

词从南宋之后开始进入衰微期，直到明末，以陈子龙为核心的云间词派崛起，词艺才开始接续两宋，并形成清词中兴之局面。《纳兰词》不但在清代词坛享有很高声誉，在整个中国文学史上也占有光彩夺目的一席之地。

木兰花令（拟古决绝词）

人生若只如初见，

何事秋风悲画扇。

等闲变却故人心，

却道故人心易变！

骊山语罢清宵半，

泪雨霖铃终不怨。

何如薄幸锦衣郎，

比翼连枝当日愿！

词题说这是一首拟古之作，其所拟之《决绝词》本是古诗中的一种，是以女子的口吻控诉男子的薄情，从而表态与之决绝。如古词《白头吟》、唐元稹的《古决绝词三首》等。纳兰性德的这首拟作是借用汉唐典故而抒发"闺怨"之情。

用"决绝"这个标题，很可能就是写与初恋情人的绝交这样一个场景的。这首词确实也是模拟被抛弃的女性的口吻来写的。第一句"人生若只如初见"是整首词里最平淡又是感情最强烈的一句。一段感情，如果在人的心里分量足够重的话，那么无论他以后经历了哪些变故，初见的一刹那，永远是清晰难以忘怀的。而这个初见，词情一下子就拽回到初恋的美好记忆中去了。

画堂春·一生一代一双人

一生一代一双人，

争教两处销魂。

相思相望不相亲，

天为谁春？

浆向蓝桥易乞，

药成碧海难奔。

若容相访饮牛津，

相对忘贫。

《画堂春·一生一代一双人》是纳兰性德的悼亡词作品。纳兰性德曾多次表达过他愿意追随已故妻子卢氏而去的心情，如这首《画堂春》表达了他和卢氏虽不能同生，但却能同死的愿想。

总之，中国古代爱情诗词的内涵、丰韵，多与诗人神伤的感情相契合，是研究诗人情感走向的关键点，也是中国古代诗歌中的瑰宝。

项目四　大学语文素养教育

　　《说文解字》释"教，上所施下所效"，"育，养子使作善也"，教育就是教诲培育的意思。在中国古代文献中，教育一词最早见于《孟子·尽心上》，"得天下英才而教育之。"教育的目的是为了培养人才，而在人才培养的过程中，首先要培养人，才能让人成为社会的有用之才。让学生成为知书达礼之人，是中国自古以来就有的传统，"不学诗，无以言，不学礼，无以立"，"修身、齐家、治国、平天下"，这都是中国教育中对"人"的培养具有指导性的话语。人文学科在对学生"人"的培养中，起着举足轻重的作用，作为人文学科的语文学科更是承担着这一重任。一个民族的不败在于文化的传承，在于民族的精神，在于民族的气节，而文化的传承需要作品的引领，需要在来源于生活而高于生活的作品中去体味、去领悟。美国迪士尼公司的前任总裁迈克·艾斯纳认为："学习文学对人的帮助是难以置信的，因为人在做生意的时候总是免不了要处理人与人之间的关系。通过学习文学可以帮助你了解打动别人的语言艺术。"可见，文学不单纯是将世界百态展示给人看，还能教会你与人交往的能力、处理事务的能力。

任务一　明其义——大学语文素养教育概述

一、理论溯源

　　《汉书·李寻传》曰："马不伏枥，不可以趋道；士不素养，不可以重国。"宋陆游《上殿札子》曰："气不素养，临事惶遽。"《后汉书·刘表传》载："越有所素养者，使人示之以利，必持众来。"

　　素养，《辞海》中的一种解释为平日的修养。教育首先要教会学生如何做人，如何做一个好人，做一个对社会有价值的人。中国儒家思想的核心是"仁"，"仁者爱人也"，对人的教育最重要的就是对一个人行为举止言谈交往的教导。中国道家思想提到"上善若水，水善利万物而不争"，最高的境界是"善如水"。教育的真正价值在于如何将"荒蛮"人，教育成既能静如处子，又能动如脱兔的人。语文作为中国的母语教育的载体，从学科角度来看，主要是对人进行听说读写的教育，从教育的价值角度是对人的人文精神的教育。一个人的修为是一生的事业，对一个人的人文教育也应贯穿教育始终。

二、实施大学语文素养教育的意义

语文课程作为中国学校中主要的学科之一，在每一个教育阶段承载的教育意义不同。大学之前的语文教育更侧重于工具性教育，而到了大学阶段的语文教育更侧重于传承文化精神。近年来，随着计算机的广泛使用，人们对汉字的书写能力与识认能力都呈现下降趋势。电子产品的不断更新，能够做到凝神静气阅读书籍的人越来越少了，而这些习惯的养成不是一日之功，对于很多人，在缺乏自主养成这些习惯时，就需要有一个外力助推，学校教育就是最好的外力。

（一）是对党的高职教育指导方针的践行，是提高高职院校内涵建设的重要举措

党的十八大以来，尤其是《国家中长期教育改革和发展规划纲要（2010—2020年）》在战略主题上提出坚持以人为本、坚持德育为先、坚持能力为重，坚持全面发展，全面加强和改进德育、智育、体育、美育、劳育。新修订的《职业教育法》强调要"推动职业教育高质量发展""全面提高受教育者的素质""持续培养更多高素质技术技能人才、能工巧匠和大国工匠"。职业教育作为类型教育，进入提质培优、增值赋能的新阶段。落实三全育人，开展"三教改革"，"加强课程思政建设是全面提升职业教育教学质量的要求与途径。树立以提高质量为核心的教育发展观，注重内涵发展，在实现规模数量发展的同时，更加注重质量提升。鼓励学校办出特色、办出水平，出名师，育英才。加强教师队伍建设，提高教师整体素质。全面实施素质教育，注重人才培养特色，促进人的全面发展与个性发展的统一。"

孔子曰："知之者不如好之者，好之者不如乐之者。"学生文化素质的培养单纯地通过课堂教学会让学生产生厌倦感，将文化素质教育融入到校园文化活动中，让学生在有兴趣的前提下，提升文化素质，也是提高高职院校教学质量的重要途径。

（二）是提高高职院校核心竞争力的有力举措

校园核心文化精神是这所学校在人才培养上有别其他院校的精神特质。随着

市场经济的不断深化，高职院校的招生压力也不断凸显出来，尤其是近年来，有些本科院校转型为应用型大学，对于三年学制的高职院校招生是一个莫大的压力。如何能在如此压力下保证招生数量，就需要学校能够形成特色与品牌。我国的高职院校大多建校时间短，或由中职学校转升高职，在办学理念上，更多的是侧重技能培养，弱化了文化育人功能。全面提升教育质量，是解除这一症结的良药。要用文化教育人、用文化熏陶人、用文化内化人，提升高职办学质量，增强文化自信。

校园核心文化精神是高职院校办学理念的精华，是高职院校人才培养的总目标，也是学校打造特色的精髓，是提高学校竞争力的软实力。要将校园核心文化精神融入文化素质教育中，形成具有特质的校园文化，培养具有文化特质的学生。

（三）是全面提升学生文化素质的有力举措

高职院校是培养高技能、高素质人才的基地。从高职院校的生源素质来看，高职院校的学生来源比较复杂，现在全国的高职院校基本有三类学生来源：普通高中高考学生、单招学生、五年一贯制中职学生。因为学生来源的不同，学生接受文化教育的层次不同，大部分学生在个人素养与素质方面都较弱，需要在高职教育阶段进行知识与行为上的培养。王国维先生曾说："有境界则自成高格。"这虽是关于词的经典评述，但投射到大学人的生命修为上，正如从供给侧的视角看，是不断提升大学育人的境界，最大限度降低"功利"的影响。学生在这样的大学环境中学习，再有与文化素质教育相融合的校园文化活动，个人修为与文化素质也就水到渠成地提升了。尤其是随着职教20条和新修订的《职业教育法》的颁布，"职业教育前景广阔，大有可为"，职业教育学生有了升学的通道，语文素养将为学生继续深造提供有利的智力支持。

（四）是提升一个人的精神境界和提高社会生存能力的重要方式

一个人的内在涵养需要知识灌溉。语文课程作为我们的母语学科，能给予学生丰富的知识与方法的指导。能教会学生从阅读经典作品中陶冶情操、净化心灵、提升素养；能教会学生在与人交往中，运用恰当的语言，恰如其分的表达，达成良好的沟通效果；能教会学生用规范的格式，正确写作应用文体，提升职场可持续发展能力。

当代著名哲学家、教育家冯友兰提出人生境界分为四个等级：自然境界，功利境界，道德境界，天地境界。

自然境界：人若只是顺着本能或风俗习惯做事，然而并无觉解，或不甚觉解，他所做的事，对于他就没有意义，或很少意义。

功利境界：人意识到他自己，为自己而做各种事，这并不意味着他必然是不道德的人。他可以做些事，其后果有利于他人，其动机则是利己的。所以他所做的各种事，对于他，有功利的意义。

道德境界：人了解到社会的存在，他是社会的一员。这个社会是一个整体，他是这个整体的一部分。有这种觉解，他就为社会的利益做各种事，或如儒家所说，他做事是为了"正其义不谋其利"。他真正是有道德的人，他所做的都是符合严格的道德意义的道德行为。他所做的各种事都有道德的意义。道德境界有道德价值。

天地境界（哲学境界）：人了解到超乎社会整体之上，还有一个更大的整体，即宇宙。他不仅是社会的一员，同时还是宇宙的一员。他是社会组织的公民，同时还是孟子所说的"天民"。有这种觉解，他就为宇宙的利益而做各种事。他了解他所做的事的意义，自觉地做他所做的事。天地境界有超道德价值。

人如何能达到天地境界，主要的途径是靠阅读书本的知识与参加社会的实践。文学作品的阅读能让阅读者看到前人总结的经验与教训，名人传记能让人看到伟大的人的成长也不是一帆风顺的，需要历经风雨。这些对于一个人提高自身的人生境界都是无价之宝。

人是群居的动物，生存就离不开社会，在社会这个大舞台上，就需要我们掌握与人相处的方法与技能，本分地做人是必需的，委婉地回答也是尊重对方的一种形式。人的个性不同，相处的方式也就不同。大学语文素养能教会学生与人交往的技巧，提高学生社会生存能力。

任务二　知要求——大学语文素养教育的主要内容

一、以人为本，构建健全、长效的素质教育制度体系

大学语文素养教育的内容也是基于培养学生的语文听说读写能力，考虑到学生已经经历了12年的语文教育，在学生已有一定的语文知识的基础上，将大学语文素养教育的重心放在提高学生的思维方式，拓宽学生的知识视野，深化学生思维深度上，构建了以阅读为中心，以提高学生沟通能力与应用写作能力为双翼的大学语文素养教育体系；形成学生入学引导、学期辅导、阶段考核，必修课与活动课程相融合的学生在校全程长效机制，主要采用教师专项辅导、学生自学、定期考核的方式。

二、课程为主，活动为辅，构建全方位的素质教育课程体系

大学语文素养教育分为课上必修课程与课下活动课程两个部分。课上必修课程以《大学语文》《沟通与应用写作》两门课程为主体，通过讲授文学经典作品、沟通技巧与应用文写作知识，为学生打开文学之门，涵养学生文学之识，提升学生职场应用能力。课下的活动课程作为必修课程的延续与补充，主要采用学生自学与独立完成任务的方式开展。既能弥补必修课程课时少的不足，又能丰富学生的业余生活。活动课程内容以提升学生的"听、说、读、写"四大能力为主，采用学生自学、教师指导、专项讲座引领、测试督促、赛项比拼等多种方式，开展"实战演习"。具体内容如下。

✈ （一）夯实学生语文基础知识，提升汉字认知书写能力

中国文字是传递情感的媒介与工具，除此还兼具美感，尤其是随着电子产品的多样化，学生经常出现书写时提笔忘字或书写错别字的现象。为此，提升学生汉字识认能力、书写能力，让学生在校期间掌握常用汉字 5 500 个，能够工整规范书写常用汉字 3 000 个。此项内容主要由学生自学《大学生常用汉字题库》，采用定期测试方式提升学生识字能力。

✈ （二）以阅读为主线，拓宽学生视野，提升阅读赏析能力

"读书破万卷，下笔如有神。"阅读是一个人践行终身学习的重要因素。学习的第一步是具有自觉阅读能力。为了让学生养成良好的阅读能力，采用教师定量要求、定性监控、赛事比拼的方式，要求学生在校期间完成定量阅读任务。每个学期阅读 10 本书，精读 5 本，泛读 5 本，并书写读书笔记。阅读书目见本书封底《大学生百本书籍阅读书目单》。

🌼 1. 精读书籍

要求阅读时书写读书笔记，每个学期阅读 5 本书。教师定期评审，记录成绩。

读书笔记书写要求：文字书写工整，读书笔记中包括阅读书籍名称、作者姓名、出版社名称、出版日期，摘录的文字页数，对摘录文字的理解或感受等，并填写"百本书籍阅读书目单"（见表 4 - 1）。每本书的读书笔记字数不少于 1 000 字。每学期要求阅读书籍的读书笔记项目齐全、书写工整，达到字数要求，阅读书籍数目达标，对摘录文字的理解或感受深刻。

表 4 −1 _____级高职学生百本书籍阅读书目单

第_____学期

系部   年级   班级   姓名

类别	数量	阅读书籍名称	作者	出版社	备注
精读					
泛读					

2. 泛读书籍

要求每个学期泛读 5 本，要求书写读书笔记，提交阅读书目单。

读书笔记书写要求：文字书写工整。读书笔记中包括阅读书籍名称、作者姓名、出版社名称、出版日期，摘录的文字页数，对摘录文字的理解或感受等。每本书的读书笔记字数不少于 500 字。

同时充分发挥信息化教学的优势，建立线上品读百书线上课程，采用学生定期打卡方式，完成阅读，畅谈阅读感悟。

3. 开展好书推荐活动

学生将阅读的书籍在必修课上的前 10 分钟进行推荐，要求制作课件，在课堂上进行讲述。

4. 举行"品读百书"读书报告会比赛

5. 举行阅读书籍答辩活动

（三）放眼未来，提升学生应用文写作能力，培养可持续发展能力

应用写作能力是学生步入社会必须具备的能力之一，此项能力也是学生提升个人职场空间的硬件之一。主要采用范文引领，学生习作检验的方式，让学生在理论与实践相结合的方式下，掌握知识。主要内容包括事务文书、公务文书和调研文书。

（四）立足职业，提升服务语言表达能力

服务行业口才是学生开展工作的重要能力要求。此项能力培养主要采用理论与实践相结合的方式，采用沉浸体验方式，让学生在职场情境中提升与人沟通能力。教学内容首先立足语言表达的基础能力训练，提升普通话水平能力，其次讲解语言表达基本知识，建构语言表达体系，最后，采用职场模拟的方式，提升学生语言表达的实践能力。

三、阶段考核、成果展示，构建科学、合理的素质教育评价体系

1. 实施过程中具有时间的连贯性，新生入校后就开展汉字认知书写能力的培养活动。开学初进行规范汉字的测试，汉字书写分优良中下等级，中等级以上给相应的学分。未达到良等级的学生要求每周书写 2 篇小楷，书写的字从《大学生常用汉字训练题库》里选取。第二学期进行汉字识认测试，70 分及格方能取得相应学分。

2. 品读百书活动贯穿学生在校全过程。教师每学年检测读书笔记 2 次，开展读书答辩 1 次。

3. 应用写作能力培养突出赋能专业，用与专业相关的案例开展教学，让学生在职业情境中掌握写作知识，提升写作能力。

4. 语言表达能力考核，主要从两个方面开展，一是以普通话水平考核为主的语

言表达基础能力测试，采用普通话水平模拟考试的方式开展。二是职场沟通能力测试，采用职场情境模拟的方式，让学生在沉浸体验中，提升语言表达与应变能力，达成有效沟通。

四、方案实施方法

（一）建立大学生大学语文素质培养档案

学生入学即建立个人大学语文素质培养档案，要求将学生的测试卷纸、作业一并存入档案里，并记录每项测试分数及获得的学分。

（二）建立指导监督机制

在学生的大学语文素质培养过程中，既有教师的理论与方法上的指导，又有对学生自学完成作业情况的监督。

（三）采用多种形式

采用讲座、培训、比赛等多种形式，全方位培养学生语文基础能力，提高学生语文应用能力。主要开展的比赛有以下几个。

1. 读书报告会

要求每位学生上交推介书目文字资料和相应的 PPT 课件。推介书目文字资料包括推介书籍名称、作者简介、推介理由、PPT 课件制作（要求图文并茂）。

2. 阅读书籍答辩

要求学生口述作者简介、作品写作背景、作品内涵。教师随机提问，问题涉及作品的现实意义、人物形象理解等方面。

3. 配乐诗朗诵

要求符合主题，脱稿，有配乐。

4. 硬笔书法比赛

楷书。全校海选，决赛书写规定内容。

参 考 文 献

[1] 胡适，等. 怎样读书 [M]. 北京：生活·读书·新知三联书店，2012.

[2] 莫提默·艾德勒，查尔斯·范多伦. 如何阅读一本书 [M]. 北京：商务印书馆，2004.

[3] 陈晋. 毛泽东阅读史 [M]. 北京：生活·读书·新知三联书店，2014.

[4] 张岱年，程宜山. 中国文化精神 [M]. 北京：北京大学出版社，2015.

[5] 东尼·博赞，巴利·伯赞. 思维导图 [M]. 北京：化学工业出版社，2015.

[6] 蒋勋，吴缇. 蒋勋说文学 从唐代散文到现代文学 [M]. 北京：中信出版社，2014.

[7] 周何. 礼记 [M]. 北京：中国友谊出版公司，2013.

[8] 刘燕敏. 素质教育在美国 [M]. 哈尔滨：黑龙江科学技术出版社，2012.

[9] 高洪. 素质教育新探索 [M]. 北京：人民教育出版社，2012.

[10] 王国维. 一个人的书房 [M]. 北京：中国华侨出版社，2015.

[11] 赵学通. 高职人文综合素养 [M]. 北京：高等教育出版社，2012.

[12] 倪敏达. 《礼记·学记》的教育智慧 [M]. 北京：中国华侨出版社，2016.

[13] 张志伟. 西方哲学十五讲 [M]. 北京：北京大学出版社，2004.

[14] 冯友兰. 中国哲学简史 [M]. 涂又光，译. 北京：北京大学出版社，2010.

[15] 李洪甫. 稗海流韵——明清小说与连云港人文 [M]. 北京：学苑出版社，2009.

[16] 《家藏经典文库》编委会. 人间最美纳兰词全集 [M]. 北京：北京工商出版社，2013.

[17] 蘅塘退士. 唐诗三百首 [M]. 呼和浩特：内蒙古人民出版社，2010.

[18] 王步高. 大学语文 [M]. 南京：南京大学出版社，2015.

[19] 王步高. 大学语文教学参考资料 [M]. 南京：南京大学出版社，2008.

[20] 陈应祥. 外国文学 [M]. 北京：高等教育出版社，1994.

[21] 傅希春. 外国文学名著选介 [M]. 北京：高等教育出版社，2001.

[22] 朱东润. 中国历代文学作品选 [M]. 上海：上海古籍出版社，2002.

[23] 莫言.生死疲劳［M］.北京：作家出版社，2012.

[24] 曹雪芹.红楼梦［M］.沈阳：春风文艺出版社，1995.

[25] 陈婕.中西小说比较浅析［J］.群文天地，2011（18）.

[26] 时新奇.浅议中国戏剧和西方戏剧的异同［J］.戏剧之家，2014（19）.

[27] 钱穆.谈诗［J］.视野，2016（2）.

[28] 黄爱华.中国早期话剧的东方之路——中国戏剧现代化初期借鉴西方戏剧的曲折历程［J］.首都师范大学学报，2008（6）.

[29] 王晓敏.浅谈中国戏剧和西方音乐剧的异同［J］.新课程，2013（5）.

[30] 辽宁省语言文字应用中心.普通话水平测试指南［M］.大连：辽宁师范大学出版社，2009.

[31] 辽宁省语言文字应用中心.辽宁省计算机辅助普通话水平测试指导用书［M］.大连：辽宁师范大学出版社，2016.

[32] 马洪波，杜晨阳.口语交际训练教程［M］.沈阳：东北大学出版社，2012.

[33] 刘伯奎.口才与演讲：技能训练（修订版）［M］.北京：中国人民大学出版社，2006.

[34] 陈翰武.演讲与口才［M］.武汉：武汉大学出版社，2005.

[35] 张波.口才训练教程［M］.北京：机械工业出版社，2008.

[36] 唐树芝.口才与演讲［M］.北京：高等教育出版社，2008.

[37] 郭飞跃.演讲与口才［M］.西安：西北工业大学出版社，2010.

[38] 黄高才，刘会芹.新编应用文写作教程［M］.北京：高等教育出版社，2008.

[39] 王首程.应用文写作［M］.北京：高等教育出版社，2008.

[40] 杨文丰.高职应用写作［M］.北京：高等教育出版社，2006.

[41] 张德实.应用写作［M］.2 版.北京：高等教育出版社，2001.

[42] 林宗源.应用文写作［M］.北京：中国轻工业出版社，2010.

[43] 申明清.甘小的实用应用文写作［M］.上海：上海科学技术文献出版社，2007.

[44] 梁悦秋.旅游应用文［M］.北京：旅游教育出版社，2009.

[45] 杜晨阳，马洪波.应用文写作［M］.沈阳：东北大学出版社，2013.

[46] 刘玉瑛.批评的方法和技巧［OL］.人民网 – 中国共产党新闻网，2013.